JN056748

運行管理者試験 問題と解説

旅客編

令和6年3月
CBT試験
受験版

公論出版

運行管理者試験
問題集 & アプリのご案内

誰でもできるスピード仕上げ
2023-2024
運行管理者試験 旅客編
重要問題厳選集
ポイント解説付き
過去10回分以上の問題からよく出る重要分野の問題を厳選
間違いがすぐわかるポイント解説
厳選した問題から作成した模擬試験を2回分収録
公論出版

重要問題厳選集 旅客編 2023-2024 書籍版

定価 1,870 円

過去 10 回分以上の過去問を編集部が分析！
よく出題される重要分野を中心に収録！

A5 | 316 ページ | ポイント解説 | 模擬試験 2 回

重要問題厳選集 旅客編 2023-2024 アプリ版

App Store / Google Play：1,800 円

重要問題厳選集の内容をそのままアプリ化！
出題形式を選べる※など便利機能を多数追加！
※①書籍の掲載順、②前回の続きから、③ランダム

誤答管理 | 進行管理 | 広告なし | CBT 試験も再現可能?! ブックマーク

ダウンロードは
こちら▶

ダウンロードは
こちら▶

はじめに

①本書は（公財）運行管理者試験センターが行う運行管理者試験（旅客）について、内容をジャンル別に区分し、それぞれに解説を加えたものです。

②過去８回分の受験者数及び合格率は次のとおりです。

回数	1	2	3	4
実施時期	令和５年８月	令和５年３月	令和４年８月	令和４年３月
受験者数	5,158 人	4,675 人	5,403 人	5,787 人
合格率	34.5%	35.3%	40.1%	34.5%
回数	5	6	7	8
実施時期	令和３年８月	令和３年３月	令和２年８月	令和元年８月
受験者数	6,740 人	7,610 人	9,714 人	8,263 人
合格率	32.6%	47.4%	31.2%	31.8%

※令和２年３月の試験は新型コロナウィルス感染拡大防止のため、受験生の安全を考慮し中止されました。

③各章の順序は、試験問題と同じく、次のとおりとしました。

第１章　道路運送法　　第２章　道路運送車両法
第３章　道路交通法　　第４章　労働基準法
第５章　実務上の知識及び能力

④各章は、1 法令の要点 、2 演習問題 、◆解答＆解説 で構成されています。

⑤ 1 法令の要点 では、過去に出題された問題に関係する法令を、要点を絞って収録しています。太字は特に重要な部分を表しています。

⑥ 2 演習問題 では、過去問題を中心とした演習問題を収録しています。収録問題は全 236 問で、過去の筆記問題は、令和元年８月実施分から令和３年３月実施分（計 90 問）になります。

⑦問題の最後に、［R3. 3］や［R1. 8］とあるのは、過去の筆記試験の実施時期を表しています。［R3. 3］であれば、令和３年３月実施（令和２年度第２回）の試験問題、［R1. 8］であれば、令和元年８月実施（令和元年度第１回）の試験問題となります。また、**［CBT］**とあるのは、（公財）運行管理者試験センターが公表している「**運行管理者試験（CBT 試験）出題例**」を表しています。［R3_CBT］であれば「令和３年度運行管理者試験（CBT 試験）出題例」の問題となります。

⑧問題の最後に［R3_CBT/R2. 8］などとあるのは、「令和３年度運行管理者試験（CBT試験）出題例」の問題と令和２年８月実施（令和２年度第１回）の問題がほぼ等しいことを表しています。

⑨問題の最後に出題年度の表記がない問題は、編集部が過去の出題傾向を分析したうえで作成した問題です。重要度が高い分野を主に追加しています。

⑩問題の最後に「改」とあるのは、編集部で試験問題を一部改正していることを表しています。出題形式を変えた場合や、試験後に法改正が行われた場合等が該当します。本書は**令和５年10月**現在の法令等をもとに編集しています。

⑪「第１章　道路運送法」では、四択問題の内容が多岐にわたっているため、いったん法令根拠ごとに問題を分割し、過去出題例として該当法令に**○×問題と解答を付記**しました。このようにすることで、道路運送法の各条項のどの部分から出題され、また、×の場合はどこが間違っているのかが分かります。第１章については、同じ過去問題がほぼ**２回収録**してあることになります。なお、過去出題例（○×問題）の解説は演習問題の解説を参照して下さい。

⑫各問題には「☑」マークを付けました。これにチェックを入れることで、問題の習熟度を知ることができます。

⑬ ◆解答＆解説 では、間違っている箇所や注意すべき点を**太字下線**や**イラスト**を用いて解説しています。なお、一部問題では特に注意すべき点がない場合には、解説を省略しています。

⑭各章の最後には、よく出題されるポイントをまとめた「**覚えておこう**」を収録しました。試験前など、短時間で要点を確認するときにご利用下さい。

⑮法令の仕組みについて簡単に説明します。
一つの法は、それに続く政令、省令、告示などを含めて成り立っています。この政令、省令、告示などにより、法のより細かい部分が定められています。政令は、内閣が制定する命令、省令は各省大臣が主任の事務につき発する命令をいいます。また、告示は各省庁などが広く一般に向けて行う通知をいいます。
本書で関係する主な法をまとめると、次のとおりとなります。

法　律	政令、省令、告示
道路運送法	◎道路運送法施行規則（省令）
	◎旅客自動車運送事業運輸規則（省令）
	◎自動車事故報告規則（省令）
	◎旅客自動車運送事業者が事業用自動車の運転者に対して行う指導及び監督の指針（省令）
道路運送車両法（車両法）	◎道路運送車両法施行規則（省令）
	◎自動車点検基準（省令）
	◎道路運送車両の保安基準（省令）
	◎道路運送車両の保安基準の細目を定める告示（告示）
道路交通法（道交法）	◎道路交通法施行令（政令）
労働基準法（労基法）	◎自動車運転者の労働時間等の改善のための基準（告示）
労働安全衛生法（安衛法）	◎労働安全衛生規則（告示）

※『自動車運転者の労働時間等の改善のための基準（改善基準告示）』が令和４年12月23日に改正され本則も変更されていますが、適用は令和６年４月１日からとなっています。そのため、本書は**旧改善基準告示に沿って編集**しています。

※令和５年10月現在、運行管理者試験センターより、「法令等の改正があった場合は、改正された法令等の**施行後６ヵ月間**は改正前と改正後で解答が異なることとなる問題は出題しません。」との発表がなされているため、一部改正を反映していない場合があります。

⑯法令の原文は、次のように表されています。

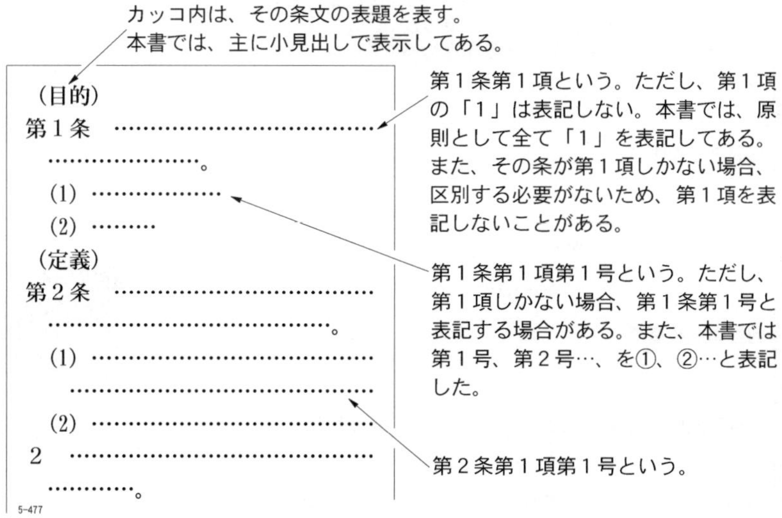

カッコ内は、その条文の表題を表す。
本書では、主に小見出しで表示してある。

（目的）
第１条　……………………………………
……………………。
（1）………………
（2）………
（定義）
第２条　……………………………………
……………………………………。
（1）……………………………………
……………………………………
（2）……………………………………
２　……………………………………
…………。

第１条第１項という。ただし、第１項の「１」は表記しない。本書では、原則として全て「１」を表記してある。また、その条が第１項しかない場合、区別する必要がないため、第１項を表記しないことがある。

第１条第１項第１号という。ただし、第１項しかない場合、第１条第１号と表記する場合がある。また、本書では第１号、第２号…、を①、②…と表記した。

第２条第１項第１号という。

5-477

※本書の解説では、法令等は以下の略称を用いています。

	名称	本書略称	法令等原文
第1章	道路運送法	―	
	道路運送法施行規則	―	
	旅客自動車運送事業運輸規則	運輸規則	
	自動車事故報告規則	事故報告規則	
	旅客自動車運送事業運輸規則の解釈及び運用について（配置基準含む）	運輸規則の解釈及び運用	
	対面による点呼と同等の効果を有するものとして国土交通大臣が定める方法を定める告示	点呼告示	
	旅客自動車運送事業者が事業用自動車の運転者に対して行う指導及び監督の指針	指導及び監督の指針	
	旅客自動車運送事業運輸規則第47条の９第３項、第48条の４第１項、第48条の５第１項及び第48条の12第２項の運行の管理に関する講習の種類等を定める告示	講習の種類等を定める告示	
第2章	道路運送車両法	車両法	
	道路運送車両法施行規則	車両法施行規則	
	自動車点検基準	点検基準	
	道路運送車両の保安基準	保安基準	
	道路運送車両の保安基準の細目を定める告示	細目告示	

	名称	本書略称	法令等原文
第3章	道路交通法	道交法	
	道路交通法施行令	道交法施行令	
	道路交通法施行規則	道交法施行規則	
第4章	労働基準法	労基法	
	労働安全衛生法	安衛法	
	労働安全衛生規則	衛生規則	
	自動車運転者の労働時間等の改善のための基準	改善基準	
	一般乗用旅客自動車運送以外の事業に従事する自動車運転者の拘束時間及び休息期間の特例について	特例通達	
第5章	国土交通省自動車局 自動車運送事業用自動車事故統計年報（自動車交通の輸送の安全にかかわる情報）（令和３年）	事故統計年報	
	国土交通省自動車局 事業用自動車の交通事故統計（令和３年版）	交通事故統計	
	内閣府 交通安全白書 令和５年版	交通安全白書	

受験ガイド

1. 運行管理者とは

運行管理者は、事業用自動車の安全運行を管理するために、運送事業者の選任を受けた者をいいます。業務は、道路運送法及び関係法令に基づき、事業用自動車の運転者の乗務割の作成、休憩・睡眠施設の保守管理、運転者の指導監督、点呼による運転者の疲労・健康状態等の把握や安全運行の指示等、事業用自動車の運行の安全を確保するため必要なことを行います。

2. 運行管理者試験について

運行管理者試験は、国土交通大臣が指定した指定試験機関の（公財）運行管理者試験センターにより実施されています。受験資格や試験の期日・場所、受験申請手続などについてはあらかじめ公示されます。詳細は下記試験センターのホームページでご確認ください。

公益財団法人
運行管理者試験センター
［HP］https://www.unkan.or.jp/

●試験形式

CBT 試験形式で行われます。

※ Computer Based Testing の略で、パソコンを使用して行う試験。

●試験実施時期

1年度に2回、8月頃（第1回）と3月頃（第2回）にそれぞれ1ヵ月程度実施されます。

●試験出題分野

配点は1問1点で30点満点です。

出題分野	出題数	試験時間
①道路運送法関係	8問	90分
②道路運送車両法関係	4問	
③道路交通法関係	5問	
④労働基準法関係	6問	
⑤その他運行管理者の業務に関し、必要な実務上の知識及び能力	7問	
合　計	30問	

※法令等の改正があった場合は、法令等の改正施行後6ヵ月は改正部分を問う問題は出題しません。

●合格基準

合格基準は、次の (1) 及び (2) の得点が必要です。

合格基準
(1) 原則として、総得点が満点の60%（30問中18問）以上であること。
(2) 前ページの①～④の出題分野ごとに正解が1問以上であり、⑤については正解が2問以上であること。

●運行管理者試験受験に関するお問い合わせ先

公益財団法人

運行管理者試験センター　試験事務センター

［電話］ 0476－85－7177（受付時間：平日9：00～17：00）

［FAX］ 0476－48－1040

［ホームページ］ https://www.unkan.or.jp/

本書に関する訂正とお問い合わせについて

本書の内容に訂正がある場合は、弊社のホームページに掲載致します。

本書の内容で分からないことがありましたら、**必要事項を明記の上**、下記までお問い合わせください。

※**電話**でのお問合せは、**受け付けておりません**。

※お問い合わせは、**本書の内容に限ります**。

※回答までにお時間がかかる場合がございます。ご了承ください。

※必要事項に記載漏れ等があると、問い合わせにお答えできない場合がございます。ご注意ください。

第1章

道路運送法

1 法律の目的と定義

1 法令の要点と○×式過去出題例

■道路運送法の目的［道路運送法第１条］

1．この法律は、貨物自動車運送事業法と相まって、道路運送事業の運営を**適正かつ合理的**なものとし、並びに道路運送の分野における利用者の需要の**多様化及び高度化**に的確に対応したサービスの円滑かつ確実な提供を促進することにより、**輸送の安全**を確保し、**道路運送の**利用者の利益の保護及びその**利便の増進**を図るとともに、道路運送の総合的な発達を図り、もって公共の福祉を増進することを目的とする。

■定　義［道路運送法第２条］

1．この法律で「道路運送事業」とは、**旅客自動車運送事業**、**貨物自動車運送事業**及び**自動車道事業**をいう。
2．この法律で「自動車運送事業」とは、**旅客自動車運送事業**及び**貨物自動車運送事業**をいう。
3．この法律で「旅客自動車運送事業」とは、他人の需要に応じ、有償で、自動車を使用して旅客を運送する事業であって、**一般旅客自動車運送事業**及び**特定旅客自動車運送事業**をいう。

過去出題例［法律の目的と定義］

☐1．道路運送事業とは、旅客自動車運送事業、貨物自動車運送事業及び自動車道事業をいう。［R3_CBT］

☐2．自動車運送事業とは、旅客自動車運送事業、貨物自動車運送事業及び自動車道事業をいう。［R2_CBT］

☐3．旅客自動車運送事業とは、他人の需要に応じ、有償で、自動車を使用して旅客を運送する事業であって、一般旅客自動車運送事業及び特定旅客自動車運送事業をいう。
［R3_CBT/R2_CBT/R1.8］

解答

1…○：2…×（自動車道事業は含まれない）：3…○

2 旅客自動車運送事業の種類

1 法令の要点と○×式過去出題例

■旅客自動車運送事業の種類［道路運送法第3条］

1．旅客自動車運送事業の種類は、次に掲げるものとする。

①**一般旅客自動車運送事業**（特定旅客自動車運送事業以外の旅客自動車運送事業）	
	イ．一般**乗合**旅客自動車運送事業（乗合旅客を運送する一般旅客自動車運送事業…路線バスやコミュニティバス等が該当）
	ロ．一般**貸切**旅客自動車運送事業（一個の契約により乗車定員**11人以上**の自動車を貸し切って旅客を運送する一般旅客自動車運送事業…観光バス等が該当）
	ハ．一般**乗用**旅客自動車運送事業（一個の契約により乗車定員11人未満の自動車を貸し切って旅客を運送する一般旅客自動車運送事業…タクシーやハイヤーが該当）
②**特定旅客自動車運送事業**（特定の者の需要に応じ、一定の範囲の旅客を運送する事業…工場従業員の送迎バスやスクールバス等が該当）	

過去出題例［法律の目的と定義］

☐1．一般貸切旅客自動車運送事業とは、一個の契約により乗車定員11人以上の自動車を貸し切って旅客を運送する一般旅客自動車運送事業をいう。［R3_CBT］

☐2．一般旅客自動車運送事業の種別は、一般乗合旅客自動車運送事業、一般貸切旅客自動車運送事業、一般乗用旅客自動車運送事業及び特定旅客自動車運送事業である。［R3_CBT］

解答

1…○：2…×（特定旅客自動車運送事業は含まれない）

2 演習問題

問1　次の記述のうち、道路運送法における定義等として誤っているものを１つ選びなさい。なお、解答にあたっては、各選択肢に記載されている事項以外は考慮しないものとする。[R3_CBT]

☐ 1．道路運送事業とは、旅客自動車運送事業、貨物自動車運送事業及び自動車道事業をいう。

2．旅客自動車運送事業とは、他人の需要に応じ、有償で、自動車を使用して旅客を運送する事業であって、一般旅客自動車運送事業及び特定旅客自動車運送事業をいう。

3．一般貸切旅客自動車運送事業とは、一個の契約により乗車定員11人以上の自動車を貸し切って旅客を運送する一般旅客自動車運送事業をいう。

4．一般旅客自動車運送事業の種別は、一般乗合旅客自動車運送事業、一般貸切旅客自動車運送事業、一般乗用旅客自動車運送事業及び特定旅客自動車運送事業である。

◆解答＆解説

問1［解答　4］

1．道路運送法第２条（定義）第１項。⇒12P。

2．道路運送法第２条（定義）第３項。⇒12P・道路運送法第３条（旅客自動車運送事業の種類）第１項。

3．道路運送法第３条（旅客自動車運送事業の種類）第１項①ロ。

4．一般旅客自動車運送事業に**特定旅客自動車運送事業は含まれない**。道路運送法第３条（旅客自動車運送事業の種類）第１項。

3 許　可

1 法令の要点と○×式過去出題例

■一般旅客自動車運送事業の許可［道路運送法第４条］

1．一般旅客自動車運送事業を経営しようとする者は、国土交通大臣の**許可**を受けなければならない。

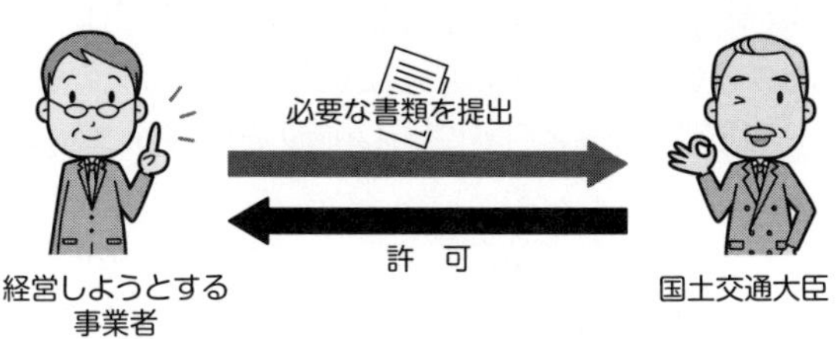

【一般旅客自動車運送事業の許可】

2．一般旅客自動車運送事業の許可は、一般旅客自動車運送事業の種別（一般乗合旅客自動車運送事業、一般貸切旅客自動車運送事業、一般乗用旅客自動車運送事業）について行う。

■欠格事由［道路運送法第７条］

1．国土交通大臣は、次に掲げる場合には、一般旅客自動車運送事業の**許可をしてはならない**。

②許可を受けようとする者が一般旅客自動車運送事業又は特定旅客自動車運送事業の許可の取消しを受け、その**取消しの日から５年**を経過していない者（当該許可を取り消された者が法人である場合においては、当該取消しを受けた法人のその処分を受ける原因となった事項が発生した当時現にその法人の業務を執行する役員（いかなる名称によるかを問わず、これと同等以上の職権又は支配力を有する者を含む。）として在任した者で当該取消しの日から５年を経過していないものを含む。）であるとき。

■一般貸切旅客自動車運送事業の許可の更新［道路運送法第8条］

1．一般貸切旅客自動車運送事業の許可は、**5年**ごとにその更新を受けなければ、その期間の経過によって、その効力を失う。

過去出題例［許可］

☐1．一般旅客自動車運送事業を経営しようとする者は、一般乗合旅客自動車運送事業、一般貸切旅客自動車運送事業、一般乗用旅客自動車運送事業の種別ごとに国土交通大臣の認可を受けなければならない。［R3_CBT/R2.8］

☐2．一般旅客自動車運送事業の許可の取消しを受けた者は、その取消しの日から2年を経過しなければ、新たに一般旅客自動車運送事業の許可を受けることができない。［R2_CBT/R1.8］

☐3．一般貸切旅客自動車運送事業の許可は、5年ごとにその更新を受けなければ、その期間の経過によって、その効力を失う。［R2_CBT/R1.8］

解答

1…×（認可⇒許可）：**2…×**（2年⇒5年）：**3…○**

2 演習問題

問1　旅客自動車運送事業に関する次の記述のうち、正しいものを2つ選びなさい。なお、解答にあたっては、各選択肢に記載されている事項以外は考慮しないものとする。［R2_CBT］

☐ 1．自動車運送事業とは、旅客自動車運送事業、貨物自動車運送事業及び自動車道事業をいう。

2．旅客自動車運送事業とは、他人の需要に応じ、有償で、自動車を使用して旅客を運送する事業であって、一般旅客自動車運送事業及び特定旅客自動車運送事業をいう。

3．一般貸切旅客自動車運送事業の許可は、5年ごとにその更新を受けなければ、その期間の経過によって、その効力を失う。

4．一般旅客自動車運送事業の許可の取消しを受けた者は、その取消しの日から2年を経過しなければ、新たに一般旅客自動車運送事業の許可を受けることができない。

◆解答＆解説

問1［解答　2，3］

1．自動車運送事業とは、旅客自動車運送事業及び貨物自動車運送事業をいう。**自動車道事業は含まれない**。道路運送法第2条（定義）第2項。⇒12P。

2．道路運送法第2条（定義）第3項。⇒12P・道路運送法第3条（旅客自動車運送事業の種類）第1項。

3．道路運送法第8条（一般貸切旅客自動車運送事業の許可の更新）第1項。

4．「取消しの日から2年」⇒「取消しの日から**5年**」。道路運送法第7条（欠格事由）第1項②。

4　運送約款

1　法令の要点と○×式過去出題例

■運送約款［道路運送法第11条］

1．一般旅客自動車運送事業者は、運送約款を定め、国土交通大臣の**認可**を受けなければならない。これを変更しようとするときも同様とする。

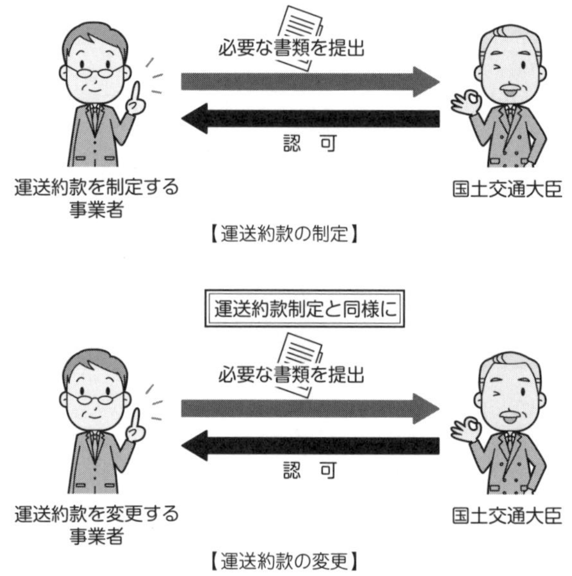

■運賃及び料金等の公示［道路運送法第12条］

1．一般旅客自動車運送事業者（一般乗用旅客自動車運送事業者を除く。）は、国土交通省令で定めるところにより、運賃及び料金並びに運送約款を**公示**しなければならない。

過去出題例［運送約款］

☐1．一般旅客自動車運送事業者は、運送約款を定め、又はこれを変更しようとするときは、あらかじめ、その旨を国土交通大臣に届け出なければならない。［R2.8］

☐2．一般旅客自動車運送事業者は、運送約款を定め、国土交通大臣の認可を受けなければならない。これを変更しようとするときも同様とする。［R3_CBT］

解答

1…×（あらかじめ届け出る⇒認可を受ける）：**2…○**

2　演習問題

問1　一般旅客自動車運送事業に関する次の記述のうち、正しいものを2つ選びなさい。なお、解答にあたっては、各選択肢に記載されている事項以外は考慮しないものとする。

☐　1．一般旅客自動車運送事業を経営しようとする者は、一般乗合旅客自動車運送事業、一般貸切旅客自動車運送事業、一般乗用旅客自動車運送事業の種別ごとに国土交通大臣の許可を受けなければならない。

2．一般旅客自動車運送事業の許可の取消しを受けた者は、その取消しの日から2年を経過しなければ、新たに一般旅客自動車運送事業の許可を受けることができない。

3．一般貸切旅客自動車運送事業の許可は、5年ごとにその更新を受けなければ、その期間の経過によって、その効力を失う。

4．一般旅客自動車運送事業者は、運送約款を定め、又はこれを変更しようとするときは、あらかじめ、その旨を国土交通大臣に届け出なければならない。

◆解答&解説

問1［解答　1，3］

1．道路運送法第4条（一般旅客自動車運送事業の許可）第1項・第2項。⇒15P

2．「取消しの日から2年」⇒「取消しの日から**5年**」。道路運送法第7条（欠格事由）第1項②。⇒15P

3．道路運送法第8条（一般貸切旅客自動車運送事業の許可の更新）第1項。⇒16P

4．運送約款を定め、又はこれを変更しようとするときは、国土交通大臣の**認可を受けなければならない**。道路運送法第11条（運送約款）第1項。

5　事業計画

1　法令の要点と○×式過去出題例

■事業計画の変更［道路運送法第15条・道路運送法15条の２］

《道路運送法第15条》

1．一般旅客自動車運送事業者は、**事業計画の変更**（第３項、第４項及び第15条の２第１項に規定するものを**除く**。）をしようとするときは、国土交通大臣の**認可**を受けなければならない。

3．一般旅客自動車運送事業者は、営業所ごとに配置する**事業用自動車の数**その他の国土交通省令で定める事項に関する事業計画の変更をしようとするときは、**あらかじめ**、その旨を国土交通大臣に**届け出なければならない**。

4．一般旅客自動車運送事業者は、**営業所の名称**その他の国土交通省令で定める**軽微な事項**（道路運送法施行規則第15条の２ ⇒21P）に関する事業計画の変更をしたときは、**遅滞なく**、その旨を国土交通大臣に**届け出なければならない**。

《道路運送法第15条の２》

1．路線定期運行を行う一般乗合旅客自動車運送事業者は、**路線**（路線定期運行に係るものに限る。）の**休止又は廃止**に係る事業計画の変更をしようとするときは、その**６ヵ月前**（旅客の利便を阻害しないと認められる国土交通省令で定める場合にあっては、その30日前）までに、その旨を国土交通大臣に**届け出なければならない**。

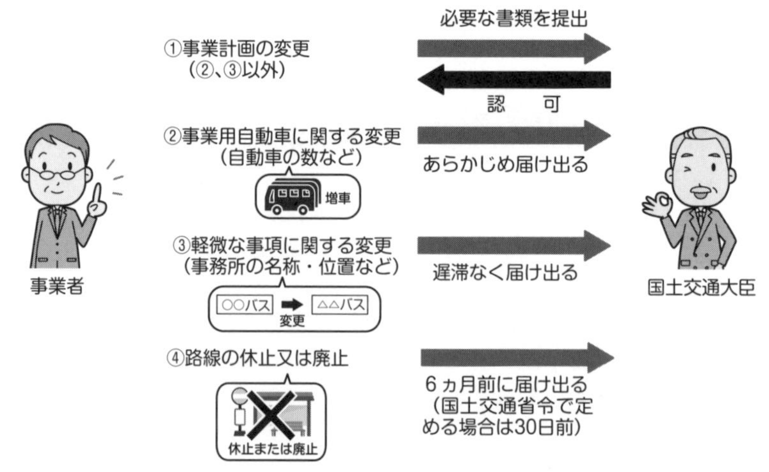

【事業計画の変更まとめ】

■事業計画の変更の届出等［道路運送法施行規則第15条の2］

1．道路運送法第15条第４項の国土交通省令で定める**軽微な事項**は、次のとおりとする。

①**主たる事務所**の名称及び位置
②営業所について、イからニまでに掲げる事業の種別（運行の態様の別を含む。）に応じ、それぞれイからニまでに定める事項 イ．路線定期運行又は路線不定期運行を行う一般乗合旅客自動車運送事業…名称及び位置 ロ．区域運行を行う一般乗合旅客自動車運送事業…名称及び位置（営業区域内における位置であって、新設、変更又は当該営業区域内に他の営業所が存する場合における廃止に係るものに限る。） ハ．一般貸切旅客自動車運送事業…名称 ニ．一般乗用旅客自動車運送事業…名称及び位置（営業区域内における位置であって、新設、変更又は当該営業区域内に他の営業所が存する場合における廃止に係るものに限る。）
③**停留所又は乗降地点**の名称及び位置並びに**停留所間又は乗降地点間のキロ程**

■運行計画［道路運送法第15条の3］

1．路線定期運行を行う一般乗合旅客自動車運送事業者は、**運行計画**（運行系統、運行回数その他の国土交通省令で定める事項（路線定期運行に係るものに限る。）に関する計画をいう。）を定め、国土交通省令で定めるところにより、**あらかじめ**、国土交通大臣に届け出なければならない。

Check 道路運送法における諸手続（運賃関係を除く）［編集部］

許可	一般旅客自動車運送事業の経営（第４条）	
認可	運送約款（第11条第１項）・事業計画の変更（第15条第１項）	
届け出	あらかじめ	営業所ごとに配置する**事業用自動車の数**（自動車車庫の収容能力の増加を伴う事業用自動車の数の増加に係るものを除く。）などの事業計画の変更（第15条第３項）
		運行計画（路線定期運行を行う一般乗合旅客自動車運送事業者）（第15条の３第１項）
	遅滞なく	営業所の名称などの**軽微な事項**の事業計画の変更（第15条第４項）
	６ヵ月前	**路線の休止又は廃止**の事業計画の変更（第15条の２第１項）

※過去問に出題された「自動車車庫の位置及び収容能力」、「営業区域」の事業計画を変更する場合は、第15条第３項・第４項に該当しないため、国土交通大臣の**認可**を受ける。

過去出題例［事業計画］

☐1．一般旅客自動車運送事業者は、「自動車車庫の位置及び収容能力」の事業計画の変更をしようとするときは、国土交通大臣の認可を受けなければならない。
［R3_CBT/R3.3］

☐2．路線定期運行を行う一般乗合旅客自動車運送事業者の路線（路線定期運行に係るものに限る。）の休止又は廃止に係る変更をしようとするときは、国土交通大臣の認可を受けなければならない。［R3.3］

☐3．一般旅客自動車運送事業者は、「営業所ごとに配置する事業用自動車の数」の事業計画の変更をしたときは、遅滞なく、その旨を国土交通大臣に届け出なければならない。
［R3_CBT/R3.3/R1.8］

☐4．一般貸切旅客自動車運送事業者は、「営業所の名称」に係る事業計画の変更をしようとするときは、あらかじめ、その旨を国土交通大臣に届け出なければならない。［R2.8］

解答

1…○：2…×（認可を受ける⇒6ヵ月前に届け出る）：3…×（遅滞なく届け出る⇒あらかじめ届け出る）：4…×（あらかじめ届け出る⇒遅滞なく届け出る）

2　演習問題

問1　旅客自動車運送事業に関する次の記述のうち、正しいものをすべて選びなさい。なお、解答にあたっては、各選択肢に記載されている事項以外は考慮しないものとする。

☐ 1．一般乗合旅客自動車運送事業に係る停留所又は乗降地点の名称及び位置並びに停留所間又は乗降地点間のキロ程の変更をするときは、あらかじめ、その旨を国土交通大臣に届け出なければならない。

2．路線定期運行を行う一般乗合旅客自動車運送事業者は、路線（路線定期運行に係るものに限る。）の休止又は廃止に係る事業計画の変更をしようとするときは、その6ヵ月前（旅客の利便を阻害しないと認められる国土交通省令で定める場合にあっては、その30日前）までに、その旨を国土交通大臣に届け出なければならない。

3．一般旅客自動車運送事業者は、発地及び着地のいずれもがその営業区域外に存する旅客の運送（路線を定めて行うものを除く。）をしてはならない。

4．一般旅客自動車運送事業の許可の取消しを受けた者は、その取消しの日から3年を経過しなければ、新たに一般旅客自動車運送事業の許可を受けることができない。

問２　一般旅客自動車運送事業者（以下「事業者」という。）に関する次の記述のうち、正しいものを２つ選びなさい。なお、解答にあたっては、各選択肢に記載されている事項以外は考慮しないものとする。

☐　１．一般旅客自動車運送事業を経営しようとする者は、一般乗合旅客自動車運送事業、一般貸切旅客自動車運送事業、一般乗用旅客自動車運送事業の種別ごとに国土交通大臣の許可を受けなければならない。

２．一般旅客自動車運送事業の許可の取消しを受けた者は、その取消しの日から２年を経過しなければ、新たに一般旅客自動車運送事業の許可を受けることができない。

３．事業者は、「営業所ごとに配置する事業用自動車の数」の事業計画の変更をしたときは、遅滞なく、その旨を国土交通大臣に届け出なければならない。

４．事業者は、「営業区域」の事業計画の変更をしようとするときは、国土交通大臣の認可を受けなければならない。

問３　旅客自動車運送事業に関する次の記述のうち、正しいものを２つ選びなさい。なお、解答にあたっては、各選択肢に記載されている事項以外は考慮しないものとする。[R1.8]

☐　１．旅客自動車運送事業とは、他人の需要に応じ、有償で、自動車を使用して旅客を運送する事業であって、一般旅客自動車運送事業及び特定旅客自動車運送事業をいう。

２．一般旅客自動車運送事業の許可の取消しを受けた者は、その取消しの日から２年を経過しなければ、新たに一般旅客自動車運送事業の許可を受けることができない。

３．一般貸切旅客自動車運送事業の許可は、５年ごとにその更新を受けなければ、その期間の経過によって、その効力を失う。

４．一般旅客自動車運送事業者は、「営業所ごとに配置する事業用自動車の数」の事業計画の変更をしたときは、遅滞なく、その旨を国土交通大臣に届け出なければならない。

問4　一般旅客自動車運送事業者（以下「事業者」という。）の事業計画の変更等に関する次の記述のうち、正しいものを2つ選びなさい。なお、解答にあたっては、各選択肢に記載されている事項以外は考慮しないものとする。［R3. 3］

☐ 1．路線定期運行を行う一般乗合旅客自動車運送事業者の路線（路線定期運行に係るものに限る。）の休止又は廃止に係る変更をしようとするときは、国土交通大臣の認可を受けなければならない。

2．事業者は、「自動車車庫の位置及び収容能力」の事業計画の変更をしようとするときは、国土交通大臣の認可を受けなければならない。

3．事業者は、「営業所ごとに配置する事業用自動車の数」の事業計画の変更をしたときは、遅滞なく、その旨を国土交通大臣に届け出なければならない。

4．一般貸切旅客自動車運送事業者は、「営業所の名称」の変更をしたときは、遅滞なく、その旨を国土交通大臣に届け出なければならない。

問5　一般旅客自動車運送事業に関する次の記述のうち、正しいものを2つ選びなさい。なお、解答にあたっては、各選択肢に記載されている事項以外は考慮しないものとする。［R3_CBT］

☐ 1．一般旅客自動車運送事業を経営しようとする者は、一般乗合旅客自動車運送事業、一般貸切旅客自動車運送事業、一般乗用旅客自動車運送事業の種別ごとに国土交通大臣の認可を受けなければならない。

2．一般旅客自動車運送事業者は、「自動車車庫の位置及び収容能力」の事業計画の変更をしようとするときは、国土交通大臣の認可を受けなければならない。

3．一般旅客自動車運送事業者は、「営業所ごとに配置する事業用自動車の数」の事業計画の変更をしたときは、遅滞なく、その旨を国土交通大臣に届け出なければならない。

4．一般旅客自動車運送事業者は、運送約款を定め、国土交通大臣の認可を受けなければならない。これを変更しようとするときも同様とする。

◆解答＆解説

問1［解答　2，3］

1．「あらかじめ」⇒「**遅滞なく**」。道路運送法第15条（事業計画の変更）第4項・道路運送法施行規則第15条の2（事業計画の変更の届出等）第1項③。

2．道路運送法第15条の2（事業計画の変更）第1項。

3．道路運送法第20条（禁止行為）第1項。⇒26P

4．「取消しの日から3年」⇒「取消しの日から**5年**」。道路運送法第7条（欠格事由）第1項②。⇒15P

問2［解答　1，4］

1．道路運送法第4条（一般旅客自動車運送事業の許可）第1項・第2項。⇒15P

2．「取消しの日から2年」⇒「取消しの日から**5年**」。道路運送法第7条（欠格事由）第1項②。⇒15P

3．事業者は、「営業所ごとに配置する事業用自動車の数」の事業計画の変更をしようとするときは、**あらかじめ**、その旨を、国土交通大臣に届け出なければならない。道路運送法第15条（事業計画の変更）第3項。

4．道路運送法第15条（事業計画の変更）第1項。

問3［解答　1，3］

1．道路運送法第2条（定義）第3項。⇒12P・道路運送法第3条（旅客自動車運送事業の種類）第1項。⇒13P

2．「取消しの日から2年」⇒「取消しの日から**5年**」。道路運送法第7条（欠格事由）第1項②。⇒15P

3．道路運送法第8条（一般貸切旅客自動車運送事業の許可の更新）第1項。⇒16P

4．一般旅客自動車運送事業者は、「営業所ごとに配置する事業用自動車の数」の事業計画の変更をしようとするときは、**あらかじめ**、その旨を、国土交通大臣に届け出なければならない。道路運送法第15条（事業計画の変更）第3項。

問4［解答　2，4］

1．路線（路線定期運行に係るものに限る。）の休止又は廃止に係る変更は、**6ヵ月前**までに、その旨を国土交通大臣に**届け出なければならない**。道路運送法第15条の2（事業計画の変更）第1項。

2．道路運送法第15条（事業計画の変更）第1項。

3．事業者は、「営業所ごとに配置する事業用自動車の数」の事業計画の変更をしようとするときは、**あらかじめ**、その旨を、国土交通大臣に届け出なければならない。道路運送法第15条（事業計画の変更）第3項。

4．道路運送法第15条（事業計画の変更）第4項。

問5［解答　2，4］

1．「認可」⇒「**許可**」。道路運送法第4条（一般旅客自動車運送事業の許可）第1項・第2項。⇒15P

2．道路運送法第15条（事業計画の変更）第1項。

3．一般旅客自動車運送事業者は、「営業所ごとに配置する事業用自動車の数」の事業計画の変更をしようとするときは、**あらかじめ**、その旨を、国土交通大臣に届け出なければならない。道路運送法第15条（事業計画の変更）第3項。

4．道路運送法第11条（運送約款）第1項。⇒18P

6　禁止行為と乗合旅客の運送

1　法令の要点と○×式過去出題例

■禁止行為［道路運送法第20条］

1．一般旅客自動車運送事業者は、発地及び着地のいずれもがその営業区域外に存する旅客の運送（路線を定めて行うものを除く。第２号において「営業区域外旅客運送」という。）をしてはならない。ただし、次に掲げる場合は、**この限りでない**。

①**災害**の場合その他**緊急を要するとき**。
②地域の旅客輸送需要に応じた運送サービスの提供を確保することが困難な場合として国土交通省令で定める場合において、地方公共団体、一般旅客自動車運送事業者、住民その他の国土交通省令で定める関係者間において当該地域における旅客輸送を確保するため営業区域外旅客運送が必要であることについて協議が調った場合であって、輸送の安全又は旅客の利便の確保に支障を及ぼすおそれがないと国土交通大臣が認めるとき。

■乗合旅客の運送［道路運送法第21条］

1．一般貸切旅客自動車運送事業者及び一般乗用旅客自動車運送事業者は、次に掲げる場合に限り、**乗合旅客の運送**をすることができる。

①**災害**の場合その他**緊急を要するとき**。
②一般乗合旅客自動車運送事業者によることが困難な場合において、一時的な需要のために国土交通大臣の**許可**を受けて**地域**及び**期間を限定**して行うとき。

過去出題例［禁止行為と乗合旅客の運送］

□1．一般貸切旅客自動車運送事業者及び一般乗用旅客自動車運送事業者は、災害の場合その他緊急を要するとき、又は一般乗合旅客自動車運送事業者によることが困難な場合において、一時的な需要のために国土交通大臣の許可を受けて地域及び期間を限定して行う場合に限り、乗合旅客の運送をすることができる。［R2.8］

解答

1…○

2　演習問題

問1　一般旅客自動車運送事業に関する次の記述のうち、正しいものを1つ選びなさい。なお、解答にあたっては、各選択肢に記載されている事項以外は考慮しないものとする。[R2.8]

☐ 1．一般旅客自動車運送事業を経営しようとする者は、一般乗合旅客自動車運送事業、一般貸切旅客自動車運送事業、一般乗用旅客自動車運送事業の種別ごとに国土交通大臣の認可を受けなければならない。

2．一般貸切旅客自動車運送事業者は、「営業所の名称」に係る事業計画の変更をしようとするときは、あらかじめ、その旨を国土交通大臣に届け出なければならない。

3．一般貸切旅客自動車運送事業者及び一般乗用旅客自動車運送事業者は、災害の場合その他緊急を要するとき、又は一般乗合旅客自動車運送事業者によることが困難な場合において、一時的な需要のために国土交通大臣の許可を受けて地域及び期間を限定して行う場合に限り、乗合旅客の運送をすることができる。

4．一般旅客自動車運送事業者は、運送約款を定め、又はこれを変更しようとするときは、あらかじめ、その旨を国土交通大臣に届け出なければならない。

◆解答＆解説

問1［解答　3］

1．「認可」⇒「**許可**」。道路運送法第4条（一般旅客自動車運送事業の許可）第1項・第2項。⇒15P

2．「あらかじめ」⇒「**遅滞なく**」。道路運送法第15条（事業計画の変更）第4項。⇒20P

3．道路運送法第21条（乗合旅客の運送）第1項①・②。

4．運送約款を定め、又はこれを変更しようとするときは、国土交通大臣の**認可を受けなければならない**。道路運送法第11条（運送約款）第1項。⇒18P

7　運転者の選任

1　法令の要点と○×式過去出題例

■運転者の選任［運輸規則第35条］

1．**旅客自動車運送事業者**は、事業計画（路線定期運行を行う一般乗合旅客自動車運送事業者にあっては、事業計画及び運行計画）の遂行に**十分な数**の事業用自動車の**運転者を常時選任**しておかなければならない。

■運転者として選任してはならない者［運輸規則第36条］

1．旅客自動車運送事業者（個人タクシー事業者を除く。）は、次の各号に該当する者を事業用自動車の運転者として選任してはならない。

①日日雇い入れられる者
②**２ヵ月以内**の期間を定めて使用される者
③試みの使用期間中の者（14日を超えて引き続き使用されるに至った者を除く）
④14日未満の期間ごとに賃金の支払いを受ける者

《新たに雇い入れた者の選任要件》

2．一般乗用旅客自動車運送事業者（個人タクシー事業者を除く。）は、新たに雇い入れた者については、第38条（従業員に対する指導監督）第１項、第２項及び第４項並びに第39条に規定する事項（新たに雇い入れた者が一般乗用旅客自動車運送事業の事業用自動車の運転者として選任された経験を有する者である場合にあっては、営業区域内の地理に関し必要な事項）について、雇入れ後少なくとも**10日間の指導、監督及び特別な指導**を行い、並びに適性診断を受診させた後でなければ、前条の運転者その他事業用自動車の運転者として**選任してはならない**。ただし、新たに雇い入れた者が、当該一般乗用旅客自動車運送事業者の**営業区域内**において、雇入れの日前**２年以内に通算90日以上**一般乗用旅客自動車運送事業の事業用自動車の運転者であったときは、この限りでない。

過去出題例 ［運転者の選任］

☐1．一般旅客自動車運送事業者は、事業計画（路線定期運行を行う一般乗合旅客自動車運送事業者にあっては、事業計画及び運行計画）の遂行に十分な数の事業用自動車の運転者を常時選任しておかなければならない。この場合、事業者（個人タクシー事業者を除く。）は、日日雇い入れられる者、3ヵ月以内の期間を定めて使用される者及び試みの使用期間中の者（14日を超えて引き続き使用されるに至った者を除く。）を当該運転者として選任してはならない。［R1.8］

☐2．一般旅客自動車運送事業者は、事業計画（路線定期運行を行う一般乗合旅客自動車運送事業者にあっては、事業計画及び運行計画）の遂行に十分な数の事業用自動車の運転者を常時選任しておかなければならない。この場合、事業者（個人タクシー事業者を除く。）は、日日雇い入れられる者、2ヵ月以内の期間を定めて使用される者及び試みの使用期間中の者（14日を超えて引き続き使用されるに至った者を除く。）を当該運転者として選任してはならない。［R3_CBT］

☐3．一般乗用旅客自動車運送事業者（個人タクシー事業者を除く。）は、運転者として新たに雇い入れた者（法令に定める要件に該当する者を除く。）については、国土交通大臣が告示で定めるところにより、営業区域の状態等、事業用自動車の運行の安全を確保するために遵守すべき事項等について、雇入れ後少なくとも10日間の指導、監督及び特別な指導を行い、並びに適性診断を受診させた後でなければ、事業用自動車の運転者として選任してはならない。［R3.3］

解答

1…×（3ヵ月⇒2ヵ月）：**2…○**：**3…○**

8　過労の防止

1　法令の要点と○×式過去出題例

■過労防止等［運輸規則第21条］

《勤務時間及び乗務時間》

1．旅客自動車運送事業者は、過労の防止を十分考慮して、国土交通大臣が告示で定める基準（自動車運転者の労働時間等の改善のための基準）に従って、事業用自動車の運転者の**勤務時間及び乗務時間**を定め、当該運転者にこれらを遵守させなければならない。

《施設の整備・管理・保守》

2．旅客自動車運送事業者は、乗務員等が有効に利用することができるように、営業所、自動車車庫その他営業所又は自動車車庫付近の適切な場所に、休憩に必要な施設を整備し、及び乗務員等に睡眠を与える必要がある場合又は乗務員等が勤務時間中に仮眠する機会がある場合は、睡眠又は仮眠に必要な施設を**整備**し、並びにこれらの施設を**適切に管理**し、及び**保守**しなければならない。

〔旅客自動車運送事業運輸規則の解釈及び運用について（通達）〕

第21条　過労防止等

2．営業所等の休憩施設及び睡眠・仮眠施設（第２項）

①休憩施設又は睡眠・仮眠施設が設けられている場合であっても、次のいずれかに該当する施設は、「有効に利用することができる施設」に該当しない例とする。

イ．**運転者、車掌その他の乗務員及び特定自動運行保安員（以下「乗務員等」という。）が実際に休憩、睡眠又は仮眠を必要とする場所に設けられていない施設**

ロ．**寝具等必要な設備が整えられていない施設**

ハ．施設・寝具等が、不潔な状態にある施設

3．旅客自動車運送事業者は、運転者に第１項の告示で定める基準による１日の勤務時間中に当該運転者の属する営業所で勤務を終了することができない運行を指示する場合は、当該運転者が有効に利用することができるように、**勤務を終了する場所の付近の適切な場所**に睡眠に必要な**施設を整備**し、又は**確保**し、並びにこれらの施設を**適切に管理**し、及び**保守**しなければならない。

《運行業務の禁止①（酒気帯び）》

4．旅客自動車運送事業者は、**酒気を帯びた状態**にある乗務員等を事業用自動車の運行の業務に従事させてはならない。

〔旅客自動車運送事業運輸規則の解釈及び運用について（通達）〕

第21条　過労防止等

4．酒気を帯びた状態にある乗務員等の業務禁止（第４項）

「酒気を帯びた状態」は、道路交通法施行令（昭和35年政令第270号）第44条の３に規定する血液中のアルコール濃度0.3mg/ｍℓ又は呼気中のアルコール濃度0.15mg/ℓ以上で**あるか否かを問わない**ものである。

《運行業務の禁止②（疲労）》

5．旅客自動車運送事業者は、乗務員等の**健康状態**の把握に努め、疾病、疲労、睡眠不足その他の理由により**安全に運行の業務を遂行**し、又はその補助をすることができないおそれがある乗務員等を事業用自動車の運行の業務に従事させてはならない。

《交替運転者の配置》

6．一般乗合旅客自動車運送事業者及び一般貸切旅客自動車運送事業者は、運転者が長距離運転又は**夜間の運転**に従事する場合であって、**疲労等**により安全な運転を**継続すること**ができないおそれがあるときは、あらかじめ、交替するための運転者を**配置**しておかなければならない。

《輸送の安全のための措置》

7．旅客自動車運送事業者は、乗務員等が事業用自動車の運行中に疾病、疲労、睡眠不足その他の理由により安全に運行の業務を継続し、又はその補助を継続することができないおそれがあるときは、当該乗務員等に対する**必要な指示**その他**輸送の安全のための措置**を講じなければならない。

■運行に関する状況の把握のための体制の整備［運輸規則第21条の2］

1．旅客自動車運送事業者は、第20条（異常気象時等における措置）、第21条（過労防止等）第7項その他の輸送の安全に関する規定に基づく措置を適切に講ずることができるよう、事業用自動車の運行に関する状況を適切に把握するための**体制を整備**しなければならない。

〔**旅客自動車運送事業運輸規則の解釈及び運用について（通達）**〕

第21条の2　運行に関する状況の把握のための体制の整備

2．体制の整備の具体的な取扱いについては次のとおりとする。

②一般乗合旅客自動車運送事業者（乗車定員10人以下の事業用自動車の運行のみを行う営業所を除く。）及び一般貸切旅客自動車運送事業者は、運行の形態上、長距離又は大量旅客輸送が想定され、**異常気象**、**乗務員の体調変化等**の発生時に運行の中止等の判断、指示等に伴う調整が必要となることから、①の規定（省略）に加えて、事業用自動車の**運行中少なくとも1人**の運行管理者は、一般乗合旅客自動車運送事業又は一般貸切旅客自動車運送事業の事業用自動車の運転業務に従事せずに、異常気象、乗務員の体調変化等の発生時速やかに**運行の中止等の判断**、**指示等**を行える**体制を整備**しなければならないこととする。

■乗務距離の最高限度等［運輸規則第23条］

1．交通の状況を考慮して地方運輸局長が指定する地域内に営業所を有する一般乗用旅客自動車運送事業者は、指定地域内にある営業所に属する運転者に、その収受する運賃及び料金の総額が一定の基準に達し、又はこれを超えるように**乗務を強制**してはならない。

過去出題例［**過労運転の防止**］

☐1．旅客自動車運送事業者は、過労の防止を十分考慮して、国土交通大臣が告示で定める基準に従って、事業用自動車の運転者の勤務日数及び乗務距離を定め、当該運転者にこれらを遵守させなければならない。[R2_CBT/R1.8]

☐2．旅客自動車運送事業者は、乗務員等が有効に利用することができるように、営業所、自動車車庫等に、休憩に必要な施設を整備し、及び乗務員等に睡眠を与える必要がある場合は、睡眠に必要な施設を整備しなければならない。ただし、寝具等必要な設備が整えられていない施設は、有効に利用することができる施設には該当しない。

［R2_CBT改/R1.8改］

☐3．一般貸切旅客自動車運送事業者は、運転者が長距離運転又は夜間の運転に従事する場合であって、疲労等により安全な運転を継続することができないおそれがあるときは、あらかじめ、交替するための運転者を配置しておかなければならない。

[R3_CBT/R2_CBT]

☐4．旅客自動車運送事業者は、乗務員等が事業用自動車の運行中に疾病、疲労、睡眠不足その他の理由により安全に運行の業務を遂行し、又はその補助を継続することができないおそれがあるときは、当該乗務員等に対する必要な指示その他輸送の安全のための措置を講じなければならない。[R3_CBT改]

☐5．一般貸切旅客自動車運送事業者は、事業用自動車の運行中少なくとも1人の運行管理者が、事業用自動車の運転業務に従事せずに、異常気象、乗務員の体調変化等の発生時、速やかに運行の中止等の判断、指示等を行える体制を整備しなければならない。

[R2_CBT/R1.8]

解答

1…×（勤務日数及び乗務距離⇒勤務時間及び乗務時間）：2…○：3…○：4…○：5…○

2 演習問題

問1　旅客自動車運送事業者（以下「事業者」という。）の過労防止等についての法令の定めに関する次の記述のうち、誤っているものを1つ選びなさい。なお、解答にあたっては、各選択肢に記載されている事項以外は考慮しないものとする。

☐ 1．事業者は、乗務員等の健康状態を把握し、疾病、疲労、睡眠不足その他の理由により安全に運行の業務を遂行し、又はその補助をすることができないおそれがある乗務員等を事業用自動車の運行の業務に従事させてはならない。

2．事業者は、乗務員等が事業用自動車の運行中に疾病、疲労、睡眠不足その他の理由により安全に運行の業務を継続し、又はその補助を継続することができないおそれがあるときは、当該乗務員等に対する必要な指示その他輸送の安全のための措置を講じなければならない。

3．一般貸切旅客自動車運送事業者は、運転者が長距離運転又は夜間の運転に従事する場合であって、疲労等により安全な運転を継続することができないおそれがあるときは、あらかじめ、交替するための運転者を配置すること。

4．事業者は、運転者に国土交通大臣が告示で定める基準による1日の勤務時間中に当該運転者の属する営業所で勤務を終了することができない運行を指示する場合は、当該運転者が有効に利用することができるように、事業用自動車内に睡眠に必要な施設を整備し、又は確保し、並びにこれらの施設を適切に管理し、及び保守しなければならない。

問２　旅客自動車運送事業者（以下「事業者」という。）の過労防止等に関する旅客自動車運送事業運輸規則についての次の記述のうち、正しいものを１つ選びなさい。なお、解答にあたっては、各選択肢に記載されている事項以外は考慮しないものとする。

☐ １．事業者は、事業計画（路線定期運行を行う一般乗合旅客自動車運送事業者にあっては、事業計画及び運行計画）の遂行に十分な数の事業用自動車の運転者を常時選任しておかなければならない。この場合、事業者（個人タクシー事業者を除く。）は、日日雇い入れられる者、３ヵ月以内の期間を定めて使用される者及び試みの使用期間中の者（14日を超えて引き続き使用されるに至った者を除く。）を当該運転者として選任してはならない。

２．事業者は、過労の防止を十分考慮して、国土交通大臣が告示で定める基準に従って、事業用自動車の運転者の勤務日数及び乗務距離を定め、当該運転者にこれらを遵守させなければならない。

３．事業者は、乗務員等の身体に保有するアルコールの程度が、道路交通法施行令第44条の３（アルコールの程度）に規定する呼気中のアルコール濃度１リットルにつき0.15ミリグラム以下であれば事業用自動車の運行の業務に従事させてもよい。

４．交通の状況を考慮して地方運輸局長が指定する地域内に営業所を有する一般乗用旅客自動車運送事業者は、指定地域内にある営業所に属する運転者に、その収受する運賃及び料金の総額が一定の基準に達し、又はこれを超えるように乗務を強制してはならない。

問３　旅客自動車運送事業者（以下「事業者」という。）の過労運転の防止等についての法令の定めに関する次の記述のうち、誤っているものを１つ選びなさい。なお、解答にあたっては、各選択肢に記載されている事項以外は考慮しないものとする。

［R2_CBT改］

☐ １．事業者は、乗務員等が有効に利用することができるように、営業所、自動車車庫等に、休憩に必要な施設を整備し、及び乗務員等に睡眠を与える必要がある場合は睡眠に必要な施設を整備しなければならない。ただし、乗務員等が実際に睡眠を必要とする場所に設けられていない施設は、有効に利用することができる施設には該当しない。

２．一般貸切旅客自動車運送事業者は、運転者が長距離運転又は夜間の運転に従事する場合であって、疲労等により安全な運転を継続することができないおそれがあるときは、あらかじめ、交替するための運転者を配置すること。

3．一般貸切旅客自動車運送事業者は、事業用自動車の運行中少なくとも１人の運行管理者が、事業用自動車の運転業務に従事せずに、異常気象、乗務員の体調変化等の発生時、速やかに運行の中止等の判断、指示等を行える体制を整備しなければならない。

4．事業者は、過労の防止を十分考慮して、国土交通大臣が告示で定める基準に従って、事業用自動車の運転者の勤務日数及び乗務距離を定め、当該運転者にこれらを遵守させなければならない。

問4　旅客自動車運送事業者（以下「事業者」という。）の過労運転の防止等についての法令の定めに関する次の記述のうち、正しいものをすべて選びなさい。なお、解答にあたっては、各選択肢に記載されている事項以外は考慮しないものとする。

［R1.8改］

☐ 1．事業者は、乗務員等が有効に利用することができるように、営業所、自動車車庫等に、休憩に必要な施設を整備し、及び乗務員等に睡眠を与える必要がある場合は睡眠に必要な施設を整備しなければならない。ただし、寝具等必要な設備が整えられていない施設は、有効に利用することができる施設には該当しない。

2．事業者は、過労の防止を十分考慮して、国土交通大臣が告示で定める基準に従って、事業用自動車の運転者の勤務日数及び乗務距離を定め、当該運転者にこれらを遵守させなければならない。

3．一般貸切旅客自動車運送事業者は、事業用自動車の運行中少なくとも１人の運行管理者が、事業用自動車の運転業務に従事せずに、異常気象、乗務員の体調変化等の発生時、速やかに運行の中止等の判断、指示等を行える体制を整備しなければならない。

4．事業者は、事業計画（路線定期運行を行う一般乗合旅客自動車運送事業者にあっては、事業計画及び運行計画）の遂行に十分な数の事業用自動車の運転者を常時選任しておかなければならない。この場合、事業者（個人タクシー事業者を除く。）は、日日雇い入れられる者、３ヵ月以内の期間を定めて使用される者及び試みの使用期間中の者（14日を超えて引き続き使用されるに至った者を除く。）を当該運転者として選任してはならない。

問５　旅客自動車運送事業運輸規則に定める旅客自動車運送事業者の過労防止についての次の文中、A、B、C、Dに入るべき字句としていずれか正しいものを１つ選びなさい。［R3.3改］

☐　１．旅客自動車運送事業者は、事業計画（路線定期運行を行う一般乗合旅客自動車運送事業者にあっては、事業計画及び運行計画）の遂行に十分な数の事業用自動車の運転者を常時選任しておかなければならない。この場合、事業者（個人タクシー事業者を除く。）は、日日雇い入れられる者、（A）以内の期間を定めて使用される者及び試みの使用期間中の者（14日を超えて引き続き使用されるに至った者を除く。）を当該運転者として選任してはならない。

２．旅客自動車運送事業者は、運転者に国土交通大臣が告示で定める基準による１日の勤務時間中に当該運転者の属する営業所で勤務を終了することができない運行を指示する場合は、当該運転者が有効に利用することができるように、勤務を終了する場所の付近の適切な場所に睡眠に必要な施設を整備し、又は確保し、並びにこれらの施設を（B）しなければならない。

３．旅客自動車運送事業者は、乗務員等の（C）に努め、疾病、疲労、睡眠不足その他の理由により安全に運行の業務を遂行することができないおそれがある乗務員等を事業用自動車の運行の業務に従事させてはならない。

４．一般貸切旅客自動車運送事業者は、運転者が長距離運転又は夜間の運転に従事する場合であって、（D）により安全な運転を継続することができないおそれがあるときは、あらかじめ、交替するための運転者を配置しておかなければならない。

A　①　１ヵ月　　②　２ヵ月
B　①　維持するための要員を確保　　②　適切に管理し、及び保守
C　①　運転履歴の把握　　②　健康状態の把握
D　①　疲労等　　②　酒気帯び

◆解答＆解説

問１［解答　４］

１．運輸規則第21条（過労防止等）第５項。

２．運輸規則第21条（過労防止等）第７項。

３．運輸規則第21条（過労防止等）第６項。

４．「事業用自動車内」⇒「**勤務を終了する場所の付近の適切な場所**」。運輸規則第21条（過労防止等）第３項。

問２［解答　４］

１．「３ヵ月以内の期間」⇒「**２ヵ月以内の期間**」。運輸規則第35条（運転者の選任）第１項。⇒28P・運輸規則第36条（運転者として選任してはならない者）第１項①～④。⇒28P

２．「勤務日数及び乗務距離」⇒「**勤務時間**及び**乗務時間**」。運輸規則第21条（過労防止等）第１項。

３．呼気中のアルコール濃度１リットルにつき0.15ミリグラム以下であるか否かを問わず、**酒気を帯びた状態であれば、事業用自動車の運行の業務に従事させてはならない**。運輸規則第21条（過労防止等）第４項・「運輸規則の解釈及び運用」第21条第４項。

４．運輸規則第23条（乗務距離の最高限度等）第１項。

問３［解答　４］

１．運輸規則第21条（過労防止等）第２項・「運輸規則の解釈及び運用」第21条第２項①イ。

２．運輸規則第21条（過労防止等）第６項。

３．運輸規則第21条の２（運行に関する状況の把握のための体制の整備）第１項・「運輸規則の解釈及び運用」第21条の２第２項②。

４．「勤務日数及び乗務距離」⇒「**勤務時間**及び**乗務時間**」。運輸規則第21条（過労防止等）第１項。

問４［解答　１，３］

１．運輸規則第21条（過労防止等）第２項・「運輸規則の解釈及び運用」第21条第２項①ロ。

２．「勤務日数及び乗務距離」⇒「**勤務時間**及び**乗務時間**」。運輸規則第21条（過労防止等）第１項。

３．運輸規則第21条の２（運行に関する状況の把握のための体制の整備）第１項・「運輸規則の解釈及び運用」第21条の２第２項②。

４．「３ヵ月以内の期間」⇒「**２ヵ月以内の期間**」。運輸規則第35条（運転者の選任）第１項。⇒28P・運輸規則第36条（運転者として選任してはならない者）第１項①～④。⇒28P

問５［解答　Ａ－②，Ｂ－②，Ｃ－②，Ｄ－①］

１．運輸規則第35条（運転者の選任）第１項。⇒28P・運輸規則第36条（運転者として選任してはならない者）第１項①～④。⇒28P

２．運輸規則第21条（過労防止等）第３項。

３．運輸規則第21条（過労防止等）第５項。

４．運輸規則第21条（過労防止等）第６項。

9　点　呼

1　法令の要点と○×式過去出題例

■点呼等［運輸規則第24条］

《業務前の点呼》

1．旅客自動車運送事業者は、業務に従事しようとする運転者又は特定自動運行保安員※（以下「運転者等」という。）に対して**対面**により、又は対面による点呼と同等の効果を有するものとして国土交通大臣が定める方法（運行上やむを得ない場合は電話その他の方法。）により点呼を行い、次の各号に掲げる事項について**報告**を求め、及び確認を行い、並びに事業用自動車の運行の安全を確保するために**必要な指示**を与えなければならない。

①車両法第47条の2（**日常点検整備**）第1項及び第2項（⇒162P）の規定による**点検**の実施又はその確認
②運転者に対しては、**酒気帯び**の有無
③運転者に対しては、**疾病、疲労、睡眠不足**その他の理由により安全な運転をすることができないおそれの有無

《報告》
車両法第47条の2第1項・第2項の実施又は確認
酒気帯びの有無
健康状態（疾病・疲労・睡眠不足等）

《確認》
車両法第47条の2第1項・第2項の実施又は確認
酒気帯びの有無
健康状態（疾病・疲労・睡眠不足等）
《必要な指示》
運行の安全の確保のために必要な指示

【業務前点呼（運転者の場合）】

④特定自動運行保安員に対しては、特定自動運行事業用自動車による運送を行うために必要な自動運行装置の設定の状況に関する確認

※特定自動運行（高速道路等の特定の条件下で、運転者がいない無人状態で自動運行装置（非常時等にすぐに安全な方法で自動停止させる機能を備えているもの）を用いて行う自動運行）（レベル4の自動運転）を行う際に、遠隔地等から自動運行車両を監視・操作する者。

〔旅客自動車運送事業運輸規則の解釈及び運用について（通達）〕

第24条　点呼等

1．業務前、業務途中及び業務後の点呼等の実施（第１項から第３項まで）

①**「運行上やむを得ない場合」**とは、遠隔地で業務を開始又は終了するため、業務前点呼又は業務後点呼を運転者等が所属する営業所において対面で実施できない場合等をいい、車庫と当該車庫を所管する**営業所が離れている場合**、早朝・深夜等において点呼執行者が**営業所に出勤していない場合**等は「運行上やむを得ない場合」には**該当しない**。

ただし、一般乗合旅客自動車運送事業及び法令による許可を受けた一般貸切旅客自動車運送事業について事業用自動車の車庫が営業所から告示で定める距離にある場合であって、運転者等が営業所以外の地で業務を開始又は終了することとなることにより、業務前点呼又は業務後点呼を所属する営業所において対面で実施できない勤務となる場合は、「運行上やむを得ない場合」として取り扱って差し支えないが、運行の安全を確保するうえで、対面による点呼が重要であることから、運行管理者等を派遣するなどできる限り対面で実施するよう指導すること。

また、点呼は営業所において行うことが原則であるが、営業所と車庫が離れている場合等、必要に応じて運行管理者等を車庫へ派遣して点呼を行う等、対面点呼を確実に実施するよう指導すること。

②**「その他の方法」**とは、携帯電話、業務無線等により運転者等と直接対話できるものでなければならず、**電子メール、FAX等一方的な連絡方法は該当しない**。

また、電話その他の方法による点呼を運行中に行ってはならない。

③**「対面による点呼と同等の効果を有するものとして国土交通大臣が定める方法」**とは、「点呼告示（⇒６P）」において規定する遠隔点呼及び業務後自動点呼の他、輸送の安全及び旅客の利便の確保に関する取組が優良であると認められる営業所において、当該営業所の管理する点呼機器を用い、及び当該機器に備えられたカメラ、ディスプレイ等によって、運行管理者等が運転者の酒気帯びの有無、疾病、疲労、睡眠不足等の状況を随時確認でき、かつ、運転者の酒気帯びの状況に関する測定結果を、自動的に記録及び保存するとともに当該運行管理者等が当該測定結果を直ちに確認できる方法をいう。

④③に規定する**「輸送の安全及び旅客の利便の確保に関する取組が優良であると認められる営業所」**とは、次のいずれにも該当する旅客自動車運送事業者の営業所をいう。なお、同一営業所で複数の旅客自動車運送事業を行う場合には、国土交通大臣が定めた方法による点呼を行うこととする事業ごとに、当該事業について次のいずれにも該当するか否かを判断することとする。

（i）開設されてから**3年**を経過していること。

（ii）**過去3年間**所属する旅客自動車運送事業の用に供する事業用自動車の運転者が自らの責に帰する自動車事故報告規則第2条（⇒86P）に規定する**事故を発生させていないこと**。

（iii）**過去3年間**自動車その他の**輸送施設の使用の停止処分**、**事業の停止処分**又は**警告**を受けていないこと。

⑤ ③の方法による点呼を実施する場合は、以下に定めるところにより行うものとする。

（i）営業所と当該営業所の車庫間又は営業所の車庫と当該営業所の他の車庫間で行う点呼（以下「**旅客IT点呼**」という。）の実施方法

ア　運行管理者等は、旅客IT点呼を行う営業所（以下「旅客IT点呼実施営業所」という。）又は当該営業所の車庫において、当該営業所で管理する旅客IT点呼機器を使用し旅客IT点呼を行うものとする。

イ　運転者等は、旅客IT点呼実施営業所の車庫において、当該営業所で管理する旅客IT点呼機器を使用し旅客IT点呼を受けるものとする。

《乗務後の点呼》

2．旅客自動車運送事業者は、事業用自動車の運行の業務を終了した運転者等に対して**対面**により、又は対面による点呼と同等の効果を有するものとして国土交通大臣が定める方法（運行上やむを得ない場合は電話その他の方法）により点呼を行い、当該業務に係る**事業用自動車、道路及び運行の状況**について報告を求め、かつ、運転者に対しては**酒気帯びの有無**について確認を行わなければならない。この場合において、当該運転者等が他の運転者等と交替した場合にあっては、当該運転者等が交替した運転者等に対して行った運輸規則第15条の2第8項第10号※1又は運輸規則第50条第1項第8号※2の規定による**通告**についても報告を求めなければならない。

※1：「特定自動運行保安員は、業務を終了したときは、交替する特定自動運行保安員に対し、業務中の特定自動運行事業用自動車、道路及び運行の状況について通告しなければならない。」という規定。

※2：「運転者は、業務を終了したときは、交替する運転者に対し、業務中の事業用自動車、道路及び運行の状況について通告しなければならない。」という規定。

交替しない場合（通常の業務後点呼）

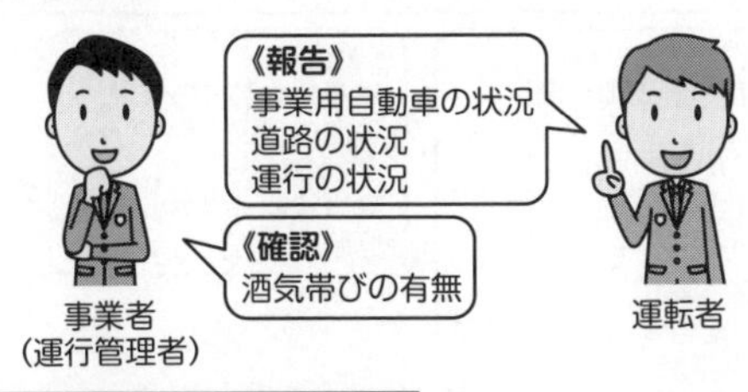

交替した場合［業務途中でA運転者⇒B運転者に交替］

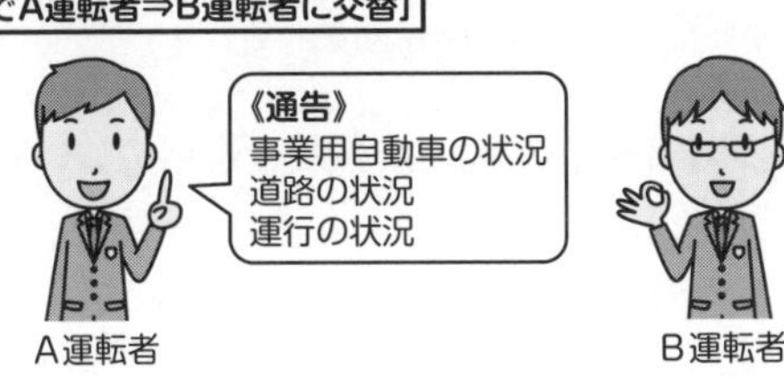

業務終了後それぞれが報告

【業務後点呼（運転者の場合）】

《業務途中の点呼》

3．**一般貸切旅客自動車運送事業者**は、夜間において長距離の運行を行う事業用自動車の運行の業務に従事する運転者等に対して当該業務の途中において少なくとも一回電話その他の方法により点呼を行い、次の各号に掲げる事項について報告を求め、及び確認を行い、並びに事業用自動車の運行の安全を確保するために必要な指示を与えなければならない。

①当該業務に係る**事業用自動車、道路及び運行の状況**
②運転者に対しては、**疾病**、**疲労**、**睡眠不足**その他の理由により安全な運転をすることができないおそれの有無

《一般貸切旅客自動車運送事業者》
夜間において長距離の運行を行う運転者等に対し、業務途中で少なくとも１回電話等で点呼

《確認》
事業用自動車の状況
道路の状況
運行の状況
健康状態（疾病・疲労、睡眠不足等）
《必要な指示》
運行の安全の確保のために必要な指示

《報告》
事業用自動車の状況
道路の状況
運行の状況
健康状態（疾病・疲労、睡眠不足等）

【業務途中点呼】

〔旅客自動車運送事業運輸規則の解釈及び運用について（通達)〕

第24条　点呼等

１．業務前、業務途中及び業務後の点呼等の実施（第１項から第３項まで）

⑧「夜間において長距離の運行を行う事業用自動車の運行の業務に従事する運転者等」とは、運行指示書上、実車運行（旅客の乗車の有無に関わらず、旅客の乗車が可能として設定した区間の運行をいい、回送運行は実車運行には含まない。以下同じ。）する区間の距離が**100km**を超える**夜間運行**（実車運行を開始する時刻若しくは実車運行を終了する時刻が午前２時から午前４時までの間にある運行又は当該時刻をまたぐ運行をいう。）を行う事業用自動車の運行の業務に従事する運転者等をいい、交替運転者が当該事業用自動車に添乗している場合は当該交替運転者を含む。

《補助者による点呼》

〔旅客自動車運送事業運輸規則の解釈及び運用について（通達)〕

第24条　点呼等

１．業務前、業務途中及び業務後の点呼等の実施（第１項から第３項まで）

⑥補助者を選任し、点呼の一部を行わせる場合であっても、当該営業所において選任されている**運行管理者が行う点呼**は、点呼を行うべき総回数の少なくとも**３分の１以上**でなければならない。

《アルコール検知器》

４．旅客自動車運送事業者は、**アルコール検知器**（呼気に含まれるアルコールを検知する機器であって、国土交通大臣が告示で定めるものをいう。以下同じ。）を**営業所ごとに備え**、常時有効に保持するとともに、第１項及び第２項の規定により酒気帯びの有無について確認を行う場合には、運転者の状態を**目視等で確認**するほか、当該運転者の属する営業所に備えられたアルコール検知器を用いて行わなければならない。

〔旅客自動車運送事業運輸規則の解釈及び運用について（通達）〕

第24条　点呼等

2．アルコールを検知する機器の使用等（第４項）

③「アルコール検知器を営業所ごとに備え」とは、営業所若しくは営業所の車庫に設置され、営業所に備え置き（**携帯型アルコール検知器等**）、又は営業所に属する事業用自動車に設置されているものをいう。

④「常時有効に保持」とは、正常に作動し、故障がない状態で保持しておくことをいう。このため、アルコール検知器の製作者が定めた取扱説明書に基づき、適切に使用し、管理し、及び保守するとともに、次のとおり、**定期的に**故障の有無を**確認**し、故障がないものを使用しなければならない。

ロ．毎日確認することが望ましく、少なくとも１週間に１回以上確認すべき事項

（イ）確実に酒気を帯びていない者が当該アルコール検知器を使用した場合に、アルコールを検知しないこと。

（ロ）洗口液、液体歯磨き等アルコールを含有する液体又はこれを希釈したものを、スプレー等により口内に噴霧した上で、当該アルコール検知器を使用した場合に、アルコールを検知すること。

⑤「目視等で確認」とは、運転者の顔色、呼気の臭い、応答の声の調子等で確認することをいう。なお、対面でなく電話その他の方法で点呼をする場合には、運転者の応答の声の調子等電話等を受けた運行管理者等が確認できる方法で行うものとする。

⑥「アルコール検知器を用いて」とは、対面でなく電話その他の方法で点呼をする場合には、運転者に携帯型アルコール検知器を携行させ、又は自動車に設置されているアルコール検知器を使用させ、及び当該アルコール検知器の測定結果を電話その他の方法（通信機能を有し、又は携帯電話等通信機器と接続するアルコール検知器を用いる場合にあっては、当該測定結果を営業所に電送させる方法を含む。）で報告させることにより行うものとする。

営業所と車庫が離れている等の場合において、運行管理者等を車庫へ派遣して点呼を行う場合については、営業所の車庫に設置したアルコール検知器、運行管理者等が持参したアルコール検知器又は自動車に設置されているアルコール検知器を使用することによるものとする。

《点呼の記録内容と保存期間》

5．旅客自動車運送事業者は、業務前、業務途中及び業務後の点呼を行い、報告を求め、確認を行い、及び指示をしたときは、運転者等ごとに点呼を行った旨、報告、確認及び指示の内容並びに次に掲げる事項を記録し、かつ、その記録を**１年間保存**しなければならない。

①点呼を行った者及び点呼を受けた運転者等の氏名		
②点呼を受けた運転者等が従事する運行の業務に係る事業用自動車の自動車登録番号その他の当該事業用自動車を識別できる表示		
③点呼の日時	④点呼の方法	⑤その他必要な事項

過去出題例［点　呼］

☐1．業務前の点呼は、対面により、又は対面による点呼と同等の効果を有するものとして国土交通大臣が定める方法（運行上やむを得ない場合は電話その他の方法。）により行い、法令で定める事項について報告を求め、及び確認を行い、並びに事業用自動車の運行の安全を確保するために必要な指示を与えなければならない。［R2_CBT改］

☐2．運転者等が所属する営業所において、対面により、又は対面による点呼と同等の効果を有するものとして国土交通大臣が定める方法（運行上やむを得ない場合は電話その他の方法。）により業務前の点呼を行う場合は、法令の規定により、運転者に対しては、酒気帯びの有無について、運転者等の顔色、呼気の臭い、応答の声の調子等を目視等により確認するほか、当該営業所に備えられたアルコール検知器を用いて確認を行わなければならない。［R3.3改］

☐3．点呼は、運行管理者と運転者等が対面により、又は対面による点呼と同等の効果を有するものとして国土交通大臣が定める方法（運行上やむを得ない場合は電話その他の方法。）で行うこととされているが、運行上やむを得ない場合は電話その他の方法によることも認められている。一般貸切旅客自動車運送事業において、営業所と離れた場所にある当該営業所の車庫から業務を開始する運転者等については、運行上やむを得ない場合に該当しないことから、電話による点呼を行うことはできない。

［R3_CBT改/R3.3改］

☐4．「対面による点呼と同等の効果を有するものとして国土交通大臣が定める方法」には、輸送の安全及び旅客の利便の確保に関する取組が優良であると認められる営業所において、当該営業所の管理する点呼機器を用い、及び当該機器に備えられたカメラ、ディスプレイ等によって、運行管理者等が運転者の酒気帯びの有無、疾病、疲労、睡眠不足等の状況を随時確認でき、かつ、運転者の酒気帯びの状況に関する測定結果を、自動的に記録及び保存するとともに当該運行管理者等が当該測定結果を直ちに確認できる方法をいう。［R2.8改］

☐5．業務終了後の点呼においては、「道路運送車両法第47条の２第１項及び第２項の規定による点検（日常点検）の実施又はその確認」について報告を求め、及び確認を行わなければならない。［R3.3改］

☐6．業務終了後の点呼は、対面により、又は対面による点呼と同等の効果を有するものとして国土交通大臣が定める方法（運行上やむを得ない場合は電話その他の方法。）により行い、当該業務に係る事業用自動車、道路及び運行の状況について報告を求め、かつ、運転者に対しては、酒気帯びの有無について確認を行わなければならない。この場合において、業務を終了した運転者等が他の運転者等と交替した場合にあっては、当該運転者等が交替した運転者等に対して行った法令の規定による通告についても報告を求めなければならない。［R3_CBT改/R2_CBT改］

☐7．次のいずれにも該当する一般旅客自動車運送事業者の営業所にあっては、当該営業所と当該営業所の車庫間で点呼を行う場合は、対面による点呼と同等の効果を有するものとして国土交通大臣が定める方法による点呼を行うことができる。［R2_CBT改］

①開設されてから１年を経過していること。

②過去１年間所属する旅客自動車運送事業の用に供する事業用自動車の運転者が自らの責に帰する自動車事故報告規則第２条に規定する事故を発生させていないこと。

☐8．次のいずれにも該当する一般旅客自動車運送事業者の営業所にあっては、当該営業所と当該営業所の車庫間で点呼を行う場合は、対面による点呼と同等の効果を有するものとして国土交通大臣が定める方法による点呼（旅客IT点呼）を行うことができる。［R3_CBT］

①開設されてから3年を経過していること。

②過去1年間所属する旅客自動車運送事業の用に供する事業用自動車の運転者が自らの責に帰する自動車事故報告規則第2条に規定する事故を発生させていないこと。

③過去1年間自動車その他の輸送施設の使用の停止処分、事業の停止処分又は警告を受けていないこと。

☐9．次のいずれにも該当する一般旅客自動車運送事業者の営業所にあっては、当該営業所と当該営業所の車庫間で点呼を行う場合は、対面による点呼と同等の効果を有するものとして国土交通大臣が定める方法による点呼を行うことができる。［R2.8改］

①開設されてから３年を経過していること。

②過去３年間所属する旅客自動車運送事業の用に供する事業用自動車の運転者が自らの責に帰する自動車事故報告規則第２条に規定する事故を発生させていないこと。

③過去３年間自動車その他の輸送施設の使用の停止処分、事業の停止処分又は警告を受けていないこと。

☐10．一般貸切旅客自動車運送事業の運行管理者にあっては、運行指示書上、実車運行する区間の距離が100キロメートルを超える夜間運行を行う事業用自動車の運行の業務に従事する運転者等に対して当該業務の途中において少なくとも１回電話その他の方法により点呼を行わなければならない。［R3.3改］

☑11. 運行管理者の業務を補助させるために選任された補助者に対し、点呼の一部を行わせる場合にあっても、当該営業所において選任されている運行管理者が行う点呼は、点呼を行うべき総回数の少なくとも２分の１以上でなければならない。[R2.8]

☑12. 旅客自動車運送事業運輸規則第24条第４項（点呼等）に規定する「アルコール検知器を営業所ごとに備え」とは、営業所又は営業所の車庫に設置されているアルコール検知器をいい、携帯型アルコール検知器は、これにあたらない。[R3_CBT/R2_CBT]

☑13. 旅客自動車運送事業者は、点呼に用いるアルコール検知器を常時有効に保持しなければならない。このため、確実に酒気を帯びていない者が当該アルコール検知器を使用した場合に、アルコールを検知しないこと及び洗口液等アルコールを含有する液体又はこれを希釈したものをスプレー等により口内に噴霧した上で、当該アルコール検知器を使用した場合にアルコールを検知すること等により、定期的に故障の有無を確認しなければならない。[R2.8]

解答

1…○：2…○：3…○：4…○：5…×（業務終了後の点呼では、日常点検の実施についての報告・確認は必要ない）：**6…○：7…×**（①１年⇒３年，②過去１年間⇒過去３年間。加えて③過去３年間自動車その他の輸送施設の使用の停止処分、事業の停止処分又は警告を受けていないこと）：**8…×**（②過去１年間⇒過去３年間，③過去１年間⇒過去３年間）：**9…○：10…○：11…×**（２分の１以上⇒３分の１以上）：**12…×**（携帯型アルコール検知器も含まれる）：**13…○**

2 演習問題

問1　一般貸切旅客自動車運送事業の事業用自動車の運転者等に対し、各点呼の際に報告を求め、及び確認を行わなければならない事項として、A、B、Cに入るべき字句を下の枠内の選択肢（1～6）から選びなさい。［R1.8改］

【業務前点呼】

⑴ 運転者に対しては、酒気帯びの有無

⑵ （A）

⑶ 道路運送車両法の規定による点検の実施又はその確認

⑷ 特定自動運行保安員に対しては、特定自動運行事業用自動車による運送を行うために必要な自動運行装置の設定の状況に関する確認

【業務後点呼】

⑴ 当該業務に係る事業用自動車、道路及び運行の状況

⑵ 運転者に対しては、酒気帯びの有無

⑶ （B）

【業務途中点呼】

⑴ （C）

⑵ 運転者に対しては、疾病、疲労、睡眠不足その他の理由により安全な運転をすることができないおそれの有無

☐ 1．道路運送車両法の規定による点検の実施又はその確認
2．当該業務に係る事業用自動車、道路及び運行の状況
3．乗客に体調の異変等があった場合にはその状況及び措置
4．運転者に対しては、疾病、疲労、睡眠不足その他の理由により安全な運転をすることができないおそれの有無
5．運転者に対しては、酒気帯びの有無
6．他の運転者等と交替した場合にあっては法令の規定による通告

問２　旅客自動車運送事業の事業用自動車の運転者等に対する点呼についての法令等の定めに関する次の記述のうち、正しいものをすべて選びなさい。なお、解答にあたっては、各選択肢に記載されている事項以外は考慮しないものとする。

☐ １．点呼は、運行管理者と運転者等が対面により、又は対面による点呼と同等の効果を有するものとして国土交通大臣が定める方法で行うこととされているが、運行上やむを得ない場合は電話その他の方法によることも認められている。一般貸切旅客自動車運送事業において、営業所と離れた場所にある当該営業所の車庫から業務を開始する運転者については、運行上やむを得ない場合に該当しないことから、携帯電話による点呼を行うことはできない。

２．運行管理者の業務を補助させるために選任された補助者に対し、点呼の一部を行わせる場合にあっても、当該営業所において選任されている運行管理者が行う点呼は、点呼を行うべき総回数の少なくとも２分の１以上でなければならない。

３．旅客自動車運送事業者は、業務前、業務途中及び業務後の点呼を行い、報告を求め、確認を行い、及び指示をしたときは、運転者等ごとに点呼を行った旨、報告、確認及び指示の内容並びに次に掲げる事項を記録し、かつ、その記録を３年間保存しなければならない。

４．運転者等が所属する営業所において、対面により、又は対面による点呼と同等の効果を有するものとして国土交通大臣が定める方法（運行上やむを得ない場合は電話その他の方法。）により業務前の点呼を行う場合は、法令の規定により運転者に対しては、酒気帯びの有無について、目視等により確認するほか、当該営業所に備えられたアルコール検知器を用いて呼気中のアルコール濃度が0.15mg/ℓ以上であるかを確認しなければならない。

問3　旅客自動車運送事業の事業用自動車の運転者等に対する点呼についての法令等の定めに関する次の記述のうち、正しいものをすべて選びなさい。なお、解答にあたっては、各選択肢に記載されている事項以外は考慮しないものとする。

［R3_CBT改］

□ 1．点呼は、運行管理者と運転者等が対面により、又は対面による点呼と同等の効果を有するものとして国土交通大臣が定める方法で行うこととされているが、運行上やむを得ない場合は電話その他の方法によることも認められている。一般貸切旅客自動車運送事業において、営業所と離れた場所にある当該営業所の車庫から業務を開始する運転者については、運行上やむを得ない場合に該当しないことから、電話による点呼を行うことはできない。

2．業務終了後の点呼は、対面により、又は対面による点呼と同等の効果を有するものとして国土交通大臣が定める方法（運行上やむを得ない場合は電話その他の方法。）により行い、当該業務に係る事業用自動車、道路及び運行の状況について報告を求め、かつ、運転者に対しては、酒気帯びの有無について確認を行わなければならない。この場合において、業務を終了した運転者等が他の運転者等と交替した場合にあっては、当該運転者等が交替した運転者等に対して行った法令の規定による通告についても報告を求めなければならない。

3．次のいずれにも該当する一般旅客自動車運送事業者の営業所にあっては、当該営業所と当該営業所の車庫間で点呼を行う場合は、対面による点呼と同等の効果を有するものとして国土交通大臣が定める方法による点呼（旅客IT点呼）を行うことができる。

①開設されてから３年を経過していること。

②過去１年間所属する旅客自動車運送事業の用に供する事業用自動車の運転者が自らの責に帰する自動車事故報告規則第２条に規定する事故を発生させていないこと。

③過去１年間自動車その他の輸送施設の使用の停止処分、事業の停止処分又は警告を受けていないこと。

4．旅客自動車運送事業運輸規則第24条第４項（点呼等）に規定する「アルコール検知器を営業所ごとに備え」とは、営業所若しくは営業所の車庫に設置されているアルコール検知器をいい、携帯型アルコール検知器は、これにあたらない。

問４　旅客自動車運送事業の事業用自動車の運転者等に対する点呼についての法令等の定めに関する次の記述のうち、正しいものをすべて選びなさい。なお、解答にあたっては、各選択肢に記載されている事項以外は考慮しないものとする。

［R2_CBT 改］

□ １．業務前の点呼は、対面により、又は対面による点呼と同等の効果を有するものとして国土交通大臣が定める方法（運行上やむを得ない場合は電話その他の方法。）により行い、法令で定める事項について報告を求め、及び確認を行い、並びに事業用自動車の運行の安全を確保するために必要な指示を与えなければならない。

２．業務終了後の点呼は、対面により、又は対面による点呼と同等の効果を有するものとして国土交通大臣が定める方法（運行上やむを得ない場合は電話その他の方法。）により行い、当該業務に係る事業用自動車、道路及び運行の状況について報告を求め、かつ、運転者に対しては、酒気帯びの有無について確認を行わなければならない。この場合において、業務を終了した運転者等が他の運転者等と交替した場合にあっては、当該運転者等が交替した運転者等に対して行った法令の規定による通告についても報告を求めなければならない。

３．次のいずれにも該当する一般旅客自動車運送事業者の営業所にあっては、当該営業所と当該営業所の車庫間で点呼を行う場合は、対面による点呼と同等の効果を有するものとして国土交通大臣が定める方法による点呼を行うことができる。

①開設されてから１年を経過していること。

②過去１年間所属する旅客自動車運送事業の用に供する事業用自動車の運転者が自らの責に帰する自動車事故報告規則第２条に規定する事故を発生させていないこと。

４．旅客自動車運送事業運輸規則第24条第４項（点呼等）に規定する「アルコール検知器を営業所ごとに備え」とは、営業所又は営業所の車庫に設置されているアルコール検知器をいい、携帯型アルコール検知器は、これにあたらない。

問5　旅客自動車運送事業の事業用自動車の運転者等に対する点呼についての法令等の定めに関する次の記述のうち、誤っているものを１つ選びなさい。なお、解答にあたっては、各選択肢に記載されている事項以外は考慮しないものとする。［R2.8改］

□　1．次のいずれにも該当する一般旅客自動車運送事業者の営業所にあっては、当該営業所と当該営業所の車庫間で点呼を行う場合は、対面による点呼と同等の効果を有するものとして国土交通大臣が定める方法による点呼（「旅客IT点呼」という。）を行うことができる。

① 開設されてから３年を経過していること。

② 過去３年間所属する旅客自動車運送事業の用に供する事業用自動車の運転者が自らの責に帰する自動車事故報告規則第２条に規定する事故を発生させていないこと。

③ 過去３年間自動車その他の輸送施設の使用の停止処分、事業の停止処分又は警告を受けていないこと。

2．「対面による点呼と同等の効果を有するものとして国土交通大臣が定める方法」には、輸送の安全及び旅客の利便の確保に関する取組が優良であると認められる営業所において、当該営業所の管理する点呼機器を用い、及び当該機器に備えられたカメラ、ディスプレイ等によって、運行管理者等が運転者の酒気帯びの有無、疾病、疲労、睡眠不足等の状況を随時確認でき、かつ、運転者の酒気帯びの状況に関する測定結果を、自動的に記録及び保存するとともに当該運行管理者等が当該測定結果を直ちに確認できる方法をいう。

3．旅客自動車運送事業者は、点呼に用いるアルコール検知器を常時有効に保持しなければならない。このため、確実に酒気を帯びていない者が当該アルコール検知器を使用した場合に、アルコールを検知しないこと及び洗口液等アルコールを含有する液体又はこれを希釈したものをスプレー等により口内に噴霧した上で、当該アルコール検知器を使用した場合にアルコールを検知すること等により、定期的に故障の有無を確認しなければならない。

4．運行管理者の業務を補助させるために選任された補助者に対し、点呼の一部を行わせる場合にあっても、当該営業所において選任されている運行管理者が行う点呼は、点呼を行うべき総回数の少なくとも２分の１以上でなければならない。

問６　旅客自動車運送事業の事業用自動車の運転者等（以下「運転者」という。）に対する点呼に関する次の記述のうち、正しいものをすべて選びなさい。なお、解答にあたっては、各選択肢に記載されている事項以外は考慮しないものとする。

［R3. 3改］

☐ １．点呼は、運行管理者と運転者等が対面により、又は対面による点呼と同等の効果を有するものとして国土交通大臣が定める方法で行うこととされているが、運行上やむを得ない場合は電話その他の方法によることも認められている。一般貸切旅客自動車運送事業において、営業所と離れた場所にある当該営業所の車庫から業務を開始する運転者については、運行上やむを得ない場合に該当しないことから、電話による点呼を行うことはできない。

２．運転者等が所属する営業所において、対面により、又は対面による点呼と同等の効果を有するものとして国土交通大臣が定める方法（運行上やむを得ない場合は電話その他の方法。）により業務前の点呼を行う場合は、法令の規定により、運転者に対しては、酒気帯びの有無について、運転者の顔色、呼気の臭い、応答の声の調子等を目視等により確認するほか、当該営業所に備えられたアルコール検知器を用いて確認を行わなければならない。

３．一般貸切旅客自動車運送事業の運行管理者にあっては、運行指示書上、実車運行する区間の距離が100キロメートルを超える夜間運行を行う事業用自動車の運行の業務に従事する運転者等に対して当該業務の途中において少なくとも１回電話その他の方法により点呼を行わなければならない。

４．業務終了後の点呼においては、「道路運送車両法第47条の２第１項及び第２項の規定による点検（日常点検）の実施又はその確認」について報告を求め、及び確認を行わなければならない。

◆解答＆解説

問１［解答　A－4，B－6，C－2］

運輸規則第24条（点呼等）第１項・第２項・第３項。

問２［解答　1］

1．「運輸規則の解釈及び運用」第24条第１項①。

2．「２分の１以上」⇒「**３分の１以上**」。「運輸規則の解釈及び運用」第24条第１項⑥。

3．「３年間」⇒「**１年間**」。運輸規則第24条第５項。

4．呼気中のアルコール濃度１リットルにつき**0.15ミリグラム以上であるか否かを問わず**、酒気を帯びた状態であれば、事業用自動車の運行の業務に従事させてはならない。運輸規則第21条（過労防止等）第４項・「運輸規則の解釈及び運用」第21条第４項。⇒31P

問3［解答　1，2］

1．「運輸規則の解釈及び運用」第24条第1項①。

2．運輸規則第24条（点呼等）第2項。

3．旅客IT点呼を行うことができるのは、次の①～③のいずれにも該当する場合である。

①開設されてから3年を経過していること。

②**過去3年間**所属する旅客自動車運送事業の用に供する事業用自動車の運転者が自らの責に帰する自動車事故報告規則第2条に規定する事故を発生させていないこと。

③**過去3年間**自動車その他の輸送施設の使用の停止処分、事業の停止処分又は警告を受けていないこと。「運輸規則の解釈及び運用」第24条第1項③・④。

4．営業所又は営業所の車庫に設置するアルコール検知器には、**携帯型アルコール検知器も含まれる**。「運輸規則の解釈及び運用」第24条第2項③。

問4［解答　1，2］

1．運輸規則第24条（点呼等）第1項。

2．運輸規則第24条（点呼等）第2項。

3．旅客IT点呼を行うことができるのは、次の①～③のいずれにも該当する場合である。

①開設されてから**3年**を経過していること。

②**過去3年間**所属する旅客自動車運送事業の用に供する事業用自動車の運転者が自らの責に帰する自動車事故報告規則第2条に規定する事故を発生させていないこと。

③過去3年間自動車その他の輸送施設の使用の停止処分、事業の停止処分又は警告を受けていないこと。「運輸規則の解釈及び運用」第24条第1項③・④。

4．営業所又は営業所の車庫に設置するアルコール検知器には、**携帯型アルコール検知器も含まれる**。「運輸規則の解釈及び運用」第24条第2項③。

問5［解答　4］

1．「運輸規則の解釈及び運用」第24条第1項③・④。

2．「運輸規則の解釈及び運用」第24条第1項③。

3．「運輸規則の解釈及び運用」第24条第2項④。

4．「2分の1以上」⇒「**3分の1以上**」。「運輸規則の解釈及び運用」第24条第1項⑥。

問6［解答　1，2，3］

1．「運輸規則の解釈及び運用」第24条第1項①。

2．運輸規則第24条（点呼等）第4項・「運輸規則の解釈及び運用」第24条第2項⑤。

3．運輸規則第24条（点呼等）第3項・「運輸規則の解釈及び運用」第24条第1項⑧。

4．**業務終了後の点呼**においては、日常点検の実施又はその確認についての報告と確認を**行う必要はない**。**業務前の点呼**において報告・確認が必要な事項である。運輸規則第24条（点呼等）第1項・第2項。

10　事故等における掲示・処置・措置

1　法令の要点

■遅延の掲示［運輸規則第16条］

1．一般乗合旅客自動車運送事業者及び一般貸切旅客自動車運送事業者は、事業用自動車の到着が著しく遅延した場合は、すみやかに**原因を調査**し、必要と認めるときは、その概要を関係のある**営業所に掲示**しなければならない。

■事故に関する掲示［運輸規則第17条］

1．一般乗合旅客自動車運送事業者は、天災その他の事故により事業計画又は運行計画に定めるところに従って事業用自動車を運行することができなくなったため、旅客の利便を阻害するおそれがある場合は、**遅滞なく**、次の各号に掲げる事項を関係のある営業所その他の場所において公衆に見やすいように掲示しなければならない。

<table>
<tr><td>①事故の発生した日時及び場所</td><td>②事故の概要</td><td>③復旧の見込</td></tr>
<tr><td colspan="3">④臨時の計画により事業用自動車を運行しようとするときは、その概要</td></tr>
<tr><td colspan="3">⑤旅客が当該運行系統又は運送の区間に代えて利用することができる他の運行系統若しくは運送の区間又は運送事業がある場合には、その概要</td></tr>
</table>

■事故の場合の処置［運輸規則第18条］

1．旅客自動車運送事業者は、事業用自動車の運行を中断したときは、当該自動車に乗車している旅客のために、次の各号に掲げる事項に関して**適切な処置**をしなければならない。

①旅客の運送を継続すること。
②旅客を出発地まで送還すること。
③前各号に掲げるもののほか、旅客を保護すること。

■異常気象時等における措置［運輸規則第20条］

1．旅客自動車運送事業者は、天災その他の理由により輸送の安全の確保に支障が生ずるおそれがあるときは、事業用自動車の**乗務員等に対する必要な指示**その他輸送の安全のための**措置**を講じなければならない。

2　演習問題

問1　旅客自動車運送事業者（以下「事業者」という。）の法令に規定する輸送の安全の確保等に関する次の記述のうち、正しいものを2つ選びなさい。なお、解答にあたっては、各選択肢に記載されている事項以外は考慮しないものとする。

□ 1．事業者は、運転者に国土交通大臣が告示で定める基準による1日の勤務時間中に当該運転者の属する営業所で勤務を終了することができない運行を指示する場合は、当該運転者が有効に利用することができるように、事業用自動車内に睡眠が可能な設備を設け、これを適切に管理し、保守しなければならない。

2．一般乗合旅客自動車運送事業者及び一般貸切旅客自動車運送事業者は、事業用自動車の到着が著しく遅延した場合は、すみやかに原因を調査し、必要と認めるときは、その概要を関係のある営業所に掲示しなければならない。

3．事業者は、事故により事業用自動車の運行を中断したときは、当該事業用自動車に乗車している旅客のために、運送を継続すること又は出発地まで送還すること、及び旅客を保護すること等、適切な処置をしなければならない。

4．一般乗合旅客自動車運送事業者は、天災その他の事故により事業計画又は運行計画に定めるところに従って事業用自動車を運行することができなくなったため、旅客の利便を阻害するおそれがある場合は、直ちに、所定の事項を関係のある営業所その他の場所において公衆に見やすいように掲示しなければならない。

◆解答＆解説

問1［解答　2,3］

1．「事業用自動車内」⇒「**勤務を終了する場所の付近の適切な場所**」。運輸規則第21条（過労防止等）第3項。⇒30P

2．運輸規則第16条（遅延の掲示）第1項。

3．運輸規則第18条（事故の場合の処置）第1項①～③。

4．「直ちに」⇒「**遅滞なく**」。運輸規則第17条（事故に関する掲示）第1項。

11　輸送の安全

1　法令の要点と○×式過去出題例

■輸送の安全等［道路運送法第27条］

1．一般旅客自動車運送事業者は、事業計画（路線定期運行を行う一般乗合旅客自動車運送事業者にあっては、事業計画及び運行計画）の遂行に**必要となる員数**の運転者の確保、事業用自動車の運転者がその休憩又は**睡眠**のために利用することができる施設の整備、事業用自動車の運転者の適切な**勤務時間及び乗務時間**の設定その他の運行の管理その他事業用自動車の運転者の過労運転を防止するために必要な措置を講じなければならない。

2．一般旅客自動車運送事業者は、事業用自動車の運転者が疾病により安全な運転ができないおそれがある状態で事業用自動車を運転することを防止するために必要な**医学的知見に基づく措置**を講じなければならない。

3．前2項に規定するもののほか、一般旅客自動車運送事業者は、事業用自動車の運転者、車掌その他旅客又は公衆に接する従業員の適切な指導監督、事業用自動車内における当該事業者の氏名又は名称の掲示その他の旅客に対する適切な情報の提供その他の**輸送の安全**及び旅客の**利便の確保**のために必要な事項として国土交通省令で定めるものを遵守しなければならない。

5．一般旅客自動車運送事業者の事業用自動車の運転者及び運転の補助に従事する従業員は、運行の安全の確保のために必要な事項として国土交通省令で定めるものを**遵守**しなければならない。

過去出題例［**輸送の安全**］

□1．一般旅客自動車運送事業者は、事業用自動車の運転者が疾病により安全な運転ができないおそれがある状態で事業用自動車を運転することを防止するために必要な医学的知見に基づく措置を講じなければならない。［R1.8］

解答

1…○

2 演習問題

問1　道路運送法に定める一般旅客自動車運送事業者の輸送の安全等についての次の文中、A～Fに入るべき字句としていずれか正しいものを１つ選びなさい。

［R2_CBT］

1．一般旅客自動車運送事業者は、事業計画（路線定期運行を行う一般乗合旅客自動車運送事業者にあっては、事業計画及び運行計画）の遂行に（A）運転者の確保、事業用自動車の運転者がその休憩又は（B）のために利用することができる施設の整備、事業用自動車の運転者の適切な勤務時間及び（C）の設定その他の運行の管理その他事業用自動車の運転者の過労運転を防止するために必要な措置を講じなければならない。

2．一般旅客自動車運送事業者は、事業用自動車の運転者が疾病により安全な運転ができないおそれがある状態で事業用自動車を運転することを防止するために必要な（D）に基づく措置を講じなければならない。

3．前２項に規定するもののほか、一般旅客自動車運送事業者は、事業用自動車の運転者、車掌その他旅客又は公衆に接する従業員の適切な指導監督、事業用自動車内における当該事業者の氏名又は名称の掲示その他の旅客に対する適切な情報の提供その他の（E）及び旅客の（F）のために必要な事項として国土交通省令で定めるものを遵守しなければならない。

☐ A　1．必要な資格を有する　　2．必要となる員数の
B　1．睡眠　　2．待機
C　1．乗務時間　　2．休息期間
D　1．医学的知見　　2．運行管理規程
E　1．車両の整備　　2．輸送の安全
F　1．利益の保護　　2．利便の確保

◆解答＆解説

問1［解答　A－2，B－1，C－1，D－1，E－2，F－2］

道路運送法第27条（輸送の安全等）第１項・第２項・第３項。

12 業務記録・事故の記録

1 法令の要点と○×式過去出題例

■業務記録［運輸規則第25条］

1．一般乗合旅客自動車運送事業者及び特定旅客自動車運送事業者は、運転者等が事業用自動車の運行の業務に従事したときは、次に掲げる事項を**運転者等ごと**に記録させ、かつ、その記録を**１年間保存**しなければならない。

①運転者等の氏名
②運転者等が従事した運行の業務に係る事業用自動車の自動車登録番号等
③**業務の開始及び終了の地点及び日時**並びに主な経過地点及び業務に従事した距離
④**業務を交替**した場合は、その地点及び日時
⑤**休憩又は仮眠をした場合は、その地点及び日時**
⑥睡眠をした場合は、当該施設の名称及び位置
⑦道路交通法に規定する**交通事故**若しくは自動車事故報告規則に規定する事故又は著しい運行の**遅延**その他の異常な状態が発生した場合にあっては、その概要及び原因
⑧運転者等が従事した運行の業務に係る事業用自動車（乗車定員11人以上のものに限る。）に車掌が乗務した場合は、その車掌名
⑨ ⑧の場合において、車掌がその業務を交替した場合は、交替した車掌ごとにその地点及び日時

〔旅客自動車運送事業運輸規則の解釈及び運用について（通達）〕

第25条　業務記録

本条は、乗務員等の業務の実態を把握することを目的とするものであることから、次の要領により業務の記録を行い、過労の防止等業務の適正化の資料として十分活用するよう指導すること。

⑵ **10分未満の休憩**については、その記載を**省略**しても差し支えない。

2．一般貸切旅客自動車運送事業者は、運転者等が事業用自動車の運行の業務に従事したときは、第１項各号に掲げる事項のほか、**旅客が乗車した区間**を運転者等ごとに記録させ、かつ、その記録を**１年間保存**しなければならない。

3．一般乗用旅客自動車運送事業者は、運転者等が事業用自動車の運行の業務に従事したときは、第１項①〜⑦までに掲げる事項のほか、旅客が乗車した区間並びに運行の業務に従事した事業用自動車の走行距離計に表示されている業務の開始時及び終了時における**走行距離の積算キロ数**を**運転者等ごと**に記録させ、かつ、その記録を**事業用自動車ごと**に整理して**１年間保存**しなければならない。

4．旅客自動車運送事業者（一般乗用旅客自動車運送事業者にあっては、事業用自動車について長期間にわたり業務の交替がない場合に限る。）は、第２項、第３項の規定により記録すべき事項の一部について、運転者等ごとに記録させることに代え、保安基準の規定に適合し、又はこれと同等の性能を有すると認められる運行記録計により記録することができる。この場合において当該旅客自動車運送事業者は、当該記録すべき事項のうち運行記録計により記録された事項以外の事項を**運転者等ごと**に当該運行記録計による記録に付記させ、かつ、その付記に係る記録を**１年間**（一般乗用旅客自動車運送事業者にあっては、事業用自動車ごとに整理して１年間）**保存**しなければならない。

■運行記録計による記録［運輸規則第26条］

1．一般乗合旅客自動車運送事業者及び一般貸切旅客自動車運送事業者は、運転者等が事業用自動車の運行の業務に従事した場合（一般乗合旅客自動車運送事業の事業用自動車にあっては起点から終点までの距離が**100キロメートル**を超える運行に限る。）は、当該自動車の**瞬間速度**、**運行距離**及び**運行時間**を運行記録計により記録し、かつ、その記録を１年間保存しなければならない。

2．事業用自動車の運行の管理の状況等を考慮して地方運輸局長が指定する地域内に営業所を有する一般乗用旅客自動車運送事業者（個人タクシー事業者を除く。）は、地域の指定があった日から１年を超えない範囲内において地方運輸局長が定める日以後においては、指定地域内にある営業所に属する運転者等が事業用自動車の運行の業務に従事した場合（事業用自動車の運行の態様等を考慮して地方運輸局長が認める場合を除く。）は、当該自動車の瞬間速度、運行距離及び運行時間を運行記録計により記録し、かつ、その記録を**運転者等ごと**に整理して**１年間保存**しなければならない。

■事故の記録［運輸規則第26条の２］

1．旅客自動車運送事業者は、**事業用自動車に係る事故**が発生した場合には、次に掲げる事項を記録し、その記録を当該事業用自動車の運行を管理する営業所において**３年間保存**しなければならない。

①乗務員等の氏名	②自動車登録番号等	③事故の発生日時
④事故の発生場所	⑤事故の当事者の氏名（乗務員等を除く。）	⑥事故の概要（損害の程度を含む。）
⑦事故の原因	⑧再発防止対策	

過去出題例［業務記録・事故の記録］

☐1．一般乗合旅客自動車運送事業者は、事業用自動車の運転者等が事業用自動車の運行の業務に従事したときは、休憩又は仮眠をした場合にあっては、その地点及び日時を、当該業務を行った運転者等ごとに「業務記録」（法令に規定する運行記録計に記録する場合は除く。）に記録させなければならない。ただし、10分未満の休憩については、その記載を省略しても差しつかえない。［R2.8改］

☐2．一般貸切旅客自動車運送事業者は、事業用自動車の運転者等が事業用自動車の運行の業務に従事したときは、旅客が乗車した区間について、当該業務を行った運転者等ごとに「業務記録」（法令に規定する運行記録計に記録する場合は除く。）に記録させなければならない。ただし、当該業務において、法令の規定に基づき作成された運行指示書に「旅客が乗車する区間」が記載されているときは、「業務記録」への当該事項の記録を省略することができる。［R2.8改］

☐3．一般乗合旅客自動車運送事業者は、事業用自動車の運転者等が事業用自動車の運行の業務に従事したときは、道路交通法に規定する交通事故若しくは自動車事故報告規則に規定する事故又は著しい運行の遅延その他の異常な状態が発生した場合にあっては、その概要及び原因について、当該業務を行った運転者等ごとに「業務記録」（法令に規定する運行記録計に記録する場合は除く。）に記録をさせなければならない。［R2.8改］

☐4．一般乗用旅客自動車運送事業者は、運転者等が事業用自動車の運行の業務に従事したときは、旅客が乗車した区間並びに運行の業務に従事した事業用自動車の走行距離計に表示されている業務の開始時及び終了時における走行距離の積算キロ数等について、当該業務を行った事業用自動車ごとに「業務記録」（法令に規定する運行記録計に記録する場合は除く。）に記録させ、かつ、その記録を事業用自動車ごとに整理しなければならない。［R2.8改］

☐5．一般乗合旅客自動車運送事業者は、事業用自動車の運転者等が業務中に道路交通法に規定する交通事故若しくは自動車事故報告規則に規定する事故又は著しい運行の遅延その他の異常な状態が発生した場合にあっては、その概要及び原因を運転者等ごとに「業務記録」に記録させ、かつ、その記録を１年間保存しなければならない。［R3.3改］

解答

1…○：2…×（記録を省略できない）：3…○：4…×（事業用自動車ごと⇒運転者等ごと）：5…○

2　演習問題

問1　旅客自動車運送事業者が運転者等に記録させる業務記録についての次の記述のうち、正しいものを2つ選びなさい。なお、解答にあたっては、各選択肢に記載されている事項以外は考慮しないものとする。［R2.8改］

☑ 1．一般乗合旅客自動車運送事業者は、運転者等が事業用自動車の運行の業務に従事したときは、休憩又は仮眠をした場合にあっては、その地点及び日時を、当該業務を行った運転者等ごとに「業務記録」（法令に規定する運行記録計に記録する場合は除く。以下同じ。）に記録させなければならない。ただし、10分未満の休憩については、その記載を省略しても差しつかえない。

2．一般貸切旅客自動車運送事業者は、運転者等が事業用自動車の運行の業務に従事したときは、旅客が乗車した区間について、当該業務を行った運転者等ごとに「業務記録」に記録させなければならない。ただし、当該乗務において、法令の規定に基づき作成された運行指示書に「旅客が乗車する区間」が記載されているときは、「業務記録」への当該事項の記録を省略することができる。

3．一般乗合旅客自動車運送事業者は、運転者等が事業用自動車の運行の業務に従事したときは、道路交通法に規定する交通事故若しくは自動車事故報告規則に規定する事故又は著しい運行の遅延その他の異常な状態が発生した場合にあっては、その概要及び原因について、当該業務を行った運転者等ごとに「業務記録」に記録をさせなければならない。

4．一般乗用旅客自動車運送事業者は、運転者等が事業用自動車の運行の業務に従事したときは、旅客が乗車した区間並びに運行の業務に従事した事業用自動車の走行距離計に表示されている業務の開始時及び終了時における走行距離の積算キロ数等について、当該業務を行った事業用自動車ごとに「業務記録」に記録させ、かつ、その記録を事業用自動車ごとに整理しなければならない。

◆解答＆解説

問1［解答　1，3］

1．運輸規則第25条（業務記録）第1項⑤・「運輸規則の解釈及び運用」第25条第1項（2）。

2．運行指示書に「旅客が乗車する区間」が記載されている場合であっても、業務記録への当該記録を**省略することはできない**。運輸規則第25条（業務記録）第2項。

3．運輸規則第25条（業務記録）第1項⑦。

4．「当該業務を行った事業用自動車ごとに」⇒「当該業務を行った**運転者等ごと**に」。運輸規則第25条（業務記録）第3項。

13 運送引受書の交付

1 法令の要点と○×式過去出題例

■運送引受書の交付［運輸規則第７条の２］

1．一般貸切旅客自動車運送事業者は、運送を引き受けた場合には、**遅滞なく**、当該運送の申込者に対し、次の事項を記載した運送引受書を交付しなければならない。

①**事業者の名称**
②**運行の開始及び終了の地点及び日時**
③運行の経路並びに主な経由地における発車及び到着の日時
④旅客が乗車する区間
⑤乗務員等の休憩地点及び休憩時間（休憩がある場合に限る。）
⑥乗務員等の運転又は業務の交替の地点（運転又は業務の交替がある場合に限る。）
⑦運賃及び料金の額
⑧前各号に掲げるもののほか、国土交通大臣が告示で定める事項

2．一般貸切旅客自動車運送事業者は、前項の規定による運送引受書の写しを**運送の終了の日から１年間**保存しなければならない。

過去出題例［運送引受書の交付］

□1．一般貸切旅客自動車運送事業者は、運送を引き受けた場合には、遅滞なく、当該運送の申込者に対して所定の事項を記載した運送引受書を交付しなければならない。また、当該事業者は、この運送引受書の写しを運送の終了の日から１年間保存しなければならない。［R3.3］

解答

1…○

14 運行基準図・運行表

1 法令の要点と○×式過去出題例

■運行基準図等［運輸規則第27条］

1．一般乗合旅客自動車運送事業者は、次に掲げる事項を記載した**運行基準図**を作成して**営業所に備え**、かつ、これにより事業用自動車の運転者等に対し、適切な指導をしなければならない。

①路線定期運行又は路線不定期運行を行う一般乗合旅客自動車運送事業者にあっては、**停留所又は乗降地点の名称及び位置**並びに隣接する停留所間又は乗降地点間の距離
②路線定期運行を行う一般乗合旅客自動車運送事業者にあっては、**標準の運行時分及び平均速度**
③路線定期運行又は路線不定期運行を行う一般乗合旅客自動車運送事業者にあっては、**道路の主なこう配**、曲線半径、幅員及び路面の状態
④**踏切、橋、トンネル**、交差点、待避所及び運行に際して注意を要する箇所の位置

《運行表の作成と携行》

2．路線定期運行を行う一般乗合旅客自動車運送事業者は、主な停留所の名称、当該停留所の発車時刻及び到着時刻その他運行に必要な事項を記載した**運行表**を作成し、かつ、これを事業用自動車の**運転者等に携行**させなければならない。

過去出題例［運転基準図・運行表］

☐1．一般乗合旅客自動車運送事業者は、「踏切、橋、トンネル、交差点、待避所及び運行に際して注意を要する箇所の位置」等の所定の事項を記載した運行基準図を作成して営業所に備え、かつ、これにより事業用自動車の運転者等に対し、適切な指導をしなければならない。［R3_CBT改］

解答

1…○

15 経路の調査と運行指示書

1 法令の要点と○×式過去出題例

■経路の調査等［運輸規則第28条］

1．一般貸切旅客自動車運送事業者は、運行の主な経路における道路及び交通の状況を**事前に調査**し、かつ、当該経路の状態に**適すると認められる自動車を使用**しなければならない。ただし、許可を受けて乗合旅客を運送する場合にあっては、この限りでない。

■運行指示書による指示等［運輸規則第28条の２］

1．一般貸切旅客自動車運送事業者は、**運行ごと**に次に掲げる事項を記載した**運行指示書**を作成し、かつ、これにより事業用自動車の運転者等に対し適切な指示を行うとともに、これを当該**運転者等に携行**させなければならない。ただし、法令の規定による許可を受けて乗合旅客を運送する場合にあっては、この限りでない。

①運行の開始及び終了の地点及び日時	②乗務員等の氏名
③運行の経路並びに主な経由地における発車及び到着の日時	
④旅客が乗車する区間	⑤運行に際して注意を要する箇所の位置
⑥乗務員等の休憩地点及び休憩時間（休憩がある場合に限る。）	
⑦乗務員等の運転又は業務の交替の地点（運転又は業務の交替がある場合に限る。）	
⑧運輸規則第21条第３項の睡眠に必要な施設の名称及び位置	
⑨運送契約の相手方の氏名又は名称	
⑩その他運行の安全を確保するために必要な事項	

〔旅客自動車運送事業運輸規則の解釈及び運用について（通達）〕

第28条の2　運行指示書による指示等

1．運行指示書と異なる運行を行う場合には、原則として、運行管理者の指示に基づいて行うよう指導すること。ただし、運転者が運転中に疲労や眠気を感じたときは、運行管理者の指示を受ける前に運転を中止し、その後速やかに運行管理者に連絡を取り、指示を受けるよう指導すること。

なお、変更の指示があった場合には、その内容、理由及び指示をした運行管理者の氏名を**運行指示書に記入させる**こと。

《運行指示書の保存》

2．一般貸切旅客自動車運送事業者は、運行指示書を**運行の終了の日**から**1年間**保存しなければならない。

過去出題例［経路の調査と運行指示書］

☐1．一般貸切旅客自動車運送事業者の事業用自動車の運転者等は、運行中、所定の事項を記載した運行指示書が当該事業用自動車の運行を管理する営業所に備えられ、電話等により必要な指示が行われる場合にあっては、当該運行指示書を携行しなくてもよい。［R3_CBT改］

☐2．一般貸切旅客自動車運送事業者は、法令の規定により運行の主な経路における道路及び交通の状況を事前に調査し、かつ、当該経路の状態に適すると認められる自動車を使用しなければならない。［R3_CBT］

☐3．一般貸切旅客自動車運送事業者は、法令の規定により作成した運行指示書を、運行を計画した日から1年間保存しなければならない。［R3_CBT/R3.3］

解答

1…×（業務中は運行指示書を携行しなければならない）：**2…O**：**3…×**（運行を計画した日から⇒運行の終了の日から）

2 演習問題

問1　旅客自動車運送事業者の運行基準図等及び運行指示書による指示等に関する次の記述のうち、正しいものを2つ選びなさい。なお、解答にあたっては、各選択肢に記載されている事項以外は考慮しないものとする。［R3_CBT改］

☐ 1．一般乗合旅客自動車運送事業者は、「踏切、橋、トンネル、交差点、待避所及び運行に際して注意を要する箇所の位置」等の所定の事項を記載した運行基準図を作成して営業所に備え、かつ、これにより事業用自動車の運転者等に対し、適切な指導をしなければならない。

2．一般貸切旅客自動車運送事業者の事業用自動車の運転者等は、運行中、所定の事項を記載した運行指示書が当該事業用自動車の運行を管理する営業所に備えられ、電話等により必要な指示が行われる場合にあっては、当該運行指示書を携行しなくてもよい。

3．一般貸切旅客自動車運送事業者は、法令の規定により運行の主な経路における道路及び交通の状況を事前に調査し、かつ、当該経路の状態に適すると認められる自動車を使用しなければならない。

4．一般貸切旅客自動車運送事業者は、法令の規定により作成した運行指示書を、運行を計画した日から1年間保存しなければならない。

◆解答＆解説

問１［解答　１，３］

1．運輸規則第27条（運行基準図等）第１項④。⇒63P

2．一般貸切旅客自動車運送事業者の運転者等は、業務中は運行指示書を**携行しなければならない**。また事業者は、運行指示書を当該運転者に携行させなければならない。運輸規則第50条（運転者）第11項。⇒125P・運輸規則第28条の２（運行指示書による指示等）第１項。

3．運輸規則第28条（経路の調査等）第１項。

4．「運行を計画した日から」⇒「**運行の終了の日**から」。運輸規則第28条の２（運行指示書による指示等）第２項。

16 乗務員等台帳と乗務員証

1 法令の要点と○×式過去出題例

■ 乗務員等台帳並びに乗務員証及び保安員証［運輸規則第37条］

《乗務員台帳の作成と記載事項》

1．旅客自動車運送事業者は、事業用自動車の運転者等ごとに、次の①～⑩までに掲げる事項を記載し、かつ、⑪に掲げる写真を貼り付けた**一定の様式の乗務員等台帳を作成**し、これを当該運転者等の属する営業所に備えて置かなければならない。

①**作成番号**及び**作成年月日**
②事業者の氏名又は名称
③運転者等の氏名、生年月日及び住所
④雇入れの年月日及び**運転者等に選任された年月日**
⑤運転者に対しては、道路交通法に規定する**運転免許に関する事項**（免許証の番号、有効期限や免許の種類、免許の条件等）
⑥運転者の運転の経歴
⑦**事故を引き起こした場合**は、その概要
⑧運転者に対しては、道路交通法第108条の34の規定（⇒253P）による通知を受けた場合は、その概要
⑨運転者等の**健康状態**
⑩運転者に対しては、運輸規則第38条第２項の規定（事故惹起運転者、初任運転者、高齢運転者に対する特別な指導の実施と適性診断の受診）に基づく**指導の実施及び適性診断の受診**の状況
⑪乗務員等台帳の作成前６ヵ月以内に撮影した単独、無帽、正面、無背景の写真（一般乗用旅客自動車運送事業者の事業用自動車の運転者等については、縦3.0cm以上、横2.4cm以上の大きさの写真）

《乗務員台帳の保存》

2．旅客自動車運送事業者は、事業用自動車の運転者が転任、退職その他の理由により運転者でなくなった場合には、直ちに、当該運転者に係る乗務員等台帳に運転者でなくなった年月日及び理由を記載し、これを**３年間保存**しなければならない。

《乗務員証の携行と記載事項》

3．一般乗用旅客自動車運送事業者は、事業用自動車（タクシー業務適正化特別措置法の規定により運転者証を表示しなければならないものを除く。）に運転者を乗務させるときは、次の事項を記載し、かつ、写真を貼り付けた当該運転者に係る一定の様式の乗務員証を携行させなければならない。

①作成番号及び作成年月日	②事業者の氏名又は名称
③運転者の氏名	④運転免許証の有効期限

《乗務員証の保存》

4．一般乗用旅客自動車運送事業者は、事業用自動車の運転者が転任、退職その他の理由により運転者でなくなった場合は、直ちに、当該運転者に係る乗務員証に運転者でなくなった年月日及び理由を記載し、これを**１年間保存**しなければならない。

過去出題例［乗務員台帳と乗務員証］

☐1．旅客自動車運送事業者は、事業用自動車の運転者が転任、退職その他の理由により運転者でなくなった場合には、直ちに、当該運転者に係る乗務員等台帳に運転者でなくなった年月日及び理由を記載し、これを３年間保存しなければならない。［R3.3］

解答

1…O

2 演習問題

問1　旅客自動車運送事業者の事業用自動車の運行に係る記録等に関する次の記述のうち、<u>誤っているものを１つ</u>選びなさい。なお、解答にあたっては、各選択肢に記載されている事項以外は考慮しないものとする。［R3. 3改］

☐ 1．旅客自動車運送事業者は、事業用自動車の運転者が転任、退職その他の理由により運転者でなくなった場合には、直ちに、当該運転者に係る乗務員等台帳に運転者でなくなった年月日及び理由を記載し、これを３年間保存しなければならない。

2．一般貸切旅客自動車運送事業者は、運送を引き受けた場合には、遅滞なく、当該運送の申込者に対して所定の事項を記載した運送引受書を交付しなければならない。また、当該事業者は、この運送引受書の写しを運送の終了の日から１年間保存しなければならない。

3．一般乗合旅客自動車運送事業者は、運転者等が事業用自動車の運行の業務に従事しているときに道路交通法に規定する交通事故若しくは自動車事故報告規則に規定する事故又は著しい運行の遅延その他の異常な状態が発生した場合にあっては、その概要及び原因を運転者等ごとに「業務記録」に記録させ、かつ、その記録を１年間保存しなければならない。

4．一般貸切旅客自動車運送事業者は、法令の規定による運行指示書を作成し、かつ、これにより事業用自動車の運転者等に対し適切な指示を行うとともに、当該運行指示書を運行を計画した日から１年間保存しなければならない。

◆解答＆解説

問1［解答　4］

1．運輸規則第37条（乗務員等台帳並びに乗務員証及び保安員証）第２項。

2．運輸規則第７条の２（運送引受書の交付）第１項・第２項。⇒62P

3．運輸規則第25条（業務記録）第１項⑦。⇒58P

4．「運行を計画した日から」⇒「**<u>運行の終了の日</u>**から」。運輸規則第28条の２（運行指示書による指示等）第１項・第２項。⇒64P

17　特別な指導［1］

1　法令の要点と○×式過去出題例

■従業員に対する指導監督［運輸規則第38条］

《特別な指導と適性診断の受診》

1．**旅客自動車運送事業者**は、その事業用自動車の運転者に対し、国土交通大臣が告示で定めるところにより、主として**運行する路線**又は営業区域の状態及びこれに対処することができる**運転技術**並びに法令に定める自動車の運転に関する事項について適切な指導監督をしなければならない。この場合においては、その日時、場所及び内容並びに指導監督を行った者及び受けた者を記録し、かつ、その記録を営業所において**3年間**保存しなければならない。

2．旅客自動車運送事業者は、国土交通大臣が告示で定めるところにより、次に掲げる運転者に対して、事業用自動車の運行の安全を確保するために遵守すべき事項について特別な指導を行い、かつ、国土交通大臣が告示で定める**適性診断**であって国土交通省令の規定により国土交通大臣の認定を受けたものを受けさせなければならない。

①死者又は負傷者（自動車損害賠償保障法施行令（⇒87P）に掲げる傷害を受けた者）が生じた事故を引き起こした者（➡ **事故惹起**（じゃっき）※**運転者**という）
②運転者として新たに雇い入れた者（➡ **初任運転者**という）
③乗務しようとする事業用自動車について当該旅客自動車運送事業者における必要な乗務の経験を有しない者（➡ **準初任運転者**という）
④高齢者（**65才**以上の者）（➡ **高齢運転者**という）

※惹起は「事件や問題などをひきおこすこと」という意味。

《従業員に対する指導監督のための措置》

6．旅客自動車運送事業者は、従業員に対し、効果的かつ適切に**指導監督**を行うため、輸送の安全に関する基本的な**方針の策定**その他の国土交通大臣が告示で定める**措置**を講じなければならない。

過去出題例［特別な指導［1］］

☐1．運行管理者は、従業員に対し、効果的かつ適切に指導監督を行うため、輸送の安全に関する基本的な方針を策定し、これに基づき指導及び監督を行うこと。［R1.8］

☐2．旅客自動車運送事業者は、その事業用自動車の運転者に対し、主として運行する路線又は営業区域の状態及びこれに対処することができる運転技術並びに法令に定める自動車の運転に関する事項について適切な指導監督をしなければならない。この場合においては、その日時、場所及び内容並びに指導監督を行った者及び受けた者を記録し、かつ、その記録を営業所において３年間保存しなければならない。［R2_CBT/R1.8］

解答

1…×（運行管理者⇒旅客自動車運送事業者）：2…○

2　演習問題

問１　旅客自動車運送事業者（以下「事業者」という。）の事業用自動車の運行に係る記録等に関する次の記述のうち、正しいものを２つ選びなさい。なお、解答にあたっては、各選択肢に記載されている事項以外は考慮しないものとする。

☐　1．事業者は、事業用自動車の運転者が転任、退職その他の理由により運転者でなくなった場合には、直ちに、当該運転者に係る乗務員等台帳に運転者でなくなった年月日及び理由を記載し、これを３年間保存しなければならない。

2．事業者は、法令の規定により点呼を行い、報告を求め、確認を行い、及び指示をしたときは、運転者等ごとに点呼を行った旨、報告、確認及び指示の内容並びに法令で定める所定の事項を記録し、かつ、その記録を１年間保存しなければならない。

3．事業者は、事業用自動車に係る事故が発生した場合には、事故の発生日時等所定の事項を記録し、その記録を当該事業用自動車の運行を管理する営業所において１年間保存しなければならない。

4．事業者は、その事業用自動車の運転者に対し、主として運行する路線又は営業区域の状態及びこれに対処することができる運転技術並びに法令に定める自動車の運転に関する事項について、適切な指導監督をしなければならない。この場合においては、その日時、場所及び内容並びに指導監督を行った者及び受けた者を記録し、かつ、その記録を営業所において１年間保存しなければならない。

◆解答＆解説

問１［解答　1，2］

1．運輸規則第37条（乗務員等台帳並びに乗務員証及び保安員証）第２項。⇒67P

2．運輸規則第24条（点呼等）第５項。⇒38P

3．「１年間保存」⇒「**3年間保存**」。運輸規則第26条の２（事故の記録）第１項。⇒59P

4．「１年間保存」⇒「**3年間保存**」。運輸規則第38条（従業員に対する指導監督）第１項。

18　特別な指導［2］

1　法令の要点と○×式過去出題例

■旅客自動車運送事業者が事業用自動車の運転者に対して行う指導及び監督の指針（国土交通省告示）

第一章　一般的な指導及び監督の指針

旅客自動車運送事業者は、旅客自動車運送事業運輸規則第38条第１項の規定に基づき、１に掲げる目的（略）を達成するため、２に掲げる内容について、３に掲げる事項に配慮しつつ、旅客自動車運送事業の事業用自動車（以下「事業用自動車」という。）の運転者に対する指導及び監督を毎年実施し（一般貸切旅客自動車運送事業者にあっては、ドライブレコーダーにより記録すべき情報及びドライブレコーダーの性能要件を定める告示に定める要件を満たすドライブレコーダーを使用して実施しなければならないものとする。）、指導及び監督を実施した日時、場所及び内容（一般貸切旅客自動車運送事業の事業用自動車（以下「貸切バス」という。）の運転者に対してドライブレコーダーの記録（ドライブレコーダーにより記録すべき情報及びドライブレコーダーの性能要件を定める告示第２条第１項の記録をいう。以下同じ。）を利用した指導及び監督を実施した場合にあっては、その記録を含む。）並びに指導監督を行った者及び受けた者を記録し、かつ、その記録を営業所において**３年間保存**するものとする。

２　指導及び監督の内容

（１）旅客自動車運送事業者による指導及び監督の内容

⑥主として運行する路線若しくは経路又は営業区域における道路及び交通の状況

乗合バスの運転者にあっては主として運行する路線、貸切バス及び特定旅客自動車運送事業の事業用自動車（以下「特定旅客自動車」という。）の運転者にあっては主として運行する経路、一般乗用旅客自動車運送事業の事業用自動車（以下「ハイヤー・タクシー」という。）の運転者にあっては営業区域における主な道路及び交通の状況をあらかじめ把握させるよう指導するとともに、これらの状況を踏まえ、事業用自動車を安全に運転するために留意すべき事項を指導する。

この場合、交通事故の事例又は自社の事業用自動車の運転者が運転中に他の自動車又は歩行者等と衝突又は接触するおそれがあったと認識した事例（いわゆる「ヒヤリ・ハット体験」）を説明すること等により運転者に理解させる。

⑦危険の予測及び回避並びに緊急時における対応方法

強風、豪雪等の悪天候が運転に与える影響、加速装置、制動装置及びかじ取装置の急な操作を行うことにより旅客が転倒する等の危険、乗降口の扉を開閉する装置の不適切な操作により旅客が扉にはさまれる等の危険、右左折時における内輪差及び直前、後方及び左側方の視界の制約、旅客の指示があったとき又は旅客を乗車させようとするときの急な進路変更又は停止に伴う危険等の事業用自動車の運転に関して生ずる様々な危険について、危険予知訓練の手法等を用いて理解させるとともに、危険を予測し、回避するための自らへの注意喚起の手法として、指差呼称及び安全呼称を行う習慣を体得させる。さらに、貸切バスの運転者にあっては、**緊急時における**制動装置の急な操作に係る技能の維持のため、当該運転者が実際に運転する事業用自動車と同一の車種区分（大型車（長さ９メートル以上又は乗車定員51人以上の車両をいう。以下同じ。）、中型車（大型車及び小型車（長さ７メートル以下であり、かつ、乗車定員30人以下の車両をいう。以下同じ。）以外の車両をいう。）及び小型車の別をいう。以下同じ。）の自動車を用いて、**制動装置の急な操作の方法**について指導する。また、事故発生時、災害発生時その他の緊急時における対応方法について事例を説明すること等により理解させる。

⑨交通事故に関わる運転者の生理的及び心理的要因並びにこれらへの対処方法

長時間連続運転等による過労、睡眠不足、医薬品等の服用に伴い誘発される眠気、飲酒が身体に与える影響等の生理的要因及び慣れ、自らの運転技能への過信による集中力の欠如等の心理的要因が交通事故を引き起こすおそれがあることを事例を説明すること等により理解させるとともに、旅客自動車運送事業運輸規則第21条第１項の規定に基づき事業用自動車の運転者の勤務時間及び乗務時間に係る基準を定める告示（平成13年国土交通省告示第1675号）に基づく事業用自動車の運転者の勤務時間及び乗務時間を理解させる。また、運転中に疲労や眠気を感じたときは運転を中止し、休憩するか、又は睡眠をとるよう指導するとともに、飲酒運転、酒気帯び運転及び覚せい剤等の使用の禁止を徹底する。

（2）一般貸切旅客自動車運送事業者における指導及び監督の内容

一般貸切旅客自動車運送事業者は、(1) に掲げる内容に加え、次の指導及び監督を実施する。

①ドライブレコーダーの記録を利用した運転者の運転特性に応じた安全運転

運転者等からヒヤリ・ハット体験の報告があった場合、運輸規則第３条第１項※の苦情の申出のうち当該貸切バスの運転に係るものがあった場合又は運輸規則第25条第１項第７号（⇒58P）の事故が発生した場合には、これらの場合について、ドライブレコーダーの記録により加速装置、制動装置及びかじ取装置の急な操作の有無並びに車間距離の保持その他の法令の遵守状況等を確認し、当該運転者に自身の運転特性を把握させた上で、必要な指導を行う。

※「旅客自動車運送事業者は、旅客に対する取扱いその他運輸に関して苦情を申し出た者に対して、遅滞なく、弁明しなければならない。ただし、氏名及び住所を明らかにしない者に対しては、この限りでない。」という規定。

3　指導及び監督の実施に当たって配慮すべき事項

（4）参加・体験・実践型の指導及び監督の手法の活用

運転者が事業用自動車の運行の安全及び旅客の安全を確保するために必要な技能及び知識を体験に基づいて習得し、その必要性を理解できるようにするとともに、運転者が交通ルール等から逸脱した運転操作又は知識を身に付けている場合には、それを客観的に把握し、是正できるようにするため、参加・体験・実践型の指導及び監督の手法を積極的に活用することが必要である。例えば、交通事故の事例を挙げ、その要因及び対策について、必要により運転者を小人数のグループに分けて話し合いをさせたり、イラスト又はビデオ等の視聴覚教材又は運転シミュレーターを用いて交通事故の発生する状況等を間接的又は擬似的に体験させたり、実際に事業用自動車を運転させ、技能及び知識の習得の程度を認識させたり、実験により事業用自動車の死角、内輪差及び制動距離並びに旅客の挙動等を確認させたりするなど手法を工夫することが必要である。

第二章　特定の運転者に対する特別な指導の指針

旅客自動車運送事業者は、運輸規則第38条第２項の規定に基づき、第一章の一般的な指導及び監督に加え、１に掲げる目的（略）を達成するため、２の各号に掲げる事業用自動車の運転者に対し、それぞれ当該各号に掲げる内容について、３に掲げる事項に配慮しつつ指導を実施し（一般貸切旅客自動車運送事業者にあっては、ドライブレコーダーにより記録すべき情報及びドライブレコーダーの性能要件を定める告示に定める要件を満たすドライブレコーダーを使用して実施しなければならないものとする。）、同規則第37条第１項に基づき、指導を実施した年月日及び指導の具体的内容を**乗務員台帳に記載**するか、又は、指導を実施した年月日を乗務員台帳に記載したうえで指導の具体的内容を記録した書面を**乗務員台帳に添付**するものとするとともに、貸切バスの運転者に対してドライブレコーダーの記録を利用した指導を実施した場合にあっては、その記録を営業所において**３年間保存**するものとする。

また、４の各号に掲げる運転者に対し、当該各号に掲げる方法により適性診断を受診させ、受診年月日及び適性診断の結果を記録した書面を同項に基づき乗務員台帳に添付するものとする。さらに、５に掲げる事項により、運転者として新たに雇い入れた者に対し、雇い入れる前の事故歴を把握した上で、必要に応じ、特別な指導を行い、適性診断を受けさせるものとする。

2　指導の内容及び時間

（1）事故惹起運転者＊1に対する特別な指導の内容及び時間

内　容	時　間
①事業用自動車の運行の安全及び旅客の安全の確保に関する法令等	■貸切バス以外の一般旅客自動車運送事業の事業用自動車（以下「一般旅客自動車」という。）及び特定旅客自動車の運転者 ①～⑤…合計６時間以上実施 ⑦…可能な限り実施することが望ましい ■貸切バスの運転者 ①～⑥…合計10時間以上実施 ⑦…**20時間**以上実施
②交通事故の事例の分析に基づく再発防止対策	
③交通事故に関わる運転者の生理的及び心理的要因並びにこれらへの対処方法	
④運行の安全及び旅客の安全を確保するために留意すべき事項	
⑤危険の予測及び回避	
⑥ドライブレコーダーの記録を利用した運転特性の把握と是正	
⑦安全運転の**実技**	

＊1：死者又は重傷者を生じた交通事故を引き起こした運転者及び軽傷者を生じた交通事故を引き起こし、かつ、当該事故前の**3年間**に交通事故を引き起こしたことがある運転者

（2）初任運転者＊2に対する特別な指導の内容及び時間

内　容	時　間
①事業用自動車の安全な運転に関する基本的事項	■貸切バス以外の一般旅客自動車及び特定旅客自動車の運転者 ①～⑤…合計６時間以上実施 ⑦…可能な限り実施することが望ましい ■貸切バスの運転者 ①～⑥…合計10時間以上実施 ⑦…**20時間**以上実施
②事業用自動車の構造上の特性と日常点検の方法	
③運行の安全及び旅客の安全を確保するために留意すべき事項	
④危険の予測及び回避	
⑤安全性の向上を図るための装置を備える事業用自動車の適切な運転方法	
⑥ドライブレコーダーの記録を利用した運転特性の把握と是正	
⑦安全運転の**実技**	

＊2：次のいずれかに掲げる者（貸切バス以外の一般旅客自動車の運転者として新たに雇い入れた者又は選任した者にあっては、「雇い入れの日又は選任される日**前3年間**に他の旅客自動車運送事業者において当該旅客自動車運送事業者と同一の種類の事業の事業用自動車の運転者として**選任されたことがない者**」に限り、特定旅客自動車の運転者として新たに雇い入れた者又は選任した者にあっては、「過去3年間に乗合バス、貸切バス、ハイヤー・タクシー及び特定旅客自動車のいずれの運転者としても選任されたことがない者」に限る。）

1) 当該旅客自動車運送事業者において事業用自動車の運転者として**新たに雇い入れた者**

2) 当該旅客自動車運送事業者において他の種類の事業用自動車の運転者として選任されたことがある者であって当該種類の事業の事業用自動車の運転者として**初めて選任される者**

（3）初任運転者以外の者であって、直近1年間に当該一般貸切旅客自動車運送事業者において運転の経験（実技の指導を受けた経験を含む。）のある貸切バスより大型の車種区分の貸切バスに乗務しようとする運転者（以下「準初任運転者」という。）

（2）に規定する特別な指導の内容のうち、少なくとも④（制動装置の急な操作に関する内容に限る。）、⑥及び⑦について実施することとし、実施時間は、⑦について20時間以上、その他については当該一般貸切旅客自動車運送事業者において同様の内容を初任運転者に対して実施する時間と同程度以上の時間とする。

（4）高齢運転者に対する特別な指導

適性診断の結果を踏まえ、個々の運転者の加齢に伴う身体機能の変化の程度に応じた事業用自動車の安全な運転方法等について、運転者が自ら考えるよう指導する。

3　特別な指導の実施に当たって配慮すべき事項

（1）指導の実施時期

①事故惹起運転者

当該交通事故を引き起こした後再度事業用自動車に**乗務する前**に実施する。なお、外部の専門的機関における指導講習を受講する予定である場合は、この限りでない。

②初任運転者

当該旅客自動車運送事業者において初めて当該事業の事業用自動車の運転者に**選任される前**に実施する。

③準初任運転者

直近1年間に当該一般貸切旅客自動車運送事業者において運転の経験（実技の指導を受けた経験を含む。）のある貸切バスより大型の車種区分の貸切バスに乗務する前に実施する。

④高齢運転者

適性診断の結果が判明した後**1ヵ月以内**に実施する。

4　適性診断の受診

（1）事故惹起運転者

当該交通事故を引き起こした後再度事業用自動車に**乗務する前**に、次に掲げる事故惹起運転者の区分ごとにそれぞれ特定診断Ⅰ（①に掲げる者のための適性診断として国土交通大臣が認定したものをいう。）又は特定診断Ⅱ（②に掲げる者のための適性診断として国土交通大臣が認定したものをいう。）を受診させる。ただし、やむを得ない事情がある場合には、**乗務を開始した後1ヵ月以内**に受診させる。

①死者又は重傷者を生じた交通事故を引き起こし、かつ、当該事故前の1年間に交通事故を引き起こしたことがない者及び軽傷者を生じた交通事故を引き起こし、かつ、当該**事故前の3年間**に交通事故を引き起こしたことがある者

②死者又は重傷者を生じた交通事故を引き起こし、かつ、当該事故前の１年間に交通事故を引き起こしたことがある者

（2）運転者として新たに雇い入れた者（貸切バス以外の一般旅客自動車又は特定旅客自動車の運転者として新たに雇い入れた者であって、雇入れの日前3年間に初任診断（初任運転者のための適性診断として国土交通大臣が認定したものをいう。）を受診したことがある者及び個人タクシー事業者を除く。）

当該旅客自動車運送事業者において事業用自動車の運転者として**選任する前**に初任診断を受診させる。

（3）高齢運転者

適齢診断（高齢運転者のための適性診断として国土交通大臣が認定したものをいう。）を**65才**に達した日以後**１年以内**（65才以上の者を新たに運転者として選任した場合は、選任の日から１年以内）**に１回**受診させ、その後**75才**に達するまでは**3年以内ごとに１回**受診させ、**75才**に達した日以後**１年以内**（75才以上の者を新たに運転者として選任した場合は、選任の日から１年以内）**に１回**受診させ、その後**1年以内ごとに１回**受診させる。ただし、個人タクシー事業者にあっては、当該事業の許可に付された期限の更新の日において65才以上である場合に、当該期限の更新の申請の前に受診するものとする。

5　新たに雇い入れた者の事故歴の把握

（1）旅客自動車運送事業者は、運輸規則第35条の運転者その他事業用自動車の運転者を新たに雇い入れた場合には、当該運転者について、自動車安全運転センター法に規定する自動車安全運転センターが交付する無事故・無違反証明書又は運転記録証明書等により、**雇い入れる前の事故歴**を把握し、事故惹起運転者に該当するか否かを確認すること。

（2）（1）の確認の結果、当該運転者が事故惹起運転者に該当した場合であって、特別な**指導を受けていない場合**には、特別な指導を行うこと。

過去出題例［特別な指導［２］］

☐1．一般貸切旅客自動車運送事業者が貸切バスの運転者に対して行う初任運転者に対する特別な指導は、事業用自動車の安全な運転に関する基本的事項、運行の安全及び旅客の安全を確保するために留意すべき事項等について、６時間以上実施するとともに、安全運転の実技について、15時間以上実施すること。[R2_CBT]

☐2．一般貸切旅客自動車運送事業者が貸切バスの運転者に対して行う初任運転者に対する特別な指導は、事業用自動車の安全な運転に関する基本的事項、運行の安全及び旅客の安全を確保するために留意すべき事項等について、10時間以上実施するとともに、安全運転の実技について、20時間以上実施すること。［R3.3］

☐3．一般旅客自動車運送事業者は、事故惹起運転者に対する特別な指導については、当該交通事故を引き起こした後、再度事業用自動車に乗務する前に実施すること。ただし、やむを得ない事情がある場合には、再度事業用自動車に乗務を開始した後１ヵ月以内に実施すること。なお、外部の専門的機関における指導講習を受講する予定である場合は、この限りでない。[R1.8]

☐4．一般旅客自動車運送事業者は、事故惹起運転者に対する特別な指導については、当該交通事故を引き起こした後、再度事業用自動車に乗務する前に実施すること。なお、外部の専門的機関における指導講習を受講する予定である場合は、この限りでない。[R2_CBT]

☐5．一般貸切旅客自動車運送事業者は、初任運転者以外の者であって、直近１年間に当該事業者において運転の経験（実技の指導を受けた経験を含む。）のある貸切バスより大型の車種区分の貸切バスに乗務しようとする運転者（準初任運転者）に対して、当該大型の車種区分の貸切バスに乗務する前に所定の特別な指導を実施すること。[R1.8]

☐6．一般旅客自動車運送事業者は、高齢運転者に対する特別な指導については、国土交通大臣が認定した高齢運転者のための適性診断の結果を踏まえ、個々の運転者の加齢に伴う身体機能の変化の程度に応じた事業用自動車の安全な運転方法等について運転者が自ら考えるよう指導する。この指導は、当該適性診断の結果が判明した後１ヵ月以内に実施する。[R3.3]

☐7．一般旅客自動車運送事業者は、適齢診断（高齢運転者のための適性診断として国土交通大臣が認定したものをいう。）を運転者が65歳に達した日以後１年以内に１回、その後70歳に達するまでは３年以内ごとに１回、70歳に達した日以後１年以内に１回、その後１年以内ごとに１回受診させること。[R3.3]

☐8．一般旅客自動車運送事業者は、法令に基づき事業用自動車の常時選任する運転者その他事業用自動車の運転者を新たに雇い入れた場合には、当該運転者について、自動車安全運転センターが交付する無事故・無違反証明書又は運転記録証明書等により、事故歴を把握し、事故惹起運転者に該当するか否かを確認すること。また、確認の結果、当該運転者が事故惹起運転者に該当した場合であって、特別な指導を受けていない場合には、特別な指導を実施すること。[R1.8]

解答

1…×（6時間以上⇒10時間以上，15時間以上⇒20時間以上）：**2…〇**：**3…×**（事故惹起運転者に対する特別な指導には「やむを得ない事情がある場合」という例外の規定はない）：**4…〇**：**5…〇**：**6…〇**：**7…×**（70歳⇒75歳）：**8…〇**

2 演習問題

問1　一般旅客自動車運送事業者（以下「事業者」という。）の事業用自動車の運行の安全を確保するために、国土交通省告示等に基づき運転者に対して行わなければならない指導監督及び特定の運転者に対して行わなければならない特別な指導に関する次の記述のうち、正しいものを２つ選びなさい。なお、解答にあたっては、各選択肢に記載されている事項以外は考慮しないものとする。

☐ 1．事業者は、軽傷者（法令で定める傷害を受けた者）を生じた交通事故を引き起こし、かつ、当該事故前の１年間に交通事故を引き起こした運転者に対し、国土交通大臣が告示で定める適性診断であって国土交通大臣の認定を受けたものを受診させること。

2．事業者は、事故惹起運転者に対する特別な指導については、当該交通事故を引き起こした後、再度事業用自動車に乗務する前に実施すること。ただし、やむを得ない事情がある場合には、再度事業用自動車に乗務を開始した後１ヵ月以内に実施すること。なお、外部の専門的機関における指導講習を受講する予定である場合は、この限りでない。

3．事業者（個人タクシー事業者を除く。）は、適齢診断（高齢運転者のための適性診断として国土交通大臣が認定したもの。）を運転者が65才に達した日以後１年以内に１回、その後75才に達するまでは３年以内ごとに１回、75才に達した日以後１年以内に１回、その後１年以内ごとに１回受診させること。

4．一般乗用旅客自動車運送事業者（個人タクシー事業者を除く。）は、運転者として新たに雇い入れた者が、当該一般乗用旅客自動車運送事業者の営業区域内において雇入れの日前２年以内に通算90日以上一般乗用旅客自動車運送事業の事業用自動車の運転者であったときは、新たに雇い入れた者に対する特別な指導を行わなくてもよい。

問2　一般旅客自動車運送事業者（以下「事業者」という。）の事業用自動車の運行の安全を確保するために、国土交通省告示等に基づき運転者に対して行わなければならない指導監督及び特定の運転者に対して行わなければならない特別な指導に関する次の記述のうち、誤っているものを１つ選びなさい。なお、解答にあたっては、各選択肢に記載されている事項以外は考慮しないものとする。

☐ 1．事業者は、事業用自動車の運転者として新たに雇い入れた者であって、雇い入れの日前１年間に初任診断（初任運転者のための適性診断として国土交通大臣が認定をしたもの。）を受診したことがない者（個人タクシー事業者を除く。）には、当該事業者において事業用自動車の運転者として選任する前に当該初任診断を受診させる。

2．一般貸切旅客自動車運送事業者は、運転者に対して緊急時における制動装置の急な操作に係る技能の維持のため、当該運転者が実際に運転する事業用自動車と同一の車種区分（大型車、中型車及び小型車の別をいう。）の自動車を用いて、制動装置の急な操作の方法について指導しなければならない。

3．一般貸切旅客自動車運送事業者は、運輸規則第25条第１項第７号の事故が発生した場合、ドライブレコーダーの記録により加速装置、制動装置及びかじ取装置の急な操作の有無並びに車間距離の保持その他の法令の遵守状況等を確認し、当該運転者に自身の運転特性を把握させた上で、必要な指導を行わなければならない。

4．適齢診断（高齢運転者のための適性診断として国土交通大臣が認定したものをいう。）を運転者が65歳に達した日以後１年以内に１回、その後75歳に達するまでは３年以内ごとに１回、75歳に達した日以後１年以内に１回、その後１年以内ごとに１回受診させること。ただし、個人タクシー事業者にあっては、当該事業の許可に付された期限の更新の日において65歳以上である場合に、当該期限の更新の申請の前に受診するものとする。

問3　一般旅客自動車運送事業者（以下「事業者」という。）の事業用自動車の運行の安全を確保するために、国土交通省告示等に基づき運転者に対して行わなければならない指導監督及び特定の運転者に対して行わなければならない特別な指導に関する次の記述のうち、誤っているものを１つ選びなさい。なお、解答にあたっては、各選択肢に記載されている事項以外は考慮しないものとする。[R2_CBT]

☐ 1．事業者は、その事業用自動車の運転者に対し、主として運行する路線又は営業区域の状態及びこれに対処することができる運転技術並びに法令に定める自動車の運転に関する事項について、適切な指導監督をしなければならない。この場合においては、その日時、場所及び内容並びに指導監督を行った者及び受けた者を記録し、かつ、その記録を営業所において３年間保存しなければならない。

2．一般貸切旅客自動車運送事業者が貸切バスの運転者に対して行う初任運転者に対する特別な指導は、事業用自動車の安全な運転に関する基本的事項、運行の安全及び旅客の安全を確保するために留意すべき事項等について、６時間以上実施するとともに、安全運転の実技について、15時間以上実施すること。

3．事業者は、運転者が乗務を終了したときは交替する運転者に対し、乗務中の事業用自動車、道路及び運行状況について通告するよう、運転者に対し指導及び監督をすること。

4．事業者は、事故惹起運転者に対する特別な指導については、当該交通事故を引き起こした後、再度事業用自動車に乗務する前に実施すること。なお、外部の専門的機関における指導講習を受講する予定である場合は、この限りでない。

問4　一般旅客自動車運送事業者（以下「事業者」という。）の事業用自動車の運行の安全を確保するために、国土交通省告示に基づき運転者に対して行わなければならない指導監督及び特定の運転者に対して行わなければならない特別な指導に関する次の記述のうち、誤っているものを１つ選びなさい。なお、解答にあたっては、各選択肢に記載されている事項以外は考慮しないものとする。〔R3.3〕

☐　1．事業者は、高齢運転者に対する特別な指導については、国土交通大臣が認定した高齢運転者のための適性診断の結果を踏まえ、個々の運転者の加齢に伴う身体機能の変化の程度に応じた事業用自動車の安全な運転方法等について運転者が自ら考えるよう指導する。この指導は、当該適性診断の結果が判明した後１ヵ月以内に実施する。

2．一般貸切旅客自動車運送事業者が貸切バスの運転者に対して行う初任運転者に対する特別な指導は、事業用自動車の安全な運転に関する基本的事項、運行の安全及び旅客の安全を確保するために留意すべき事項等について、10時間以上実施するとともに、安全運転の実技について、20時間以上実施すること。

3．適齢診断（高齢運転者のための適性診断として国土交通大臣が認定したものをいう。）を運転者が65歳に達した日以後１年以内に１回、その後70歳に達するまでは３年以内ごとに１回、70歳に達した日以後１年以内に１回、その後１年以内ごとに１回受診させること。

4．一般乗用旅客自動車運送事業者（個人タクシー事業者を除く。）は、運転者として新たに雇い入れた者（法令に定める要件に該当する者を除く。）については、国土交通大臣が告示で定めるところにより、営業区域の状態等、事業用自動車の運行の安全を確保するために遵守すべき事項等について、雇入れ後少なくとも10日間の指導、監督及び特別な指導を行い、並びに適性診断を受診させた後でなければ、事業用自動車の運転者として選任してはならない。

問５　一般旅客自動車運送事業者（以下「事業者」という。）の事業用自動車の運行の安全を確保するために、国土交通省告示等に基づき運転者に対して行わなければならない指導監督及び特定の運転者に対して行わなければならない特別な指導に関する次の記述のうち、誤っているものを１つ選びなさい。なお、解答にあたっては、各選択肢に記載されている事項以外は考慮しないものとする。[R1.8]

□ １．事業者は、事故惹起運転者に対する特別な指導については、当該交通事故を引き起こした後、再度事業用自動車に乗務する前に実施すること。ただし、やむを得ない事情がある場合には、再度事業用自動車に乗務を開始した後１ヵ月以内に実施すること。なお、外部の専門的機関における指導講習を受講する予定である場合は、この限りでない。

２．事業用自動車の運転者は、乗務を終了したときは、交替する運転者に対し、乗務中の事業用自動車、道路及び運行状況について通告すること。この場合において、乗務する運転者は、当該事業用自動車の制動装置、走行装置その他の重要な部分の機能について点検をすること。

３．一般貸切旅客自動車運送事業者は、初任運転者以外の者であって、直近１年間に当該事業者において運転の経験（実技の指導を受けた経験を含む。）のある貸切バスより大型の車種区分の貸切バスに乗務しようとする運転者(準初任運転者)に対して、当該大型の車種区分の貸切バスに乗務する前に所定の特別な指導を実施すること。

４．事業者は、法令に基づき事業用自動車の常時選任する運転者その他事業用自動車の運転者を新たに雇い入れた場合には、当該運転者について、自動車安全運転センターが交付する無事故・無違反証明書又は運転記録証明書等により、事故歴を把握し、事故惹起運転者に該当するか否かを確認すること。また、確認の結果、当該運転者が事故惹起運転者に該当した場合であって、特別な指導を受けていない場合には、特別な指導を実施すること。

問６　旅客自動車運送事業の事業用自動車の運行の安全を確保するために、事業者が行う国土交通省告示で定める特定の運転者に対する特別な指導の指針に関する次の文中、A、B、C、Dに入るべき字句としていずれか正しいものを１つ選びなさい。

［R3_CBT/R2. 8］

1．軽傷者（法令で定める傷害を受けた者）を生じた交通事故を引き起こし、かつ、当該事故前の（A）間に交通事故を引き起こしたことがある運転者に対し、国土交通大臣が告示で定める適性診断であって国土交通大臣の認定を受けたものを受診させなければならない。

2．貸切バス以外の一般旅客自動車の運転者として新たに雇い入れた者又は選任した者にあっては、雇入れの日又は選任される日前（B）間に他の旅客自動車運送事業者において当該旅客自動車運送事業者と同一の種類の事業の事業用自動車の運転者として選任されたことがない者に対して、特別な指導を行わなければならない。

3．一般貸切旅客自動車運送事業者は、初任運転者以外の者であって、直近（C）間に当該事業者において運転の経験（実技の指導を受けた経験を含む。）のある貸切バスより大型の車種区分の貸切バスに乗務しようとする運転者（準初任運転者）に対して、特別な指導を行わなければならない。

4．適齢診断（高齢運転者のための適性診断として国土交通大臣が認定したものをいう。）を（D）才に達した日以後１年以内に１回受診させ、その後75才に達するまでは３年以内ごとに１回受診させ、75才に達した日以後１年以内に１回受診させ、その後１年以内ごとに１回受診させる。

□
A	① 1年	② 3年
B	① 1年	② 3年
C	① 1年	② 3年
D	① 65	② 70

◆解答＆解説

問１［解答　3，4］

1．「当該事故前の１年間」⇒「当該事故前の**３年間**」。「指導及び監督の指針」第二章４（1）。

2．事故惹起運転者に対する特別な指導には「やむを得ない事情がある場合」という例外の規定はなく、原則として**再度事業用自動車に乗務する前に実施する**。ただし、外部の専門的機関における指導講習を受講する予定である場合は除く。「指導及び監督の指針」第二章３（1）①。

3．「指導及び監督の指針」第二章４（3）。

4．運輸規則第36条（運転者として選任してはならない者）第２項。⇒28P

問2［解答　1］

1.「1年間」⇒「**3年間**」。「指導監督の指針」第二章4(2)。

2.「指導監督の指針」第一章2(1)⑦。

3.「指導監督の指針」第一章2(2)①。

4.「指導監督の指針」第二章4(3)。

問3［解答　2］

1. 運輸規則第38条（従業員に対する指導監督）第1項。⇒70P。

2. 貸切バスの初任運転者に対する特別な指導は、事業用自動車の安全な運転に関する基本的事項、運行の安全及び旅客の安全を確保するために留意すべき事項等について、**10時間以上**実施するとともに、安全運転の実技について、**20時間以上**実施すること。「指導及び監督の指針」第二章2(2)。

3. 運輸規則第24条（点呼）第2項。⇒38P。

4.「指導及び監督の指針」第二章3(1)①。

問4［解答　3］

1.「指導及び監督の指針」第二章2(4)・第二章3(1)④。

2.「指導及び監督の指針」第二章2(2)。

3. 運転者が65歳に達した日以後1年以内に1回、その後**75歳**に達するまでは3年以内ごとに1回、**75歳**に達した日以後1年以内に1回、その後1年以内ごとに1回受診させる。「指導及び監督の指針」第二章4(3)。

4. 運輸規則第36条（運転者として選任してはならない者）第2項。⇒28P

問5［解答　1］

1. 事故惹起運転者に対する特別な指導には「やむを得ない事情がある場合」という例外の規定はなく、原則として**再度事業用自動車に乗務する前に実施する**。ただし、外部の専門的機関における指導講習を受講する予定である場合は除く。「指導及び監督の指針」第二章3(1)①。

2. 運輸規則第50条（運転者）第1項⑧。⇒125P

3.「指導及び監督の指針」第二章3(1)③。

4.「指導及び監督の指針」第二章5(1)、(2)。

問6［解答　A－②，B－②，C－①，D－①］

1.「指導及び監督の指針」第二章4(1)。

2.「指導及び監督の指針」第二章2(2)。

3.「指導及び監督の指針」第二章3(1)③。

4.「指導及び監督の指針」第二章4(3)。

19 事故の報告［1］

1 法令の要点と○×式過去出題例

■事故の報告［道路運送法第29条］

1．一般旅客自動車運送事業者は、その事業用自動車が転覆し、火災を起こし、その他国土交通省令で定める重大な事故を引き起こしたときは、遅滞なく事故の種類、原因その他国土交通省令で定める事項を国土交通大臣に**届け出**なければならない。

■定　義［事故報告規則第2条］

1．この省令で「事故」とは、次のいずれかに該当する自動車の事故をいう。

各号	事故の区分	事故の定義
第1号	**転覆事故**	自動車が転覆（道路上において路面と**35度以上傾斜**）したもの
	転落事故	自動車が道路外に転落（落差が**0.5m以上**）したもの
	火災事故	自動車又はその積載物が火災したもの
	鉄道事故	鉄道車両（軌道車両を含む）と衝突又は接触したもの
第2号	**衝突事故**	**10台以上**の自動車の衝突又は接触を生じたもの
第3号	**死傷事故**	**死者又は重傷者**を生じたもの
第4号	**負傷事故**	**10人以上の負傷者**を生じたもの
第7号	**旅客事故**	操縦装置又は乗降口の扉を開閉する操作装置の不適切な操作により、旅客に**11日以上医師の治療を要する傷害**が生じたもの
第8号	**法令違反事故**	**酒気帯び運転**、無免許運転、大型自動車等無資格運転、麻薬等運転を伴うもの
第9号	**疾病事故**	**運転者又は特定自動運行保安員の疾病**により、事業用自動車の運行を継続することができなくなったもの
第10号	**救護義務違反事故**	救護義務違反があったもの
第11号	**運行不能事故**	自動車の装置（原動機、動力伝達装置、車輪・車軸、操縦装置、**燃料装置**など、ほぼ全ての装置が該当する）の**故障**により、自動車が運行できなくなったもの
第12号	**車輪脱落事故**	車輪の**脱落**、被けん引自動車の**分離**を生じたもの（故障によるものに限る。）

第13号	**鉄道障害事故**	橋脚、架線その他の鉄道施設を損傷し、**3時間以上**本線において鉄道車両の運転を休止させたもの
第14号	**高速道路障害事故**	高速自動車国道又は自動車専用道路において、**3時間以上**自動車の通行を禁止させたもの
第15号	前各号に掲げるもののほか、自動車事故の発生の防止を図るために国土交通大臣が特に必要と認めて報告を指示したもの	

※ 第5号は積載した危険物漏えいに係る事故、第6号は積載されたコンテナの落下事故のため省略。

Check 重傷者と軽傷者の定義［編集部］

事故報告規則第2条第3号の「**重傷者**と軽傷者」とは、次の傷害を受けた者とする。

重傷	《自賠法施行令第5条第2号》 ■ 脊柱の骨折（脊髄に損傷有） ■ 上腕又は前腕の骨折（合併症有） ■ 大腿又は**下腿**の骨折 ■ 内臓の破裂（腹膜炎併発有） ■ **14日以上**病院に**入院**することを要する傷害で、医師の治療（通院）を要する期間が**30日以上**のもの
	《自賠法施行令第5条第3号》 ■ 脊柱の骨折 ■ 上腕又は前腕の骨折 ■ 内臓の破裂 ■ **入院**することを要する傷害で、医師の治療（通院）を要する期間が**30日以上**のもの ■ **14日以上**病院に**入院**することを要する傷害
軽傷	《自賠法施行令第5条第4号》 ■ **11日以上**医師の治療（通院）を要する傷害

※試験では、事故による負傷者が重傷者の定義に該当するかどうかがポイントとなる。該当しない場合は死傷事故（事故報告規則第2条第1項第3号）とならないため、事故報告の必要はない。

■報告書の提出［事故報告規則第3条］

1．旅客自動車運送事業者は、その使用する自動車について**第2条各号の事故**があった場合には、当該事故があった日（救護義務違反事故にあっては事業者等が当該救護義務違反があったと知った日、国土交通大臣が特に必要と認めて報告を指示した事故にあっては当該指示があった日）から**30日以内**に、当該事故ごとに**自動車事故報告書**（以下、報告書という。）**3通**を当該自動車の使用の本拠の位置を管轄する運輸監理部長又は運輸支局長を経由して、国土交通大臣に**提出**しなければならない。

《報告書に添付する内容》

2．事故報告規則第2条第1項第11号（運行不能事故）及び第12号（車輪脱落事故）に掲げる事故の場合には、報告書に次に掲げる事項を記載した書面及び故障の状況を示す**略図又は写真を添付**しなければならない。

①当該自動車の自動車検査証の**有効期間**	②当該自動車の使用開始後の**総走行距離**

過去出題例 [事故の報告 [1]]

☑1．タクシーが交差点に停車していた貨物自動車に気づくのが遅れ、当該タクシーがこの貨物自動車に追突し、さらに後続の自家用自動車3台が関係する玉突き事故となり、この事故によりタクシーの乗客1人、自家用自動車の同乗者5人が軽傷を負った。この場合、自動車事故報告規則に基づき、国土交通大臣に報告をしなければならない。[R2_CBT]

☑2．乗合バス運転者が乗客を降車させる際、当該バスの乗降口の扉を開閉する操作装置の不適切な操作をしたため、乗客1名が14日間の医師の治療を要する傷害を生じさせた。この場合、自動車事故報告規則に基づき、国土交通大臣に報告をしなければならない。[R2_CBT]

☑3．バス運転者が乗客を乗せ、走行していたところ、運転者は意識がもうろうとしてきたので直近の駐車場に駐車させて乗客を降ろした。しかし、その後も容体が回復しなかったため、運行を中断した。なお、その後、当該運転者は脳梗塞と診断された。この場合、自動車事故報告規則に基づき、国土交通大臣に報告をしなければならない。[R2_CBT]

☑4．事業用自動車の運転者が、運転中に胸に強い痛みを感じたので、直近の駐車場に駐車し、その後の運行を中止した。当該運転者は狭心症と診断された。この場合、自動車事故報告規則に定める自動車事故報告書を国土交通大臣に提出しなければならない。[R2.8]

☑5．大型バスが踏切を通過しようとしたところ、踏切内の施設に衝突して、線路内に車体が残った状態で停止した。ただちに乗務員が踏切非常ボタンを押して鉄道車両との衝突は回避したが、鉄道施設に損傷を与えたため、2時間にわたり本線において鉄道車両の運転を休止させた。この場合、自動車事故報告規則に基づき、国土交通大臣に報告をしなければならない。[R2_CBT]

☑6．事業用自動車が鉄道車両（軌道車両を含む。）と接触する事故を起こした場合には、当該事故のあった日から15日以内に、自動車事故報告規則に定める自動車事故報告書を当該事業用自動車の使用の本拠の位置を管轄する運輸支局長等を経由して、国土交通大臣に提出しなければならない。[R2.8]

☐7．自動車の装置（道路運送車両法第41条各号に掲げる装置をいう。）の故障により、事業用自動車が運行できなくなった場合には、国土交通大臣に提出する事故報告書に当該事業用自動車の自動車検査証の有効期間、使用開始後の総走行距離等所定の事項を記載した書面及び故障の状況を示す略図又は写真を添付しなければならない。

［R2.8］

解答

1…×（衝突事故及び負傷事故に該当しないため報告を要しない）：**2…○**：**3…○**：**4…○**：**5…×**（鉄道障害事故に該当しないため報告を要しない）：**6…×**（15日以内⇒30日以内）：**7…○**

2 演習問題

問1　次の自動車事故に関する記述のうち、一般旅客自動車運送事業者が自動車事故報告規則に基づき国土交通大臣への報告を要するものをすべて選びなさい。なお、解答にあたっては、各選択肢に記載されている事項以外は考慮しないものとする。

☐　1．大型バスが踏切を通過しようとしたところ、踏切内の施設に衝突して、線路内に車体が残った状態で停止した。ただちに乗務員が踏切非常ボタンを押して鉄道車両との衝突は回避したが、鉄道施設に損傷を与えたため、２時間にわたり本線において鉄道車両の運転を休止させた。

2．事業用自動車が走行中、交差点内でエンジンが停止して走行が不能となった。再度エンジンを始動させようとしたが、燃料装置の故障によりエンジンを再始動させることができず運行ができなくなった。

3．乗合バスに乗車してきた旅客が着席する前に当該乗合バスが発車したことから、当該旅客のうち１人がバランスを崩して床に倒れ15日間の医師の治療を要する傷害を負った。

4．タクシーが走行中、突然、自転車が道路上に飛び出してきたため、回避しようとハンドルを切ったところ、誤って歩道へ乗り上げてしまい、通学中だった小学生７人が負傷した。

問2　次の自動車事故に関する記述のうち、一般旅客自動車運送事業者が自動車事故報告規則に基づき国土交通大臣への報告を要するものを2つ選びなさい。なお、解答にあたっては、各選択肢に記載されている事項以外は考慮しないものとする。

□ 1．旅客を降車させる際、事業用自動車の運転者が乗降口の扉を開閉する操作装置の不適切な操作をしたため、旅客1名に11日間の医師の治療を要する傷害を生じさせた。

2．事業用自動車が右折の際、原動機付自転車と接触し、当該原動機付自転車が転倒した。この事故で、原動機付自転車の運転者に通院による30日間の医師の治療を要する傷害を生じさせた。

3．事業用自動車が乗客を乗せ、走行していたところ、運転者は意識がもうろうとしてきたので直近の駐車場に駐車させて乗客を降ろした。しかし、その後も容体が回復しなかったため、運行を中断した。なお、その後、当該運転者は脳梗塞と診断された。

4．事業用自動車が走行中、突然、自転車が道路上に飛び出してきたため急停車したところ、当該事業用自動車及び後続の自動車6台が次々と衝突する事故となり、この事故により8人が負傷した。

問3　次の自動車事故に関する記述のうち、一般旅客自動車運送事業者が自動車事故報告規則に基づき国土交通大臣への報告を要するものを2つ選びなさい。なお、解答にあたっては、各選択肢に記載されている事項以外は考慮しないものとする。

□ 1．事業用自動車が右折の際、原動機付自転車と接触し、当該原動機付自転車が転倒した。この事故で、原動機付自転車の運転者に通院による30日間の医師の治療を要する傷害を生じさせた。

2．事業用自動車が乗客を乗せて一般道を走行していたが、カーブを曲がりきれずに道路から0.3メートル下の空き地に転落した。この事故で、運転者と乗客1名が軽傷を負った。

3．旅客を降車させる際、事業用自動車の運転者が乗降口の扉を開閉する操作装置の不適切な操作をしたため、旅客1名に11日間の医師の治療を要する傷害を生じさせた。

4．事業用自動車が高速自動車国道を走行中、前方に事故で停車していた乗用車の発見が遅れ、当該乗用車に追突した。さらに事業用自動車の後続車2台が次々と衝突する多重事故となった。この事故で、当該バスの運転者と乗客6人が軽傷を負い、当該高速自動車国道が4時間にわたり自動車の通行が禁止となった。

問4　次の自動車事故に関する記述のうち、一般旅客自動車運送事業者が自動車事故報告規則に基づき国土交通大臣への報告を要するものを２つ選びなさい。なお、解答にあたっては、各選択肢に記載されている事項以外は考慮しないものとする。

[R2_CBT]

☑ 1．乗合バス運転者が乗客を降車させる際、当該バスの乗降口の扉を開閉する操作装置の不適切な操作をしたため、乗客１名が14日間の医師の治療を要する傷害を生じさせた。

2．タクシーが交差点に停車していた貨物自動車に気づくのが遅れ、当該タクシーがこの貨物自動車に追突し、さらに後続の自家用自動車３台が関係する玉突き事故となり、この事故によりタクシーの乗客１人、自家用自動車の同乗者５人が軽傷を負った。

3．バス運転者が乗客を乗せ、走行していたところ、運転者は意識がもうろうとしてきたので直近の駐車場に駐車させて乗客を降ろした。しかし、その後も容体が回復しなかったため、運行を中断した。なお、その後、当該運転者は脳梗塞と診断された。

4．大型バスが踏切を通過しようとしたところ、踏切内の施設に衝突して、線路内に車体が残った状態で停止した。ただちに乗務員が踏切非常ボタンを押して鉄道車両との衝突は回避したが、鉄道施設に損傷を与えたため、２時間にわたり本線において鉄道車両の運転を休止させた。

◆解答＆解説

問１［解答　2，3］

1．３時間以上鉄道車両の運転を休止させた場合は報告を要するが、２時間の休止は報告を要しない。事故報告規則第２条（定義）第１項第13号（鉄道障害事故）。

2．自動車の装置（燃料装置）の故障による**運行不能事故**に該当するため、**報告を要する**。事故報告規則第２条（定義）第１項第11号（運行不能事故）。

3．操縦装置の不適切な操作により旅客に11日以上医師の治療を要する傷害を生じさせたものは、**旅客事故**に該当するため、**報告を要する**。事故報告規則第２条（定義）第１項第７号（旅客事故）。

4．負傷者が10人未満であり、負傷事故に該当しないため報告を要しない。事故報告規則第２条（定義）第１項第４号（負傷事故）。

問２［解答　１，３］

1．操作装置の不適切な操作により旅客に11日以上医師の治療を要する傷害を生じさせたものは、**旅客事故**に該当するため**報告を要する**。事故報告規則第２条（定義）第１項第７号（旅客事故）。

2．通院による30日間の医師の治療を要する傷害は、重傷者の定義に当てはまらず、死傷事故に該当しないため報告を要しない。事故報告規則第２条（定義）第１項第３号（死傷事故）。

3．運転者の疾病による**疾病事故**に該当するため、**報告を要する**。事故報告規則第２条（定義）第１項第９号（疾病事故）。

4．衝突台数が10台未満で負傷者も10人未満であり、衝突事故及び負傷事故に該当しないため報告を要しない。事故報告規則第２条（定義）第１項第２号（衝突事故）・第４号（負傷事故）。

問３［解答　３，４］

1．通院による30日間の医師の治療を要する傷害は、重傷者の定義に当てはまらず、死傷事故に該当しないため報告を要しない。事故報告規則第２条（定義）第１項第３号（死傷事故）。

2．落差0.5m未満の転落は、転落事故に該当しないため報告を要しない。事故報告規則第２条（定義）第１項第１号（転落事故）。

3．操作装置の不適切な操作により旅客に11日以上医師の治療を要する傷害を生じさせたものは、**旅客事故**に該当するため、**報告を要する**。事故報告規則第２条（定義）第１項第７号（旅客事故）。

4．高速自動車国道を**３時間以上通行禁止**にした**高速道路傷害事故**に該当するため、**報告を要する**。事故報告規則第２条（定義）第１項第14号（高速道路障害事故）。

問４［解答　１，３］

1．操作装置の不適切な操作により旅客に11日以上医師の治療を要する傷害を生じさせたものは、**旅客事故**に該当するため、**報告を要する**。事故報告規則第２条（定義）第１項第７号（旅客事故）。

2．衝突台数が10台未満で負傷者も10人未満であり、衝突事故及び負傷事故に該当しないため報告を要しない。事故報告規則第２条（定義）第１項第２号（衝突事故）・第４号（負傷事故）。

3．運転者の疾病による**疾病事故**に該当するため、**報告を要する**。事故報告規則第２条（定義）第１項第９号（疾病事故）。

4．３時間以上鉄道車両の運転を休止させた場合は報告を要するが、２時間の休止は報告を要しない。事故報告規則第２条（定義）第１項第13号（鉄道障害事故）。

20 事故の報告［2］

1 法令の要点と○×式過去出題例

■速　報［事故報告規則第４条］

1．事業者等は、その使用する自動車について、次の各号のいずれかに該当する事故があったとき又は国土交通大臣の指示があったときは、事故報告書の提出のほか、電話その他適当な方法により、24時間以内においてできる限り速やかに、その事故の概要を運輸監理部長又は**運輸支局長**に**速報**しなければならない。

①**転覆・転落・火災・鉄道事故**（第２条第１号） ただし、**旅客自動車運送事業者等が使用する自動車が引き起こしたものに限る**
②死傷事故（第２条第３号）であって次に掲げるもの イ．２人以上の死者を生じたもの（旅客自動車運送事業者等が使用する自動車が引き起こした事故にあっては、**１人**） ロ．**５人以上の重傷者**を生じたもの ハ．**旅客に１人以上の重傷者**を生じたもの
③**負傷事故**（第２条第４号）10人以上の負傷者を生じたもの
⑤法令違反事故（第２条第８号） ただし、**酒気帯び運転**があったものに限る

※④は積載物漏えい事故（第２条第５号）のため省略。
※①～③・⑤の事故があった場合は、**報告書＋速報**が必要。それ以外の事故があった場合は、報告書のみが必要。

過去出題例［**事故の報告（速報）**］

☐1．貸切バスの運転者がハンドル操作を誤り、当該貸切バスが車道と歩道の区別がない道路を逸脱し、当該道路との落差が0.3メートル下の畑に転落した。この事故は事故報告規則に基づき運輸支局長等に速報しなければならない。［R3.3］

☐2．タクシーが右折の際、対向車線を走行してきた大型自動二輪車と衝突し、この事故により当該大型自動二輪車の運転者1人が死亡した。この事故は事故報告規則に基づき運輸支局長等に速報しなければならない。［R3_CBT］

☐3．乗合バスに乗車してきた旅客が着席する前に当該乗合バスが発車したことから、当該旅客のうち１人がバランスを崩して床に倒れ大腿骨を骨折する重傷を負った。この事故は事故報告規則に基づき運輸支局長等に速報しなければならない。［R3.3/R1.8］

□4．高速乗合バスが高速道路を走行中、前方に渋滞により乗用車が停車していることに気づくのが遅れ、追突事故を引き起こした。この事故で、当該高速乗合バスの乗客２人が重傷（自動車事故報告規則で定める傷害のものをいう。以下同じ。）を負い、乗用車に乗車していた２人が軽傷を負った。この事故は事故報告規則に基づき運輸支局長等に速報しなければならない。［R3.3］

□5．乗合バスが、交差点で信号待ちにより停車していたトラックの発見が遅れ、ブレーキをかける間もなく追突した。この事故で、当該乗合バスの乗客８人が10日間医師の治療を要する傷害を受けた。この事故は事故報告規則に基づき運輸支局長等に速報しなければならない。［R3_CBT］

□6．乗合バスが、交差点で信号待ちで停車していた乗用車の発見が遅れ、ブレーキをかける間もなく追突した。この事故で、当該乗合バスの乗客６人が14日間医師の治療を要する傷害を受けた。この事故は事故報告規則に基づき運輸支局長等に速報しなければならない。［R3.3］

□7．事業用自動車が高速自動車国道法に定める高速自動車国道において、路肩に停車中の車両に追突したため、後続車６台が衝突する多重事故が発生し、この事故により６人が重傷、４人が軽傷を負った。この場合、24時間以内においてできる限り速やかにその事故の概要を運輸支局長等に速報することにより、国土交通大臣への事故報告書の提出を省略することができる。［R2.8］

□8．タクシーが交差点に停車していた貨物自動車に気づくのが遅れ、当該タクシーがこの貨物自動車に追突し、さらに後続の自家用自動車３台が関係する玉突き事故となり、この事故により自家用自動車の運転者、同乗者のうち３人が重傷、５人が軽傷を負った。この事故は事故報告規則に基づき運輸支局長等に速報しなければならない。［R1.8］

□9．高速乗合バスが高速自動車国道を走行中、前方に事故で停車していた乗用車の発見が遅れ、当該乗用車に追突した。この事故により、当該バスの運転者と乗客３人が軽傷を負い、当該高速自動車国道が２時間にわたり自動車の通行が禁止となった。この事故は事故報告規則に基づき運輸支局長等に速報しなければならない。［R3_CBT］

□10．高速乗合バスが高速自動車国道を走行中、前方に事故で停車していた乗用車の発見が遅れ、当該乗用車に追突した。さらに当該バスの後続車３台が次々と衝突する多重事故となった。この事故で、当該バスの運転者と乗客６人が軽傷を負い、当該高速自動車国道が２時間にわたり自動車の通行が禁止となった。この事故は事故報告規則に基づき運輸支局長等に速報しなければならない。［R1.8］

□11．貸切バスが信号機のない交差点において乗用車と接触する事故を起こした。双方の運転者は負傷しなかったが、当該バスの運転者が事故を警察官に報告した際、その運転者が道路交通法に規定する酒気帯び運転をしていたことが発覚した。この事故は事故報告規則に基づき運輸支局長等に速報しなければならない。［R3_CBT/R1.8］

解答

1…×（転落事故に該当しないため、速報は要しない）：**2…○**：**3…○**：**4…○**：**5…×**（負傷事故に該当しないため、速報は要しない）：**6…×**（負傷事故に該当しないため、速報は要しない）：**7…×**（事故報告書の提出を省略することはできない）：**8…×**（死傷事故・負傷事故に該当しないため、速報は要しない）：**9…×**（負傷事故に該当しないため、速報は要しない）：**10…×**（負傷事故に該当しないため、速報は要しない）：**11…○**

2　演習問題

問1　一般旅客自動車運送事業者の自動車事故報告規則に基づく自動車事故報告書の提出等に関する次の記述のうち、正しいものを２つ選びなさい。なお、解答にあたっては、各選択肢に記載されている事項以外は考慮しないものとする。[R2.8]

□ 1．事業用自動車が鉄道車両（軌道車両を含む。）と接触する事故を起こした場合には、当該事故のあった日から15日以内に、自動車事故報告規則に定める自動車事故報告書（以下「事故報告書」という。）を当該事業用自動車の使用の本拠の位置を管轄する運輸支局長等を経由して、国土交通大臣に提出しなければならない。

2．事業用自動車の運転者が、運転中に胸に強い痛みを感じたので、直近の駐車場に駐車し、その後の運行を中止した。当該運転者は狭心症と診断された。この場合、事故報告書を国土交通大臣に提出しなければならない。

3．事業用自動車が高速自動車国道法に定める高速自動車国道において、路肩に停車中の車両に追突したため、後続車６台が衝突する多重事故が発生し、この事故により６人が重傷、４人が軽傷を負った。この場合、24時間以内においてできる限り速やかにその事故の概要を運輸支局長等に速報することにより、国土交通大臣への事故報告書の提出を省略することができる。

4．自動車の装置（道路運送車両法第41条各号に掲げる装置をいう。）の故障により、事業用自動車が運行できなくなった場合には、国土交通大臣に提出する事故報告書に当該事業用自動車の自動車検査証の有効期間、使用開始後の総走行距離等所定の事項を記載した書面及び故障の状況を示す略図又は写真を添付しなければならない。

問２　自動車事故に関する次の記述のうち、旅客自動車運送事業者が自動車事故報告規則に基づき運輸支局長等に速報を要するものを２つ選びなさい。なお、解答にあたっては、各選択肢に記載されている事項以外は考慮しないものとする。

☐　１．高速乗合バスが高速自動車国道を走行中、前方に渋滞により乗用車が停車していることに気づくのが遅れ、当該乗用車に追突する追突事故を引き起こした。この事故で、当該高速乗合バスの運転者と乗客あわせて５人が軽傷を負い、当該高速自動車国道が３時間にわたり自動車の通行が禁止となった。

２．高速乗合バスが高速自動車国道を走行中、突然エンジンルームから出火した。運転者は、当該車両をゆっくり路肩に停車させ、乗客の避難誘導を行った。その後、当該車両は全焼したものの、乗客30人全員に怪我はなかった。

３．高速乗合バスが高速自動車国道を走行中、前方に乗用車が割り込んできたため慌てて急ブレーキを踏んだものの、間に合わず追突した。この事故で、当該高速乗合バスの乗客５人のうち１人が軽傷を負った。

４．タクシーが交差点で信号待ちをしていたところ、わき見運転の乗用車に追突される事故が起きた。この事故で、当該タクシーの乗客２人のうち１人が重傷を負った。

問３　次の自動車事故に関する記述のうち、一般旅客自動車運送事業者が自動車事故報告規則に基づき運輸支局長等に速報を要するものを２つ選びなさい。なお、解答にあたっては、各選択肢に記載されている事項以外は考慮しないものとする。

［R3_CBT］

☐　１．貸切バスが信号機のない交差点において乗用車と接触する事故を起こした。双方の運転者は負傷しなかったが、当該バスの運転者が事故を警察官に報告した際、その運転者が道路交通法に規定する酒気帯び運転をしていたことが発覚した。

２．乗合バスが、交差点で信号待ちにより停車していたトラックの発見が遅れ、ブレーキをかける間もなく追突した。この事故で、当該乗合バスの乗客８人が10日間医師の治療を要する傷害を受けた。

３．高速乗合バスが高速自動車国道を走行中、前方に事故で停車していた乗用車の発見が遅れ、当該乗用車に追突した。この事故により、当該バスの運転者と乗客３人が軽傷を負い、当該高速自動車国道が２時間にわたり自動車の通行が禁止となった。

４．タクシーが右折の際、対向車線を走行してきた大型自動二輪車と衝突し、この事故により当該大型自動二輪車の運転者１人が死亡した。

問4　自動車事故に関する次の記述のうち、旅客自動車運送事業者が自動車事故報告規則に基づき運輸支局長等に速報を要するものを２つ選びなさい。なお、解答にあたっては、各選択肢に記載されている事項以外は考慮しないものとする。[R3.3]

☐ 1．貸切バスの運転者がハンドル操作を誤り、当該貸切バスが車道と歩道の区別がない道路を逸脱し、当該道路との落差が0.3メートル下の畑に転落した。

2．乗合バスが、交差点で信号待ちで停車していた乗用車の発見が遅れ、ブレーキをかける間もなく追突した。この事故で、当該乗合バスの乗客６人が14日間医師の治療を要する傷害を受けた。

3．高速乗合バスが高速道路を走行中、前方に渋滞により乗用車が停車していることに気づくのが遅れ、追突事故を引き起こした。この事故で、当該高速乗合バスの乗客２人が重傷（自動車事故報告規則で定める傷害のものをいう。以下同じ。）を負い、乗用車に乗車していた２人が軽傷を負った。

4．乗合バスに乗車してきた旅客が着席する前に当該乗合バスが発車したことから、当該旅客のうち１人がバランスを崩して床に倒れ大腿骨を骨折する重傷を負った。

問5　自動車事故に関する次の記述のうち、旅客自動車運送事業者が自動車事故報告規則に基づき運輸支局長等に速報を要するものを２つ選びなさい。なお、解答にあたっては、各選択肢に記載されている事項以外は考慮しないものとする。[R1.8]

☐ 1．タクシーが交差点に停車していた貨物自動車に気づくのが遅れ、当該タクシーがこの貨物自動車に追突し、さらに後続の自家用自動車３台が関係する玉突き事故となり、この事故により自家用自動車の運転者、同乗者のうち３人が重傷、５人が軽傷を負った。

2．貸切バスが信号機のない交差点において乗用車と接触する事故を起こした。双方の運転者は負傷しなかったが、当該バスの運転者が事故を警察官に報告した際、その運転者が道路交通法に規定する酒気帯び運転をしていたことが発覚した。

3．高速乗合バスが高速自動車国道を走行中、前方に事故で停車していた乗用車の発見が遅れ、当該乗用車に追突した。さらに当該バスの後続車３台が次々と衝突する多重事故となった。この事故で、当該バスの運転者と乗客６人が軽傷を負い、当該高速自動車国道が２時間にわたり自動車の通行が禁止となった。

4．乗合バスに乗車してきた旅客が着席する前に当該バスが発車したことから、当該旅客のうち１人がバランスを崩して床に倒れ大腿骨を骨折する重傷を負った。

◆解答＆解説

問１［解答　２，４］

１．「15日以内」⇒「**30日以内**」。事故報告規則第２条（定義）第１項第１号（鉄道事故）⇒86P・事故報告規則第３条（報告書の提出）第１項。⇒87P

２．疾病事故に該当するため報告を要する。事故報告規則第２条（定義）第９号（疾病事故）⇒86P・事故報告規則第３条（報告書の提出）第１項。⇒87P

３．報告書を提出する事故（死傷事故・負傷事故）であり、また、重傷者５人以上の速報を要する事故のため、**「速報＋報告書」の提出をしなければならない**。報告書の提出を省略することはできない。事故報告規則第２条（定義）第１項第３号（死傷事故）・第４号（負傷事故）⇒86P・事故報告規則第３条（報告書の提出）第１項⇒87P・事故報告規則第４条（速報）第１項②ロ。

４．事故報告規則第３条（報告書の提出）第２項①・②。⇒87P

問２［解答　２，４］

１．負傷事故（負傷者が10人以上）には該当しないため、速報を要しない。また、高速道路障害事故は、速報を要する事故に該当しない。事故報告規則第４条（速報）第１項。

２．**火災事故**に該当するため、**速報を要する**。事故報告規則第４条（速報）第１項①。

３．旅客事故は速報を要しない。事故報告規則第４条（速報）第１項。

４．**死傷事故**（旅客に１人以上の重傷者）に該当するため、**速報を要する**。事故報告規則第４条（速報）第１項②ハ。

問３［解答　１，４］

１．法令違反事故のうち、**酒気帯び運転は速報を要する**。事故報告規則第４条（速報）第１項⑤。

２．負傷事故（負傷者が10人以上）に該当しないため速報を要しない。事故報告規則第４条（速報）第１項③。

３．死傷事故（旅客に１人以上の重傷者）、負傷事故（負傷者が10人以上）のいずれにも該当しないため速報を要しない。事故報告規則第４条（速報）第１項②・③。

４．**死傷事故**（運転者が１人死亡）に該当するため、**速報を要する**。事故報告規則第４条（速報）第１項②イ。

問４［解答　３，４］

１．転落差が0.3mは転落事故に該当しないため、速報を要しない。

２．負傷事故（負傷者が10人以上）に該当しないため速報を要しない。事故報告規則第４条（速報）第１項③。

３＆４．**死傷事故**（旅客に１人以上の重傷者）に該当するため**速報を要する**。事故報告規則第４条（速報）第１項②ハ。

問5［解答　2，4］

1．死傷事故（重傷者が５人以上）、負傷事故（負傷者が10人以上）のいずれにも該当しないため速報を要しない。事故報告規則第４条（速報）第１項②・③。

2．法令違反事故のうち、**酒気帯び運転は速報を要する**。事故報告規則第４条（速報）第１項⑤。

3．負傷事故（負傷者が10人以上）に該当しないため速報を要しない。事故報告規則第４条（速報）第１項③・事故報告規則第２条（定義）第１項第４号。

4．**死傷事故**（旅客に１人以上の重傷者）に該当するため**速報を要する**。事故報告規則第４条（速報）第１項②ハ。

21　運行管理者の選任

1　法令の要点と○×式過去出題例

■運行管理者［道路運送法第23条］

1．一般旅客自動車運送事業者は、事業用自動車の運行の安全の確保に関する業務を行わせるため、国土交通省令で定める営業所ごとに、運行管理者資格者証の交付を受けている者のうちから、運行管理者を**選任しなければならない**。

3．一般旅客自動車運送事業者は、第1項の規定により運行管理者を選任したときは、遅滞なく、その旨を国土交通大臣に**届け出**なければならない。これを**解任**したときも同様とする。

■運行管理者等の選任［運輸規則第47条の9］

1．旅客自動車運送事業者は、次に掲げる事業の種別に応じ、それぞれ同表に掲げる営業所ごとに運行管理者を**選任しなければならない**。

事業の種類	運行管理者の選任が必要な営業所
①一般乗合旅客自動車運送事業	乗車定員11人以上の事業用自動車の運行を管理する営業所
	乗車定員10人以下の事業用自動車5両以上の運行を管理する営業所
②一般貸切旅客自動車運送事業	事業用自動車19両以下の運行を管理する営業所
	事業用自動車20両以上99両以下の運行を管理する営業所
	事業用自動車100両以上の運行を管理する営業所
③一般乗用旅客自動車運送事業	事業用自動車5両以上の運行を管理する営業所
④特定旅客自動車運送事業	乗車定員11人以上の事業用自動車の運行を管理する営業所
	乗車定員10人以下の事業用自動車5両以上の運行を管理する営業所

《選任すべき運行管理者の数（①乗合・③乗用・④特定)》

一般乗合旅客自動車運送事業、一般乗用旅客自動車運送事業、特定旅客自動車運送事業にあっては、当該営業所が運行を管理する事業用自動車の数を**40**で除して得た数（1未満の端数があるときは切り捨てる）に**1を加算**して得た数の運行管理者を選任しなければならない。

$$運行管理者の選任数の最低限度 = \frac{事業用自動車の両数}{40} + 1$$

事業用自動車の両数		運行管理者数
①一般乗合旅客　④特定旅客	③一般乗用旅客	
39両まで	5両以上～39両まで	1人
40両以上～79両まで		2人
80両以上～119両まで		3人
120両以上～159両まで		4人
160両以上～199両まで		5人
200両以上～239両まで		6人
240両以上～279両まで		7人

《選任すべき運行管理者の数（②貸切）》

■事業用自動車19両以下の運行を管理する営業所

2人。ただし、当該営業所が運行を管理する事業用自動車の数が4両以下であって、地方運輸局長が当該事業用自動車の種別、地理的条件その他の事情を勘案して当該事業用自動車の運行の安全の確保に支障を生ずるおそれがないと認める場合には、**1人**。

■事業用自動車20両以上99両以下の運行を管理する営業所

当該営業所が運行を管理する事業用自動車の数を20で除して得た数（1未満の端数があるときは切り捨てる）に1を加算して得た数。

$$運行管理者の選任数の最低限度 = \frac{事業用自動車の両数}{20} + 1$$

■事業用自動車100両以上の運行を管理する営業所

当該営業所が運行を管理する事業用自動車の数から100を引いた数を30で除した数（1未満の端数があるときは切り捨てる）に6を加算して得た数。

$$運行管理者の選任数の最低限度 = \frac{事業用自動車の両数-100}{30} + 6$$

②一般貸切旅客事業用自動車の両数	運行管理者数
39両まで※	2人
40両以上～59両まで	3人
60両以上～79両まで	4人
80両以上～99両まで	5人
100両以上～129両まで	6人
130両以上～159両まで	7人
160両以上～189両まで	8人
190両以上～219両まで	9人

※事業用自動車の数が4両以下で運行の安全の確保に支障を生ずるおそれがないと認める場合には、1人。

《統括運行管理者の選任》

2．ひとつの営業所において複数の運行管理者を選任する旅客自動車運送事業者は、それらの業務を統括する運行管理者（**統括運行管理者**）を**選任しなければならない**。

《補助者の選任》

3．旅客自動車運送事業者は、資格者証若しくは貨物自動車運送事業法第19条第1項に規定する**運行管理者資格者証を有する者**又は国土交通大臣が告示で定める運行の管理に関する講習であって国土交通省令の規定により国土交通大臣の認定を受けたものを**修了した者**のうちから、運行管理者の業務を補助させるための者（以下「**補助者**」という。）を**選任することができる**。ただし、道路運送法第23条の2（運行管理者資格者証）第2項第1号（⇒117P）に該当する者は、補助者に選任することができない。

〔旅客自動車運送事業運輸規則の解釈及び運用について（通達）〕

第47条の9　運行管理者等の選任

8．補助者が行う補助業務は、運行管理者の指導及び監督のもと行われるものであり、補助者が行うその業務において、以下に該当するおそれがあることが確認された場合には、直ちに運行管理者に**報告**を行い、**運行の可否の決定等**について**指示を仰ぎ**、その結果に基づき各運転者に対し**指示を行わなければならない**。

イ．運転者が酒気を帯びている

ロ．**疾病、疲労、睡眠不足**その他の理由により安全な運転をすることができない

ハ．無免許運転

ニ．最高速度違反行為

過去出題例 [運行管理者の選任]

□1. 一般貸切旅客自動車運送事業者は、事業用自動車60両の運行を管理する営業所においては、3人以上の運行管理者を選任しなければならない。[R2_CBT]

□2. 一般貸切旅客自動車運送事業者は、事業用自動車40両を管理する営業所においては、3人以上の運行管理者を選任しなければならない。[R1.8]

□3. 一般旅客自動車運送事業者は、法令に規定する運行管理者資格者証を有する者又は国土交通大臣が告示で定める運行の管理に関する講習であって国土交通大臣の認定を受けたもの（基礎講習）を修了した者のうちから、運行管理者の業務を補助させるための者（補助者）を選任することができる[R2_CBT]

□4. 一般旅客自動車運送事業者は、法令に規定する運行管理者資格者証を有する者又は国土交通大臣の認定を受けた基礎講習を修了した者のうちから、運行管理者の業務を補助させるための者（補助者）を選任することができる。ただし、法令の規定により運行管理者資格者証の返納を命ぜられ、その日から5年を経過しない者は、補助者に選任することができない。[R1.8]

□5. 運行管理者の補助者が行う補助業務は、運行管理者の指導及び監督のもと行われるものであり、補助者が行う点呼において、疾病、疲労、睡眠不足等により安全な運転をすることができないおそれがあることが確認された場合には、直ちに運行管理者に報告を行い、運行の可否の決定等について指示を仰ぎ、その結果に基づき運転者に対し指示を行わなければならない。[R1.8]

解答

1…×（3人以上⇒4人以上）：2…○：3…○：4…○：5…○

22 運行管理者の業務

1 法令の要点と○×式過去出題例

■運行管理者の業務［運輸規則第48条］

1．旅客自動車運送事業の運行管理者は、次に掲げる業務を行わなければならない。

◇**車掌の乗務**（乗合・貸切・特定） ①車掌を乗務させなければならない事業用自動車に車掌を乗務させること。
◇**天災時等の指示** ②天災その他の理由により輸送の安全の確保に支障が生ずるおそれがあるときは、事業用自動車の乗務員に対する**必要な指示**その他**輸送の安全のための措置**を講ずること。
◇**乗務割の作成** ③旅客自動車運送事業者が定めた、事業用自動車の運転者の**勤務時間**及び**乗務時間**の範囲内において**乗務割**を作成し、これに従い運転者を事業用自動車に乗務させること。
◇**休憩等の施設の管理** ③の２　旅客自動車運送事業者が整備した**休憩**に必要な施設及び睡眠又は**仮眠**に必要な施設を適切に**管理する**こと。
◇**運行業務の禁止 1** ④酒気を帯びた状態にある乗務員等を事業用自動車の運行の業務に従事させないこと。
◇**運行業務の禁止 2** ④の２　乗務員等の健康状態の把握に努め、疾病、疲労、睡眠不足その他の理由により安全な運転をし、又はその補助をすることができないおそれがある乗務員等を事業用自動車の運行の業務に従事させないこと。
◇**交替運転者の配置**（乗合・貸切） ⑤一般乗合旅客自動車運送事業者及び一般貸切旅客自動車運送事業者において、運転者が長距離運転又は夜間の運転に従事する場合であって、疲労等により安全な運転を継続することができないおそれがあるときは、あらかじめ、**交替するための運転者を配置**すること。
◇**輸送の安全** ⑤の２　乗務員が事業用自動車の運行中疾病、疲労、睡眠不足その他の理由により安全な運転を継続し、又はその補助を継続することができないおそれがあるときは、当該乗務員に対する必要な指示その他**輸送の安全のための措置**を講じなければならない。

◇点呼とその記録

⑥事業用自動車の運転者等に対し、点呼を行い、報告を求め、確認を行い、指示を与え、記録し、及びその記録を**保存し**、並びに運転者に対して使用するアルコール検知器を**常時有効に保持**すること。

◇業務の記録と保存

⑦事業用自動車の運転者等に対し、業務ごとにその内容を記録させ、及びその記録を1年間保存すること。更に、一般乗用旅客自動車運送事業においては、旅客が乗車した区間ならびに運行の業務に従事した事業用自動車の走行距離計に表示されている業務の開始時及び終了時における走行距離の積算キロ数を運転者等ごとに記録させ、かつ、その記録を事業用自動車ごとに整理して1年間保存すること。

◇運行記録計の管理（乗用・乗合・貸切）

⑧運行記録計により事業用自動車の瞬間速度、運行距離及び運行時間を記録しなければならない場合において、運行記録計を管理し、及びその記録を**1年間**保存すること（特定旅客自動車運送事業を除く）。

◇運行記録ができない車両の運行禁止

⑨運行記録計により記録しなければならない場合において、運行記録計により記録することのできない事業用自動車を**運行の用に供さない**こと。

◇事故の記録と保存

⑨の２　事業用自動車に係る交通事故が発生した場合は、事故の発生日時等の所定事項を記録し、及びその記録を当該事業用自動車の運行を管理する営業所において**3年間保存する**こと。

◇運行基準図の作成と指導（乗合）

⑩一般乗合旅客自動車運送事業の運行管理者にあっては、運行基準図を作成して営業所に備え、これにより事業用自動車の運転者等に対し、適切な指導をすること。

◇運行表の作成と携行（乗合）

⑪路線定期運行を行う一般乗合旅客自動車運送事業の運行管理者にあっては、主な停留所の名称等を記載した**運行表**を作成し、これを事業用自動車の**運転者等に携行**させること。

◇経路の事前調査（貸切）

⑫一般貸切旅客自動車運送事業の運行管理者にあっては、運行の主な**経路**における道路及び交通の状況を**事前に調査**し、かつ、当該経路の状態に適すると認められる**事業用自動車を使用**すること。

◇運行指示書の作成と携行（貸切）

⑫の２　一般貸切旅客自動車運送事業の運行管理者にあっては、運行指示書を**作成**し、かつ、これにより事業用自動車の運転者等に対し適切な**指示**を行い、事業用自動車の運転者等に携行させ、及びそれを**1年間保存する**こと。

◇運転者以外の者の運行業務禁止

⑬旅客自動車運送事業者により運転者として選任された者以外の者を事業用自動車の運行の業務に従事させないこと。

◇乗務員等台帳の作成と備え置き

⑬の２　乗務員等台帳（運輸規則第37条）を作成し、営業所に備え置くこと。

◇乗務員証（運転者証）の携行と返還（乗用）

⑭一般乗用旅客自動車運送事業の運行管理者にあっては、事業用自動車の運転者が乗務する場合には、運転者証を表示するときを除き、乗務員証を携行させ、及びその者が乗務を終了した場合には、当該乗務員証を**返還**させること。

◇乗務員証（運転者証）の表示と保管（乗用）

⑮一般乗用旅客自動車運送事業の運行管理者にあっては、タクシー業務適正化特別措置法第13条（運転者証の表示）の規定により運転者証を表示しなければならない事業用自動車に運転者を乗務させる場合には、当該自動車に**運転者証を表示**し、その者が乗務を終了した場合には、当該運転者証を**保管**しておくこと。

◇乗務員に対する指導監督及び非常用器具の取扱いの指導

⑯事業用自動車の乗務員等に対し、主として運行する路線又は営業区域の状態及びこれに対処することができる運転技術並びに法令に定める自動車の運転に関する事項について**指導、監督**及び**特別な指導**を行うとともに、その日時・場所・内容及び指導監督を行った者・受けた者を記録し、その記録を**３年間**保存すること。

また、非常信号用具、非常口及び消火器を備えた自動車の場合、当該自動車の乗務員等に対し、これらの**器具の取扱い**について**適切な指導**を行うこと。

◇特別な指導と適性診断の受診

⑰事故惹起運転者、初任運転者、準初任運転者及び高齢運転者に**適性診断を受けさせる**こと。

◇応急用器具等の備付

⑱運輸規則第43条第２項（事業用自動車が踏切警手の配置されていない踏切を通過することとなる場合は、当該自動車に赤色旗、赤色合図灯等の非常信号用具を備えなければ、旅客の運送の用に供してはならない。）の場合において当該自動車に非常信号用具を備えること。

◇補助者に対する指導及び監督

⑲旅客自動車運送事業者により、運行管理者の業務を補助させるための者（補助者）が選任されている場合は、**補助者に対する指導**及び**監督**を行うこと。（※補助者が行った業務の責任は運行管理者にある）

◇運転免許がない者の運転禁止

⑳「旅客自動車運送事業用自動車の運転者の要件に関する政令」の要件（21歳以上、免許期間が３年以上、第二種免許）を備えない者に事業用自動車を運転させないこと。

◇**従業員に対する指導及び監督**

㉑事故報告規則第５条の規定（国土交通大臣等による事故警報）により定められた**事故防止対策**に基づき、事業用自動車の運行の安全の確保について、従業員に対する**指導**及び**監督**を行うこと。

過去出題例［運行管理者の業務］

□1．運行管理者は、過労の防止を十分考慮して、国土交通大臣が告示で定める基準に従って、事業用自動車の運転者の勤務時間及び乗務時間を定め、当該運転者にこれらを遵守させること。［R3.3］

□2．一般貸切旅客自動車運送事業の運行管理者にあっては、運転者が長距離運転又は夜間の運転に従事する場合であって、疲労等により安全な運転を継続することができないおそれがあるときは、あらかじめ、交替するための運転者を配置すること。［R1.8］

□3．運行管理者は、乗務員等の健康状態の把握に務め、疾病、疲労、睡眠不足その他の理由により安全な運転をすることができないおそれがある乗務員等を事業用自動車の運行の業務に従事させないこと。［R2.8改］

□4．運行管理者は、運転者等に対して、法令の規定により点呼を行い、報告を求め、確認を行い、及び指示をしたときは、運転者等ごとに点呼を行った旨、報告、確認及び指示の内容並びに法令で定める所定の事項を記録し、かつ、その記録を１年間保存すること。［R3.3改］

□5．運行管理者は、法令の規定により、運転者等に対して点呼を行い、報告を求め、確認を行い、指示を与え、記録し、及びその記録を保存し、並びに運転者に対して使用するアルコール検知器を常時有効に保持すること。［R1.8改］

□6．運行管理者は、法令の規定により、運転者等に対して点呼を行い、報告を求め、確認を行い、指示を与え、記録し、及びその記録を保存し、並びに運転者に対して使用するアルコール検知器を備え置くこと。［R2_CBT改］

□7．一般貸切旅客自動車運送事業の運行管理者にあっては、夜間において長距離の運行を行う事業用自動車の運行の業務に従事する運転者等に対して、当該業務の途中において少なくとも１回電話その他の方法により点呼を行わなければならない。［R2_CBT改］

□8．運行管理者は、事業用自動車に係る事故が発生した場合には、法令の規定により「事故の発生日時」等の所定の事項を記録し、及びその記録を保存すること。［R3_CBT］

□9．運行管理者は、事業用自動車に係る事故が発生した場合には、事故の発生日時等所定の事項を記録し、その記録を当該事業用自動車の運行を管理する営業所において１年間保存すること。［R2.8］

□10．一般貸切旅客自動車運送事業の運行管理者にあっては、法令の規定による運行指示書を作成し、かつ、これにより事業用自動車の運転者等に対し適切な指示を行い、当該運転者等に携行させ、及びその保存をすること。［R3.3改］

☐11. 一般乗用旅客自動車運送事業の運行管理者にあっては、タクシー業務適正化特別措置法第13条の規定により運転者証を表示しなければならない事業用自動車に運転者を乗務させる場合には、当該自動車に運転者証を表示し、その者が乗務を終了した場合には、当該運転者証を保管しておくこと。[R2.8]

☐12. 運行管理者は、旅客自動車運送事業運輸規則第35条（運転者の選任）の規定により選任された者その他旅客自動車運送事業者により運転者として選任された者以外の者を事業用自動車の運行の業務に従事させないこと。[R2_CBT改]

☐13. 運行管理者は、事業用自動車が非常信号用具、非常口又は消火器を備えたものであるときは、当該事業用自動車の乗務員等に対し、これらの器具の取扱いについて適切な指導を行うこと。[R3.3]

☐14. 運行管理者は、死者又は負傷者（法令に掲げる傷害を受けた者）が生じた事故を引き起こした者等特定の運転者に対し、国土交通大臣が告示で定める適性診断であって国土交通大臣の認定を受けたものを受けさせること。[R3_CBT]

☐15. 一般貸切旅客自動車運送事業の運行管理者は、運転者として新たに雇い入れた者に対して、当該事業用自動車の運転者として選任する前に初任診断（初任運転者のための適性診断として国土交通大臣が認定したもの。）を受診させること。[R2_CBT]

☐16. 運行管理者は、適齢診断（高齢運転者のための適性診断として国土交通大臣が認定したものをいう。）を運転者が65歳に達した日以後１年以内に１回、その後70歳に達するまでは３年以内ごとに１回、70歳に達した日以後１年以内に１回、その後１年以内ごとに１回受診させること。[R1.8]

☐17. 運行管理者は、法令に規定する運行管理者資格者証を有する者又は国土交通大臣が告示で定める運行の管理に関する講習であって国土交通大臣の認定を受けたもの（基礎講習）を修了した者のうちから、運行管理者の業務を補助させるための者（補助者）を選任すること並びにその者に対する指導及び監督を行うこと。[R3_CBT]

☐18. 運行管理者は、従業員に対し、効果的かつ適切に指導監督を行うため、輸送の安全に関する基本的な方針を策定し、これに基づき指導及び監督を行うこと。[R3_CBT]

☐19. 運行管理者は、運行管理規程を定め、かつ、その遵守について運行管理業務を補助させるため選任した補助者及び運転者等に対し指導及び監督を行うこと。[R2.8改]

解答

1…×（勤務時間及び乗務時間を定めるのは、旅客自動車運送事業者の業務）：**2…○**：**3…○**：**4…○**：**5…○**：**6…×**（アルコール検知器を備え置くのは旅客自動車運送事業者の業務）：**7…○**：**8…○**：**9…×**（１年間保存⇒３年間保存）：**10…○**：**11…○**：**12…○**：**13…○**：**14…○**：**15…○**：**16…×**（70歳⇒75歳）：**17…×**（補助者を選任するのは、旅客自動車運送事業者の業務）：**18…×**（輸送の安全に関する基本的な方針の策定とそれに基づく指導及び監督は、旅客自動車運送事業者の業務）：**19…×**（運行管理規定を定めるのは旅客自動車運送事業者の業務）

2 演習問題

問1 次の記述のうち、旅客自動車運送事業者の運行管理者が行わなければならない業務として、正しいものを２つ選びなさい。なお、解答にあたっては、各選択肢に記載されている事項以外は考慮しないものとする。

☐ 1．一般貸切旅客自動車運送事業の運行管理者にあっては、運行指示書上、実車運行する区間の距離が200キロメートルを超える夜間運行を行う事業用自動車の運行の業務に従事する運転者等に対して当該業務の途中において少なくとも１回電話その他の方法により点呼を行わなければならない。

2．事業用自動車に係る事故が発生した場合には、法令の規定により「事故の発生日時」等の所定の事項を記録し、及びその記録を保存すること。

3．一般貸切旅客自動車運送事業の運行管理者にあっては、運行の主な経路における道路及び交通の状況を事前に調査し、かつ、当該経路の状態に適すると認められる事業用自動車を使用すること。

4．運行管理規程を定め、かつ、その遵守について運行管理業務を補助させるため選任した補助者及び運転者に対し指導及び監督を行うこと。

問2 次の記述のうち、旅客自動車運送事業者の運行管理者が行わなければならない業務として、正しいものを２つ選びなさい。なお、解答にあたっては、各選択肢に記載されている事項以外は考慮しないものとする。

☐ 1．運行管理者は、法令の規定により、運転者等に対して点呼を行い、報告を求め、確認を行い、指示を与え、記録し、及びその記録を保存し、並びに国土交通大臣が告示で定めるアルコール検知器を備え置くこと。

2．一般旅客自動車運送事業の運行管理者にあっては、乗務員等が有効に利用することができるように、営業所、自動車車庫その他営業所又は自動車車庫付近の適切な場所に、休憩に必要な施設を整備し、及び乗務員等に睡眠を与える必要がある場合又は乗務員が勤務時間中に仮眠する機会がある場合は、睡眠又は仮眠に必要な施設を整備しなければならない。

3．一般貸切旅客自動車運送事業の運行管理者にあっては、運行の主な経路における道路及び交通の状況を事前に調査し、かつ、当該経路の状態に適する事業用自動車を使用すること。

4．運行管理者は、事業用自動車の運転者等ごとに、運輸規則に規定されている各事項を記載し、かつ、写真（乗務員等台帳の作成前６ヵ月以内に撮影した単独で上三分身のものに限る。）を貼り付けた一定の様式の乗務員等台帳を作成し、これを当該運転者の属する営業所に備えて置かなければならない。

問３　次の記述のうち、旅客自動車運送事業者の運行管理者が行わなければならない業務として、正しいものを２つ選びなさい。なお、解答にあたっては、各選択肢に記載されている事項以外は考慮しないものとする。

☐ １．事業計画（路線定期運行を行う一般乗合旅客自動車運送事業者にあっては、事業計画及び運行計画）の遂行に十分な数の事業用自動車の運転者を常時選任すること。

２．適齢診断（高齢運転者のための適性診断として国土交通大臣が認定したものをいう。）を運転者が65歳に達した日以後１年以内に１回、その後70歳に達するまでは３年以内ごとに１回、70歳に達した日以後１年以内に１回、その後１年以内ごとに１回受診させること。

３．運転者等に対し、事故により事業用自動車の運行を中断したときは、当該旅客自動車運送事業者とともに、当該事業用自動車に乗車している旅客のために、運送を継続すること又は出発地まで送還すること、及び旅客を保護すること等適切な処置をしなければならないことを指導すること。

４．事業用自動車が非常信号用具、非常口又は消火器を備えたものであるときは、当該事業用自動車の乗務員等に対し、これらの器具の取扱いについて適切な指導を行うこと。

問４　次の記述のうち、旅客自動車運送事業者の運行管理者が行わなければならない業務として、正しいものを２つ選びなさい。なお、解答にあたっては、各選択肢に記載されている事項以外は考慮しないものとする。［R3_CBT改］

☐ １．死者又は負傷者（法令に掲げる傷害を受けた者）が生じた事故を引き起こした者等特定の運転者に対し、国土交通大臣が告示で定める適性診断であって国土交通大臣の認定を受けたものを受けさせること。

２．法令に規定する運行管理者資格者証を有する者又は国土交通大臣が告示で定める運行の管理に関する講習であって国土交通大臣の認定を受けたもの（基礎講習）を修了した者のうちから、運行管理者の業務を補助させるための者（補助者）を選任すること並びにその者に対する指導及び監督を行うこと。

３．従業員等に対し、効果的かつ適切に指導監督を行うため、輸送の安全に関する基本的な方針を策定し、これに基づき指導及び監督を行うこと。

４．事業用自動車に係る事故が発生した場合には、法令の規定により「事故の発生日時」等の所定の事項を記録し、及びその記録を保存すること。

問5　次の記述のうち、旅客自動車運送事業者の運行管理者が行わなければならない業務として、<u>誤っているものを1つ</u>選びなさい。なお、解答にあたっては、各選択肢に記載されている事項以外は考慮しないものとする。[R2_CBT改]

□ 1．旅客自動車運送事業運輸規則第35条（運転者の選任）の規定により選任された者その他旅客自動車運送事業者により運転者として選任された者以外の者を事業用自動車の運行の業務に従事させないこと。

2．一般貸切旅客自動車運送事業の運行管理者にあっては、夜間において長距離の運行を行う事業用自動車の運行の業務に従事する運転者等に対して、当該業務の途中において少なくとも1回電話その他の方法により点呼を行わなければならない。

3．一般貸切旅客自動車運送事業において、運転者として新たに雇い入れた者に対して、当該事業用自動車の運転者として選任する前に初任診断（初任運転者のための適性診断として国土交通大臣が認定したもの。）を受診させること。

4．法令の規定により、運転者等に対して点呼を行い、報告を求め、確認を行い、指示を与え、記録し、及びその記録を保存し、並びに国土交通大臣が告示で定めるアルコール検知器を備え置くこと。

問6　次の記述のうち、旅客自動車運送事業の運行管理者の行わなければならない業務として、<u>誤っているものを1つ</u>選びなさい。なお、解答にあたっては、各選択肢に記載されている事項以外は考慮しないものとする。[R3.3改]

□ 1．運転者等に対して、法令の規定により点呼を行い、報告を求め、確認を行い、及び指示をしたときは、運転者等ごとに点呼を行った旨、報告、確認及び指示の内容並びに法令で定める所定の事項を記録し、かつ、その記録を1年間保存すること。

2．一般貸切旅客自動車運送事業の運行管理者にあっては、法令の規定による運行指示書を作成し、かつ、これにより事業用自動車の運転者等に対し適切な指示を行い、当該運転者等に携行させ、及びその保存をすること。

3．事業用自動車が非常信号用具、非常口又は消火器を備えたものであるときは、当該事業用自動車の乗務員等に対し、これらの器具の取扱いについて適切な指導を行うこと。

4．過労の防止を十分考慮して、国土交通大臣が告示で定める基準に従って、事業用自動車の運転者の勤務時間及び乗務時間を定め、当該運転者にこれらを遵守させること。

問７　次の記述のうち、旅客自動車運送事業者の運行管理者が行わなければならない業務として、正しいものを２つ選びなさい。なお、解答にあたっては、各選択肢に記載されている事項以外は考慮しないものとする。[R2.8]

☐ １．運行管理規程を定め、かつ、その遵守について運行管理業務を補助させるため選任した補助者及び運転者に対し指導及び監督を行うこと。

２．乗務員等の健康状態の把握に務め、疾病、疲労、睡眠不足その他の理由により安全な運転をすることができないおそれがある乗務員等を事業用自動車の運行の業務に従事させないこと。

３．事業用自動車に係る事故が発生した場合には、事故の発生日時等所定の事項を記録し、その記録を当該事業用自動車の運行を管理する営業所において１年間保存すること。

４．一般乗用旅客自動車運送事業の運行管理者にあっては、タクシー業務適正化特別措置法第13条の規定により運転者証を表示しなければならない事業用自動車に運転者を乗務させる場合には、当該自動車に運転者証を表示し、その者が乗務を終了した場合には、当該運転者証を保管しておくこと。

問８　次の記述のうち、旅客自動車運送事業の運行管理者が行わなければならない業務として正しいものを２つ選びなさい。なお、解答にあたっては、各選択肢に記載されている事項以外は考慮しないものとする。[R1.8改]

☐ １．従業員等に対し、効果的かつ適切に指導監督を行うため、輸送の安全に関する基本的な方針を策定し、これに基づき指導及び監督を行うこと。

２．一般貸切旅客自動車運送事業の運行管理者にあっては、運転者等が長距離運転又は夜間の運転に従事する場合であって、疲労等により安全な運転を継続することができないおそれがあるときは、あらかじめ、交替するための運転者を配置すること。

３．法令の規定により、運転者等に対して点呼を行い、報告を求め、確認を行い、指示を与え、記録し、及びその記録を保存し、並びに運転者に対して使用するアルコール検知器を常時有効に保持すること。

４．適齢診断（高齢運転者のための適性診断として国土交通大臣が認定したものをいう。）を運転者が65歳に達した日以後１年以内に１回、その後70歳に達するまでは３年以内ごとに１回、70歳に達した日以後１年以内に１回、その後１年以内ごとに１回受診させること。

問９　次の記述のうち、旅客自動車運送事業の運行管理者の行わなければならない業務として、正しいものを２つ選びなさい。なお、解答にあたっては、各選択肢に記載されている事項以外は考慮しないものとする。

□　１．一般旅客自動車運送事業の運行管理者にあっては、事業計画（路線定期運行を行う一般乗合旅客自動車運送事業者にあっては、事業計画及び運行計画）の遂行に十分な数の事業用自動車の運転者を常時選任しておかなければならない。

２．一般貸切旅客自動車運送事業の運行管理者にあっては、夜間において長距離の運行を行う事業用自動車の運行の業務に従事する運転者等に対して、当該業務の途中において少なくとも１回電話その他の方法により点呼を行わなければならない。

３．路線定期運行を行う一般乗合旅客自動車運送事業の運行管理者にあっては、主な停留所の名称、当該停留所の発車時刻及び到着時刻その他運行に必要な事項を記載した運行表を作成し、かつ、これを事業用自動車の運転者等に携行させなければならない。

４．一般旅客自動車運送事業の運行管理者にあっては、乗務員等が有効に利用することができるように、営業所、自動車車庫その他営業所又は自動車車庫付近の適切な場所に、休憩に必要な施設を整備し、及び乗務員に睡眠を与える必要がある場合又は乗務員が勤務時間中に仮眠する機会がある場合は、睡眠又は仮眠に必要な施設を整備しなければならない。

◆解答＆解説

※近年、運行管理者の業務に関する出題が、「運行管理者の業務に関する法令」の内容からだけではなく、「運転者等の遵守事項」など、他の法令の内容も踏まえた上で判断すべき問題が出題されるようになった。今後も出題される傾向にあると思われるため、運行管理者が代行できる事業者の業務や、運転者の遵守事項等に関する法令などと併せて学習し、総合的に判断できるようにする必要がある。

問１［解答　２,３］

１．「200キロメートル」⇒「**100キロメートル**」。「運輸規則の解釈及び運用」第24条第１項⑧。⇒42P

２．運輸規則第48条（運行管理者の業務）第１項⑨の２。

３．運輸規則第48条（運行管理者の業務）第１項⑫。

４．運行管理規程を定めるのは、**旅客自動車運送事業者の業務**。運輸規則第48条の２（運行管理規程）第１項。⇒119P

問２［解答　３,４］

１．アルコール検知器を備え置くのは**旅客自動車運送事業者の業務**。運行管理者は、アルコール検知器を常時有効に保持する。運輸規則第48条（運行管理者の業務）第１項⑥・運輸規則第24条（点呼等）第４項。⇒38P

２．休憩に必要な施設を「整備・管理・保守」するのは**旅客自動車運送事業者の業務**。運行管理者はその施設を適切に「管理」する。運輸規則第48条（運行管理者の業務）第１項③の２・運輸規則第21条（過労防止等）第２項⇒30P

３．運輸規則第48条（運行管理者の業務）第１項⑫。

４．運輸規則第48条（運行管理者の業務）第１項⑬の２・運輸規則第37条（乗務員等台帳並びに乗務員証及び保安員証）第１項。⇒67P

問３［解答　３,４］

１．事業計画の遂行に十分な数の運転者を常時選任するのは、**旅客自動車運送事業者の業務**。運輸規則第35条（運転者の選任）第１項。⇒28P

２．65歳に達した日以後１年以内に１回受診させ、その後**75歳**に達するまでは３年以内ごとに１回、**75歳**に達した日以後１年以内に１回、その後１年以内ごとに１回受診させる。運輸規則第48条（運行管理者の業務）第１項⑰・「指導及び監督の指針」第二章４（３）。⇒77P

３．事故の場合の処置等の指導は、乗務員の指導、監督に含まれる。運輸規則第48条（運行管理者の業務）第１項⑯・運輸規則第18条（事故の場合の処置）第１項。⇒54P

４．運輸規則第48条（運行管理者の業務）第１項⑯。

問４［解答　１,４］

１．運輸規則第48条（運行管理者の業務）第１項⑰・「指導及び監督の指針」第二章４（１）。⇒76P

２．補助者を選任するのは、**旅客自動車運送事業者の業務**。運行管理者は補助者に対する指導及び監督を行う。運輸規則第48条（運行管理者の業務）第１項⑲・運輸規則第47条の９（運行管理者等の選任）第３項。⇒100P

3．輸送の安全に関する基本的な方針を策定し、これに基づき指導及び監督を行うのは、**旅客自動車運送事業者の業務**。運輸規則第38条（従業員に対する指導監督）第５項。⇒70P

4．運輸規則第48条（運行管理者の業務）第１項⑨の２。

問５［解答　４］

1．運輸規則第48条（運行管理者の業務）第１項⑬。

2．運輸規則第48条（運行管理者の業務）第１項⑥・運輸規則第24条（点呼等）第３項。⇒38P

3．運輸規則第48条（運行管理者の業務）第１項⑰。

4．アルコール検知器を備え置くのは**旅客自動車運送事業者の業務**。運行管理者は、アルコール検知器を常時有効に保持する。運輸規則第48条（運行管理者の業務）第１項⑥・運輸規則第24条（点呼等）第４項。⇒38P

問６［解答　４］

1．運輸規則第48条（運行管理者の業務）第１項⑥・運輸規則第24条（点呼等）第５項。⇒38P

2．運輸規則第48条（運行管理者の業務）第１項⑫の２。

3．運輸規則第48条（運行管理者の業務）第１項⑯。

4．運転者の勤務時間及び乗務時間を定めるのは**旅客自動車運送事業者の業務**。運行管理者は、勤務時間及び乗務時間の範囲内において乗務割を作成し、これに従い運転者を事業用自動車に乗務させる。運輸規則第48条（運行管理者の業務）第１項③・運輸規則第21条（過労防止等）第１項。⇒30P

問７［解答　２，４］

1．運行管理規程を定めるのは、**旅客自動車運送事業者の業務**。運輸規則第48条の２（運行管理規程）第１項。⇒119P

2．運輸規則第48条（運行管理者の業務）第１項④の２。

3．「１年間」⇒「**３年間**」。運輸規則第48条（運行管理者の業務）第１項⑨の２。

4．運輸規則第48条（運行管理者の業務）第１項⑮。

問８［解答　２，３］

1．輸送の安全に関する基本的な方針を策定し、これに基づき指導及び監督を行うことは、**旅客自動車運送事業者の業務**。運輸規則第38条（従業員に対する指導監督）第５項。⇒70P

2．運輸規則第48条（運行管理者の業務）第１項⑤。

3．運輸規則第48条（運行管理者の業務）第１項⑥。

4．65歳に達した日以後１年以内に１回受診させ、その後**75歳**に達するまでは３年以内ごとに１回、**75歳**に達した日以後１年以内に１回、その後１年以内ごとに１回受診させる。運輸規則第48条（運行管理者の業務）第１項⑰・「指導及び監督の指針」第二章４（３）。⇒77P

問9［解答　2，3］

1．事業計画の遂行に十分な数の運転者を常時選任するのは、**旅客自動車運送事業者の業務**。運輸規則第35条（運転者の選任）第１項。⇒28P

2．運輸規則第48条（運行管理者の業務）第１項⑥・運輸規則第24条（点呼等）第３項。⇒38P

3．運輸規則第48条（運行管理者の業務）第１項⑪。

4．休憩に必要な施設を「整備・管理・保守」するのは**旅客自動車運送事業者の業務**。運行管理者はその施設を適切に「管理」する。運輸規則第48条（運行管理者の業務）第１項③の２・運輸規則第21条（過労防止等）第２項。⇒30P

Check　事業者と運行管理者の業務の違い［編集部］

出題頻度が高い「事業者と運行管理者の業務の違い」は以下のとおり。

勤務時間・乗務時間	事業者	勤務時間・乗務時間を**定める**。
	運行管理者	定められた勤務時間・乗務時間の**範囲内で乗務割を作成する**。
運転者の選任	事業者	十分な数の運転者を常時**選任する**。
	運行管理者	運転者を**選任することはない**。
補助者の選任	事業者	補助者を**選任する**。
	運行管理者	補助者に対する**指導・監督**を行う。
休憩施設・睡眠施設	事業者	施設を**整備・管理・保守する**。
	運行管理者	施設の**管理のみ**。整備及び保守の義務はない。
従業員に対する指導・監督	事業者	輸送の安全に関する**基本的な方針を策定し、これに基づき指導・監督**を行う。
	運行管理者	法令で定められた事故防止対策に基づき、**事業用自動車の運行の安全の確保**について、従業員に指導・監督を行う。
アルコール検知器	事業者	アルコール検知器を**備え置き、常時有効に保持する**。
	運行管理者	アルコール検知器を**常時有効に保持する**。
運行管理規程	事業者	運行管理規程を**定める**。
	運行管理者	運行管理規程を**遵守する**。

23 運行管理者資格者証

1 法令の要点と○×式過去出題例

■運行管理者資格者証［道路運送法第23条の2］

1．国土交通大臣は、次の各号のいずれかに該当する者に対し、運行管理者資格者証を交付する。

①運行管理者試験に合格した者
②事業用自動車の運行の安全の確保に関する業務について国土交通省令で定める一定の実務の経験その他の要件を備える者

2．国土交通大臣は、第1項の規定にかかわらず、次の各号のいずれかに該当する者に対しては、運行管理者資格者証の**交付を行わない**ことができる。

①運行管理者資格者証の返納を命ぜられ、その日から**5年**を経過しない者
②この法律若しくは法律に基づく命令又はこれらに基づく処分に違反し、法律の規定により罰金以上の刑に処せられ、その執行を終わり、又はその執行を受けることがなくなった日から**5年**を経過しない者

■運行管理者資格者証の返納［道路運送法第23条の3］

1．国土交通大臣は、運行管理者資格者証の交付を受けている者がこの法律若しくはこの法律に基づく命令又はこれらに基づく**処分に違反**したときは、その運行管理者資格者証の**返納**を命ずることができる。

過去出題例［運行管理者資格者証］

☐1．国土交通大臣は、運行管理者資格者証の交付を受けている者が、道路運送法若しくはこの法律に基づく命令又はこれらに基づく処分に違反したときは、その運行管理者資格者証の返納を命ずることができる。また、運行管理者資格者証の返納を命ぜられ、その返納を命ぜられた日から5年を経過しない者に対しては、運行管理者資格者証の交付を行わないことができる。[R2_CBT]

解答

1…○

24　運送事業者による運行管理

1　法令の要点と○×式過去出題例

■安全管理規程等［道路運送法第22条の２］

1．一般旅客自動車運送事業者（その事業の規模が国土交通省令で定める規模未満であるものを除く。）は、**安全管理規程**を定め、国土交通省令で定めるところにより、国土交通大臣に**届け出**なければならない。これを変更しようとするときも、同様とする。
2．安全管理規程は、次に掲げる事項に関し、必要な内容を定めたものでなければならない。

①輸送の安全を確保するための事業の運営の方針に関する事項
②輸送の安全を確保するための事業の実施及びその管理の体制に関する事項
③輸送の安全を確保するための事業の実施及びその管理の方法に関する事項
④安全統括管理者の選任に関する事項

5．一般旅客自動車運送事業者は、**安全統括管理者**を選任し、又は解任したときは、国土交通省令で定めるところにより、**遅滞なく**、その旨を国土交通大臣に届け出なければならない。

■安全管理規程を定める旅客自動車運送事業者の事業の規模［運輸規則第47条の２］

1．道路運送法第22条の２第１項の国土交通省令で定める規模は、次の表の上（左）欄に掲げる事業の種別に応じ、同表中欄に掲げる事業用自動車の数が、同表下（右）欄に掲げる数であることとする。

事業の種別	事業用自動車	事業用自動車の数
一般乗合旅客自動車運送事業※	一般乗合旅客自動車運送事業及び特定旅客自動車運送事業の用に供する事業用自動車	200両
一般乗用旅客自動車運送事業	一般乗用旅客自動車運送事業の用に供する事業用自動車	**200両**

※道路運送法第35条（事業の管理の受委託）第１項の規定（一般旅客自動車運送事業の管理の委託及び受託については、国土交通大臣の許可を受けなければならない。）による一般貸切旅客自動車運送事業者に対する管理の委託に係る許可を受けているものを除く。

■運行管理者等の義務［道路運送法第23条の５］

1．運行管理者は、**誠実**にその業務を行わなければならない。
2．一般旅客自動車運送事業者は、運行管理者に対し、運行管理者の業務を行うため必要な**権限**を与えなければならない。
3．**一般旅客自動車運送事業者**は、運行管理者がその業務として行う**助言を尊重**しなければならず、事業用自動車の**運転者その他の従業員**は、運行管理者がその業務として行う**指導に従わなければならない**。

■運行管理規程［運輸規則第48条の２］

1．旅客自動車運送事業者は、運行管理者の**職務及び権限**、統括運行管理者を選任しなければならない営業所にあってはその**職務及び権限**、並びに事業用自動車の**運行の安全の確保**に関する業務の**実行に係る基準**に関する規程（運行管理規程）を定めなければならない。
2．運行管理規程に定める運行管理者の**権限**は、少なくとも第48条（運行管理者の業務）（⇒104P）に掲げる業務を行うに足りるものでなければならない。

■運行管理者の講習［運輸規則第48条の４］

1．旅客自動車運送事業者は、国土交通大臣が告示で定めるところにより、次に掲げる運行管理者に国土交通大臣が告示で定める講習であって国土交通省令の規定により国土交通大臣の認定を受けたものを受けさせなければならない。

①死者若しくは重傷者（⇒87P）が生じた事故を引き起こした事業用自動車の運行を管理する営業所又は許可の取消し等の規定による処分（輸送の安全に係るものに限る。）の原因となった違反行為が行われた営業所において選任している者
②運行管理者として新たに選任した者
③最後に国土交通大臣が認定する講習を受講した日の属する年度の翌年度の末日を経過した者

〔旅客自動車運送事業運輸規則の解釈及び運用について（通達）〕

第48条の4　運行管理者の講習

2．新たに選任した運行管理者とは、**当該事業者において初めて選任された者**のことをいい、当該事業者において過去に運行管理者として選任されていた者や他の営業所で選任されていた者は、新たに選任した運行管理者に該当しない。ただし**他の事業者**において運行管理者として選任されていた者であっても当該事業者において運行管理者として選任されたことがなければ新たに選任した運行管理者とする。

■旅客自動車運送事業運輸規則第47条の9第3項、第48条の4第1項、第48条の5第1項及び第48条の12第2項の運行の管理に関する講習の種類等を定める告示（国土交通省令）

第3条（運行管理者に受けさせなければならない運行の管理に関する講習）

1．運輸規則第48条の4第1項の規定により受けさせなければならない運行の管理に関する講習については、第4条及び第5条に定めるところによる。

第4条（基礎講習及び一般講習）

1．旅客自動車運送事業者は、**新たに選任した運行管理者**に、選任届出をした日の属する年度（やむを得ない理由がある場合にあっては、当該年度の翌年度）に**基礎講習又は一般講習**（基礎講習を受講していない当該運行管理者にあっては、基礎講習）を受講させなければならない。

2．旅客自動車運送事業者は、次に掲げる場合には、当該事故又は当該処分に係る営業所に属する運行管理者に、事故等があった日の属する年度及び翌年度（やむを得ない理由がある場合にあっては、当該年度の翌年度及び翌々年度、前項、この項又は次項の規定により既に当該年度に**基礎講習又は一般講習**を受講させた場合にあっては、翌年度）に基礎講習又は一般講習を受講させなければならない。

①死者又は重傷者（⇒87P）を生じた事故を引き起こした場合

②道路運送法第40条（許可の取消等）の規定による処分（輸送の安全に係るものに限る。）の原因となった違反行為をした場合

3．旅客自動車運送事業者は、運行管理者に、第1項又は第2項の規定により最後に基礎講習又は一般講習を受講させた日の属する年度の翌々年度以後**2年ごと**に基礎講習又は一般講習を受講させなければならない。

第５条（特別講習）

1．旅客自動車運送事業者は、第４条第２項各号に掲げる場合には、事故等に係る営業所に属する運行管理者（当該営業所に複数の運行管理者が選任されている場合にあっては、統括運行管理者及び事故等について相当の責任を有する者として運輸監理部長又は運輸支局長が指定した運行管理者）に、**事故等があった日**（運輸監理部長又は運輸支局長の指定を受けた運行管理者にあっては、当該指定の日）から１年（やむを得ない理由がある場合にあっては、１年６月）以内においてできる限り速やかに**特別講習**を受講させなければならない。

過去出題例［運送事業者による運行管理］

☐1．道路運送法第22条の２第１項の規定により安全管理規程を定めなければならない一般旅客自動車運送事業者は、安全統括管理者を選任したときは、国土交通省令で定めるところにより、遅滞なく、その旨を国土交通大臣に届け出なければならない。[R2.8]

☐2．一般乗用旅客自動車運送事業の用に供する事業用自動車の保有車両数が100両以上の事業者は、安全管理規程を定めて国土交通大臣に届け出なければならない。これを変更しようとするときも、同様とする。[R2.8]

☐3．一般旅客自動車運送事業者は、運行管理者に対し、国土交通省令で定める業務を行うため必要な権限を与えなければならない。また、事業者及び事業用自動車の運転者その他の従業員は、運行管理者がその業務として行う助言又は指導があった場合は、これを尊重しなければならない。[R1.8]

☐4．一般旅客自動車運送事業者は、新たに選任した運行管理者に、選任届出をした日の属する年度（やむを得ない理由がある場合にあっては、当該年度の翌年度）に基礎講習又は一般講習（基礎講習を受講していない当該運行管理者にあっては、基礎講習）を受講させなければならない。[R2_CBT]

☐5．一般旅客自動車運送事業者は、新たに選任した運行管理者に、選任届出をした日の属する年度（やむを得ない理由がある場合にあっては、当該年度の翌年度）に基礎講習又は一般講習を受講させなければならない。ただし、他の事業者において運行管理者として選任されていた者にあっては、この限りでない。[R1.8]

解答

1…○：2…×（100両以上⇒200両以上）：**3…×**（事業者は、運行管理者の助言を尊重しなければならず、運転者その他の従業員は、運行管理者の指導に従わなければならない）：**4…○：5…×**（他の事業者に選任されていた者でも、基礎講習又は一般講習を受講させなければならない）

2　演習問題

問1　道路運送法に定める一般旅客自動車運送事業の運行管理者等の義務についての次の文中、A、B、C、Dに入るべき字句としていずれか正しいものを1つ選びなさい。

1．運行管理者は、（A）にその業務を行わなければならない。

2．一般旅客自動車運送事業者は、運行管理者に対し、法令で定める業務を行うため必要な（B）を与えなければならない。

3．一般旅客自動車運送事業者は、運行管理者がその業務として行う助言を尊重しなければならず、事業用自動車の運転者その他の従業員は、運行管理者がその業務として行う（C）に従わなければならない。

4．一般乗合旅客自動車運送事業、一般乗用旅客自動車運送事業、特定旅客自動車運送事業にあっては、当該営業所が運行を管理する事業用自動車の数を（D）で除して得た数（1未満の端数があるときは切り捨てる）に1を加算して得た数の運行管理者を選任しなければならない。

☐ A　① 誠実　② 適切
B　① 権限　② 地位
C　① 監督　② 指導
D　① 20　② 40

問2　一般旅客自動車運送事業者（以下「事業者」という。）の運行管理者の選任等に関する次の記述のうち、誤っているものを1つ選びなさい。なお、解答にあたっては、各選択肢に記載されている事項以外は考慮しないものとする。[R2_CBT]

☐ 1．一般貸切旅客自動車運送事業者は、事業用自動車60両の運行を管理する営業所においては、3人以上の運行管理者を選任しなければならない。

2．国土交通大臣は、運行管理者資格者証の交付を受けている者が、道路運送法若しくはこの法律に基づく命令又はこれらに基づく処分に違反したときは、その運行管理者資格者証の返納を命ずることができる。また、運行管理者資格者証の返納を命ぜられ、その返納を命ぜられた日から5年を経過しない者に対しては、運行管理者資格者証の交付を行わないことができる。

3．事業者は、新たに選任した運行管理者に、選任届出をした日の属する年度（やむを得ない理由がある場合にあっては、当該年度の翌年度）に基礎講習又は一般講習（基礎講習を受講していない当該運行管理者にあっては、基礎講習）を受講させなければならない。

4．事業者は、法令に規定する運行管理者資格者証を有する者又は国土交通大臣が告示で定める運行の管理に関する講習であって国土交通大臣の認定を受けたもの（基礎講習）を修了した者のうちから、運行管理者の業務を補助させるための者（補助者）を選任することができる。

問3　一般旅客自動車運送事業者（以下「事業者」という。）の運行管理者の選任等に関する次の記述のうち、誤っているものを1つ選びなさい。なお、解答にあたっては、各選択肢に記載されている事項以外は考慮しないものとする。［R1.8］

☐ 1．一般貸切旅客自動車運送事業者は、事業用自動車40両を管理する営業所においては、3人以上の運行管理者を選任しなければならない。

2．事業者は、法令に規定する運行管理者資格者証を有する者又は国土交通大臣の認定を受けた基礎講習を修了した者のうちから、運行管理者の業務を補助させるための者（補助者）を選任することができる。ただし、法令の規定により運行管理者資格者証の返納を命ぜられ、その日から5年を経過しない者は、補助者に選任することができない。

3．運行管理者の補助者が行う補助業務は、運行管理者の指導及び監督のもと行われるものであり、補助者が行う点呼において、疾病、疲労、睡眠不足等により安全な運転をすることができないおそれがあることが確認された場合には、直ちに運行管理者に報告を行い、運行の可否の決定等について指示を仰ぎ、その結果に基づき運転者に対し指示を行わなければならない。

4．事業者は、新たに選任した運行管理者に、選任届出をした日の属する年度（やむを得ない理由がある場合にあっては、当該年度の翌年度）に基礎講習又は一般講習を受講させなければならない。ただし、他の事業者において運行管理者として選任されていた者にあっては、この限りでない。

◆解答＆解説

問１［解答　A－①，B－①，C－②，D－②］

1．道路運送法第23条の５（運行管理者等の義務）第１項。
2．道路運送法第23条の５（運行管理者等の義務）第２項。
3．道路運送法第23条の５（運行管理者等の義務）第３項
4．運輸規則第47条の９（運行管理者等の選任）第１項。⇒100P

問２［解答　１］

1．一般貸切旅客自動車運送事業用の車両数が60両の場合、運行管理者は最低**４人以上**選任する必要がある。運輸規則第47条の９（運行管理者等の選任）第１項。⇒100P
2．道路運送法第23条の２（運行管理者資格者証）第２項①・道路運送法第23条の３（運行管理者資格者証の返納）第１項。⇒117P
3．「講習の種類等を定める告示」第４条（基礎講習及び一般講習）第１項。
4．運輸規則第47条の９（運行管理者等の選任）第３項。⇒100P

問３［解答　４］

1．運輸規則第47条の９（運行管理者等の選任）第１項。⇒100P
2．運輸規則第47条の９（運行管理者等の選任）第３項。⇒100P・道路運送法第23条の２（運行管理者資格者証）第２項①。⇒117P
3．「運輸規則の解釈及び運用」第47条の９第８項ロ。⇒102P
4．新たに選任した運行管理者とは、**当該事業者において初めて選任された者**のことをいう。他の事業者に選任されていた者であっても、新たに選任した運行管理者に該当するため、基礎講習又は一般講習を**受講させなければならない**。「運輸規則の解釈及び運用」第48条の４第２項・「講習の種類等を定める告示」第４条（基礎講習及び一般講習）第１項。

25 運転者等の遵守事項

1 法令の要点と○×式過去出題例

■乗務員［運輸規則第49条］

2．事業用自動車の乗務員は、次に掲げる行為をしてはならない。

①火薬類等の危険物を旅客の現在する事業用自動車内に持ち込むこと。
②酒気を帯びて乗務すること。
③事業用自動車内で**喫煙**すること。

3．一般乗合旅客自動車運送事業者、一般貸切旅客自動車運送事業者及び特定旅客自動車運送事業者の事業用自動車（乗車定員11人以上のものに限る。）の乗務員は、前項各号に掲げるもののほか、次に掲げる行為をしてはならない。

①運行時刻前に発車すること。
②旅客の現在する自動車の走行中職務を遂行するために**必要な事項以外の事項について話をすること**。

4．一般乗合旅客自動車運送事業者、一般貸切旅客自動車運送事業者及び特定旅客自動車運送事業者の事業用自動車（乗車定員11人以上のものに限る。）の乗務員は、旅客が事業用自動車内において法令の規定又は公の秩序若しくは善良の風俗に反する行為をするときは、これを制止し、又は必要な事項を旅客に指示する等の措置を講ずることにより、輸送の安全を確保し、及び**事業用自動車内の秩序を維持**するように努めなければならない。

■運転者［運輸規則第50条］

1．旅客自動車運送事業者の事業用自動車の運転者は、次に掲げる事項を**遵守**しなければならない。

①日常点検及び運行前点検の点検をし、又はその**確認**をすること。
②乗務しようとするとき及び乗務を終了したときは、当該旅客自動車運送事業者が行う点呼を受け、事業用自動車、道路及び運行の状況などを報告すること。
③酒気を帯びた状態にあるときは、その旨を当該**旅客自動車運送事業者に申し出ること**。
③の２　**疾病、疲労、睡眠不足、天災その他の理由**により安全な運転をすることができないおそれがあるときは、その旨を当該旅客自動車運送事業者に**申し出る**こと。

③の3　事業用自動車の運行中に疾病、疲労、睡眠不足、天災その他の理由により安全な運転を継続することができないおそれがあるときは、その旨を当該旅客自動車運送事業者に申し出ること。
④事業用自動車の運行中に当該自動車の重大な故障を発見し、又は重大な事故が発生するおそれがあると認めたときは、直ちに、**運行を中止すること**。
⑤坂路において事業用自動車から離れるとき及び安全な運行に支障がある箇所を通過するときは、**旅客を降車させること**。
⑥踏切を通過するときは、変速装置を操作しないこと。
⑦事業用自動車の故障等により**踏切内**で運行不能となったときは、速やかに**旅客を誘導して退避させるとともに、列車に対し適切な防護措置をとる**こと。
⑧**乗務を終了**したときは、交替する運転者に対し、乗務中の事業用自動車、道路及び運行状況について**通告すること**。この場合において、乗務する運転者は、当該事業用自動車の制動装置、走行装置その他の重要な部分の機能について**点検をすること**。
⑨運輸規則第25条第１項、第２項又は第３項（⇒58P）の**記録**（第４項の規定により、第１項、第２項又は第３項の規定により記録すべき事項を運行記録計による記録に付記する場合は、その付記による記録）**を行うこと**。
⑩運転操作に円滑を欠くおそれがある**服装**をしないこと。

2．一般乗合旅客自動車運送事業者、一般貸切旅客自動車運送事業者及び特定旅客自動車運送事業者の事業用自動車（乗車定員11人以上のものに限る。）の運転者は、第１項各号に掲げるもののほか、次に掲げる事項を遵守しなければならない。ただし、法令の規定により**車掌が乗務しない事業用自動車**にあっては、第２号に掲げる事項を遵守すればよい。

①発車は、車掌の合図によって行うこと。
②発車の直前に安全の確認ができた場合を除き**警音器を吹鳴すること**。
③警報装置の設備がない踏切又は踏切警手が配置されていない踏切を通過しようとするときは、車掌の誘導を受けること。
④自動車を後退させようとするときは、車掌の誘導を受けること。

5．路線定期運行を行う一般乗合旅客自動車運送事業者の運転者は、乗務中、第27条第２項（⇒63P）の**運行表を携行**しなければならない。

6．一般乗用旅客自動車運送事業者の事業用自動車の運転者は、**食事若しくは休憩**のため運送の引受けをすることができない場合又は**乗務の終了等**のため車庫若しくは営業所に回送しようとする場合には、**回送板を掲出**しなければならない。

10. **一般貸切**旅客自動車運送事業者の事業用自動車の運転者は、第24条第３項（⇒41P）に規定する**乗務の途中**において、同項の規定により一般貸切旅客自動車運送事業者が行う**点呼を受け**、同項の規定による**報告**をしなければならない。

11. **一般貸切**旅客自動車運送事業者の運転者は、乗務中、第28条の２（⇒64P）の**運行指示書を携行**しなければならない。

■物品の持込制限［運輸規則第52条］

1．旅客自動車運送事業者の事業用自動車を利用する旅客は、次に掲げる物品を自動車内に**持ち込んではならない**。

> ⑭**動物**（身体障害者補助犬法による身体障害者補助犬及びこれと同等の能力を有すると認められる犬並びに愛玩用の小動物を除く。）

■禁止行為［運輸規則第53条］

1．旅客自動車運送事業者の事業用自動車を利用する旅客は、自動車の事故の場合その他やむを得ない場合のほか、事業用自動車内において、次に掲げる行為を**してはならない**。

> ⑥禁煙の表示のある自動車内で**喫煙すること**。

過去出題例［運転者の遵守事項］

☐1．旅客自動車運送事業者の事業用自動車の運転者は、坂路において事業用自動車から離れるとき及び安全な運行に支障がある箇所を通過するときは、旅客を降車させること。［R3.3］

☐2．旅客自動車運送事業者の事業用自動車の運転者は、乗務を終了したときは、交替する運転者に対し、乗務中の事業用自動車、道路及び運行状況について通告すること。この場合において、乗務する運転者は、当該事業用自動車の制動装置、走行装置その他の重要な部分の機能について異常のおそれがあると認められる場合には、点検をすること。［R3.3］

☐3．旅客自動車運送事業者の事業用自動車の運転者は、乗務を終了したときは、交替する運転者に対し、乗務中の事業用自動車、道路及び運行状況について通告すること。この場合において、乗務する運転者は、当該事業用自動車の制動装置、走行装置その他の重要な部分の機能について点検をすること。［R1.8］

☐4．一般乗用旅客自動車運送事業者の事業用自動車の運転者は、食事若しくは休憩のため運送の引受けをすることができない場合又は乗務の終了等のため車庫若しくは営業所に回送しようとする場合には、回送板を掲出すること。［R3.3］

□5．一般貸切旅客自動車運送事業者の事業用自動車の運転者は、運行中、所定の事項を記載した運行指示書が当該事業用自動車の運行を管理する営業所に備えられ、電話等により必要な指示が行われる場合にあっては、当該運行指示書の携行を省略することができる。［R3.3］

解答

1…○：2…×（異常のおそれがあると認められる場合⇒異常の有無に係わらず交替時に）：3…○：4…○：5…×（運行指示書を携行しなくてもよいという規定はない）

2　演習問題

問１　次の記述のうち、旅客自動車運送事業者の事業用自動車の運転者等が遵守しなければならない事項として、誤っているものを１つ選びなさい。なお、解答にあたっては、各選択肢に記載されている事項以外は考慮しないものとする。

□　1．旅客自動車運送事業者の事業用自動車の運転者は、事業用自動車の故障等により踏切内で運行不能となったときは、速やかに旅客を誘導して退避させるとともに、列車に対し適切な防護措置をとること。

2．一般乗合旅客自動車運送事業者の事業用自動車の運転者は、法令の規定により車掌が乗務しない事業用自動車にあっては、発車の直前に安全の確認ができた場合は必ず警音器を吹鳴すること。

3．旅客自動車運送事業者の事業用自動車の運転者は、乗務を終了したときは、交替する運転者に対し、乗務中の事業用自動車、道路及び運行状況について通告すること。この場合において、乗務する運転者は、当該事業用自動車の制動装置、走行装置その他の重要な部分の機能について点検をすること。

4．一般乗合旅客自動車運送事業者の事業用自動車の乗務員は、旅客が事業用自動車内において法令の規定又は公の秩序若しくは善良の風俗に反する行為をするときは、これを制止し、又は必要な事項を旅客に指示する等の措置を講ずることにより、輸送の安全を確保し、及び事業用自動車内の秩序を維持するように努めること。

問2　次の記述のうち、旅客自動車運送事業者の事業用自動車の運転者等が遵守しなければならない事項として、<u>正しいものを2つ</u>選びなさい。なお、解答にあたっては、各選択肢に記載されている事項以外は考慮しないものとする。

☐　1．一般乗合旅客自動車運送事業者の事業用自動車を利用する旅客は、動物（身体障害者補助犬法による身体障害者補助犬及びこれと同等の能力を有すると認められる犬並びに愛玩用の小動物を除く。）を事業用自動車内に持ち込んではならない。

2．旅客自動車運送事業者の事業用自動車の運転者は、坂路において事業用自動車から離れるとき及び安全な運行に支障がある箇所を通過するときは、旅客を降車させてはならない。

3．旅客自動車運送事業者の事業用自動車の運転者は、運転操作に円滑を欠くおそれがある服装をしてはならない。

4．一般乗用旅客自動車運送事業者の事業用自動車の運転者は、食事若しくは休憩のため、及び営業区域外から営業区域に戻るため、運送の引受けをすることができない場合又は乗務の終了等のため車庫若しくは営業所に回送しようとする場合には、回送板を掲出すること。

問3　次の記述のうち、旅客自動車運送事業者の事業用自動車の運転者等が遵守しなければならない事項として、<u>正しいものを2つ</u>選びなさい。なお、解答にあたっては、各選択肢に記載されている事項以外は考慮しないものとする。[R3.3]

☐　1．一般貸切旅客自動車運送事業者の事業用自動車の運転者は、運行中、所定の事項を記載した運行指示書が当該事業用自動車の運行を管理する営業所に備えられ、電話等により必要な指示が行われる場合にあっては、当該運行指示書の携行を省略することができる。

2．旅客自動車運送事業者の事業用自動車の運転者は、乗務を終了したときは、交替する運転者に対し、乗務中の事業用自動車、道路及び運行状況について通告すること。この場合において、乗務する運転者は、当該事業用自動車の制動装置、走行装置その他の重要な部分の機能について異常のおそれがあると認められる場合には、点検をすること。

3．旅客自動車運送事業者の事業用自動車の運転者は、坂路において事業用自動車から離れるとき及び安全な運行に支障がある箇所を通過するときは、旅客を降車させること。

4．一般乗用旅客自動車運送事業者の事業用自動車の運転者は、食事若しくは休憩のため運送の引受けをすることができない場合又は乗務の終了等のため車庫若しくは営業所に回送しようとする場合には、回送板を掲出すること。

◆解答＆解説

問１［解答　２］

１．運輸規則第50条（運転者）第１項⑦。

２．「発車の直前に安全の確認ができた場合は必ず」⇒「発車の直前に安全の確認ができた場合を**除き**」。運輸規則第50条（運転者）第２項②。

３．運輸規則第50条（運転者）第１項⑧。

４．運輸規則第49条（乗務員）第４項。

問２［解答　１，３］

１．運輸規則第52条（物品の持込制限）第１項⑭。

２．坂路において事業用自動車から離れるとき及び安全な運行に支障がある箇所を通過するときは、**旅客を降車させること**。運輸規則第50条（運転者）第１項⑤。

３．運輸規則第50条（運転者）第１項⑩。

４．営業区域外から営業区域に戻る場合は、**回送板を掲出する必要はない**。運輸規則第50条（運転者）第６項。

問３［解答　３，４］

１．一般貸切旅客自動車運送事業者の運転者は、**乗務中は運行指示書を携行しなければならない**。電話等による指示があるとしても、運行指示書の携行を省略してもよいという規定はない。運輸規則第50条（運転者）第11項。

２．異常のおそれの有無に係わらず、**交替時には点検を行うこと**。運輸規則第50条（運転者）第１項⑧。

３．運輸規則第50条（運転者）第１項⑤。

４．運輸規則第50条（運転者）第６項。

26 旅客自動車運送事業者による輸送の安全にかかわる情報の公表

1　法令の要点と○×式過去出題例

■ 旅客自動車運送事業者による輸送の安全にかかわる情報の公表

［運輸規則第47条の７］

1．旅客自動車運送事業者は、毎事業年度の経過後**100日**以内に、輸送の安全に関する基本的な方針その他の輸送の安全にかかわる情報であって国土交通大臣が告示で定める事項について、**インターネット**の利用その他の適切な方法により公表しなければならない。この場合において、旅客自動車運送事業者は、国土交通大臣が告示で定めるところにより、遅滞なく、その内容を国土交通大臣に報告しなければならない。

2．旅客自動車運送事業者は、道路運送法第27条（輸送の安全等）第４項、第31条（事業改善の命令）又は第40条（許可の取り消し等）の規定による処分を受けたときは、遅滞なく、当該処分の内容並びに当該処分に基づき講じた措置及び講じようとする措置の内容を**インターネット**の利用その他の適切な方法により公表しなければならない。

■ 旅客自動車運送事業者が公表すべき輸送の安全にかかわる事項等［告示］

1．運輸規則第47条の７第１項の規定に基づき、旅客自動車運送事業者が公表すべき輸送の安全に係る事項は、次のとおりとする。

①輸送の安全に関する**基本的な方針**
②輸送の安全に関する**目標**及び**その達成状況**
③事故報告規則第２条に規定する**事故**（事故報告しなければならない事故）**に関する統計**

過去出題例［輸送の安全に係る情報の公表］

☑1．旅客自動車運送事業者は、毎事業年度の経過後100日以内に、輸送の安全に関する基本的な方針その他の輸送の安全にかかわる情報であって国土交通大臣が告示で定める①輸送の安全に関する基本的な方針、②輸送の安全に関する目標及びその達成状況、③自動車事故報告規則第２条に規定する事故に関する統計について、インターネットの利用その他の適切な方法により公表しなければならない。［R2.8］

□2．旅客自動車運送事業者は、法第27条（輸送の安全等）第4項、法第31条（事業改善の命令）又は法第40条（許可の取り消し等）の規定による処分（輸送の安全に係るものに限る。）を受けたときは、遅滞なく、当該処分の内容並びに当該処分に基づき講じた措置及び講じようとする措置の内容をインターネットの利用その他の適切な方法により公表しなければならない。［R2.8/R1.8］

解答

1…〇：2…〇

2　演習問題

問1　一般旅客自動車運送事業者（以下「事業者」という。）の安全管理規程等及び輸送の安全に係る情報の公表についての次の記述のうち、誤っているものを1つ選びなさい。なお、解答にあたっては、各選択肢に記載されている事項以外は考慮しないものとする。［R2.8］

□　1．道路運送法（以下「法」という。）第22条の2第1項の規定により安全管理規程を定めなければならない事業者は、安全統括管理者を選任したときは、国土交通省令で定めるところにより、遅滞なく、その旨を国土交通大臣に届け出なければならない。

2．事業者は、法第27条（輸送の安全等）第4項、法第31条（事業改善の命令）又は法第40条（許可の取り消し等）の規定による処分（輸送の安全に係るものに限る。）を受けたときは、遅滞なく、当該処分の内容並びに当該処分に基づき講じた措置及び講じようとする措置の内容をインターネットの利用その他の適切な方法により公表しなければならない。

3．事業者は、毎事業年度の経過後100日以内に、輸送の安全に関する基本的な方針その他の輸送の安全にかかわる情報であって国土交通大臣が告示で定める①輸送の安全に関する基本的な方針、②輸送の安全に関する目標及びその達成状況、③自動車事故報告規則第2条に規定する事故に関する統計について、インターネットの利用その他の適切な方法により公表しなければならない。

4．一般乗用旅客自動車運送事業の用に供する事業用自動車の保有車両数が100両以上の事業者は、安全管理規程を定めて国土交通大臣に届け出なければならない。これを変更しようとするときも、同様とする。

問２　道路運送法に定める一般旅客自動車運送事業者（以下「事業者」という。）の輸送の安全等についての次の記述のうち、誤っているものを１つ選びなさい。なお、解答にあたっては、各選択肢に記載されている事項以外は考慮しないものとする。

［R1. 8］

☐ 1．事業者は、その事業用自動車の運転者に対し、主として運行する路線又は営業区域の状態及びこれに対処することができる運転技術並びに法令に定める自動車の運転に関する事項について適切な指導監督をしなければならない。この場合においては、その日時、場所及び内容並びに指導監督を行った者及び受けた者を記録し、かつ、その記録を営業所において３年間保存しなければならない。

2．事業者は、事業用自動車の運転者が疾病により安全な運転ができないおそれがある状態で事業用自動車を運転することを防止するために必要な医学的知見に基づく措置を講じなければならない。

3．事業者は、運行管理者に対し、国土交通省令で定める業務を行うため必要な権限を与えなければならない。また、事業者及び事業用自動車の運転者その他の従業員は、運行管理者がその業務として行う助言又は指導があった場合は、これを尊重しなければならない。

4．事業者は、道路運送法第27条（輸送の安全等）第４項、同法第31条（事業改善の命令）又は同法第40条（許可の取り消し等）の規定による処分（輸送の安全に係るものに限る。）を受けたときは、遅滞なく、当該処分の内容並びに当該処分に基づき講じた措置及び講じようとする措置の内容をインターネットの利用その他の適切な方法により公表しなければならない。

問3　一般旅客自動車運送事業者（以下「事業者」という。）の安全管理規程等及び輸送の安全に係る情報の公表についての次の文中、A、B、Cに入るべき字句としていずれか正しいものを1つ選びなさい。

1．一般乗用旅客自動車運送事業の用に供する事業用自動車の保有車両数が（A）以上の事業者は、安全管理規程を定めて国土交通大臣に届け出なければならない。これを変更しようとするときも、同様とする。

2．道路運送法第22条の2第1項の規定により安全管理規程を定めなければならない一般旅客自動車運送事業者は、安全統括管理者を選任したときは、国土交通省令で定めるところにより、（B）その旨を国土交通大臣に届け出なければならない。

3．事業者は、毎事業年度の経過後（C）以内に、輸送の安全に関する基本的な方針その他の輸送の安全にかかわる情報であって国土交通大臣が告示で定める①輸送の安全に関する基本的な方針、②輸送の安全に関する目標及びその達成状況、③自動車事故報告規則第2条に規定する事故に関する統計について、インターネットの利用その他の適切な方法により公表しなければならない。

□ A　① 200両　　② 100両
B　① 30日以内　　② 遅滞なく
C　① 200日　　② 100日

◆解答＆解説

問1［解答　4］

1．道路運送法第22条の２（安全管理規程等）第５項。⇒118P

2．運輸規則第47条の７（旅客自動車運送事業者による輸送の安全にかかわる情報の公表）第２項。

3．運輸規則第47条の７（旅客自動車運送事業者による輸送の安全にかかわる情報の公表）第１項・「旅客自動車運送事業者が公表すべき輸送の安全にかかわる事項等（告示）」。

4．「100両以上」⇒「**200両以上**」。運輸規則第47条の２（安全管理規程を定める旅客自動車運送事業者の事業の規模）第１項。⇒118P

問2［解答　3］

1．運輸規則第38条（従業員に対する指導監督）第１項。⇒70P

2．道路運送法第27条（輸送の安全等）第２項。⇒56P

3．事業者は、運行管理者がその業務として行う**助言を尊重**しなければならず、事業用自動車の運転者その他の従業員は、運行管理者がその業務として行う**指導に従わなければならない**。道路運送法第23条の５（運行管理者等の義務）第２項・第３項。⇒119P

4．運輸規則第47条の７（旅客自動車運送事業者による輸送の安全にかかわる情報の公表）第２項。

問3［解答　A－①，B－②，C－②］

1．運輸規則第47条の２（安全管理規程を定める旅客自動車運送事業者の事業の規模）第１項。⇒118P

2．道路運送法第22条の２（安全管理規程等）第５項。⇒118P

3．運輸規則第47条の７（旅客自動車運送事業者による輸送の安全にかかわる情報の公表）第１項・「旅客自動車運送事業者が公表すべき輸送の安全にかかわる事項等（告示）」。

覚えておこう －道路運送法編－

◆旅客自動車運送事業の種類

一般旅客自動車運送事業
①一般**乗合**旅客自動車運送事業（乗合旅客を運送する一般旅客自動車運送事業）
②一般**貸切**旅客自動車運送事業（一個の契約により乗車定員**11人以上**の自動車を貸し切って旅客を運送する一般旅客自動車運送事業）
③一般**乗用**旅客自動車運送事業（一個の契約により乗車定員**11人未満**の自動車を貸し切って旅客を運送する一般旅客自動車運送事業）
特定旅客自動車運送事業

◆事業者が国土交通大臣に行う手続き

許可 ※	運送事業の**経営**（運行管理の体制を記載した書類を添付）	
認可	運送約款の**制定**及び**変更**	
	事業計画の**変更**（**自動車車庫の位置**及び**収容能力、営業区域**等）	
届け出	（あらかじめ）	**事業用自動車の数**などの事業計画の変更
		路線定期運行の運行計画（路線定期運行の乗合）
	（遅滞なく）	**営業所の名称**などの軽微な事業計画の変更
	（６ヵ月前）	路線の**休止**又は**廃止**（路線定期運行の乗合）

※許可の取り消し等から５年を経過していない場合は不可。

◆過労運転の防止（事業者の業務）

過労の防止を考慮した**勤務時間**及び**乗務時間の設定**	
睡眠又は休憩のための施設を**整備・管理・保守**	
睡眠のための施設を勤務を終了する場所の付近に**確保・管理・保守**（営業所で勤務を終了できない場合）	
業務の禁止①	**酒気帯びの者**※
	疾病・疲労・睡眠不足により安全に業務を遂行し、又はその補助をすることが**できない者**
交替運転者の配置	**夜間**及び**長距離運転**（乗合・貸切）
業務の禁止②	乗務距離の**最高限度を超えて**乗務させない

※呼気中のアルコール濃度0.15mg/ℓ以上で**あるか否かを問わない。**

◆点呼

業務前	**対面**又は対面による点呼と同等の効果を有するものとして国土交通大臣が定める方法（運行上やむを得ない場合※は電話その他の方法。）で行う。①運転者に対しては、**酒気帯びの有無**　②運転者に対しては、疾病、疲労、睡眠不足等により安全運転が**できないおそれの有無**　③**日常点検の実施**　についての**報告**を求め、**確認**を行い、運行の安全の確保のために**必要な指示**を与える。
業務後	**対面**又は対面による点呼と同等の効果を有するものとして国土交通大臣が定める方法（運行上やむを得ない場合※は電話その他の方法。）で行う。①**事業用自動車**、**道路**及び**運行の状況**　②運転者に対しては、**酒気帯びの有無**　についての**報告**を求め、**確認**する。また、他の運転者と交替した場合、③**交替した運転者**に対し行った**事業用自動車**、**道路**及び**運行の状況**についての**通告**　についても**報告**を求める。
業務途中	［**一般貸切旅客自動車運送事業者のみ**］**夜間において長距離の運行**を行う運転者等に対して、当該**業務の途中において少なくとも一回、電話その他の方法**により点呼を行い、①業務に係る**事業用自動車**、**道路**及び**運行の状況**　②運転者に対しては、疾病、疲労、睡眠不足等により安全な運転をすることが**できないおそれの有無**　について**報告**を求め、**確認**を行い、事業用自動車の運行の安全を確保するために**必要な指示**を与える。
酒気帯びの有無の確認は**アルコール検知器**（営業所に備えられたものに限る）により行い、**目視等**でも運転者の状態を確認する。	

※**営業所と車庫が離れている、早朝・深夜等**は「やむを得ない場合」に**該当しない**。

◆記録の内容（過去問題より抜粋）

業務記録	乗合・特定旅客	業務**開始・終了地点**、**日時**、**主な経過地点**、**業務に従事した距離**
		業務を**交替**した場合は、その**地点**、**日時**
		休憩又は**仮眠**した場合は、その**地点**、**日時**
		著しい運行の**遅延**があった場合は、その**概要**、**原因**
	貸切	旅客が**乗車した区間**
	乗用	旅客が**乗車した区間**、走行距離計に表示されている走行距離の**積算キロ数**（**事業用自動車ごと**に整理する）
運行記録計	乗合（※）・貸切	当該自動車の**瞬間速度**、**運行距離**、**運行時間**

※起点から終点までの距離が100kmを超える運行に限る。

◆運行経路等

乗合	運行基準図 ⇒ **営業所に備え付ける**
	運行表 ⇒ **運転者等に携行させる**（営業所への**備え付けは不要**）
貸切	運行指示書 ⇒ **運転者等に携行させる**
乗用	営業区域内の地図 ⇒ **自動車に備えておく**

◆書類の保存期間

１年間	苦情処理の記録、**点呼の記録**、業務記録、運行記録計による記録、運行指示書、乗務員証（転任、退職等の場合）、運送引受書
３年間	**事故の記録**、乗務員等台帳、**特別な指導・監督の記録**

◆特別な指導

《指導時間》

運転者の別	指導時間	
事故惹起	貸切バス以外	■安全運転の実技以外…合計**６時間以上** ■安全運転の実技…**可能な限り**実施
	貸切バス	■安全運転の実技以外…合計**10時間以上** ■安全運転の実技…**20時間以上**
初任	貸切バス以外	■安全運転の実技以外…合計**６時間以上** ■安全運転の実技…**可能な限り**実施
	貸切バス	■安全運転の実技以外…合計**10時間以上** ■安全運転の実技…**20時間以上**
準初任	貸切バス	■危険の予測と回避（制動装置の急な操作に関する内容に限る）、ドライブレコーダーの記録を利用した運転特性の把握と是正及び安全運転の実技について実施 ■安全運転の実技…**20時間以上** ■その他…初任運転者に実施する時間と**同程度以上の時間**
高齢	適性（適齢）診断の結果を踏まえ、**自ら考えるように指導**	

《実施時期》

運転者の別	実施時期
事故惹起	**再度**乗務する前（外部の専門的機関で指導講習を受講する場合を除く）
初任	運転者に**選任される前**
準初任	**直近１年間**に運転経験（実技の指導を受けた経験を含む）のある貸切バスより**大型の車種区分**の貸切バスに**乗務する前**
高齢	適性診断（適齢診断）の**結果後１ヵ月以内**

◆事故の定義（抜粋）

転覆事故	路面に対し**35度以上傾斜**して転覆したもの
転落事故	道路外に**転落（落差0.5m以上）**したもの
衝突事故	**10台以上**の自動車の衝突を生じたもの
死傷事故	**死者、重傷者**を生じたもの
負傷事故	**10人以上の負傷者**を生じたもの

旅客事故	**操縦装置又は操作装置の不適切な操作**等により**旅客に傷害**が生じたもの
疾病事故	運転者又は特定自動運行保安員の**脳梗塞、心筋梗塞、くも膜下出血**等により、事業用自動車の運転を**継続することができなくなったもの**
運行不能事故	**原動機、動力伝達装置、車軸、燃料装置等の故障**により、自動車が**運行できなくなったもの**
鉄道障害事故	橋脚、架線その他鉄道施設を損傷し、**3時間以上**本線において鉄道車両の運行を禁止させたもの
高速道路障害事故	**高速・自動車専用道路で3時間以上**自動車の通行を禁止させたもの

◆事故報告書と速報

報告書	速報する以外の事故の場合は**30日以内**※に**報告書3通**を運輸支局長等を経由し、国土交通大臣に提出
速報	以下の事故の場合は**24時間以内**に運輸支局長等に電話その他適当な方法で速報 ①**転覆、転落、火災事故**、又は**鉄道車両等と衝突**若しくは**接触**したもの ②旅客自動車運送事業においては**1人以上の死者**を生じたもの ③**5人**（旅客にあっては**1人**）**以上の重傷者**を生じたもの ④**10人以上**の負傷者を生じたもの ⑤**酒気帯び運転**による法令違反事故

※救護義務違反事故の場合はその事故を知った日から、また、国土交通大臣が必要と認め報告の指示があった事故の場合はその指示があった日から30日以内。

◆必要な運行管理者の数

事業の別		必要な数（1未満は切り捨て）
乗合・乗用・特定		事業用自動車の両数÷**40＋1**
貸切	19両以下	**2人**（4両以下で理由がある場合**1人**）
	20両以上99両以下	事業用自動車の両数÷**20＋1**
	100両以上	（事業用自動車の両数－**100**）÷**30＋6**

◆運行管理者の業務①

勤務時間及び乗務時間の範囲内で**乗務割を作成**
休憩等の施設を適切に**管理**
選任された**運転者以外の運行業務の禁止**
乗務員証（運転者証）を**携行させ**、**返還させる（乗用）**
乗務員証（運転者証）を**表示し**、**保管する（乗用）**
事故防止対策に基づく**従業員の指導及び監督**
補助者に対する指導、監督
天災時における乗務員への**指示**、輸送の安全のための**措置**

事業者の業務

勤務時間、乗務時間を定める
休憩等の施設の**整備**、適切に**管理・保守**
睡眠の施設の**整備**又は**確保**、適切に**管理・保守**
アルコール検知器を**備え置き、常時有効に保持**する
運転者を**常時選任** **（日日雇い入れられる者、期間内（2ヵ月以内）の者、試用期間（14日以下）の者**を除く）
安全管理規程を**定め**、安全統括管理者を**選任**（一定規模以上の事業）
輸送の安全に関する基本的な方針を**策定**し、これに基づき**指導及び監督**を行う
運行管理者の**職務、権限**及び**運行管理規程**を定める
補助者を**選任**する
定期点検の基準の**作成**、点検整備の**実施**、点検・清掃のための施設を**設置**
運賃、運送約款等を営業所等に**掲示**（乗用除く）
指導要領を定め、**指導主任者を選任**
苦情に対し、**遅滞なく弁明**

運行管理者の業務②（運行管理者が代行できる事業者の業務）

過労運転のおそれのある乗務員等の**運行業務の禁止**
交替運転者の**配置**（長距離運転等の場合）
点呼を行い、**報告**を求め、**確認**を行い、**指示**を与え、**記録**する
アルコール検知器を**常時有効に保持**する
運転者に業務内容を**記録**させ、**保存**する
運行記録計の**管理・記録**の**保存**
運行表の**作成、携行**（乗合）
運行基準図の**作成**・**指導**（乗合）
補助者に対する**指導・監督**を行う
運行経路の**事前調査**・運行指示書の**作成・携行**（貸切）
特別な指導及び**適性診断の受診**
非常用器具の**取扱いの指導**
事故に関する所定事項の**記録、保存**

運転者の遵守事項

日常点検及び運行前点検の点検をし、又はその**確認**をすること。
酒気を帯びた状態にあるときは、その旨を当該**旅客自動車運送事業者に申し出ること。**

坂路において事業用自動車から離れるとき及び安全な運行に支障がある箇所を通過するときは、**旅客を降車させること。**
踏切を通過するときは、**変速装置を操作しないこと。**
事業用自動車の故障等により**踏切内**で運行不能となったときは、速やかに**旅客を誘導して退避させるとともに、列車に対し適切な防護措置をとること。**
乗務を終了したときは、交替する運転者に対し、乗務中の事業用自動車、道路及び運行状況について**通告すること。**この場合において、乗務する運転者は、当該事業用自動車の制動装置、走行装置その他の重要な部分の機能について**点検をすること。**
食事若しくは休憩のため運送の引受けをすることができない場合又は**乗務の終了等**のため車庫若しくは営業所に回送しようとする場合には、**回送板を掲出すること。**（一般乗用旅客自動車の運転者）

◆運行管理者の講習

<table>
<tr><td>①新たに選任した運行管理者※</td><td>選任の届出をした日の属する年度（やむを得ない場合は該当する年度の翌年度）に基礎講習又は一般講習（基礎講習を受講していない場合は基礎講習）を受講する。</td></tr>
<tr><td>②死者又は重傷者を生じた事故を起こした営業所の運行管理者※</td><td rowspan="2">事故等があった日の属する年度及び翌年度（やむを得ない場合は該当する年度の翌年度及び翌々年度。既に年度内に当該講習を受講した場合は翌年度）に基礎講習又は一般講習を受講する。
事故等があった日から１年（やむを得ない場合は１年６ヵ月）以内に特別講習を受講する。</td></tr>
<tr><td>③輸送の安全に係る許可の取消処分を受けた営業所の運行管理者※</td></tr>
</table>

※最後に基礎講習又は一般講習を受講した年度の翌々年度以降２年毎に当該講習を受講させる。

◆事業者の遵守事項と運行管理者の業務のまとめ

事項	事業者	運行管理者	参考法令（運輸規則）	
			事業者	運行管理者
車掌＊2,＊3,＊4	乗務させなければならない事業用自動車(乗車定員11人以上)に乗務させる		15条	48条１項①
異常気象時等	乗務員に必要な指示を与え、輸送の安全のための措置を講ずる		20条	48条１項②
勤務時間・乗務時間	勤務時間・乗務時間を定め、運転者に遵守させる	勤務時間・乗務時間の範囲内で乗務割を作成・乗務指示	21条１項	48条１項③
休憩・睡眠施設	整備（確保）・管理・保守	管理	21条２項・３項	48条１項③の２
酒気帯び	酒気帯びの場合の運行業務禁止		21条４項	48条１項④
疲労・疾病	乗務員等の健康状態の把握、疾病・疲労・睡眠不足等の場合の運行業務禁止		21条５項	48条１項④の２
交替運転者の配置＊2,＊3	長距離運転・夜間運転の交替運転者の配置		21条６項	48条１項⑤
輸送の安全	輸送の安全のための措置を講じる		21条７項	48条１項⑤の２

事項	事業者	運行管理者	参考法令（運輸規則）	
			事業者	運行管理者
点呼	点呼の実施・記録・保存（1年間）		24条	48条1項⑥
	アルコール検知器の設置・有効に保持	アルコール検知器を有効に保持		
業務記録	運転者等ごとに業務を記録・保存（1年間）		25条	48条1項⑦
運行記録計＊1,＊2,＊3	運行記録計による記録・保存（1年間）	運行記録計の記録・管理・保存（1年間）	26条1項・2項	48条1項⑧
運行記録計使用不能車		運行記録計使用不能車の運行禁止		48条1項⑨
事故の記録	事故の記録・保存（3年間）		26条の2	48条1項⑨の2
運行基準図＊2	作成・営業所への備え置き・運転者等に指導		27条1項	48条1項⑩
運行表＊2	作成・運転者等に携行させる		27条2項	48条1項⑪
事前調査＊3	主な経路の道路及び交通状況について行い、適する自動車を使用する		28条	48条1項⑫
運行指示書＊3	作成・指示・運転者等に携行させる・保存（1年間）		28条の2	48条1項⑫の2
運転者	運転者を選任	選任された運転者以外の運行業務禁止	35条	48条1項⑬
乗務員台帳	作成・営業所への備え置き・保存（※1）	作成・営業所への備え置き	37条1項・2項	48条1項⑬の2
乗務員証（運転者証）＊1	運転者に携行（表示する場合を除く）させる	運転者に携行（表示する場合を除く）させる・乗務後の返還	37条3項	48条1項⑭
	乗務時の自動車に表示・保存（※2）	乗務時の自動車に表示・乗務後の保管	13条(※4) 37条4項	48条1項⑮
指導監督・特別な指導・非常用器具の取扱指導	乗務員等に指導監督、特別な指導、記録・保存（3年間）、非常用器具の取扱指導		38条1項・2項・4項	48条1項⑯
適性診断	運転者（※3）に受診させる		38条2項	48条1項⑯の2
応急用器具等の備付	非常信号用具を備えない自動車の運行禁止（踏切警手のいない踏切を通過する場合）	非常信号用具を備える（踏切警手のいない踏切を通過する場合）	43条2項	48条1項⑰
補助者	補助者の選任	補助者の指導・監督	47条の9　3項	48条1項⑱
運転禁止	21歳以上で免許期間3年以上の第二種免許取得者以外の者の運転禁止		運送法25条	48条1項⑲
事故報告	事故の届け出	事故防止対策に基づき従業員に指導・監督	運送法29条	48条1項⑳

＊1：一般乗用旅客自動車、＊2：一般乗合旅客自動車、＊3：一般貸切旅客自動車、＊4：特定旅客自動車

（※1）転任・退職等で運転者でなくなった場合、3年間保存する。

（※2）転任・退職等で運転者でなくなった場合、1年間保存する。

（※3）事故惹起運転者、初任運転者、高齢運転者。

（※4）タクシー業務適正化特別措置法。

第2章

道路運送車両法

1　法律の目的と定義

1　法令の要点

■道路運送車両法の目的［車両法第１条］

1．この法律は、道路運送車両に関し、**所有権**についての公証等を行い、並びに**安全性の確保**及び**公害の防止**その他の環境の保全並びに整備についての技術の向上を図り、併せて自動車の整備事業の健全な発達に資することにより、**公共の福祉を増進する**ことを目的とする。

■定　義［車両法第2条］

1．この法律で「**道路運送車両**」とは、自動車、原動機付自転車及び軽車両をいう。
2．この法律で「**自動車**」とは、原動機により陸上を移動させることを目的として製作した用具で軌条若しくは架線を用いないもの又はこれにより牽引して陸上を移動させることを目的として製作した用具であって、次項に規定する原動機付自転車以外のものをいう。
3．この法律で「**原動機付自転車**」とは、国土交通省令で定める総排気量又は定格出力を有する原動機により陸上を移動させることを目的として製作した用具で軌条若しくは架線を用いないもの又はこれにより牽引して陸上を移動させることを目的として製作した用具をいう。

■自動車の種別［車両法第３条／施行規則第２条］

1．この法律に規定する**普通自動車、小型自動車、軽自動車、大型特殊自動車**及び**小型特殊自動車**の別は、自動車の大きさ及び構造並びに原動機の種類及び総排気量又は定格出力を基準として、別表第１（省略）に定める。

2　登録制度

1　法令の要点

■登録の一般的効力［車両法第4条・第5条］

《車両法第4条》

1．自動車（軽自動車、小型特殊自動車及び二輪の小型自動車を除く）は、自動車登録ファイルに登録を受けたものでなければ、これを**運行の用に供してはならない**。

《車両法第5条》

1．登録を受けた自動車※の**所有権の得喪**（とくそう）は、登録を受けなければ、**第三者に対抗することができない**。

※自動車抵当法第2条ただし書きに規定する大型特殊自動車を除く。

■自動車登録番号標の封印等［車両法第11条］

4．自動車の所有者は、自動車登録番号標に取り付けられた封印が滅失し、又は毀（き）損したときは、国土交通大臣又は封印取付受託者の行う**封印の取付け**を受けなければならない。

5．**何人も**、国土交通大臣若しくは封印取付受託者が取付けをした封印又はこれらの者が封印の取付けをした自動車登録番号標は、これを**取り外してはならない**。ただし、**整備**のため特に必要があるときその他の国土交通省令で定めるやむを得ない事由に該当するときは、この限りでない。

■変更登録［車両法第12条］

1．自動車の**所有者**は、登録されている型式、車台番号、原動機の型式、所有者の氏名若しくは名称若しくは**住所**又は**使用の本拠の位置**に変更があったときは、その事由があった日から**15日以内**に、国土交通大臣の行う変更登録の申請をしなければならない。ただし、移転登録又は永久抹消登録の申請をすべき場合は、この限りでない。

■移転登録［車両法第13条］

1．新規登録を受けた自動車（登録自動車）について所有者の変更があったときは、新所有者は、その事由があった日から**15日以内**に、国土交通大臣の行う移転登録の申請をしなければならない。

※第12条第1項のただし書きの規定により、移転登録をする場合は変更登録の必要がなくなる。このため、所有者の変更があった場合は「移転登録」の規定が優先される。変更登録の規定は、所有者の住所変更などの際に適用される。

■永久抹消登録［車両法第15条］

1．登録自動車の**所有者**は、次に掲げる場合には、その事由があった日（当該自動車が使用済自動車の解体である場合にあっては、解体報告記録がなされたことを知った日）から**15日以内**に、永久抹消登録の申請をしなければならない。

①登録自動車が滅失し、解体し（整備又は改造のために解体する場合を除く）、又は自動車の用途を廃止したとき。
②当該自動車の車台が自動車の新規登録の際、存したものでなくなったとき。

■一時抹消登録［車両法第16条］

2．一時抹消登録を受けた自動車（国土交通省令で定めるものを除く。）の所有者は、次に掲げる場合には、その事由があった日（当該事由が使用済自動車の解体である場合にあっては、解体報告記録がなされたことを知った日）から**15日以内**に、国土交通省令で定めるところにより、その旨を国土交通大臣に届け出なければならない。

①当該自動車が滅失し、解体し（整備又は改造のために解体する場合を除く。）、又は自動車の用途を廃止したとき。
②当該自動車の車台が当該自動車の新規登録の際存したものでなくなったとき。

■自動車登録番号標の表示の義務［車両法第19条］

1．自動車は、第11条第１項の規定により国土交通大臣又は自動車登録番号標交付代行者から交付を受けた自動車登録番号標を国土交通省令で**定める位置**に、かつ、被覆しないことその他当該自動車登録番号標に記載された自動車登録番号の識別に支障が生じないものとして国土交通省令で定める方法により**表示**しなければ、運行の用に供してはならない。

■自動車登録番号標の表示［施行規則第８条の２］

1．自動車登録番号標の表示の位置は、自動車の**前面及び後面**であって、自動車登録番号標に記載された自動車登録番号の識別に支障が生じないものとして**告示で定める位置**※とする。

※告示で定める位置とは、**見やすい位置**をいう。

2．自動車登録番号標の表示の方法は、次のいずれにも該当するものとする。

①自動車の車両中心線に直交する鉛直面に対する角度その他の自動車登録番号標の表示の方法に関し**告示で定める基準**※に適合していること。

②自動車登録番号標に記載された自動車登録番号の識別に支障が生じないものとして告示で定める物品以外のものが取り付けられておらず、かつ、汚れがないこと。

※告示で定める基準は①上下向きの角度及び左右向きの角度について一定の範囲内であること。②番号標の左右両端を結ぶ直線が水平であること。③番号標を確実に取り付けること等によって表示していること。④その他、番号標が折り返されていない等、番号の識別に支障が生じないこと。

■自動車登録番号標の廃棄等［車両法第20条］

2. 登録自動車の所有者は、当該自動車の使用者が整備命令等により自動車の使用の停止を命ぜられ、規定により自動車検査証を返納したときは、**遅滞なく**、当該自動車登録番号標及び封印を取りはずし、自動車登録番号標について国土交通大臣の**領置を受けなければならない**。

■打刻の塗まつ等の禁止［車両法第31条］

1. 何人も、自動車の車台番号又は原動機の型式の打刻を**塗まつ**し、その他車台番号又は原動機の型式の識別を**困難**にするような行為をしてはならない。ただし、整備のため特に必要な場合その他やむを得ない場合において、国土交通大臣の許可を受けたとき、又は車両法第32条※の規定による命令を受けたときは、この限りでない。

※車両法第32条は、車体番号又は原動機の型式の打刻を有しないとき等に該当するときは、所有者に対し、車体番号若しくは原動機の型式の打刻を受け、若しくはその打刻を塗まつすべきことを命ずるというもの。

■許可基準等［車両法第35条］

6. 臨時運行の許可を受けた者は、**臨時運行**の許可の**有効期間が満了**したときは、その日から**5日以内**に、当該行政庁に臨時運行許可証及び臨時運行許可番号標を返納しなければならない。

■臨時運行許可番号標表示等の義務［車両法第36条］

1. 臨時運行の許可に係る自動車は、次に掲げる要件を満たさなければ、これを運行の用に供してはならない。

①臨時運行許可番号標を国土交通省令で定める位置に、かつ、被覆しないことその他当該臨時運行許可番号標に記載された番号の識別に支障が生じないものとして国土交通省令で定める方法により表示していること。
②臨時運行許可証を備え付けていること。

Check 車両法に関する日数のまとめ［編集部］

15日以内	変更登録（第12条）、移転登録（第13条）、永久抹消登録（第15条）、一時抹消登録（第16条）、自動車検査証記録事項の変更（第67条）、自動車検査証の返納（第69条）
5日以内	臨時運行の許可（第35条）

2 演習問題

問1　自動車の登録等についての次の記述のうち、正しいものを２つ選びなさい。なお、解答にあたっては、各選択肢に記載されている事項以外は考慮しないものとする。

☐ 1．臨時運行の許可を受けた者は、臨時運行許可証の有効期間が満了したときは、その日から15日以内に、当該臨時運行許可証及び臨時運行許可番号標を当該行政庁に返納しなければならない。

2．登録自動車の所有者は、当該自動車の使用の本拠の位置に変更があったときは、道路運送車両法で定める場合を除き、その事由があった日から30日以内に、国土交通大臣の行う変更登録の申請をしなければならない。

3．何人も、国土交通大臣の許可を受けたときを除き、自動車の車台番号又は原動機の型式の打刻を塗まつし、その他車台番号又は原動機の型式の識別を困難にするような行為をしてはならない。

4．登録自動車の所有者は、当該自動車が滅失し、解体し（整備又は改造のために解体する場合を除く。）、又は自動車の用途を廃止したときは、その事由があった日（使用済自動車の解体である場合には解体報告記録がなされたことを知った日）から15日以内に、永久抹消登録の申請をしなければならない。

問2　道路運送車両法の自動車の登録等についての次の記述のうち、誤っているものを1つ選びなさい。なお、解答にあたっては、各選択肢に記載されている事項以外は考慮しないものとする。

1．登録自動車について所有者の変更があったときは、新所有者は、その事由があった日から30日以内に、国土交通大臣の行う移転登録の申請をしなければならない。

2．何人も、国土交通大臣の許可を受けたときを除き、自動車の車台番号又は原動機の型式の打刻を塗まつし、その他車台番号又は原動機の型式の識別を困難にするような行為をしてはならない。

3．何人も、国土交通大臣若しくは封印取付受託者が取付けをした封印又はこれらの者が封印の取付けをした自動車登録番号標は、これを取り外してはならない。ただし、整備のため特に必要があるときその他の国土交通省令で定めるやむを得ない事由に該当するときは、この限りでない。

4．登録を受けた自動車の所有権の得喪（とくそう）は、登録を受けなければ、第三者に対抗することができない。

問3　自動車の登録等についての次の記述のうち、誤っているものを1つ選びなさい。なお、解答にあたっては、各選択肢に記載されている事項以外は考慮しないものとする。

1．何人も、国土交通大臣若しくは封印取付受託者が取付けをした封印又はこれらの者が封印の取付けをした自動車登録番号標は、これを取り外してはならない。ただし、整備のため特に必要があるときその他の国土交通省令で定めるやむを得ない事由に該当するときは、この限りでない。

2．自動車は、自動車登録番号標を国土交通省令で定める位置に、かつ、被覆しないことその他当該自動車登録番号標に記載された自動車登録番号の識別に支障が生じないものとして国土交通省令で定める方法により表示しなければ、運行の用に供してはならない。

3．登録自動車について所有者の変更があったときは、新所有者は、その事由があった日から30日以内に、国土交通大臣の行う移転登録の申請をしなければならない。

4．道路運送車両法に規定する自動車の種別は、自動車の大きさ及び構造並びに原動機の種類及び総排気量又は定格出力を基準として定められ、その別は、普通自動車、小型自動車、軽自動車、大型特殊自動車、小型特殊自動車である。

問4　道路運送車両法の自動車の登録等についての次の記述のうち、誤っているものを1つ選びなさい。なお、解答にあたっては、各選択肢に記載されている事項以外は考慮しないものとする。［R3.3］

☐ 1．登録自動車について所有者の変更があったときは、新所有者は、その事由があった日から15日以内に、国土交通大臣の行う移転登録の申請をしなければならない。

2．登録自動車の所有者は、当該自動車が滅失し、解体し（整備又は改造のために解体する場合を除く。）、又は自動車の用途を廃止したときは、その事由があった日（使用済自動車の解体である場合には解体報告記録がなされたことを知った日）から15日以内に、永久抹消登録の申請をしなければならない。

3．自動車登録番号標及びこれに記載された自動車登録番号の表示は、国土交通省令で定めるところにより、自動車登録番号標を自動車の前面及び後面の任意の位置に確実に取り付けることによって行うものとする。

4．何人も、国土交通大臣若しくは封印取付受託者が取付けをした封印又はこれらの者が封印の取付けをした自動車登録番号標は、これを取り外してはならない。ただし、整備のため特に必要があるときその他の国土交通省令で定めるやむを得ない事由に該当するときは、この限りでない。

問5　自動車の登録等についての次の記述のうち、誤っているものを1つ選びなさい。なお、解答にあたっては、各選択肢に記載されている事項以外は考慮しないものとする。［R1.8］

☐ 1．登録自動車の所有者は、当該自動車の使用者が道路運送車両法の規定により自動車の使用の停止を命ぜられ、同法の規定により自動車検査証を返納したときは、その事由があった日から30日以内に、当該自動車登録番号標及び封印を取りはずし、自動車登録番号標について国土交通大臣に届け出なければならない。

2．自動車は、自動車登録番号標を国土交通省令で定める位置に、かつ、被覆しないことその他当該自動車登録番号標に記載された自動車登録番号の識別に支障が生じないものとして国土交通省令で定める方法により表示しなければ、運行の用に供してはならない。

3．道路運送車両法に規定する自動車の種別は、自動車の大きさ及び構造並びに原動機の種類及び総排気量又は定格出力を基準として定められ、その別は、普通自動車、小型自動車、軽自動車、大型特殊自動車、小型特殊自動車である。

4．登録自動車について所有者の変更があったときは、新所有者は、その事由があった日から15日以内に、国土交通大臣の行う移転登録の申請をしなければならない。

◆解答＆解説

問1［解答　3,4］

1．「15日以内」⇒「**5日以内**」。車両法第35条（許可基準等）第6項。

2．「30日以内」⇒「**15日以内**」。車両法第12条（変更登録）第1項。

3．車両法第31条（打刻の塗まつ等の禁止）第1項。

4．車両法第15条（永久抹消登録）第1項①。

問2［解答　1］

1．「30日以内」⇒「**15日以内**」。車両法第13条（移転登録）第1項。

2．車両法第31条（打刻の塗まつ等の禁止）第1項。

3．車両法第11条（自動車登録番号標の封印等）第5項。

4．車両法第5条（登録の一般的効力）第1項。

問3［解答　3］

1．車両法第11条（自動車登録番号標の封印等）第5項。

2．車両法第19条（自動車登録番号標の表示の義務）第1項。

3．「30日以内」⇒「**15日以内**」。車両法第13条（移転登録）第1項。

4．車両法第3条（自動車の種別）第1項・施行規則第2条（自動車の種別）第1項。⇒144P

問4［解答　3］

1．車両法第13条（移転登録）第1項。

2．車両法第15条（永久抹消登録）第1項①。

3．自動車登録番号標は、自動車の**前面及び後面**であって、自動車登録番号の識別に支障が生じないものとして**告示で定める位置**に確実に取り付ける。車両法第19条（自動車登録番号標の表示の義務）第1項・施行規則第8条の2（自動車登録番号標の表示）第1項。

4．車両法第11条（自動車登録番号標の封印等）第5項。

問5［解答　1］

1．自動車検査証を返納したときは、**遅滞なく**、当該自動車登録番号標及び封印を取りはずし、自動車登録番号標について国土交通大臣の**領置を受けなければならない**。車両法第20条（自動車登録番号標の廃棄等）第2項。

2．車両法第19条（自動車登録番号標の表示の義務）第1項。

3．車両法第3条（自動車の種別）第1項・施行規則第2条（自動車の種別）第1項。⇒144P

4．車両法第13条（移転登録）第1項。

3　自動車の検査

1　法令の要点

■自動車の構造［車両法第40条］

1．自動車は、その構造が、次に掲げる事項について、国土交通省令で定める保安上又は公害防止その他の環境保全上の技術基準に適合するものでなければ、運行の用に供してはならない。

①長さ、幅及び高さ
③**車両総重量**（車両重量、最大積載量及び55キログラムに乗車定員を乗じて得た重量の総和をいう。）

■選任届［車両法第52条］

1．大型自動車使用者等は、**整備管理者を選任**したときは、その日から**15日以内**に、地方運輸局長にその旨を届け出なければならない。これを**変更**したときも同様である。

■自動車の検査及び自動車検査証［車両法第58条］

1．自動車（検査対象外軽自動車※及び小型特殊自動車を除く。）は、この法律で定めるところにより、国土交通大臣の行う**検査**を受け、有効な自動車検査証の**交付**を受けているものでなければ、これを運行の用に供してはならない。

※検査対象外軽自動車は、軽自動車のうち二輪のものが該当する。具体的には、総排気量が125cc以上250cc未満の二輪自動車となる。

■新規検査［車両法第59条］

1．登録を受けていない第４条に規定する自動車又は第60条第１項の規定※による車両番号の指定を受けていない検査対象外軽自動車以外の軽自動車（以下「検査対象軽自動車」という。）若しくは二輪の小型自動車を運行の用に供しようとするときは、当該自動車の使用者は、当該自動車を提示して、国土交通大臣の行なう**新規検査**を受けなければならない。

※第４条の規定とは、自動車（軽自動車、小型特殊自動車及び二輪の小型自動車を除く。）は、自動車登録ファイルに登録を受けたものでなければ、これを運行の用に供してはならないというもの。第60条第１項の規定とは、新規検査の結果、保安基準に適合するときは、自動車検査証を使用者に交付する場合には検査対象軽自動車及び二輪の小型自動車については車両番号を指定しなければならないというもの。

■自動車検査証の有効期間［車両法第61条］

1．自動車検査証の有効期間は、**旅客を運送**する自動車運送事業の用に供する自動車、貨物の運送の用に供する自動車及び国土交通省令で定める自家用自動車であって、検査対象軽自動車以外のものにあっては**1年**、その他の自動車にあっては2年とする。

■自動車検査証等の有効期間の起算日［施行規則第44条］

1．自動車検査証の有効期間の起算日は、当該自動車検査証を交付する日又は当該自動車検査証に係る有効期間を法第72条第1項（省略）の規定により記録する日とする。ただし、自動車検査証の有効期間が満了する日の**1ヵ月前**（離島に使用の本拠の位置を有する自動車にあっては、2ヵ月前）から当該期間が満了する日までの間に継続検査を行い、当該自動車検査証に係る有効期間を法第72条第1項（省略）の規定により記録する場合は、当該自動車検査証の有効期間が**満了する日の翌日とする**。

※この規定により、有効期間満了日から1ヵ月前までの間に継続検査を受けると、1年後又は2年後の車検証有効期間満了日が前の日にずれることがなくなる。

■自動車検査証の有効期間の伸長［車両法第61条の2］

1．国土交通大臣は、一定の地域に使用の本拠の位置を有する自動車の使用者が、天災その他やむを得ない事由により、**継続検査**を受けることができないと認めるときは、当該地域に使用の本拠の位置を有する自動車の自動車検査証の有効期間を、期間を定めて伸長する旨を公示することができる。

■継続検査［車両法第62条］

1．登録自動車又は車両番号の指定を受けた検査対象軽自動車若しくは二輪の小型自動車の使用者は、自動車検査証の有効期間の満了後も当該自動車を使用しようとするときは、当該自動車を提示して、国土交通大臣の行う**継続検査**を受けなければならない。この場合において、当該自動車の使用者は、当該自動車検査証を国土交通大臣に提出しなければならない。

2．国土交通大臣は、継続検査の結果、当該自動車が保安基準に適合すると認めるときは、当該自動車検査証に有効期間を記録して、これを当該自動車の使用者に返付し、当該自動車が**保安基準に適合しない**と認めるときは、当該自動車検査証を当該自動車の使用者に**返付しない**ものとする。

5．自動車の使用者は、継続検査を申請しようとする場合において、第67条第1項の規定による自動車検査証の変更記録の申請をすべき事由があるときは、あらかじめ、その申請をしなければならない。

■自動車検査証の備付け等［車両法第66条］

1．自動車は、自動車検査証を**備え付け**、かつ、国土交通省令で定めるところにより検査標章を表示しなければ、運行の用に供してはならない。
3．検査標章には、国土交通省令で定めるところにより、その交付の際の当該自動車検査証の**有効期間の満了する時期**を表示するものとする。
5．検査標章は、当該自動車検査証がその効力を失ったとき、又は継続検査、臨時検査若しくは構造等変更検査の結果、当該自動車検査証の返付を受けることができなかったときは、当該自動車に**表示してはならない**。

■自動車検査証記録事項の変更及び構造等変更検査［車両法第67条］

1．自動車の**使用者**は、自動車検査証記録事項について変更があったときは、その事由があった日から**15日以内**に、当該変更について、国土交通大臣が行う自動車検査証の変更記録を受けなければならない。ただし、その効力を失っている自動車検査証については、これに変更記録を受けるべき時期は、当該自動車を使用しようとする時とすることができる。

■自動車検査証の返納等［車両法第69条］

1．自動車の使用者は、当該自動車について次に掲げる事由があったときは、その事由があった日（当該事由が使用済自動車の解体である場合にあっては、解体報告記録がなされたことを知った日）から**15日以内**に、当該自動車検査証を国土交通大臣に返納しなければならない。

①当該自動車が滅失し、解体し（整備又は改造のために解体する場合を除く。）、又は自動車の用途を廃止したとき。

■再交付［車両法第70条］

1．自動車又は検査対象外軽自動車の使用者は、自動車検査証若しくは検査標章又は臨時検査合格標章が滅失し、き損し、又はその識別が困難となった場合その他国土交通省令で定める場合には、その**再交付**を受けることができる。

■保安基準適合証等［車両法第94条の５］

11．第１項の規定による自動車検査員の証明を受けた自動車が国土交通省令で定めるところにより当該証明に係る**有効な保安基準適合標章**を表示しているときは、第58条第１項及び第66条第１項の規定※は、当該自動車について**適用しない**。

※第58条第１項及び第66条第１項の規定とは、自動車検査証の**交付**を受け、自動車検査証を自動車に**備え付け**、かつ、**検査標章を表示**しなければ運行の用に供してはならない、というもの。

■不正改造等の禁止［車両法第99条の2］

1．何人も、国土交通大臣の行う検査を受け、有効な自動車検査証の交付を受けている自動車又は法令の規定により使用の届出を行っている検査対象外軽自動車について、自動車又はその部分の改造、装置の取付け又は取り外しその他これらに類する行為であって、当該自動車が保安基準に適合しないこととなるものを行ってはならない。

2 演習問題

問1 道路運送車両法に定める検査等についての次の文中、A、B、C、Dに入るべき字句を下の枠内の選択肢（①～⑥）から選びなさい。［R2.8］

☐ 1．登録を受けていない道路運送車両法第4条に規定する自動車又は同法第60条第1項の規定による車両番号の指定を受けていない検査対象軽自動車若しくは二輪の小型自動車を運行の用に供しようとするときは、当該自動車の使用者は、当該自動車を提示して、国土交通大臣の行う（A）を受けなければならない。

2．登録自動車又は車両番号の指定を受けた検査対象軽自動車若しくは二輪の小型自動車の使用者は、自動車検査証の有効期間の満了後も当該自動車を使用しようとするときは、当該自動車を提示して、国土交通大臣の行う（B）を受けなければならない。この場合において、当該自動車の使用者は、当該自動車検査証を国土交通大臣に提出しなければならない。

3．自動車の使用者は、自動車検査証記録事項について変更があったときは、法令で定める場合を除き、その事由があった日から（C）以内に、当該変更について、国土交通大臣が行う自動車検査証の変更記録を受けなければならない。

4．国土交通大臣は、一定の地域に使用の本拠の位置を有する自動車の使用者が、天災その他やむを得ない事由により、（D）を受けることができないと認めるときは、当該地域に使用の本拠の位置を有する自動車の自動車検査証の有効期間を、期間を定めて伸長する旨を公示することができる。

①新規検査	②継続検査	③構造等変更検査
④予備検査	⑤15日	⑥30日

問2　道路運送車両法の自動車の検査等についての次の記述のうち、誤っているものを1つ選びなさい。なお、解答にあたっては、各選択肢に記載されている事項以外は考慮しないものとする。

☐ 1．自動車に表示しなければならない検査標章には、国土交通省令で定めるところにより、その交付の際の当該自動車検査証の有効期間の満了する時期を表示するものとする。

2．初めて自動車検査証の交付を受ける乗車定員５人の旅客を運送する自動車運送事業の用に供する自動車については、当該自動車検査証の有効期間は１年である。

3．大型自動車使用者等は、整備管理者を選任したときは、その日から15日以内に、地方運輸局長にその旨を届け出なければならない。これを変更したときも同様である。

4．自動車運送事業の用に供する自動車は、自動車検査証を当該自動車又は当該自動車の所属する営業所に備え付けなければ、運行の用に供してはならない。

問3　自動車の登録等についての次の記述のうち、正しいものを２つ選びなさい。なお、解答にあたっては、各選択肢に記載されている事項以外は考慮しないものとする。

［R3_CBT］

☐ 1．一時抹消登録を受けた自動車（国土交通省令で定めるものを除く。）の所有者は、自動車の用途を廃止したときには、その事由があった日から15日以内に、国土交通省令で定めるところにより、その旨を国土交通大臣に届け出なければならない。

2．登録自動車の使用者は、当該自動車が滅失し、解体し（整備又は改造のために解体する場合を除く。）、又は自動車の用途を廃止したときは、その事由があった日（使用済自動車の解体である場合には解体報告記録がなされたことを知った日）から30日以内に、当該自動車検査証を国土交通大臣に返納しなければならない。

3．自動車登録番号標及びこれに記載された自動車登録番号の表示は、国土交通省令で定めるところにより、自動車登録番号標を自動車の前面及び後面の任意の位置に確実に取り付けることによって行うものとする。

4．登録を受けた自動車（自動車抵当法第２条ただし書きに規定する大型特殊自動車を除く。）の所有権の得喪は、登録を受けなければ、第三者に対抗することができない。

問４　自動車の検査等についての次の記述のうち、誤っているものを１つ選びなさい。なお、解答にあたっては、各選択肢に記載されている事項以外は考慮しないものとする。[R3_CBT改]

☐ 1．自動車は、指定自動車整備事業者が継続検査の際に交付した有効な保安基準適合標章を表示しているときは、自動車検査証を備え付けていなくても、運行の用に供することができる。

2．自動車検査証の有効期間の起算日は、自動車検査証の有効期間が満了する日の１ヵ月前（離島に使用の本拠の位置を有する自動車を除く。）から当該期間が満了する日までの間に継続検査を行い、当該自動車検査証に係る有効期間を法第72条第１項（省略）の規定により記録する場合は、当該自動車検査証の有効期間が満了する日の翌日とする。

3．自動車の使用者は、自動車の長さ、幅又は高さを変更したときは、道路運送車両法で定める場合を除き、その事由があった日から15日以内に、当該変更について、国土交通大臣が行う自動車検査証の変更記録を受けなければならない。

4．自動車運送事業の用に供する自動車は、自動車検査証を当該自動車又は当該自動車の所属する営業所に備え付けなければ、運行の用に供してはならない。

問５　自動車の登録等についての次の記述のうち、誤っているものを１つ選びなさい。なお、解答にあたっては、各選択肢に記載されている事項以外は考慮しないものとする。[R2_CBT]

☐ 1．登録自動車は、自動車登録番号標を国土交通省令で定める位置に、かつ、被覆しないことその他当該自動車登録番号標に記載された自動車登録番号の識別に支障が生じないものとして国土交通省令で定める方法により表示しなければ、運行の用に供してはならない。

2．臨時運行の許可を受けた者は、臨時運行許可証の有効期間が満了したときは、その日から５日以内に、当該臨時運行許可証及び臨時運行許可番号標を当該行政庁に返納しなければならない。

3．登録自動車の使用者は、当該自動車が滅失し、解体し（整備又は改造のために解体する場合を除く。）、又は自動車の用途を廃止したときは、その事由があった日（使用済自動車の解体である場合には解体報告記録がなされたことを知った日）から15日以内に、当該自動車検査証を国土交通大臣に返納しなければならない。

4．登録自動車の所有者は、当該自動車の使用の本拠の位置に変更があったときは、道路運送車両法で定める場合を除き、その事由があった日から30日以内に、国土交通大臣の行う変更登録の申請をしなければならない。

問6　自動車（検査対象外軽自動車及び小型特殊自動車を除く。）の検査等についての次の記述のうち、正しいものを２つ選びなさい。なお、解答にあたっては、各選択肢に記載されている事項以外は考慮しないものとする。［R2_CBT］

☐ 1．自動車は、指定自動車整備事業者が継続検査の際に交付した有効な保安基準適合標章を表示している場合であっても、自動車検査証を備え付けなければ、運行の用に供してはならない。

2．乗車定員５人の旅客を運送する自動車運送事業の用に供する自動車については、初めて自動車検査証の交付を受ける際の当該自動車検査証の有効期間は２年である。

3．国土交通大臣は、一定の地域に使用の本拠の位置を有する自動車の使用者が、天災その他やむを得ない事由により、継続検査を受けることができないと認めるときは、当該地域に使用の本拠の位置を有する自動車の自動車検査証の有効期間を、期間を定めて伸長する旨を公示することができる。

4．自動車の使用者は、自動車の長さ、幅又は高さを変更したときは、道路運送車両法で定める場合を除き、その事由があった日から15日以内に、当該変更について、国土交通大臣が行う自動車検査証の変更記録を受けなければならない。

問7　道路運送車両法の自動車の検査等についての次の記述のうち、正しいものを２つ選びなさい。なお、解答にあたっては、各選択肢に記載されている事項以外は考慮しないものとする。［R3.3］

☐ 1．自動車運送事業の用に供する自動車は、自動車検査証を当該自動車又は当該自動車の所属する営業所に備え付けなければ、運行の用に供してはならない。

2．自動車は、その構造が、長さ、幅及び高さ並びに車両総重量（車両重量、最大積載量及び55キログラムに乗車定員を乗じて得た重量の総和。）等道路運送車両法に定める事項について、国土交通省令で定める保安上又は公害防止その他の環境保全上の技術基準に適合するものでなければ、運行の用に供してはならない。

3．車両総重量８トン以上又は乗車定員30人以上の自動車の使用者は、スペアタイヤの取付状態等について、１ヵ月ごとに国土交通省令で定める技術上の基準により自動車を点検しなければならない。

4．自動車検査証の有効期間の起算日については、自動車検査証の有効期間が満了する日の１ヵ月前（離島に使用の本拠の位置を有する自動車を除く。）から当該期間が満了する日までの間に継続検査を行い、当該自動車検査証に係る有効期間を法第72条第１項（省略）の規定により記録する場合は、当該自動車検査証の有効期間が満了する日の翌日とする。

問８　自動車の検査等についての次の記述のうち、誤っているものを１つ選びなさい。なお、解答にあたっては、各選択肢に記載されている事項以外は考慮しないものとする。［R2. 8］

☐　1．自動車は、指定自動車整備事業者が継続検査の際に交付した有効な保安基準適合標章を表示しているときは、自動車検査証を備え付けていなくても、運行の用に供することができる。

2．初めて自動車検査証の交付を受ける乗車定員５人の旅客を運送する自動車運送事業の用に供する自動車については、当該自動車検査証の有効期間は２年である。

3．自動車の使用者は、自動車検査証又は検査標章が滅失し、き損し、又はその識別が困難となった場合には、その再交付を受けることができる。

4．検査標章は、自動車検査証がその効力を失ったとき、又は継続検査、臨時検査若しくは構造等変更検査の結果、当該自動車検査証の返付を受けることができなかったときは、当該自動車に表示してはならない。

問９　自動車の登録等についての次の記述のうち、誤っているものを１つ選びなさい。なお、解答にあたっては、各選択肢に記載されている事項以外は考慮しないものとする。［R2. 8］

☐　1．一時抹消登録を受けた自動車（国土交通省令で定めるものを除く。）の所有者は、自動車の用途を廃止したときには、その事由があった日から15日以内に、国土交通省令で定めるところにより、その旨を国土交通大臣に届け出なければならない。

2．臨時運行の許可を受けた者は、臨時運行許可証の有効期間が満了したときは、その日から15日以内に、当該臨時運行許可証及び臨時運行許可番号標を行政庁に返納しなければならない。

3．登録自動車の使用者は、当該自動車が滅失し、解体し（整備又は改造のために解体する場合を除く。）、又は自動車の用途を廃止したときは、その事由があった日（使用済自動車の解体である場合には解体報告記録がなされたことを知った日）から15日以内に、当該自動車検査証を国土交通大臣に返納しなければならない。

4．自動車の所有者は、当該自動車の使用の本拠の位置に変更があったときは、道路運送車両法で定める場合を除き、その事由があった日から15日以内に、国土交通大臣の行う変更登録の申請をしなければならない。

◆解答＆解説

問１［解答　A－①，B－②，C－⑤，D－②］

1．車両法第59条（新規検査）第１項。
2．車両法第62条（継続検査）第１項。
3．車両法第67条（自動車検査証記録事項の変更及び構造等変更検査）第１項。
4．車両法第61条の２（自動車検査証の有効期間の伸長）第１項。

問２［解答　４］

1．車両法第66条（自動車検査証の備付け等）第３項。
2．車両法第61条（自動車検査証の有効期間）第１項。
3．車両法第52条（選任届）第１項。
4．自動車検査証は**当該自動車に備え付けておかなければならない**。車両法第66条（自動車検査証の備付け等）第１項。

問３［解答　１，４］

1．車両法第16条（一時抹消登録）第２項①。⇒146P
2．「30日以内」⇒「**15日以内**」。車両法第69条（自動車検査証の返納等）第１項①。
3．自動車登録番号標は、自動車の**前面及び後面**であって、自動車登録番号の識別に支障が生じないものとして**告示で定める位置**に確実に取り付ける。車両法第19条（自動車登録番号標の表示の義務）第１項・施行規則第８条の２（自動車登録番号標の表示）第１項。⇒146P
4．車両法第５条（登録の一般的効）第１項。⇒145P

問４［解答　４］

1．車両法第94条の５（保安基準適合証等）第11項。
2．施行規則第44条（自動車検査証等の有効期間の起算日）第１項。⇒153P
3．車両法第67条（自動車検査証記録事項の変更及び構造等変更検査）第１項。
4．自動車検査証は**当該自動車に備え付けておかなければならない**。車両法第66条（自動車検査証の備付け等）第１項。

問５［解答　４］

1．車両法第19条（自動車登録番号標の表示の義務）第１項。⇒146P
2．車両法第35条（許可基準等）第６項。⇒147P
3．車両法第69条（自動車検査証の返納等）第１項①。
4．「30日以内」⇒「**15日以内**」。車両法第12条（変更登録）第１項。⇒145P

問6［解答　3，4］

1．**有効な保安基準適合標章を表示**している場合は、自動車検査証の交付、備え付け及び検査標章の表示の規定は**適用されない**。車両法第94条の5（保安基準適合証等）第11項。

2．**旅客を運送**する自動車運送事業の用に供する自動車は、初回車検の有効期間は**1年**である。車両法第61条（自動車検査証の有効期間）第1項。

3．車両法第61条の2（自動車検査証の有効期間の伸長）第1項。

4．車両法第67条（自動車検査証記録事項の変更及び構造等変更検査）第1項。

問7［解答　2，4］

1．自動車検査証は**当該自動車に備え付けておかなければならない**。車両法第66条（自動車検査証の備付け等）第1項。

2．車両法第40条（自動車の構造）第1項①・③。

3．「1ヵ月」⇒「**3ヵ月**」。車両法第48条（定期点検整備）第1項①・点検基準 別表第3（事業用自動車等の定期点検基準）。⇒163P

4．施行規則第44条（自動車検査証の有効期間の起算日）第1項。⇒153P

問8［解答　2］

1．車両法第94条の5（保安基準適合証等）第11項。

2．**旅客を運送**する自動車運送事業の用に供する自動車は、初回車検の有効期間は**1年**である。車両法第61条（自動車検査証の有効期間）第1項。

3．車両法第70条（再交付）第1項。

4．車両法第66条（自動車検査証の備付け等）第5項。

問9［解答　2］

1．車両法第16条（一時抹消登録）第2項①。⇒146P

2．「15日以内」⇒「**5日以内**」。車両法第35条（許可基準等）第6項。⇒147P

3．車両法第69条（自動車検査証の返納等）第1項①。

4．車両法第12条（変更登録）第1項。⇒145P

4 点検整備

1 法令の要点

■使用者の点検及び整備の義務［車両法第47条］

1．自動車の**使用者**は、自動車の点検をし、及び必要に応じ**整備**をすることにより、当該自動車を**保安基準**に適合するように維持しなければならない。

■日常点検整備［車両法第47条の2］

1．自動車の**使用者**は、自動車の走行距離、運行時の状態等から判断した**適切な時期**に、国土交通省令で定める**技術上の基準**により、**灯火装置の点灯**、**制動装置**の作動その他の**日常的**に点検すべき事項について、**目視等**により自動車を点検しなければならない。
2．定期点検の期間が3月及び6月の自動車の**使用者**又はこれらの自動車を**運行する者**は、第1項の規定にかかわらず、**1日1回、その運行の開始前**において、第1項の規定による点検をしなければならない。
※運送事業用自動車は、「定期点検の期間が**3月**の自動車」に含まれる。
3．自動車の**使用者**は、第1項及び第2項の規定による点検の結果、当該自動車が保安基準に適合しなくなる**おそれがある状態**又は**適合しない状態**にあるときは、保安基準に適合しなくなる**おそれをなくする**ため、又は保安基準に適合させるために当該自動車について必要な整備をしなければならない。

■日常点検の基準（事業用自動車等）［点検基準　別表第1］

点検箇所	点検内容
1．ブレーキ	1．ペダル踏みしろが適当で、ブレーキの効きが十分であること。 2．ブレーキの液量が適当であること。 3．空気圧力の上がり具合が不良でないこと。 4．ペダルを放した場合にブレーキ・バルブからの排気音が正常であること。 5．駐車ブレーキ・レバーの引きしろが適当であること。
2．**タイヤ**	1．タイヤの空気圧が適当であること。 2．亀裂及び損傷がないこと。 3．異状な摩耗がないこと。 （※1）**4．溝の深さが十分であること。** （※2）**5．ディスク・ホイールの取付状態が不良でないこと。**

3．バッテリ	（※１）液量が適当であること。
4．原動機	（※１）1．冷却水の量が適当であること。 （※１）2．ファン・ベルトの張り具合が適当で、かつ、ベルトに損傷がないこと。 （※１）**3．エンジン・オイルの量が適当であること。** （※１）4．原動機のかかり具合が不良でなく、かつ、異音がないこと。 （※１）5．低速及び加速の状態が適当であること。
5．灯火装置及び方向指示器	点灯又は点滅具合が不良でなく、かつ、汚れ及び損傷がないこと。
6．ウインド・ウォッシャ及びワイパー	（※１）1．ウインド・ウォッシャの液量が適当であり、かつ、噴射状態が不良でないこと。 （※１）2．ワイパーの払拭状態が不良でないこと。
7．エア・タンク	エア・タンクに凝水がないこと。

（※１）の点検は自動車の走行距離、運行時の状態等から判断した適切な時期に行うことで足りる。
（※２）の点検は車両総重量８トン以上、又は乗車定員30人以上の自動車に限る。

■定期点検整備［車両法第48条］

1．自動車の**使用者**は、次に掲げる自動車について、それぞれに掲げる期間ごとに、点検の時期及び自動車の種別、用途等に応じ国土交通省令で定める技術上の基準により自動車を点検しなければならない。

①**自動車運送事業**の用に供する自動車及び車両総重量８トン以上の自家用自動車…**３月ごと**
②有償で貸し渡す自家用自動車その他の自家用貨物自動車…６月ごと
③上記の①及び②に掲げる自動車以外の自動車…１年ごと

■事業用自動車等の定期点検基準［点検基準　別表第３］（抜粋）

点検時期／点検箇所	３月ごと
車枠及び車体	1．非常口の扉の機能 2．緩み及び損傷 3．スペアタイヤ取付装置の緩み、がた及び損傷（※） 4．**スペアタイヤの取付状態**（※） 5．ツールボックスの取付部の緩み及び損傷（※）

（※）の点検は、車両総重量８トン以上又は乗車定員30人以上の自動車に限る。

■点検整備記録簿［車両法第49条］

1．自動車の使用者は、点検整備記録簿を当該自動車に備え置き、当該自動車について定期点検又は整備をしたときは、遅滞なく、次に掲げる事項を記載しなければならない。

①点検の年月日	②点検の結果	③整備の概要
④整備を完了した年月日	⑤その他国土交通省令で定める事項	

3．点検整備記録簿の保存期間は、国土交通省令（点検基準第４条）で定める。

《点検基準第４条第２項》

点検整備記録簿の**保存期間**は、その記載の日から次に掲げる期間とする。

◎**運送事業用自動車等**の点検基準に該当する記録簿…**１年**
◎自家用貨物自動車等の点検基準に該当する記録簿…１年
◎自家用乗用自動車等の点検基準に該当する記録簿…２年

■整備管理者［車両法第50条］

1．自動車の使用者は、自動車の点検及び整備並びに自動車車庫の管理に関する事項を処理させるため、自動車の点検及び整備に関し特に専門的知識を必要とすると認められる車両総重量８トン以上の自動車その他の国土交通省令で定める自動車であって国土交通省令で定める台数以上のものの使用の本拠ごとに、自動車の点検及び整備に関する実務の経験その他について国土交通省令で定める一定の要件を備える者のうちから、**整備管理者**を選任しなければならない。

■整備命令等［車両法第54条］

1．地方運輸局長は、自動車が保安基準に適合しなくなるおそれがある状態又は適合しない状態にあるときは、当該自動車の**使用者**に対し、保安基準に適合しなくなるおそれをなくすため、又は保安基準に適合させるために必要な**整備**を行うべきことを**命ずる**ことができる。この場合において、地方運輸局長は、保安基準に**適合しない状態**にある当該自動車の使用者に対し、当該自動車が保安基準に適合するに至るまでの間の運行に関し、当該自動車の使用の方法又は**経路の制限**その他の保安上又は公害防止その他の環境保全上必要な指示をすることができる。

2．地方運輸局長は、自動車の使用者が第１項の規定による命令又は指示に従わない場合において、当該自動車が保安基準に適合しない状態にあるときは、当該自動車の**使用を停止**することができる。

■整備管理者の権限等［施行規則第32条］

1．大型自動車使用者等が**整備管理者**に与えなければならない権限は、次のとおりとする。

①日常点検及び運行前点検の実施方法を定めること。
②日常点検又は運行前点検の結果に基づき、**運行の可否を決定**すること。
③定期点検を実施すること。
⑦点検整備記録簿、その他の点検及び整備に関する記録簿を管理すること。
⑧自動車**車庫を管理**すること。

2．整備管理者は、第1項に掲げる事項の執行に係る基準に関する規程を定め、これに基づき、その業務を行わなければならない。

■解任命令［車両法第53条］

1．地方運輸局長は、整備管理者がこの法律若しくはこの法律に基く命令又はこれらに基く処分に違反したときは、大型自動車使用者等に対し、**整備管理者の解任**を命ずることができる。

2 演習問題

問1　道路運送車両法に定める自動車の点検整備等に関する次の文中、A、B、C、Dに入るべき字句としていずれか正しいものを1つ選びなさい。［R3_CBT］

1．乗車定員5人の旅客を運送する自動車運送事業の用に供する自動車については、初めて自動車検査証の交付を受ける際の当該自動車検査証の有効期間は（A）である。

2．車両総重量8トン以上又は乗車定員（B）以上の自動車は、日常点検において「ディスク・ホイールの取付状態が不良でないこと。」について点検しなければならない。

3．自動車運送事業の用に供する自動車の日常点検の結果に基づく運行可否の決定は、自動車の使用者より与えられた権限に基づき、（C）が行わなければならない。

4．事業用自動車の使用者は、点検の結果、当該自動車が保安基準に適合しなくなるおそれがある状態又は適合しない状態にあるときは、保安基準に適合しなくなるおそれをなくするため、又は保安基準に適合させるために当該自動車について必要な（D）をしなければならない。

☐

A	① 1年	② 2年
B	① 11人	② 30人
C	① 運行管理者	② 整備管理者
D	① 検査	② 整備

問2　道路運送車両法に定める自動車の点検整備等に関する次の文中、A、B、C、Dに入るべき字句としていずれか正しいものを選びなさい。［R2_CBT改/R1.8改］

1．自動車運送事業の用に供する自動車の使用者又は当該自動車を運行する者は、（A）、その運行の開始前において、国土交通省令で定める技術上の基準により、自動車を点検しなければならない。

2．車両総重量8トン以上又は乗車定員30人以上の自動車の使用者は、スペアタイヤの取付状態等について、（B）ごとに国土交通省令で定める技術上の基準により自動車を点検しなければならない。

3．自動車の使用者は、自動車の点検及び整備等に関する事項を処理させるため、車両総重量８トン以上の自動車その他の国土交通省令で定める自動車であって国土交通省令で定める台数以上のものの使用の本拠ごとに、自動車の点検及び整備に関する実務の経験その他について国土交通省令で定める一定の要件を備える者のうちから、（C）を選任しなければならない。

4．地方運輸局長は、自動車の（D）が道路運送車両法第54条（整備命令等）の規定による命令又は指示に従わない場合において、当該自動車が道路運送車両の保安基準に適合しない状態にあるときは、当該自動車の使用を停止することができる。

□ A ①１日１回 ②必要に応じて
B ①３ヵ月 ②６ヵ月
C ①安全統括管理者 ②整備管理者
D ①所有者 ②使用者

問３ 道路運送車両法に定める自動車の点検整備等に関する次の文中、A～Dに入るべき字句としていずれか正しいものを１つ選びなさい。[R3.3]

1．事業用自動車の使用者は、自動車の点検をし、及び必要に応じ（A）をすることにより、当該自動車を道路運送車両の保安基準に適合するように維持しなければならない。

2．事業用自動車の使用者又は当該自動車を（B）する者は、１日１回、その（C）において、国土交通省令で定める技術上の基準により、自動車を点検しなければならない。

3．事業用自動車の使用者は、当該自動車について定期点検整備をしたときは、遅滞なく、点検整備記録簿に点検の結果、整備の概要等所定事項を記載して当該自動車に備え置き、その記載の日から（D）間保存しなければならない。

□ A ①検査 ②整備
B ①運行 ②管理
C ①運行の開始前 ②運行の終了後
D ①１年 ②２年

問4　自動車の検査等についての次の記述のうち、正しいものを2つ選びなさい。なお、解答にあたっては、各選択肢に記載されている事項以外は考慮しないものとする。

［R1. 8改］

□ 1．自動車に表示されている検査標章には、当該自動車の自動車検査証の有効期間の満了する時期が表示されている。

2．自動車の使用者は、自動車の長さ、幅又は高さを変更したときは、道路運送車両法で定める場合を除き、その事由があった日から30日以内に当該変更について、国土交通大臣が行う自動車検査証の変更記録を受けなければならない。

3．自動車検査証の有効期間の起算日については、自動車検査証の有効期間が満了する日の2ヵ月前（離島に使用の本拠の位置を有する自動車を除く。）から当該期間が満了する日までの間に継続検査を行い、当該自動車検査証に係る有効期間を法第72条第1項（省略）の規定により記入する場合は、当該自動車検査証の有効期間が満了する日の翌日とする。

4．車両総重量8トン以上又は乗車定員30人以上の自動車の使用者は、スペアタイヤの取付状態等について、3ヵ月ごとに国土交通省令で定める技術上の基準により自動車を点検しなければならない。

◆解答＆解説

問1［解答　A－①，B－②，C－②，D－②］

1．車両法第61条（自動車検査証の有効期間）第1項。⇒153P

2．点検基準　別表第1（日常点検の基準（事業用自動車等））。

3．施行規則第32条（整備管理者の権限等）第1項②。

4．車両法第47条の2（日常点検整備）第3項。

問2［解答　A－①，B－①，C－②，D－②］

1．車両法第47条の2（日常点検整備）第2項。

2．点検基準 別表第3（事業用自動車の定期点検基準）・車両法第48条（定期点検整備）第1項①。

3．車両法第50条（整備管理者）第1項。

4．車両法第54条（整備命令等）第2項。

問3［解答　A－②，B－①，C－①，D－①］

1．車両法第47条（使用者の点検及び整備の義務）第1項。

2．車両法第47条の2（日常点検整備）第2項。

3．車両法第49条（点検整備記録簿）第1項・第3項・点検基準第4条（点検整備記録簿の記載事項等）第2項。

問4［解答　1，4］

1．車両法第66条（自動車検査証の備付け等）第3項。⇒154P

2．「30日以内」⇒「**15日以内**」。車両法第67条（自動車検査証記録事項の変更及び構造等変更検査）第1項。⇒154P

3．「2ヵ月前」⇒「**1ヵ月前**」。施行規則第44条（自動車検査証等の有効期間の起算日）第1項。⇒153P

4．点検基準 別表第3（事業用自動車の定期点検基準）・車両法第48条（定期点検整備）第1項①。

5　保安基準

1　法令の要点

■保安基準の原則［車両法第46条］

1．自動車の構造及び自動車の装置等に関する保安上又は**公害防止**その他の環境保全上の技術基準（以下「保安基準」という。）は、道路運送車両の構造及び装置が**運行**に十分堪え、操縦その他の使用のための作業に安全であるとともに、通行人その他に**危害**を与えないことを確保するものでなければならず、かつ、これにより製作者又は使用者に対し、自動車の製作又は使用について不当な制限を課することとなるものであってはならない。

■用語の定義［保安基準第1条］

1．この省令における用語の定義は、道路運送車両法第2条に定めるもののほか、次の各号の定めるところによる。

⑬「緊急自動車」とは、消防自動車、警察自動車、保存血液を販売する医薬品販売業者が保存血液の緊急輸送のため使用する自動車、救急自動車、公共用応急作業自動車等の自動車及び国土交通大臣が定めるその他の**緊急の用に供する自動車**をいう。

■長さ、幅及び高さ［保安基準第2条］

1．自動車は、告示で定める方法により測定した場合において、**長さ**（セミトレーラにあっては、連結装置中心から当該セミトレーラの後端までの水平距離）**12メートル**（告示で定めるものにあっては13メートル）、**幅2.5メートル、高さ3.8メートル**を超えてはならない。

［告示の基準］

①空車状態
④車体外に取り付けられた後写鏡、その他の装置及びたわみ式アンテナについては、これらの装置を取り外した状態

■軸重等［保安基準第4条の2］

1．自動車の軸重は、**10トン**（牽(けん)引自動車のうち告示で定めるものにあっては、11.5トン）を超えてはならない。

■走行装置等［保安基準第9条］

2．自動車の空気入ゴムタイヤは、堅ろうで、安全な運行を確保できるものとして、強度、滑り止めに係る性能等に関し告示で定める基準に適合するものでなければならない。

［告示の基準］

◎接地部は滑り止めを施したものであり、滑り止めの溝は、空気入ゴムタイヤの接地部の全幅にわたり滑り止めのために施されている凹部（サイピング、プラットフォーム及びウエア・インジケータの部分を除く。）のいずれの部分においても**1.6mm以上**の深さを有すること。

■車枠及び車体［保安基準第18条］

9．専ら中学校、小学校、幼稚園等に通う生徒、児童又は幼児の運送を目的とする自動車（乗車定員11人以上のものに限る。）の**車体の前面、後面及び両側面**には、告示で定めるところにより、これらの者の運送を目的とする自動車である旨の**表示をしなければならない**。

■乗車装置［保安基準第20条］

1．自動車の乗車装置は、乗車人員が動揺、衝撃等により転落又は転倒することなく安全な乗車を確保できるものとして、構造に関し告示で定める基準に適合するものでなければならない。

■非常口［保安基準第26条］

1．幼児専用車及び**乗車定員30人以上**の自動車（緊急自動車を除く。）には、非常時に容易に脱出できるものとして、設置位置、大きさ等に関し告示で定める基準に適合する非常口を設けなければならない。ただし、すべての座席が乗降口から直接着席できる自動車にあっては、この限りでない。

［告示の基準］

①非常口は、客室の**右側面の後部**又は**後面**に設けられていること。この場合において、非常口の有効幅の中心が右側面の後部より後方のものは、この基準に適合するものとする。

⑥非常口には、常時確実に閉鎖することができ、火災、衝突その他の非常の際に客室の内外からかぎその他の特別な器具を用いないで開放できる外開きのとびらを備えること。この場合において、とびらは、自重により再び閉鎖することがないものでなければならない。

2．非常口を設けた自動車には、非常口又はその附近に、見やすいように、非常口の位置及びとびらの開放の方法が表示されていなければならない。この場合において、灯火により非常口の位置を表示するときは、その灯光の色は**緑色**でなければならない。

■窓ガラス［保安基準第29条］

4．自動車の前面ガラス及び側面ガラス（告示で定める部分※を除く）には、次に掲げるもの以外のものが装着され、貼り付けられ、塗装され、又は刻印されていてはならない。

①整備命令標章	②検査標章	④道路交通法の故障車両標章
⑥運転者の視野の確保に支障がないものとして、装着され、貼り付けられ、塗装又は刻印された状態において、透明であり、かつ、運転者が交通状況を確認するために必要な視野の範囲に係る部分にあっては**可視光線透過率が70%以上**であることが確保できるもの		

※告示で定める部分とは、側面ガラスのうち、運転者席より後方の部分の側面ガラスを指す。従って、保安基準第29条では、運転者席より後方の部分の側面ガラスは、可視光線透過率や貼付物禁止の規定が適用されない。

■後部反射器［保安基準第38条］

2．後部反射器は、夜間に自動車の後方にある他の交通に当該自動車の幅を示すことができるものとして、反射光の色、明るさ、反射部の形状等に関し告示で定める基準に適合するものでなければならない。

［告示の基準］

◎後部反射器は、夜間にその後方**150m**の距離から走行用前照灯で照射した場合にその反射光を照射位置から確認できるものであること。

◎後部反射器による反射光の色は、赤色であること。

■方向指示器［保安基準第41条］

1．自動車には、方向指示器を備えなければならない。

［告示の基準］

◎方向指示器は、**毎分60回以上120回以下**の一定の周期で点滅するものであること。

■非常点滅表示灯［保安基準第41条の３］

1．自動車には、非常点滅表示灯を備えなければならない。

［告示の基準］

◎非常点滅表示灯については、方向指示器に関する一部の規定を準用する。ただし、盗難、車内における事故その他の緊急事態が発生していることを表示するための灯火（**非常灯**）として作動する場合には、毎分60回以上120回以下の一定の周期で点滅することの**基準に適合しない構造**とすることができる。

■その他の灯火等の制限［保安基準第42条］

1．自動車には、第32条から前条までの灯火装置若しくは反射器又は指示装置と類似する等により他の交通の妨げとなるおそれのあるものとして告示で定める灯火又は反射器を備えてはならない。

［告示の基準］

2．自動車には、次に掲げる灯火を**除き**、**赤色**の灯火を備えてはならない。

⑧一般乗合旅客自動車運送事業用自動車の**終車灯**
⑩旅客自動車運送事業用自動車の**非常灯**（タクシー、路線バス等で異常事態が発生した場合に周囲に知らせるための点滅灯火）　他

3．自動車には、次に掲げる灯火を**除き**、後方を照射し又は後方に表示する**白色**の灯火を備えてはならない。

⑥一般乗用旅客自動車運送事業用自動車の**社名表示灯**　他

6．自動車には、次に掲げる灯火を除き、点滅する灯火又は光度が増減する灯火（色度が変化することにより視感度が変化する灯火を含む。）を備えてはならない。

⑱路線を定めて定期に運行する一般乗合旅客自動車運送事業用自動車及び一般乗用旅客自動車運送事業用自動車に備える旅客が乗降中であることを後方に表示する**電光表示器**

■警音器［保安基準第43条］

1．自動車（被牽引自動車を除く。）には、警音器を備えなければならない。

［告示の基準］

◎警音器の警報音発生装置の音が、**連続するもの**であり、かつ、**音の大きさ及び音色が一定**なものであることとする。

■非常信号用具［保安基準第43条の2］

1．自動車には、非常時に灯光を発することにより他の交通に警告することができ、かつ、安全な運行を妨げないものとして、灯光の色、明るさ、備付け場所等に関し告示で定める基準に適合する非常信号用具を備えなければならない。

［告示の基準］

◎非常信号用具は、**夜間200m**の距離から確認できる**赤色**の灯光を発するものであること。

◎非常信号用具は、自発光式のものであること。

■停止表示器材［保安基準第43条の4］

1．自動車に備える停止表示器材は、けい光及び反射光により他の交通に当該自動車が停止していることを表示することができるものとして、形状、けい光及び反射光の明るさ、色等に関し告示で定める基準に適合するものでなければならない。

［告示の基準］

◎停止表示器材は、**夜間200m**の距離から走行用前照灯で照射した場合にその反射光を照射位置から確認できるものであること。

■事故自動緊急通報装置［保安基準第43条の8］

1．自動車に備える事故自動緊急通報装置は、当該自動車が衝突等による衝撃を受ける事故が発生した場合において、その旨及び当該事故の概要を所定の場所に自動的かつ緊急に通報するものとして、機能、性能等に関し告示で定める基準に適合するものでなければならない。

※専ら乗用の用に供する自動車であって乗車定員10人以上の自動車及び乗車定員10人未満の自動車であって車両総重量3.5トンを超えるもの、貨物の運送の用に供する自動車であって車両総重量3.5トンを超えるもの、二輪自動車などは除かれる。

■後写鏡等［保安基準第44条］

1．自動車（被牽引自動車を除く）には、後写鏡を備えなければならない。

［告示の基準］

◎取付部付近の自動車の最外側より突出している部分の最下部が**地上1.8m以下**のものは、当該部分が歩行者等に接触した場合に衝撃を緩衝できる構造であること。

■消火器［保安基準第47条］

1．次の各号に掲げる自動車には、消火器を備えなければならない。

②危険物の規制に関する政令に掲げる**指定数量以上の危険物を運送する自動車**（被牽引自動車を除く。）	
⑦乗車定員**11人以上**の自動車	⑨**幼児専用車**

■乗車定員［保安基準第53条］

2．自動車の乗車定員は、12歳以上の者の数をもって表すものとする。この場合において、12歳以上の者１人は、12歳未満の小児又は幼児**1.5人**に相当するものとする。

2　演習問題

問１　道路運送車両法第46条に定める「保安基準の原則」についての次の文中、A、B、Cに入るべき字句としていずれか正しいものを１つ選びなさい。

自動車の構造及び自動車の装置等に関する保安上又は（A）その他の環境保全上の技術基準（「保安基準」という。）は、道路運送車両の構造及び装置が（B）に十分堪え、操縦その他の使用のための作業に安全であるとともに、通行人その他に（C）を与えないことを確保するものでなければならず、かつ、これにより製作者又は使用者に対し、自動車の製作又は使用について不当な制限を課することとなるものであってはならない。

☐ A　1．公害防止　　2．事故防止
B　1．衝撃　　2．運行
C　1．危害　　2．影響

問2　道路運送車両の保安基準及びその細目を定める告示についての次の記述のうち、誤っているものを１つ選びなさい。なお、解答にあたっては、各選択肢に記載されている事項以外は考慮しないものとする

☐　1．乗車定員11人以上の自動車及び幼児専用車には、消火器を備えなければならない。

2．自動車（二輪自動車等を除く。）の空気入ゴムタイヤの接地部は滑り止めを施したものであり、滑り止めの溝は、空気入ゴムタイヤの接地部の全幅にわたり滑り止めのために施されている凹部（サイピング、プラットフォーム及びウエア・インジケータの部分を除く。）のいずれの部分においても１.６ミリメートル以上の深さを有すること。

3．自動車の後面には、夜間にその後方200メートルの距離から走行用前照灯で照射した場合にその反射光を照射位置から確認できる赤色の後部反射器を備えなければならない。

4．自動車（被けん引自動車を除く。）に備える警音器は、警報音発生装置の音が連続するものであり、かつ、音の大きさ及び音色が一定なものであること。

問3　道路運送車両の保安基準及びその細目を定める告示についての次の記述のうち、誤っているものを１つ選びなさい。なお、解答にあたっては、各選択肢に記載されている事項以外は考慮しないものとする。

☐　1．自動車の前面ガラス及び側面ガラス（告示で定める部分を除く。）は、フィルムが貼り付けられた場合、当該フィルムが貼り付けられた状態においても、透明であり、かつ、運転者が交通状況を確認するために必要な視野の範囲に係る部分における可視光線の透過率が60％以上であることが確保できるものでなければならない。

2．自動車に備えなければならない非常信号用具は、夜間200メートルの距離から確認できる赤色の灯光を発するものでなければならない。

3．もっぱら小学校、中学校、幼稚園等に通う児童、生徒又は幼児の運送を目的とする自動車（乗車定員11人以上のものに限る。）の車体の前面、後面及び両側面には、告示で定めるところにより、これらの者の運送を目的とする自動車である旨の表示をしなければならない。

4．旅客自動車運送事業用自動車には、緊急時に点灯する灯光の色が赤色である非常灯を備えることができる。

問4　道路運送車両の保安基準及びその細目を定める告示についての次の記述のうち、誤っているものを１つ選びなさい。なお、解答にあたっては、各選択肢に記載されている事項以外は考慮しないものとする。[R3_CBT]

□ 1．自動車の乗車装置は、乗車人員が動揺、衝撃等により転落又は転倒することなく安全な乗車を確保できるものとして、構造に関し告示で定める基準に適合するものでなければならない。

2．自動車に備えなければならない後写鏡は、取付部付近の自動車の最外側より突出している部分の最下部が地上1.8メートル以下のものは、当該部分が歩行者等に接触した場合に衝撃を緩衝できる構造でなければならない。

3．旅客自動車運送事業の用に供する乗車定員30人以上の自動車（すべての座席が乗降口から直接着席できる自動車を除く。）の非常口は、客室の左側面の後部又は後面に設けられていなければならない。

4．非常点滅表示灯は、盗難、車内における事故その他の緊急事態が発生していることを表示するための灯火として作動する場合には、点滅回数の基準に適合しない構造とすることができる。

問5　道路運送車両の保安基準及びその細目を定める告示についての次の記述のうち、誤っているものを１つ選びなさい。なお、解答にあたっては、各選択肢に記載されている事項以外は考慮しないものとする。[R2_CBT]

□ 1．自動車の前面ガラス及び側面ガラス（告示で定める部分を除く。）は、フィルムが貼り付けられた場合、当該フィルムが貼り付けられた状態においても、透明であり、かつ、運転者が交通状況を確認するために必要な視野の範囲に係る部分における可視光線の透過率が70％以上であることが確保できるものでなければならない。

2．幼児専用車及び乗車定員11人以上の自動車（緊急自動車を除く。）には、非常時に容易に脱出できるものとして、設置位置、大きさ等に関し告示で定める基準に適合する非常口を設けなければならない。ただし、すべての座席が乗降口から直接着席できる自動車にあっては、この限りでない。

3．乗車定員11人以上の自動車及び幼児専用車には、消火器を備えなければならない。

4．自動車は、告示で定める方法により測定した場合において、長さ（セミトレーラにあっては、連結装置中心から当該セミトレーラの後端までの水平距離）12メートル（セミトレーラのうち告示で定めるものにあっては、13メートル）、幅2.5メートル、高さ3.8メートルを超えてはならない。

問6　道路運送車両の保安基準及びその細目を定める告示についての次の記述のうち、誤っているものを1つ選びなさい。なお、解答にあたっては、各選択肢に記載されている事項以外は考慮しないものとする。[R1.8]

☐ 1．路線を定めて定期に運行する一般乗合旅客自動車運送事業用自動車に備える旅客が乗降中であることを後方に表示する電光表示器には、点滅する灯火又は光度が増減する灯火を備えることができる。

2．自動車に備えなければならない後写鏡は、取付部付近の自動車の最外側より突出している部分の最下部が地上2.0メートル以下のものは、当該部分が歩行者等に接触した場合に衝撃を緩衝できる構造でなければならない。

3．自動車に備えなければならない非常信号用具は、夜間200メートルの距離から確認できる赤色の灯光を発するものでなければならない。

4．もっぱら小学校、中学校、幼稚園等に通う児童、生徒又は幼児の運送を目的とする自動車（乗車定員11人以上のものに限る。）の車体の前面、後面及び両側面には、告示で定めるところにより、これらの者の運送を目的とする自動車である旨の表示をしなければならない。

問7　道路運送車両の保安基準及びその細目を定める告示についての次の記述のうち、誤っているものを1つ選びなさい。なお、解答にあたっては、各選択肢に記載されている事項以外は考慮しないものとする。[R3.3]

☐ 1．自動車（二輪自動車等を除く。）の空気入ゴムタイヤの接地部は滑り止めを施したものであり、滑り止めの溝は、空気入ゴムタイヤの接地部の全幅にわたり滑り止めのために施されている凹部（サイピング、プラットフォーム及びウエア・インジケータの部分を除く。）のいずれの部分においても1.6ミリメートル以上の深さを有すること。

2．乗用車等に備える事故自動緊急通報装置は、当該自動車が衝突等による衝撃を受ける事故が発生した場合において、その旨及び当該事故の概要を所定の場所に自動的かつ緊急に通報するものとして、機能、性能等に関し告示で定める基準に適合するものでなければならない。

3．路線を定めて定期に運行する一般乗合旅客自動車運送事業用自動車に備える旅客が乗降中であることを後方に表示する電光表示器には、点滅する灯火又は光度が増減する灯火を備えることができる。

4．自動車に備えなければならない非常信号用具は、夜間150メートルの距離から確認できる赤色の灯光を発するものでなければならない。

問８　道路運送車両の保安基準及びその細目を定める告示についての次の記述のうち、誤っているものを１つ選びなさい。なお、解答にあたっては、各選択肢に記載されている事項以外は考慮しないものとする。[R2.8]

☐ 1．自動車の前面ガラス及び側面ガラス（告示で定める部分を除く。）は、フィルムが貼り付けられた場合、当該フィルムが貼り付けられた状態においても、透明であり、かつ、運転者が交通状況を確認するために必要な視野の範囲に係る部分における可視光線の透過率が60％以上であることが確保できるものでなければならない。

2．幼児専用車及び乗車定員30人以上の自動車（緊急自動車を除く。）には、非常時に容易に脱出できるものとして、設置位置、大きさ等に関し告示で定める基準に適合する非常口を設けなければならない。ただし、すべての座席が乗降口から直接着席できる自動車にあっては、この限りでない。

3．自動車の後面には、夜間にその後方150メートルの距離から走行用前照灯で照射した場合にその反射光を照射位置から確認できる赤色の後部反射器を備えなければならない。

4．自動車は、告示で定める方法により測定した場合において、長さ（セミトレーラにあっては、連結装置中心から当該セミトレーラの後端までの水平距離）12メートル（セミトレーラのうち告示で定めるものにあっては、13メートル）、幅2.5メートル、高さ3.8メートルを超えてはならない。

◆解答＆解説

問１［解答　A－1，B－2，C－1］

車両法第46条（保安基準の原則）第１項。

問２［解答　3］

1．保安基準第47条（消火器）第１項⑦・⑨。

2．保安基準第９条（走行装置等）第２項・告示の基準。

3．「200メートル」⇒「**150メートル**」。保安基準第38条（後部反射器）第２項・告示の基準。

4．保安基準第43条（警音器）第１項・告示の基準。

問３　［解答　1］

1．「60％以上」⇒「**70％以上**」。保安基準第29条（窓ガラス）第４項⑥。

2．保安基準第43条の２（非常信号用具）第１項・告示の基準。

3．保安基準第18条（車枠及び車体）第９項。

4．非常灯は、タクシー、路線バス等で異常事態が発生した場合に周囲に知らせるための点滅灯火のことをいう。保安基準第42条（その他の灯火等の制限）第１項・告示の基準 第２項⑩。

問４　［解答　３］

１．保安基準第20条（乗車装置）第１項。

２．保安基準第44条（後写鏡等）第１項・告示の基準。

３．「左側面の後部」⇒「**右側面**の後部」。保安基準第26条（非常口）第１項・告示の基準①。

４．保安基準第41条の３（非常点滅表示灯）第１項・告示の基準。

問５［解答　２］

１．保安基準第29条（窓ガラス）第４項⑥。

２．「11人以上」⇒「**30人以上**」。保安基準第26条（非常口）第１項。

３．保安基準第47条（消火器）第１項⑦・⑨。

４．保安基準第２条（長さ、幅及び高さ）第１項。

問６［解答　２］

１．保安基準第42条（その他の灯火等の制限）第１項・告示の基準６⑱。

２．「地上2.0メートル以下」⇒「**地上1.8メートル以下**」。保安基準第44条（後写鏡等）第１項・告示の基準。

３．保安基準第43条の２（非常信号用具）第１項・告示の基準。

４．保安基準第18条（車枠及び車体）第９項。

問７［解答　４］

１．保安基準第９条（走行装置等）第２項・告示の基準。

２．保安基準第43条の８（事故自動緊急通報装置）第１項。

３．保安基準第42条（その他の灯火等の制限）第１項・告示の基準６⑱。

４．「夜間150メートル」⇒「**夜間200メートル**」。保安基準第43条の２（非常信号用具）第１項・告示の基準。

問８［解答　１］

１．「60％以上」⇒「**70％以上**」。保安基準第29条（窓ガラス）第４項⑥。

２．保安基準第26条（非常口）第１項。

３．保安基準第38条（後部反射器）第２項・告示の基準。

４．保安基準第２条（長さ、幅及び高さ）第１項。

覚えておこう －道路運送車両法・保安基準編－

◆道路運送車両法の目的（キーワード）

所有権・安全性・公害の防止・環境の保全・技術の向上・公共の福祉

◆自動車の種別

普通自動車・小型自動車・軽自動車・大型特殊自動車・小型特殊自動車

◆登録・検査関係①

《所有者が申請すること》

登録の種別	申請するとき	期限
変更登録	型式、車台番号、原動機の型式、所有者の氏名、住所、使用の本拠の位置などを変更するとき	15日
移転登録	所有者を変更するとき（新所有者が行う）	15日
永久抹消登録・一時抹消登録	自動車が滅失、解体、又は用途を廃止するとき	15日

《使用者が手続きすること》

検査の種別	手続きするとき	期限
継続検査	自動車検査証の有効期間満了後も自動車を使用するとき	－
自動車検車証記録事項の変更	自動車検査証記録事項について変更があったとき	15日
自動車検査証の返納	自動車が滅失、解体、又は用途を廃止するとき	15日

《検査の種類》

新規・継続・臨時・構造等変更・予備

◆登録・検査関係②

自動車登録番号標	自動車の**前面**及び**後面**であって自動車登録番号の**識別に支障が生じないもの**として告示で定める位置に表示する
検査標章	自動車検査証の**有効期間の満了する時期**が記載されている
自動車検査証	①自動車に**備え付けておく** ②有効期間（旅客自動車運送事業用自動車）は初回も含め**1年間**

◆日数のまとめ

15日以内	変更登録、移転登録、永久抹消登録、一時抹消登録、自動車検査証記録事項の変更、自動車検査証の返納
5日以内	臨時運行の許可

まとめ②

事業用自動車の点検

日常点検	自動車の**使用者**又は**運行する者**が**1日1回**、運行の**開始前**に**目視等**により点検する
定期点検	自動車の**使用者**が**3ヵ月毎**に法令の規定により点検する
点検整備記録簿	・点検整備記録簿は自動車に**備え置くこと** ・運送事業用自動車等の点検整備記録簿の保存期間は**1年間**

保安基準（抜粋）

自動車の大きさ		長さ**12m**、幅**2.5m**、高さ**3.8m**
軸重		**10ｔ**（けん引自動車のうち告示で定めるものは、11.5ｔ）
タイヤ溝		**1.6mm以上**
車枠及び車体		専ら中学校、小学校、幼稚園等に通う生徒、児童又は幼児の運送を目的とする自動車（乗車定員**11人以上**のものに限る。）の車体の**前面、後面及び両側面**には、これらの者の運送を目的とする自動車である旨の表示をしなければならない。
非常口		乗車定員**30人以上、右側面の後部**又は**後面** 位置を示す灯火…**緑色**
窓ガラス		可視光線透過率**70％以上**
後部反射器		**夜間にその後方150m**の距離から走行用前照灯で照射した場合にその反射光を照射位置から確認できること 反射光の色は**赤色**であること
備えることができる灯火	赤色	**終車灯**（乗合）、**空車灯**及び**料金灯**（乗用）、**非常灯**
	点滅・増減	**電光表示器**（乗合）、**非常灯**（旅客）
方向指示器		毎分**60回以上120回以下**の一定周期で点滅
非常点滅表示灯（※）		
警音器		警音器の警報音発生装置の音が、**連続するもの**であり、かつ、**音の大きさ及び音色が一定なもの**であること
非常信号用具		**夜間200m**の距離から確認できる**赤色**のもの
停止表示器材		**夜間200m**の距離から走行用前照灯で照射した場合に照射位置から確認できること
後写鏡		突出部分の**最下部が地上1.8m以下**
消火器		**定員11人以上**の自動車、**幼児専用車**
乗車定員		12歳以上**1人**⇒12歳未満**1.5人**に相当

（※）非常灯として作動する場合を除く。

第3章

道路交通法

1　法律の目的と定義

1　法令の要点

■道路交通法の目的［道交法第1条］

1．この法律は、道路における**危険を防止**し、その他交通の**安全と円滑**を図り、及び道路の交通に起因する**障害の防止**に資することを目的とする。

■定　義［道交法第2条］

1．この法律において、次に掲げる用語の意義は、それぞれに定めるところによる。

用 語	用語の意義
③の2 本線車道	高速自動車国道又は自動車専用道路の**本線車線により構成する車道**をいう。
③の4 路側帯	**歩行者の通行の用**に供し、又は**車道の効用を保つ**ため、歩道の設けられていない道路又は道路の歩道の設けられていない側の路端寄りに設けられた帯状の道路の部分で、**道路標示によって区画**されたものをいう。
⑥安全地帯	路面電車に乗降する者若しくは横断している歩行者の安全を図るため道路に設けられた島状の施設又は道路標識及び道路標示により安全地帯であることが示されている道路の部分をいう。
⑦車両通行帯	車両が道路の定められた部分を通行すべきことが道路標示により示されている場合における当該**道路標示により示されている道路**の部分をいう。
⑧車両	**自動車、原動機付自転車、軽車両**及び**トロリーバス**をいう。
⑨自動車	**原動機**を用い、かつ、**レール**又は**架線によらないで運転**し、又は特定自動運行**を行う車**であって、原動機付自転車、軽車両及び身体障害者用の車椅子並びに歩行補助車、小児用の車その他の小型の車で政令で定めるもの（走行補助車等）以外のものをいう。
⑮道路標識	道路の交通に関し、規制又は指示を表示する標示板をいう。
⑯道路標示	道路の交通に関し、規制又は指示を表示する標示で、路面に描かれた道路鋲、ペイント、石等による線、記号又は文字をいう。

⑱駐車	車両等が客待ち、荷待ち、貨物の積卸し、故障その他の理由により**継続的に停止する**こと（**貨物の積卸しのための停止で**５分を超えない時間内のもの及び人の乗降のための停止を除く。）、又は車両等が停止し、かつ、当該車両等の運転をする者（運転者）がその車両等を離れて**直ちに運転することができない状態**にあることをいう。
⑲停車	車両等が停止することで駐車以外のことをいう。
⑳徐行	車両等が直ちに**停止することができるような速度**で進行することをいう。
㉑追越し	車両が他の車両等に追い付いた場合において、その進路を変えてその追い付いた車両等の**側方を通過**し、かつ、当該車両等の**前方に出ること**をいう。
㉒進行妨害	車両等が、進行を継続し、又は始めた場合においては危険を防止するため他の車両等がその速度又は方向を急に変更しなければならないこととなるおそれがあるときに、その**進行を継続し**、又は**始めること**をいう。

3．この法律の規定の適用については、次に掲げる者は、歩行者とする。

①身体障害者用の車椅子又は歩行補助車等を**通行させている者**

2　自動車の種類と運転免許

1　法令の要点

■自動車の種類［道交法第３条 他］

1．自動車は、車体の大きさ及び構造並びに原動機の大きさを基準として、大型自動車、中型自動車、準中型自動車、普通自動車、大型特殊自動車、大型自動二輪車、普通自動二輪車及び小型特殊自動車に区分する。

自動車の種類	車体の大きさ等
大型自動車	大型特殊自動車、大型自動二輪車、普通自動二輪車及び小型特殊自動車以外の自動車で、車両総重量が11,000キログラム以上のもの、最大積載量が6,500キログラム以上のもの又は乗車定員が30人以上のもの
中型自動車	大型自動車、大型特殊自動車、大型自動二輪車、普通自動二輪車及び小型特殊自動車以外の自動車で、車両総重量が**7,500キログラム以上11,000キログラム未満**のもの、最大積載量が**4,500キログラム以上6,500キログラム未満**のもの又は乗車定員が**11人以上29人以下**のもの
準中型自動車	大型自動車、中型自動車、大型特殊自動車、大型自動二輪車、普通自動二輪車及び小型特殊自動車以外の自動車で、車両総重量が3,500キログラム以上7,500キログラム未満のもの又は最大積載量が2,000キログラム以上4,500キログラム未満のもの
普通自動車	車体の大きさ等が、大型自動車、中型自動車、準中型自動車、大型特殊自動車、大型自動二輪車、普通自動二輪車又は小型特殊自動車について定められた車体の大きさ等のいずれにも該当しない自動車
大型特殊自動車	カタピラを有する自動車、ロード・ローラ、タイヤ・ローラ等で、小型特殊自動車以外のもの

※大型自動二輪車、普通自動二輪車及び小型特殊自動車については省略。

■第一種免許の種類と運転できる範囲
［道交法第84・85・88・96条／道交法施行令第32条の7・8］

<table>
<tr><th>免許の区分</th><th>普通免許</th><th>準中型免許</th><th>中型免許</th><th>大型免許</th></tr>
<tr><td>車両総重量</td><td>3.5t未満</td><td>3.5t以上7.5t未満</td><td>7.5t以上11t未満</td><td>11t以上</td></tr>
<tr><td>最大積載量</td><td>2t未満</td><td>2t以上4.5t未満</td><td>4.5t以上6.5t未満</td><td>6.5t以上</td></tr>
<tr><td>乗車定員</td><td>10人以下</td><td>10人以下</td><td>11人以上29人以下</td><td>30人以上</td></tr>
<tr><td rowspan="2">免許取得の条件</td><td rowspan="2">18歳以上</td><td rowspan="2">18歳以上</td><td>20歳以上かつ普通免許等2年以上保有</td><td>21歳以上かつ普通免許等3年以上保有</td></tr>
<tr><td colspan="2">19歳以上かつ
普通免許等1年以上保有（※）</td></tr>
<tr><td colspan="5">取得免許で運転できる自動車</td></tr>
<tr><td>普通自動車</td><td>○</td><td>○</td><td>○</td><td>○</td></tr>
<tr><td>準中型自動車</td><td></td><td>○</td><td>○</td><td>○</td></tr>
<tr><td>中型自動車</td><td></td><td></td><td>○</td><td>○</td></tr>
<tr><td>大型自動車</td><td></td><td></td><td></td><td>○</td></tr>
</table>

※：特別な教習（特例教習課程）を修了した場合。この場合、大型免許は21歳（中型免許は20歳）に達するまでの間は「若年運転者期間」となる。この期間中に違反点数が一定の基準に達した場合に該当する違反行為を行った場合は、「若年運転者講習」を受講しなければならず、受講しなかった場合及び受講後に再び基準に該当する違反行為を行った場合は、特例を受けて取得した免許が取り消される。

注意：平成19年6月1日以前に普通免許を受けていた者は、乗車定員10人以下、**車両総重量8トン未満、最大積載量5トン未満**の自動車を運転することができる。
平成19年6月2日～平成29年3月11日までに普通免許を受けていた者は、乗車定員10人以下、**車両総重量5トン未満、最大積載量3トン未満**の自動車を運転することができる。
すべての免許で小型特殊自動車及び原動機付自転車を運転することができる。

■初心運転者標識等の表示義務［道交法第71条の5］／［道交法第71条の6］

［道交法第71条の5］

1．準中型自動車免許を受けた者で、当該準中型自動車免許を受けていた期間（当該免許の効力が停止されていた期間を除く。）が通算して**1年**に達しないもの（当該免許を受けた日前6ヵ月以内に準中型自動車免許を受けていたことがある者その他の者で政令で定めるもの及び普通自動車免許を現に受けており、かつ、現に受けている準中型自動車免許を受けた日前に当該普通自動車免許を受けていた期間（当該免許の効力が停止されていた期間を除く。）が通算して**2年以上**である者を除く。）は、内閣府令で定めるところにより準中型自動車の前面及び後面に内閣府令で定める様式の**標識を付けないで**準中型自動車を**運転してはならない**。

［道交法第71条の6］

1．道交法の規定により準中型自動車を運転することができる免許を受けた者で政令で定める程度の聴覚障害のあることを理由に当該免許に条件を付されているものは、内閣府令で定めるところにより準中型自動車の前面及び後面に内閣府令で定める様式の標識を付けないで準中型自動車を運転してはならない。

2．普通自動車対応免許を受けた者で政令で定める程度の聴覚障害のあることを理由に当該普通自動車対応免許に**条件を付されているもの**は、内閣府令で定めるところにより普通自動車の前面及び後面に内閣府令で定める様式の**標識を付けないで**普通自動車を**運転してはならない**。

■免許証の有効期間［道交法第92条の2］

1．第一種免許及び第二種免許に係る免許証の有効期間は、次の表の上（左）欄に掲げる区分ごとに、それぞれ、同表の中欄に掲げる年齢に応じ、同表の下（右）欄に定める日が経過するまでの期間とする。

免許証の交付又は更新を受けた者の区分	更新日等における年齢	有効期間の末日
優良運転者及び一般運転者※	**70歳未満**	満了日等の後のその者の**5回目**の誕生日から起算して1ヵ月を経過する日
	70歳	満了日等の後のその者の**4回目**の誕生日から起算して1ヵ月を経過する日
	71歳以上	満了日等の後のその者の**3回目**の誕生日から起算して1ヵ月を経過する日
違反運転者等	満了日等の後のその者の3回目の誕生日から起算して1ヵ月を経過する日	

※優良運転者：継続して免許を受けている期間が５年以上、かつ違反や怪我のある事故を起こしていない運転者。

一般運転者：継続して免許を受けている期間が５年以上、かつ３点以下の軽微な違反が１回のみの運転者。

■免許証の更新及び定期検査［道交法第101条］

1．免許証の有効期間の更新（以下「免許証の更新」という。）を受けようとする者は、当該免許証の有効期間が満了する日の**直前のその者の誕生日の１ヵ月前から**当該免許証の**有効期間が満了する日までの間**（以下「更新期間」という。）に、その者の住所地を管轄する公安委員会に内閣府令で定める様式の更新申請書を提出しなければならない。

■免許証の更新の特例［道交法第101条の2］

1．海外旅行その他政令で定めるやむを得ない理由のため更新期間内に適性検査を受けることが困難であると予想される者は、その者の住所地を管轄する公安委員会に当該更新期間前における免許証の更新を申請することができる。この場合においては、当該公安委員会に内閣府令で定める様式の特例更新申請書を提出しなければならない。

■70歳以上の者の特例［道交法第101条の4］

1．免許証の更新を受けようとする者で更新期間が満了する日における年齢が**70歳以上**のものは、更新期間が満了する日前**６ヵ月以内**にその者の住所地を管轄する公安委員会が行った第108条の２第１項第12号に掲げる講習※を受けていなければならない。ただし、当該講習を受ける必要がないものとして政令で定める者は、この限りでない。

※「高齢者講習」という。

■免許の取消し、停止等［道交法第103条］

1．免許（仮免許を除く。）を受けた者が次の各号のいずれかに該当することとなったときは、その者が当該各号のいずれかに該当することとなった時におけるその者の住所地を管轄する**公安委員会**は、政令で定める基準に従い、その者の**免許を取り消し**、又は６ヵ月を超えない範囲内で期間を定めて免許の効力を**停止**することができる。

⑧免許を受けた者が自動車等を運転することが著しく道路における**交通の危険を生じさせる**おそれがあるとき。

2．免許を受けた者が次の各号のいずれかに該当することとなったときは、その者が当該各号のいずれかに該当することとなった時におけるその者の住所地を管轄する公安委員会は、その者の免許を取り消すことができる。

④自動車等の運転に関し第117条の違反行為をしたとき。

※第117条の違反行為とは、車両等（軽車両を除く）の運転者が、当該車両等の交通による**人の死傷**があった場合において、第72条（交通事故の場合の措置）第１項前段（⇒251P）の規定に違反した場合を指す。

■免許の取消し又は停止及び免許の欠格期間の指定の基準
［道交法施行令第38条］

5．免許を受けた者が道交法第103条第１項第５号から第８号までのいずれかに該当することとなった場合についての同項の政令で定める基準は、次に掲げるとおりとする。

②次のいずれかに該当するときは、免許の効力を**停止する**ものとする。 ハ．法第103条第１項第８号に該当することとなったとき。

2　演習問題

問1　道路交通法に照らし、次の記述のうち、誤っているものを１つ選びなさい。なお、解答にあたっては、各選択肢に記載されている事項以外は考慮しないものとする。

☐ 1．路側帯とは、歩行者及び自転車の通行の用に供するため、歩道の設けられていない道路又は道路の歩道の設けられていない側の路端寄りに設けられた帯状の道路の部分で、道路標示によって区画されたものをいう。

2．安全地帯とは、路面電車に乗降する者若しくは横断している歩行者の安全を図るため道路に設けられた島状の施設又は道路標識及び道路標示により安全地帯であることが示されている道路の部分をいう。

3．普通自動車免許を令和３年４月10日に初めて取得し、その後令和４年５月21日に準中型免許を取得したが、令和４年８月25日に準中型自動車を運転する場合、初心運転者標識を表示しなければならない。

4．普通自動車対応免許を受けた者で政令で定める程度の聴覚障害のあることを理由に当該普通自動車対応免許に条件を付されているものは、内閣府令で定めるところにより普通自動車の前面及び後面に内閣府令で定める下の様式の標識を付けないで普通自動車を運転してはならない。

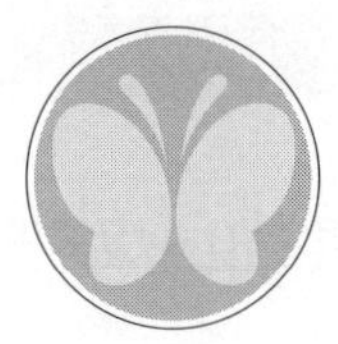

道路交通法施行規則で定める様式
縁の色彩は白色
マークの色彩は黄色
地の部分の色は緑色

問2　道路交通法に定める自動車の種類についての次の記述のうち、誤っているもの1つ選びなさい。なお、解答にあたっては、各選択肢に記載されている事項以外は考慮しないものとする。［R3_CBT］

☐ 1．乗車定員が55人、車両総重量が11,580キログラムの自動車の種類は、大型自動車である。
2．乗車定員が29人、車両総重量が7,510キログラムの自動車の種類は、中型自動車である。
3．乗車定員が15人、車両総重量が4,000キログラムの自動車の種類は、準中型自動車である。
4．乗車定員が10人、車両総重量が3,400キログラムの自動車の種類は、普通自動車である。

問3　道路交通法に定める第一種免許の自動車免許の自動車の種類等について、次の記述のうち、正しいものを2つ選びなさい。なお、解答にあたっては、各選択肢に記載されている事項以外は考慮しないものとする。［R1. 8改］

☐ 1．大型免許を受けた者は、車両総重量が11,000キログラム以上のもの、最大積載量が6,500キログラム以上のもの又は乗車定員が30人以上の大型自動車を運転することができる。
2．中型免許を受けた者は、車両総重量が7,500キログラム以上11,000キログラム未満のもの、最大積載量が4,500キログラム以上6,500キログラム未満のもの又は乗車定員が30人の中型自動車を運転することができる。
3．運転免許証の有効期間の更新期間は、道路交通法第101条の2第1項に規定する場合を除き、更新を受けようとする者の当該免許証の有効期間が満了する日の直前のその者の誕生日の1ヵ月前から当該免許証の有効期間が満了する日までの間である。
4．運転免許証の有効期間については、優良運転者であって更新日における年齢が70歳未満の者にあっては5年、70歳以上の者にあっては3年である。

◆解答＆解説

問1［解答　1］

1．「歩行者及び自転車の通行の用に供するため」⇒「**歩行者の通行の用に供し、又は車道の効用を保つため**」。道交法第2条（定義）第1項③の4。⇒184P
2．道交法第2条（定義）第1項⑥。⇒184P
3．道交法第71条の5（初心運転者標識等の表示義務）第1項。
4．道交法第71条の6（初心運転者標識等の表示義務）第2項。

問2［解答　3］

準中型自動車の乗車定員は**10人以下**となる。道路交通法第3条（自動車の種類）他。

問3［解答　1，3］

1．道交法第84条・第85条（第一種免許の種類と運転できる範囲）。
2．「乗車定員が30人」⇒「乗車定員が**11人以上29人以下**」。道交法第84条・第85条（第一種免許の種類と運転できる範囲）。
3．道交法第101条（免許証の更新及び定期検査）第1項。
4．「70歳未満の者にあっては5年、70歳以上の者にあっては3年」⇒「70歳未満の者にあっては5年、**70歳の者にあっては4年**、**71歳以上**の者にあっては3年」。道交法第92条の2（免許証の有効期間）第1項。

3　信号機の意味

1　法令の要点

■信号機の意味等［道交法施行令第2条］

信号の種類	信号の意味
青色の灯火 青 ○ ○	②自動車、原動機付自転車（多通行帯道路等通行原動機付自転車を除く。）、トロリーバス及び路面電車は、直進し、左折し、又は右折することができる。
黄色の灯火 ○ 黄 ○	②車両及び路面電車（車両等）は、停止位置を越えて進行してはならないこと。ただし、黄色の灯火の信号が表示された時において当該停止位置に近接しているため安全に停止することができない場合を除く。
赤色の灯火 ○ ○ 赤	②車両等は、停止位置を越えて進行してはならない。
	③交差点において既に左折している車両等は、そのまま進行することができる。
	④交差点において既に右折している車両等（多通行帯道路等通行原動機付自転車及び軽車両を除く。）は、そのまま進行することができること。この場合において、当該車両等は、青色の灯火により進行することができることとされている車両等の**進行妨害**をしてはならない。
	⑤交差点において既に右折している多通行帯道路等通行原動機付自転車及び軽車両は、その右折している地点において**停止しなければならない**。
青色の灯火の矢印 ○ ○ 赤 青色の灯火の矢印 →	車両は、黄色の灯火又は赤色の灯火の信号にかかわらず、矢印の方向に進行することができる。この場合において、交差点において右折する多通行帯道路等通行原動機付自転車及び軽車両は、直進する多通行帯道路等通行原動機付自転車及び軽車両とみなす。
黄色の灯火の点滅 ○ 黄 ○	車両等は、他の交通に注意して進行することができる。
赤色の灯火の点滅 ○ ○ 赤	②車両等は、停止位置において**一時停止**しなければならない。

2．交差点において都道府県公安委員会（以下、この章において「公安委員会」という。）が内閣府令で定めるところにより左折することができる旨を表示した場合におけるその交差点に設置された信号機の黄色の灯火又は赤色の灯火の信号の意味は、それぞれの信号により停止位置をこえて進行してはならないこととされている車両に対し、その車両が左折することができることを含むものとする。

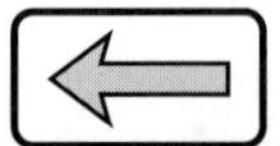

（矢印及びわくの色彩は青色、地の色彩は白色）

4　最高速度・高速道路

1　法令の要点

■最高速度［道交法第22条］

1．車両は、道路標識等によりその最高速度が指定されている道路においてはその最高速度を、その他の道路においては政令で定める最高速度をこえる速度で進行してはならない。

■一般道路の最高速度［道交法施行令第11条］

1．自動車が高速自動車国道の本線車道並びにこれに接する加速車線及び減速車線以外の道路を通行する場合の最高速度は、**60キロメートル毎時**、原動機付自転車にあっては30キロメートル毎時とする。

■最高速度の特例［道交法施行令第12条］

1．自動車が他の車両を**牽引して**道路を通行する場合（牽引するための構造及び装置を有する自動車によって牽引されるための構造及び装置を有する車両を牽引する場合を除く。）の最高速度は、次に定めるとおりとする。

①車両総重量が2,000キログラム以下の車両をその車両の車両総重量の３倍以上の車両総重量の自動車で牽引する場合…**40キロメートル毎時**
②①に掲げる場合以外の場合…**30キロメートル毎時**

※牽引するための構造及び装置を有する自動車によって牽引されるための構造及び装置を有する車両を牽引する場合が除かれるため、ロープによる牽引などが対象となる。

3．緊急自動車が高速自動車国道の本線車道並びにこれに接する加速車線及び減速車線以外の道路を通行する場合の最高速度は、80キロメートル毎時とする。

■高速道路の最高速度［道交法施行令第27条］

1．最高速度のうち、自動車が高速自動車国道の本線車道又はこれに接する加速車線若しくは減速車線を通行する場合の最高速度は、次に掲げる自動車の区分に従い、それぞれに定めるとおりとする。

①100キロメートル毎時

イ．大型自動車※のうち専ら人を運搬する構造のもの（➡ 大型バス）

ロ．中型自動車※のうち、専ら人を運搬する構造のもの又は車両総重量が8,000キログラム未満、最大積載量が5,000キログラム未満及び乗車定員が10人以下のもの（➡ 中型バスや中型トラック（車両総重量8t未満、最大積載量5t未満）など）

ハ．準中型自動車※

ニ．普通自動車※

ホ．大型自動二輪車

ヘ．普通自動二輪車

②80キロメートル毎時（上記イ～ヘ以外の自動車）
（➡ 大型トラック、中型トラック（車両総重量8t以上、最大積載量5t以上）、トレーラ連結車（大型・中型自動車）など）

※三輪のもの、牽引するための構造及び装置を有し、かつ、牽引されるための構造及び装置を有する車両を牽引するものを除く。

■高速道路の最低速度［道交法第75条の4／施行令第27条の2／施行令第27条の3］

1．自動車は、法令の規定によりその速度を減ずる場合及び危険を防止するためやむを得ない場合を除き、高速自動車国道の本線車道（**往復の方向にする通行が行われている本線車道で、本線車線が道路の構造上往復の方向別に分離されていないもの**を**除く**。）においては、道路標識等により自動車の最低速度が指定されている区間にあってはその最低速度に、その他の区間にあっては**50キロメートル毎時**に達しない速度で進行してはならない。

■本線車道の横断等の禁止［道交法第75条の5］

1．自動車は、本線車道においては、横断し、転回し、又は後退してはならない。

■本線車道に入る場合等における他の自動車との関係［道交法第75条の6］

1．自動車（緊急自動車を除く。）は、本線車道に入ろうとする場合（本線車道から他の本線車道に入ろうとする場合にあっては、道路標識等により指定された本線車道に入ろうとする場合に限る。）において、当該本線車道を通行する自動車があるときは、当該自動車の進行妨害をしてはならない。ただし、当該交差点において、交通整理が行なわれているときは、この限りでない。

2．緊急自動車以外の自動車は、緊急自動車が本線車道に入ろうとしている場合又はその通行している本線車道から出ようとしている場合においては、当該緊急自動車の通行を妨げてはならない。

■本線車道の出入の方法［道交法第75条の7］

1．自動車は、本線車道に入ろうとする場合において、加速車線が設けられているときは、その**加速車線を通行**しなければならない。

2．自動車は、その通行している本線車道から出ようとする場合においては、あらかじめその前から出口に接続する車両通行帯を通行しなければならない。この場合において、減速車線が設けられているときは、その減速車線を通行しなければならない。

■停車及び駐車の禁止［道交法第75条の8］

1．自動車（これにより牽（けん）引されるための構造及び装置を有する車両を含む。以下この条において同じ。）は、高速自動車国道等においては、法令の規定若しくは警察官の命令により、又は危険を防止するため一時停止する場合のほか、**停車し、又は駐車してはならない**。ただし、次の各号のいずれかに掲げる場合においては、この限りでない。

①駐車の用に供するため区画された場所において停車し、又は駐車するとき。
②故障その他の理由により停車し、又は駐車することがやむを得ない場合において、停車又は駐車のため十分な幅員がある路肩又は路側帯に停車し、又は駐車するとき。
③乗合自動車が、その属する運行系統に係る停留所において、乗客の乗降のため停車し、又は運行時間を調整するため駐車するとき。
④料金支払いのため料金徴収所において停車するとき。

Check　最高速度と最低速度のまとめ［編集部］

【一般道路の最高速度】

車両	条件	最高速度
自動車 （下記①②と緊急自動車は除く）		60km/h
車両をロープ等で牽引する自動車	①車両総重量2t以下の車両をその3倍以上の車両総重量の車両で牽引する場合	40km/h
	②①以外の場合	30km/h
緊急自動車		80km/h

【高速道路の最高速度】

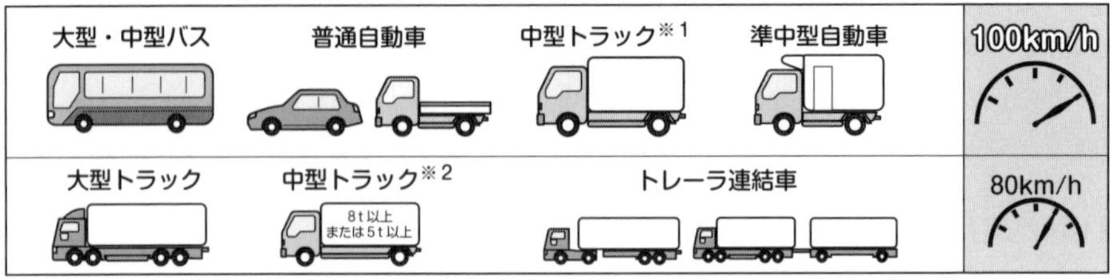

車両	最高速度
大型・中型バス　普通自動車　中型トラック※1　準中型自動車	100km/h
大型トラック　中型トラック※2　トレーラ連結車	80km/h

※1：車両総重量8t未満、最大積載量5t未満のもの
※2：車両総重量8t以上、最大積載量5t以上のもの

【最低速度】

一般道路	規定なし	ただし、道路標識等で指定されている場合は、その最低速度
高速道路	50km/h	

2 演習問題

問1　道路交通法に定める自動車の法定速度に関する次の文中、A、B、C、Dに入るべき字句を下の枠内の選択肢（①～⑤）から選びなさい。［R3. 3］

□ 1．自動車の最高速度は、道路標識等により最高速度が指定されていない片側一車線の一般道路においては、（A）である。

2．自動車の最低速度は、法令の規定によりその速度を減ずる場合及び危険を防止するためやむを得ない場合を除き、道路標識等により自動車の最低速度が指定されていない区間の高速自動車国道の本線車道（政令で定めるものを除く。）においては、（B）である。

3．貸切バス（乗車定員47名）の最高速度は、道路標識等により最高速度が指定されていない高速自動車国道の本線車道（政令で定めるものを除く。）においては、（C）である。

4．トラック（車両総重量12,000キログラム、最大積載量8,000キログラムであって乗車定員３名）の最高速度は、道路標識等により最高速度が指定されていない高速自動車国道の本線車道（政令で定めるものを除く。）においては、（D）である。

① 時速40キロメートル	② 時速50キロメートル
③ 時速60キロメートル	④ 時速80キロメートル
⑤ 時速100キロメートル	

問2　道路交通法に定める自動車の法定速度についての次の記述のうち、誤っているものを1つ選びなさい。なお、解答にあたっては、各選択肢に記載されている事項以外は考慮しないものとする。

☐ 1．旅客自動車運送事業の用に供する乗車定員47人の自動車の最高速度は、道路標識等により最高速度が指定されていない高速自動車国道の本線車道（政令で定めるものを除く。）においては、時速100キロメートルである。

2．旅客自動車運送事業の用に供する車両総重量が2,265キログラムの自動車が、故障した車両総重量1,800キログラムの普通自動車をロープでけん引する場合の最高速度は、道路標識等により最高速度が指定されていない一般道路においては、時速30キロメートルである。

3．旅客自動車運送事業の用に供する乗車定員55人の自動車の最高速度は、道路標識等により最高速度が指定されていない片側一車線の一般道路においては、時速60キロメートルである。

4．旅客自動車運送事業の用に供する乗車定員29人の自動車は、法令の規定によりその速度を減ずる場合及び危険を防止するためやむを得ない場合を除き、道路標識等により自動車の最低速度が指定されていない区間の高速自動車国道の本線車道（政令で定めるものを除く。）における最低速度は、時速60キロメートルである。

問3　道路交通法に定める高速自動車国道等における自動車の交通方法等についての次の記述のうち、正しいものを2つ選びなさい。なお、解答にあたっては、各選択肢に記載されている事項以外は考慮しないものとする。［R3_CBT］

☐ 1．自動車（緊急自動車を除く。）は、本線車道に入ろうとする場合（本線車道から他の本線車道に入ろうとする場合にあっては、道路標識等により指定された本線車道に入ろうとする場合に限る。）において、当該本線車道を通行する自動車があるときは、当該自動車の進行妨害をしてはならない。ただし、当該交差点において、交通整理が行なわれているときは、この限りでない。

2．自動車は、高速自動車国道の往復の方向にする通行が行われている本線車道で、道路の構造上往復の方向別に分離されていない本線車道においては、道路標識等により自動車の最低速度が指定されている区間にあってはその最低速度に、その他の区間にあっては、毎時50キロメートルの最低速度に達しない速度で進行してはならない。

3．自動車は、本線車道に入ろうとする場合において、加速車線が設けられているときは、その加速車線を通行しなければならない。ただし、当該本線車道において後方から進行してくる自動車がないときは、この限りではない。

4．自動車は、高速自動車国道においては、法令の規定若しくは警察官の命令により、又は危険を防止するため一時停止する場合のほか、停車し、又は駐車してはならない。ただし、故障その他の理由により停車し、又は駐車することがやむを得ない場合において、停車又は駐車のため十分な幅員がある路肩又は路側帯に停車し、又は駐車する場合においてはこの限りでない。

◆解答＆解説

問1［解答　A－③，B－②，C－⑤，D－④］

1．道交法施行令第11条（一般道路の最高速度）第1項。

2．道交法第75条の4（高速道路の最低速度）第1項・道交法施行令第27条の3（高速道路の最低速度）第1項。

3．設問の車両は、乗車定員30名以上の大型バスであるため、道路標識等により最高速度の指定がない高速道路での最高速度は100km/hとなる。道交法施行令第27条（高速道路の最高速度）第1項①。

4．設問の車両は、車両総重量11t以上、最大積載量6.5t以上の大型トラックであるため、高速道路での最高速度は80km/hとなる。道交法施行令第27条（高速道路の最高速度）第1項②。

問2［解答　4］

1．道交法施行令第27条（高速道路の最高速度）第1項①。

2．車両総重量2,000kg以下の車両をその3倍以上の車両総重量の車両でけん引する場合は40km/hが最高速度となる。設問の場合、けん引される自動車の車両総重量が1,800kg、けん引する自動車の車両総重量が2,265kgでは、けん引される自動車の3倍以下（1,800kg×3倍＝5,400kg＞2,265kg）となるため、30km/hが最高速度となる。道交法施行令第12条（最高速度の特例）第1項①・②。

3．道交法施行令第11条（一般道路の最高速度）第1項。

4．自動車の区分に関係なく、道路標識等により自動車の最低速度が指定されていない区間の高速道路の最低速度は**50km/h**である。道交法第75条の4（高速道路の最低速度）第1項・道交法施行令第27条の3（高速道路の最低速度）第1項。

問3［解答　1，4］

1．道交法第75条の6（本線車道に入る場合等における他の自動車との関係）第1項。

2．設問の場合の高速道路において、道路標識等により最低速度が指定されていない区間には、**最低速度の規定はない**。道交法第75条の4（高速道路の最低速度）第1項・道交法施行令第27条の2第1項。

3．当該法令に設問のただし書きのような**規定はない**。道交法第75条の7（本線車道の出入の方法）第1項。

4．道交法第75条の8（停車及び駐車の禁止）第1項第2号。

5　追越し

1　法令の要点

■車間距離の保持［道交法第26条］

1．車両等は、同一の進路を進行している他の車両等の直後を進行するときは、その直前の車両等が急に停止したときにおいてもこれに追突するのを避けることができるため**必要な距離**を、これから**保たなければならない**。

■進路の変更の禁止［道交法第26条の2］

2．車両は、進路を変更した場合にその変更した後の進路と同一の進路を後方から進行してくる車両等の速度又は方向を急に変更させることとなるおそれがあるときは、**進路を変更してはならない**。

3．車両は、車両通行帯を通行している場合において、その車両通行帯が当該車両通行帯を通行している車両の進路の変更の禁止を表示する道路標示によって区画されているときは、次に掲げる場合を除き、その道路標示をこえて進路を変更してはならない。

①第40条（⇒212P）の規定により道路の左側若しくは右側に寄るとき、又は道路の損壊、道路工事その他の障害のためその通行している車両通行帯を通行することができないとき。
⑤第40条（⇒212P）の規定に従うため、又は道路の損壊、道路工事その他の障害のため、通行することができなかった車両通行帯を通行の区分に関する規定に従って通行しようとするとき。

■追越しの方法［道交法第28条］

1．車両は、他の車両を追い越そうとするときは、その追い越されようとする車両（以下「前車」という。）の**右側**を通行しなければならない。

2．車両は、他の車両を追い越そうとする場合において、前車が法令の規定により右折するため道路の中央又は右側端に寄って通行しているときは、第1項の規定にかかわらず、その**左側を通行しなければならない**。

3．車両は、路面電車を追い越そうとするときは、当該車両が追いついた路面電車の**左側を通行しなければならない**。ただし、軌道が道路の左側端に寄って設けられているときは、この限りでない。

■追越しを禁止する場所［道交法第30条］

1．車両は、道路標識等により追越しが禁止されている道路の部分及び次に掲げるその他の道路部分においては、他の車両（**軽車両を除く。**）を追い越すため、進路を変更し、又は前車の側方を通過してはならない。

①道路のまがりかど附近、**上り坂の頂上附近又は勾配の急な下り坂**
②**トンネル**（**車両通行帯の設けられた道路以外**の道路の部分に限る。）
③**交差点**（優先道路を通行している場合における当該優先道路にある交差点を除く。）、踏切、横断歩道又は自転車横断帯及びこれらの手前の側端から前に**30メートル以内の部分**

①まがりかど　①上り坂の頂上

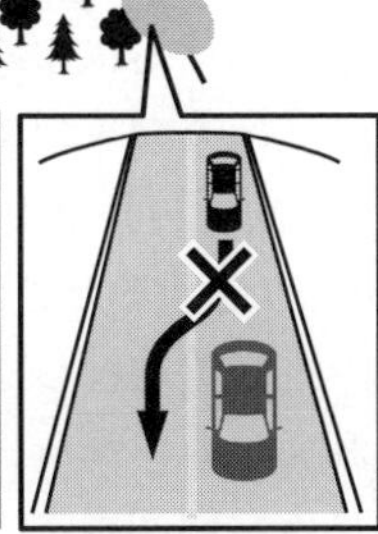

①勾配が急な下り坂

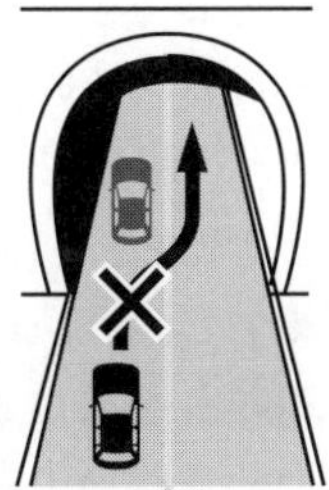

②トンネル（車両通行帯以外）

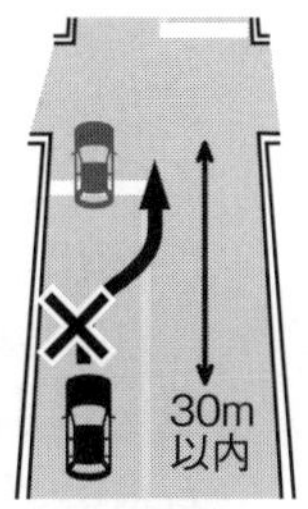

③交差点等及びその手前から30m以内

【追越し禁止場所】

■乗合自動車の発進の保護［道交法第31条の2］

1．停留所において乗客の乗降のため停車していた乗合自動車が発進するため進路を変更しようとして手又は方向指示器により合図をした場合においては、その後方にある車両は、**その速度又は方向を急に変更しなければならないこととなる場合を除き、**当該合図をした乗合自動車の進路の変更を**妨げてはならない。**

■割り込み等の禁止［道交法第32条］

1．車両は、法令の規定若しくは警察官の命令により、又は危険を防止するため、停止し、若しくは停止しようとして徐行している車両等又はこれらに続いて停止し、若しくは徐行している車両等に追いついたときは、その前方にある車両等の側方を通過して当該車両等の前方に**割り込み、又はその前方を横切ってはならない。**

2　演習問題

問1　道路交通法に定める追越し等についての次の記述のうち、正しいものを２つ選びなさい。なお、解答にあたっては、各選択肢に記載されている事項以外は考慮しないものとする。

☐　1．車両は、法令に規定する優先道路を通行している場合における当該優先道路にある交差点であっても、交差点の手前の側端から前に30メートル以内の部分においては、他の車両（軽車両を除く。）を追い越してはならない。

2．車両は、トンネル内の車両通行帯が設けられている道路の部分（道路標識等により追越しが禁止されているものを除く。）においては、他の車両を追い越すことができる。

3．停留所において乗客の乗降のため停車していた乗合自動車が発進するため進路を変更しようとして手又は方向指示器により合図をした場合においては、その後方にある車両は、その速度又は方向を急に変更しなければならないこととなる場合を除き、当該合図をした乗合自動車の進路の変更を妨げてはならない。

4．車両は、他の車両を追い越そうとするときは、その追い越されようとする車両（以下「前車」という。）の右側を通行しなければならない。ただし、法令の規定により追越しを禁止されていない場所において、前車が法令の規定により右折をするため道路の中央又は右側端に寄って通行しているときは、追い越しをしてはならない。

問2　道路交通法に定める追越し等についての次の記述のうち、誤っているものを１つ選びなさい。なお、解答にあたっては、各選択肢に記載されている事項以外は考慮しないものとする。

☐　1．車両は、他の車両を追い越そうとするときは、その追い越されようとする車両（以下「前車」という。）の右側を通行しなければならない。ただし、法令の規定により追越しを禁止されていない場所において、前車が法令の規定により右折をするため道路の中央又は右側端に寄って通行しているときは、その左側を通行しなければならない。

2．車両は、法令に規定する優先道路を通行している場合における当該優先道路にある交差点を除き、交差点の手前の側端から前に30メートル以内の部分においては、他の車両（軽車両を除く。）を追い越そうとするときは、速やかに進路を変更しなければならない。

3．車両は、進路を変更した場合にその変更した後の進路と同一の進路を後方から進行してくる車両等の速度又は方向を急に変更させることとなるおそれがあるときは、進路を変更してはならない。

4．車両は、車両通行帯を通行している場合において、その車両通行帯が当該車両通行帯を通行している車両の進路の変更の禁止を表示する道路標示によって区画されているときは、法で定める場合を除き、その道路標示をこえて進路を変更してはならない。

問３　道路交通法に定める追越し等についての次の記述のうち、正しいものを２つ選びなさい。なお、解答にあたっては、各選択肢に記載されている事項以外は考慮しないものとする。

☐ 1．停留所において乗客の乗降のため停車していた乗合自動車が発進するため進路を変更しようとして手又は方向指示器により合図をした場合においては、その後方にある車両は、その速度を急に変更しなければならないこととなる場合にあっても、当該合図をした乗合自動車の進路の変更を妨げてはならない。

2．車両は、法令に規定する優先道路を通行している場合における当該優先道路にある交差点を除き、交差点の手前の側端から前に30メートル以内の部分においては、他の車両（軽車両を除く。）を追い越してはならない。

3．車両は、路面電車を追い越そうとするときは、当該車両が追いついた路面電車の左側を通行しなければならない。ただし、軌道が道路の左側端に寄って設けられているときは、この限りでない。

4．車両は、道路のまがりかど附近、上り坂の頂上附近又は勾配の急な下り坂の道路の部分においては、前方が見とおせる場合を除き、他の車両（軽車両を除く。）を追い越すため、進路を変更し、又は前車の側方を通過してはならない。

問4　道路交通法に定める追越し等についての次の記述のうち、誤っているものを１つ選びなさい。なお、解答にあたっては、各選択肢に記載されている事項以外は考慮しないものとする。［R2.8］

□　1．車両は、他の車両を追い越そうとするときは、その追い越されようとする車両（以下「前車」という。）の右側を通行しなければならない。ただし、法令の規定により追越しを禁止されていない場所において、前車が法令の規定により右折をするため道路の中央又は右側端に寄って通行しているときは、その左側を通行しなければならない。

2．車両は、法令の規定若しくは警察官の命令により、又は危険を防止するため、停止し、若しくは停止しようとして徐行している車両等に追いついたときは、その前方にある車両等の側方を通過して当該車両等の前方に割り込み、又はその前方を横切ってはならない。

3．車両は、法令に規定する優先道路を通行している場合における当該優先道路にある交差点を除き、交差点の手前の側端から前に30メートル以内の部分においては、他の車両（軽車両を除く。）を追い越そうとするときは、速やかに進路を変更しなければならない。

4．車両は、進路を変更した場合にその変更した後の進路と同一の進路を後方から進行してくる車両等の速度又は方向を急に変更させることとなるおそれがあるときは、進路を変更してはならない。

問5　道路交通法に定める追越し等についての次の記述のうち、正しいものを２つ選びなさい。なお、解答にあたっては、各選択肢に記載されている事項以外は考慮しないものとする。

□　1．車両は、トンネル内の車両通行帯が設けられている道路の部分（道路標識等により追越しが禁止されているものを除く。）においては、他の車両を追い越すことができる。

2．車両は、他の車両を追い越そうとするときは、その追い越されようとする車両（以下「前車」という。）の右側を通行しなければならない。ただし、前車が法令の規定により右折をするため道路の中央又は右側端に寄って通行しているときは、前車を追越してはならない。

3．車両は、法令の規定若しくは警察官の命令により、又は危険を防止するため、停止し、若しくは停止しようとして徐行している車両等に追いついたときは、その前方にある車両等の側方を通過して当該車両等の前方に割り込み、又はその前方を横切ってはならない。

4．車両は、進路を変更した場合にその変更した後の進路と同一の進路を後方から進行してくる車両等の速度又は方向を急に変更させることとなるおそれがあるときは、速やかに進路を変更しなければならない。

◆解答＆解説

問1［解答　2，3］

1．「当該優先道路にある交差点であっても」⇒「**当該優先道路にある交差点を除き**」。道交法第30条（追越しを禁止する場所）第１項③。
2．道交法第30条（追越しを禁止する場所）第１項②。
3．道交法第31条の２（乗合自動車の発進の保護）第１項。
4．「追い越しをしてはならない」⇒「**その左側を通行しなければならない**」。道交法第28条（追越しの方法）第１項・第２項。

問2［解答　2］

1．道交法第28条（追越しの方法）第１項・第２項。
2．交差点（優先道路を通行している場合における当該優先道路にある交差点を除く。）の手前の側端から前に30m以内の部分は**追い越しを禁止する場所**にあたるので、**進路を変更してはならない**。道交法第30条（追越しを禁止する場所）第１項③。
3．道交法第26条の２（進路の変更の禁止）第２項。
4．道交法第26条の２（進路の変更の禁止）第３項。

問3［解答　2，3］

1．その速度又は方向を急に変更しなければならないこととなる場合を**除き**、当該合図をした乗合自動車の進路の変更を妨げてはならない。道交法第31条の２（乗合自動車の発進の保護）第１項。
2．道交法第30条（追越しを禁止する場所）第１項③。
3．道交法第28条（追越しの方法）第３項。
4．追越しを禁止する場所に、「前方が見とおせる場合」という**適用除外はない**。道交法第30条（追越しを禁止する場所）第１項。

問4［解答　3］

1．道交法第28条（追越しの方法）第１項・第２項。
2．道交法第32条（割り込み等の禁止）第１項。
3．交差点（優先道路を通行している場合における当該優先道路にある交差点を除く。）の手前の側端から前に30m以内の部分は**追い越しを禁止する場所**にあたるので、**進路を変更してはならない**。道交法第30条（追越しを禁止する場所）第１項③。
4．道交法第26条の２（進路の変更の禁止）第２項。

問5［解答　1，3］

1．道交法第30条（追越しを禁止する場所）第１項②。
2．「前車を追い越してはならない」⇒「**その左側を通行しなければならない**」。道交法第28条（追越しの方法）第１項・第２項。
3．道交法第32条（割り込み等の禁止）第１項。
4．「速やかに進路を変更しなければならない」⇒「**進路を変更してはならない**」。道交法第26条の２（進路の変更の禁止）第２項。

6 車両の通行方法

1 法令の要点

■通行の禁止等［道交法第８条］

1．歩行者又は車両等は、道路標識等によりその通行を禁止されている道路又はその部分を**通行してはならない**。
2．車両は、**警察署長**が政令で定めるやむを得ない理由があると**認めて許可**をしたときは、前項の規定にかかわらず、道路標識等によりその通行を禁止されている道路又はその部分を**通行することができる**。
3．警察署長は、前項の許可をしたときは、許可証を交付しなければならない。
4．前項の規定により許可証の交付を受けた車両の運転者は、当該許可に係る通行中、**当該許可証を携帯**していなければならない。

■通行区分［道交法第17条］

1．車両は、歩道等と車道の区別のある道路においては、車道を通行しなければならない。ただし、道路外の施設又は場所に出入するためやむを得ない場合において歩道等を横断するとき、又は法の規定により歩道等で停車し、若しくは駐車するため必要な限度において歩道等を通行するときは、**この限りでない**。
2．第１項ただし書の場合において、車両は、歩道等に入る直前で**一時停止**し、かつ、歩行者の通行を**妨げない**ようにしなければならない。
5．車両は、次の各号に掲げる場合においては、道路の中央から右の部分（以下「右側部分」という。）にその全部又は一部をはみ出して**通行することができる**。この場合において、車両は、当該道路が一方通行（道路における車両の通行につき一定の方向にする通行が禁止されていることをいう。）となっている場合を除き、そのはみ出し方ができるだけ少なくなるようにしなければならない。

> ④当該道路の左側部分の幅員が**６メートルに満たない道路**において、他の車両を追い越そうとするとき（当該道路の右側部分を見とおすことができ、かつ、反対の方向からの交通を妨げるおそれがない場合に限るものとし、道路標識等により追越しのため右側部分にはみ出して通行することが禁止されている場合を除く。）。

■左側寄り通行等［道交法第18条］

1．車両（トロリーバスを除く）は、車両通行帯の設けられた道路を通行する場合を除き、自動車及び原動機付自転車にあっては道路の**左側**に寄って、軽車両にあっては道路の**左側端**に寄って、それぞれ当該道路を通行しなければならない。ただし、追越しをするとき、法令の規定により道路の**中央**若しくは**右側端に寄る**とき、又は**道路の状況**その他の事情により**やむを得ないときは、この限りでない**。
2．車両は、第1項の規定により歩道と車道の区別のない道路を通行する場合その他の場合において、歩行者の側方を通過するときは、これとの間に安全な間隔を保ち、又は**徐行**しなければならない。

■車両通行帯［道交法第20条］

1．車両は、車両通行帯の設けられた道路においては、道路の左側端から数えて**1番目**の車両通行帯を通行しなければならない。ただし、自動車（小型特殊自動車及び道路標識等によって指定された自動車を除く。）は、当該道路の左側部分（当該道路が一方通行となっているときは、当該道路）に**3以上**の車両通行帯が設けられているときは、政令で定めるところにより、その速度に応じ、その最も**右側**の車両通行帯以外の車両通行帯を**通行することができる**。
2．車両は、車両通行帯の設けられた道路において、道路標識等により前項に規定する通行の区分と異なる通行の区分が指定されているときは、当該通行の区分に従い、当該車両通行帯を**通行しなければならない**。

■路線バス等優先通行帯［道交法第20条の2］

1．一般乗合旅客自動車運送事業者による路線定期運行の用に供する自動車（以下「路線バス等」という。）の優先通行帯であることが道路標識等により表示されている車両通行帯が設けられている道路においては、自動車（路線バス等を除く。）は、路線バス等が後方から接近してきた場合に当該道路における交通の混雑のため当該車両通行帯から出ることができないこととなるときは、当該車両通行帯を**通行してはならず**、また、当該車両通行帯を通行している場合において、後方から路線バス等が接近してきたときは、**その正常な運行に支障を及ぼさないように、すみやかに当該車両通行帯の外に出なければならない**。ただし、この法律の他の規定により通行すべきこととされている道路の部分が当該車両通行帯であるとき、又は道路の状況その他の事情によりやむを得ないときは、この限りでない。

■軌道敷内の通行［道交法第21条］

1．車両（トロリーバスを除く。以下この条において同じ。）は、左折し、右折し、横断し、若しくは転回するため軌道敷を横切る場合又は危険防止のためやむを得ない場合を除き、軌道敷内を**通行してはならない**。

2．車両は、次の各号に掲げる場合においては、第1項の規定にかかわらず、軌道敷内を通行することができる。この場合において、車両は、路面電車の通行を妨げてはならない。

①当該道路の左側部分から軌道敷を除いた部分の幅員が当該車両の通行のため十分なものでないとき。
②当該車両が、道路の損壊、道路工事その他の障害のため当該道路の左側部分から軌道敷を除いた部分を通行することができないとき。
③道路標識等により軌道敷内を通行することができることとされている自動車が通行するとき。

■道路外に出る場合の方法［道交法第25条］

3．道路外に出るため左折又は右折をしようとする車両が、法令の規定により、それぞれ道路の左側端、中央又は右側端に寄ろうとして手又は方向指示器による合図をした場合においては、その後方にある車両は、**その速度又は方向を急に変更しなければならないこととなる場合を除き**、当該合図をした車両の進路の変更を妨げてはならない。

■踏切の通過［道交法第33条］

1．車両等は、踏切を通過しようとするときは、踏切の直前（道路標識等による停止線が設けられているときは、その停止線の直前。）で**停止**し、かつ、**安全であることを確認した後**でなければ進行してはならない。ただし、信号機の表示する信号に従うときは、踏切の直前で停止しないで**進行することができる**。

■横断歩道等における歩行者等の優先［道交法第38条］

1．車両等は、横断歩道又は自転車横断帯（以下「横断歩道等」という。）に接近する場合には、当該横断歩道等を通過する際に当該横断歩道等によりその進路の前方を横断しようとする歩行者又は自転車（以下「歩行者等」という。）がないことが明らかな場合を除き、当該横断歩道等の直前（道路標識等による停止線が設けられているときは、その停止線の直前。以下同じ。）で**停止することができるような速度で進行**しなければならない。この場合において、横断歩道等によりその進路の前方を横断し、又は横断しようとする**歩行者等があるとき**は、当該横断歩道等の**直前で一時停止**し、かつ、その**通行を妨げない**ようにしなければならない。

2．車両等は、横断歩道等（当該車両等が通過する際に信号機の表示する信号又は警察官等の手信号等により当該横断歩道等による歩行者等の横断が禁止されているものを除く。）又はその手前の直前で停止している**車両等がある場合**において、当該停止している車両等の側方を通過してその前方に出ようとするときは、その**前方に出る前に一時停止**しなければならない。

3．車両等は、横断歩道等及びその手前の側端から**前に30メートル以内**の道路の部分においては、第30条（追越しを禁止する場所）第３号の規定に該当する場合のほか、その前方を進行している他の車両等（軽車両を除く。）の**側方を通過してその前方に出てはならない**。

■緊急自動車の優先［道交法第40条］

1．交差点又はその附近において、緊急自動車が接近してきたときは、路面電車は交差点を避けて、車両（緊急自動車を除く。）は交差点を避け、かつ、道路の左側（一方通行となっている道路においてその左側に寄ることが緊急自動車の通行を妨げることとなる場合にあっては、道路の右側）に寄って**一時停止**しなければならない。

■徐行すべき場所［道交法第42条］

1．車両等は、道路標識等により徐行すべきことが指定されている道路の部分を通行する場合及び次に掲げるその他の場合においては、**徐行**しなければならない。

①左右の見とおしがきかない交差点に入ろうとし、又は交差点内で左右の見とおしがきかない部分を通行しようとするとき（当該交差点において交通整理が行なわれている場合及び優先道路を通行している場合を除く。）。
②道路のまがりかど附近、上り坂の頂上附近又は**勾配の急な下り坂**を通行するとき。

■停車又は駐車の方法［道交法第47条］

1．車両は、人の乗降又は貨物の積卸しのため停車するときは、できる限り**道路の左側端**に沿い、かつ、他の交通の妨害とならないようにしなければならない。

2．車両は、駐車するときは、**道路の左側端**に沿い、かつ、他の交通の妨害とならないようにしなければならない。

3．車両は、車道の左側端に接して路側帯（当該路側帯における停車及び駐車を禁止することを表示する道路標示によって区画されたもの及び政令で定めるものを除く。）が設けられている場所において、停車し、又は駐車するときは、前２項の規定にかかわらず、政令で定めるところにより、当該路側帯に入り、かつ、他の交通の妨害とならないようにしなければならない。

■路側帯が設けられている場所における停車及び駐車［道交法施行令第14条の6］

1．道交法第47条第３項の政令で定めるものは、歩行者の通行の用に供する路側帯で、**幅員が0.75メートル以下**のものとする。

2．車両は、路側帯に入って停車し、又は駐車するときは、次の各号に掲げる区分に従い、それぞれ当該各号に定める方法によらなければならない。

①歩行者の通行の用に供する路側帯に入って停車し、又は駐車する場合 　当該路側帯を区画している道路標示と平行になり、かつ、当該車両の左側に歩行者の通行の用に供するため0.75メートルの余地をとること。この場合において、当該路側帯に当該車両の全部が入った場合においてもその左側に0.75メートルをこえる余地をとることができるときは、当該道路標示に沿うこと。
⑤歩行者の通行の用に供しない路側帯に入って停車し、又は駐車する場合 　当該路側帯の左側端に沿うこと。

2 演習問題

問1　道路交通法（以下「法」という。）に定める横断歩行者等の保護のための通行方法についての次の文中、A、B、C、Dに入るべき字句としていずれか正しいものを１つ選びなさい。［R3_CBT］

1．車両等は、横断歩道等に接近する場合には、当該横断歩道等を通過する際に当該横断歩道等によりその進路の前方を横断しようとする歩行者がないことが明らかな場合を除き、当該横断歩道等の直前で（A）しなければならない。この場合において、横断歩道等によりその進路の前方を横断し、又は横断しようとする歩行者等があるときは、当該横断歩道等の直前で（B）、かつ、その通行を妨げないようにしなければならない。

2．車両等は、横断歩道等（当該車両等が通過する際に信号機の表示する信号又は警察官等の手信号等により当該横断歩道等による歩行者等の横断が禁止されているものを除く。）又はその手前の直前で停止している車両等がある場合において、当該停止している車両等の側方を通過してその前方に出ようとするときは、（C）しなければならない。

3．車両等は、横断歩道等及びその手前の側端から前に（D）以内の道路の部分においては、法第30条（追越しを禁止する場所）第３号の規定に該当する場合のほか、その前方を進行している他の車両等（軽車両を除く。）の側方を通過してその前方に出てはならない。

☐

	①	②
A	①停止することができるような速度で進行	②徐行又は一時停止を
B	①徐行し	②一時停止し
C	①安全な速度で進行	②その前方に出る前に一時停止
D	①10メートル	②30メートル

問２　道路交通法に定める車両通行帯についての次の文中、A、B、Cに入るべき字句としていずれか正しいものを１つ選びなさい。

車両は、車両通行帯の設けられた道路においては、道路の左側端から数えて（A）の車両通行帯を通行しなければならない。ただし、自動車（小型特殊自動車及び道路標識等によって指定された自動車を除く。）は、当該道路の左側部分（当該道路が一方通行となっているときは、当該道路）に（B）の車両通行帯が設けられているときは、政令で定めるところにより、その速度に応じ、その最も（C）の車両通行帯以外の車両通行帯を通行することができる。

□ A　① １番目　　② ２番目
B　① ２以上　　② ３以上
C　① 右側　　② 左側

問３　道路交通法に定める徐行及び一時停止についての次の記述のうち、誤っているものを１つ選びなさい。なお、解答にあたっては、各選択肢に記載されている事項以外は考慮しないものとする。[R1.8]

□ １．交差点又はその附近において、緊急自動車が接近してきたときは、車両（緊急自動車を除く。）は、交差点を避け、かつ、道路の左側（一方通行となっている道路においてその左側に寄ることが緊急自動車の通行を妨げることとなる場合にあっては、道路の右側）に寄って一時停止しなければならない。

２．車両等は、道路のまがりかど附近、上り坂の頂上附近又は勾配の急な上り坂及び下り坂を通行するときは、徐行しなければならない。

３．車両等は、横断歩道に接近する場合には、当該横断歩道を通過する際に当該横断歩道によりその進路の前方を横断しようとする歩行者又は自転車がないことが明らかな場合を除き、当該横断歩道の直前で停止することができるような速度で進行しなければならない。

４．車両は、環状交差点において左折し、又は右折するときは、あらかじめその前からできる限り道路の左側端に寄り、かつ、できる限り環状交差点の側端に沿って（道路標識等により通行すべき部分が指定されているときは、その指定された部分を通行して）徐行しなければならない。

問４　道路交通法に定める車両の交通方法等についての次の記述のうち、誤っているものを１つ選びなさい。なお、解答にあたっては、各選択肢に記載されている事項以外は考慮しないものとする。[R2.8]

☐ １．車両は、車両通行帯の設けられた道路においては、道路の左側端から数えて１番目の車両通行帯を通行しなければならない。ただし、自動車（小型特殊自動車及び道路標識等によって指定された自動車を除く。）は、当該道路の左側部分（当該道路が一方通行となっているときは、当該道路）に３以上の車両通行帯が設けられているときは、政令で定めるところにより、その速度に応じ、その最も右側の車両通行帯以外の車両通行帯を通行することができる。

２．車両等は、踏切を通過しようとするときは、踏切の直前（道路標識等による停止線が設けられているときは、その停止線の直前。以下同じ。）で停止し、かつ、安全であることを確認した後でなければ進行してはならない。ただし、信号機の表示する信号に従うときは、踏切の直前で停止しないで進行することができる。

３．車両は、道路外の施設又は場所に出入するためやむを得ない場合において歩道等を横断するとき、又は法令の規定により歩道等で停車し、若しくは駐車するため必要な限度において歩道等を通行するときは、徐行しなければならない。

４．旅客自動車運送事業の用に供する乗車定員50人の自動車は、法令の規定によりその速度を減ずる場合及び危険を防止するためやむを得ない場合を除き、道路標識等により自動車の最低速度が指定されていない区間の高速自動車国道の本線車道（政令で定めるものを除く。）における最低速度は、時速50キロメートルである。

問５　道路交通法に定める運転者及び使用者の義務等についての次の記述のうち、正しいものを２つ選びなさい。なお、解答にあたっては、各選択肢に記載されている事項以外は考慮しないものとする。[R2.8]

☐ １．免許を受けた者が自動車等を運転することが著しく道路における交通の危険を生じさせるおそれがあるときは、その者の住所地を管轄する公安委員会は、点数制度による処分に至らない場合であっても運転免許の停止処分を行うことができる。

２．免許証の更新を受けようとする者で更新期間が満了する日における年齢が70歳以上のもの（当該講習を受ける必要がないものとして法令で定める者を除く。）は、更新期間が満了する日前６ヵ月以内にその者の住所地を管轄する公安委員会が行った「高齢者講習」を受けていなければならない。

3．車両等は、横断歩道等に接近する場合には、当該横断歩道等によりその進路の前方を横断し、又は横断しようとする歩行者等があるときは、当該歩行者等の直前で停止することができるような速度で進行し、かつ、その通行を妨げないようにしなければならない。

4．下の道路標識は、「車両は、８時から20時までの間は停車してはならない。」ことを示している。

「道路標識、区画線及び道路標識に関する命令」に定める様式斜めの帯及び枠を赤色、文字及び縁を白色、地を青色とする。

問６　道路交通法に定める車両の交通方法等について次の記述のうち、正しいものを２つ選びなさい。なお、解答にあたっては、各選択肢に記載されている事項以外は考慮しないものとする。［R3_CBT］

☐ 1．車両は、道路標識等によりその通行を禁止されている道路又はその部分を通行してはならない。ただし、政令に基づき警察署長が認めて許可をしたときは、道路標識等によりその通行を禁止されている道路又はその部分を通行することができる。その際、警察署長から許可証の交付を受けた車両の運転者は、当該許可に係る通行中、当該許可証の写しを携帯していなければならない。

2．車両は、道路の中央から左の部分の幅員が６メートルに満たない道路において、他の車両を追い越そうとするとき（道路の中央から右の部分を見とおすことができ、かつ、反対の方向からの交通を妨げるおそれがない場合に限るものとし、道路標識等により追越しのため道路の中央から右の部分にはみ出して通行することが禁止されている場合を除く。）は、道路の中央から右の部分にその全部又は一部をはみ出して通行することができる。

3．車両は、道路外の施設又は場所に出入するためやむを得ない場合において歩道又は路側帯（以下「歩道等」という。）を横断するとき、又は法令の規定により歩道等で停車し、若しくは駐車するため必要な限度において歩道等を通行するときは、徐行しなければならない。

4．車両は、車両通行帯の設けられた道路においては、道路の左側端から数えて１番目の車両通行帯を通行しなければならない。ただし、自動車（小型特殊自動車及び道路標識等によって指定された自動車を除く。）は、当該道路の左側部分（当該道路が一方通行となっているときは、当該道路）に３以上の車両通行帯が設けられているときは、政令で定めるところにより、その速度に応じ、その最も右側の車両通行帯以外の車両通行帯を通行することができる。

問7　道路交通法に定める車両の交通方法等についての次の記述のうち、誤っているものを1つ選びなさい。なお、解答にあたっては、各選択肢に記載されている事項以外は考慮しないものとする。

□　1．車両等は、車道の左側端に接して路側帯が設けられている場所において、停車し、又は駐車するときは、当該路側帯の幅が0.75メートル以下の場合には、路側帯の中に入らずに、道路の左側端に沿い、かつ、他の交通の妨害とならないようにしなければならない。

2．車両（トロリーバスを除く。）は、車両通行帯の設けられた道路を通行する場合を除き、自動車は道路の左側に寄って、当該道路を通行しなければならない。ただし、追越しをするとき、法令の規定により道路の中央若しくは右側端に寄るとき、又は道路の状況その他の事情によりやむを得ないときは、この限りでない。

3．車両等は、横断歩道等に接近する場合には、当該横断歩道等によりその進路の前方を横断し、又は横断しようとする歩行者等があるときは、当該横断歩道等の直前で一時停止し、かつ、その通行を妨げないようにしなければならない。

4．一般乗合旅客自動車運送事業者による路線定期運行の用に供する自動車（以下「路線バス等」という。）の優先通行帯であることが道路標識等により表示されている車両通行帯が設けられている道路においては、自動車（路線バス等を除く。）は、路線バス等が後方から接近してきた場合に当該道路における交通の混雑のため当該車両通行帯から出ることができないこととなるときであっても、路線バス等が実際に接近してくるまでの間は、当該車両通行帯を通行することができる。

◆解答＆解説

問1［解答　A−①，B−②，C−②，D−②］

1．道交法第38条（横断歩道等における歩行者等の優先）第1項。
2．道交法第38条（横断歩道等における歩行者等の優先）第2項。
3．道交法第38条（横断歩道等における歩行者等の優先）第3項。

問2［解答　A−①，B−②，C−①］

道交法第20条（車両通行帯）第1項。

問3［解答　2］

1．道交法第40条（緊急自動車の優先）第１項。

2．**勾配の急な上り坂**は**徐行すべき場所に指定されていない**。道交法第42条（徐行すべき場所）第１項②。

3．道交法第38条（横断歩道等における歩行者等の優先）第１項。

4．道交法第35条の２（環状交差点における左折等）第１項。⇒220P

問4［解答　3］

1．道交法第20条（車両通行帯）第１項。

2．道交法第33条（踏切の通過）第１項。

3．「徐行しなければならない」⇒「**歩道等に入る直前で一時停止し、かつ、歩行者の通行を妨げないようにしなければならない**」。道交法第17条（通行区分）第１項・第２項。

4．道交法第75条の４（高速道路の最低速度）第１項・道交法施行令第27条の３（高速道路の最低速度）第１項。⇒196P

問5［解答　1，2］

1．道交法第103条（免許の取消し、停止等）第１項⑧⇒189P・道交法施行令第38条（免許の取消し又は停止及び免許の欠格期間の指定の基準）第５項②。⇒190P

2．道交法第101条の４（70歳以上の者の特例）第１項。⇒189P

3．「当該歩行者等の直前で停止することができるような速度で進行し」⇒「**当該横断歩道等の直前で一時停止し**」。道交法第38条（横断歩道等における歩行者等の優先）第１項。

4．「停車してはならない」⇒「**駐車**してはならない」。［駐車禁止］⇒254P

問6［解答　2，4］

1．「当該許可証の写しを携帯」⇒「**当該許可証を携帯**」。道交法第８条（通行の禁止等）第１項～第４項。

2．道交法第17条（通行区分）第５項④。

3．「徐行しなければならない」⇒「**歩道等に入る直前で一時停止し、かつ、歩行者の通行を妨げないようにしなければならない**」。道交法第17条（通行区分）第１項・第２項。

4．道交法第20条（車両通行帯）第１項。

問7［解答　4］

1．道交法第47条（停車又は駐車の方法）第３項・道交法施行令第14条の６（路側帯が設けられている場所における停車及び駐車）第１項。

2．道交法第18条（左側寄り通行等）第１項。

3．道交法第38条（横断歩道等における歩行者等の優先）第１項。

4．当該道路における交通の混雑のため車両通行帯から出ることができないこととなるときは、**当該車両通行帯を通行してはならず**、路線バス等が後方から接近してきた場合は、**すみやかに車両通行帯の外に出なければならない**。道交法第20条の２（路線バス等優先通行帯）第１項。

7　交差点

1　法令の要点

■左折又は右折［道交法第34条］

1．車両は、左折するときは、**あらかじめその前から**できる限り道路の左側端に寄り、かつ、できる限り道路の左側端に沿って（道路標識等により通行すべき部分が指定されているときは、その指定された部分を通行して）**徐行**しなければならない。

6．**左折又は右折**しようとする車両が、法令の規定により、それぞれ道路の左側端、中央又は右側端に寄ろうとして**手又は方向指示器による合図**をした場合においては、その後方にある車両は、その速度又は方向を急に変更しなければならないこととなる場合を**除き**、当該合図をした車両の進路の変更を**妨げてはならない**。

■環状交差点における左折等［道交法第35条の2］

1．車両は、環状交差点において左折し、又は右折するときは、第34条（左折又は右折）第1項から第5項までの規定にかかわらず、あらかじめその前からできる限り道路の**左側端に寄り**、かつ、できる限り環状交差点の側端に沿って（道路標識等により通行すべき部分が指定されているときは、その指定された部分を通行して）**徐行**しなければならない。

■交差点における他の車両等との関係等［道交法第36条］

3．車両等（優先道路を通行している車両等を除く）は、交通整理の行なわれていない交差点に入ろうとする場合において、交差道路が**優先道路**であるとき、又はその通行している道路の幅員よりも交差道路の**幅員が明らかに広い**ものであるときは、**徐行しなければならない**。

4．車両等は、交差点に入ろうとし、及び交差点内を通行するときは、当該交差点の状況に応じ、交差道路を通行する車両等、反対方向から進行してきて右折する車両等及び当該交差点又はその直近で道路を横断する歩行者に特に注意し、かつ、できる限り**安全な速度**と方法で進行しなければならない。

2 演習問題

問1　道路交通法に定める交差点等における通行方法についての次の記述のうち、誤っているものを１つ選びなさい。なお、解答にあたっては、各選択肢に記載されている事項以外は考慮しないものとする。[R2.8]

□ 1．車両等（優先道路を通行している車両等を除く。）は、交通整理の行われていない交差点に入ろうとする場合において、交差道路が優先道路であるとき、又はその通行している道路の幅員よりも交差道路の幅員が明らかに広いものであるときは、その前方に出る前に必ず一時停止しなければならない。

2．車両等は、交差点に入ろうとし、及び交差点内を通行するときは、当該交差点の状況に応じ、交差道路を通行する車両等、反対方向から進行してきて右折する車両等及び当該交差点又はその直近で道路を横断する歩行者に特に注意し、かつ、できる限り安全な速度と方法で進行しなければならない。

3．車両は、左折するときは、あらかじめその前からできる限り道路の左側端に寄り、かつ、できる限り道路の左側端に沿って（道路標識等により通行すべき部分が指定されているときは、その指定された部分を通行して）徐行しなければならない。

4．左折又は右折しようとする車両が、法令の規定により、それぞれ道路の左側端、中央又は右側端に寄ろうとして手又は方向指示器による合図をした場合においては、その後方にある車両は、その速度又は方向を急に変更しなければならないこととなる場合を除き、当該合図をした車両の進路の変更を妨げてはならない。

問2　道路交通法に定める交差点等における通行方法についての次の記述のうち、正しいものを2つ選びなさい。なお、解答にあたっては、各選択肢に記載されている事項以外は考慮しないものとする。

☐ 1．左折又は右折しようとする車両が、法令の規定により、それぞれ道路の左側端、中央又は右側端に寄ろうとして手又は方向指示器による合図をした場合においては、その後方にある車両は、いかなる場合であっても当該合図をした車両の進路を妨げてはならない。

2．車両等は、交差点に入ろうとし、及び交差点内を通行するときは、当該交差点の状況に応じ、交差道路を通行する車両等、反対方向から進行してきて右折する車両等及び当該交差点又はその直近で道路を横断する歩行者に特に注意し、かつ、できる限り安全な速度と方法で進行しなければならない。

3．車両等は、横断歩道等に接近する場合には、当該横断歩道等を通過する際に当該横断歩道等によりその進路の前方を横断しようとする歩行者がないことが明らかな場合を除き、当該横断歩道等の直前で停止することができるような速度で進行しなければならない。

4．車両等（優先道路を通行している車両等を除く。）は、交通整理の行われていない交差点に入ろうとする場合において、交差道路が優先道路であるとき、又はその通行している道路の幅員よりも交差道路の幅員が明らかに広いものであるときは、その前方に出る前に必ず一時停止しなければならない。

◆解答＆解説

問1［解答　1］

1．「その前方に出る前に必ず一時停止しなければならない」⇒「**徐行しなければならない**」。道交法第36条（交差点における他の車両等との関係等）第3項。

2．道交法第36条（交差点における他の車両等との関係等）第4項。

3．道交法第34条（左折又は右折）第1項。

4．道交法第34条（左折又は右折）第6項。

問2［解答　2，3］

1．「いかなる場合であっても」⇒「**その速度又は方向を急に変更しなければならないこととなる場合を除き**」。道交法第34条（左折又は右折）第1項。

2．道交法第36条（交差点における他の車両等との関係等）第4項。

3．道交法第38条（横断歩道等における歩行者等の優先）第1項。⇒212P

4．「その前方に出る前に必ず一時停止しなければならない」⇒「**徐行しなければならない**」。道交法第36条（交差点における他の車両等との関係等）第3項。

8 停車及び駐車の禁止場所

1 法令の要点

■停車及び駐車を禁止する場所［道交法第44条］

1．車両は、道路標識等により停車及び駐車が禁止されている道路の部分及び次に掲げるその他の道路の部分においては、法令の規定若しくは警察官の命令により、又は危険を防止するため一時停止する場合のほか、**停車し、又は駐車してはならない。**

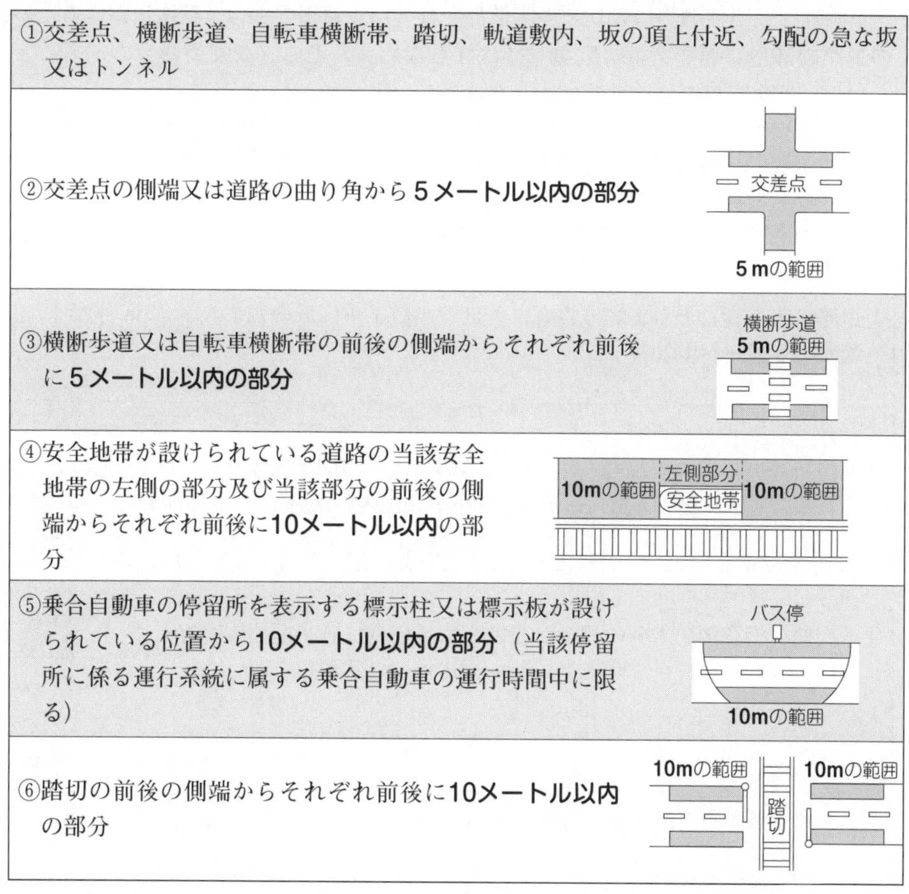

①交差点、横断歩道、自転車横断帯、踏切、軌道敷内、坂の頂上付近、勾配の急な坂又はトンネル
②交差点の側端又は道路の曲り角から**5メートル以内の部分**
③横断歩道又は自転車横断帯の前後の側端からそれぞれ前後に**5メートル以内の部分**
④安全地帯が設けられている道路の当該安全地帯の左側の部分及び当該部分の前後の側端からそれぞれ前後に**10メートル以内**の部分
⑤乗合自動車の停留所を表示する標示柱又は標示板が設けられている位置から**10メートル以内の部分**（当該停留所に係る運行系統に属する乗合自動車の運行時間中に限る）
⑥踏切の前後の側端からそれぞれ前後に**10メートル以内**の部分

2．前項の規定は、次に掲げる場合には、適用しない。

①乗合自動車又は、トロリーバスが、その属する運行系統に係る停留所又は停留場において、乗客の乗降のため停車するとき、又は運行時間を調整するため駐車するとき。
②一般旅客自動車運送事業用自動車又は、自家用有償旅客運送自動車が乗合自動車の停留所又はトロリーバス若しくは路面電車の停留場において、乗客の乗降のため停車するとき、又は、運行時間を調整するために駐車するとき。

■駐車を禁止する場所［道交法第45条］

1．車両は、道路標識等により駐車が禁止されている道路の部分及び次に掲げるその他の道路の部分においては、駐車してはならない。ただし、公安委員会の定めるところにより警察署長の許可を受けたときは、この限りでない。

①人の乗降、貨物の積卸し、駐車又は自動車の格納若しくは修理のため道路外に設けられた施設又は場所の道路に接する自動車用の出入口から**3メートル以内**の部分	駐車場などの出入口 **3m**の範囲
②道路工事が行なわれている場合における当該工事区域の側端から**5メートル以内**の部分	道路工事 **5m**の範囲
③消防用機械器具の置場若しくは消防用防火水槽の側端又はこれらの道路に接する出入口から**5メートル以内**の部分	消防用機械器具の置場などの出入口 **5m**の範囲
④消火栓、指定消防水利の標識が設けられている位置又は消防用防火水槽の吸水口若しくは吸管投入孔から**5メートル以内**の部分	消火栓など **5m**の範囲
⑤火災報知機から**1メートル以内**の部分	火災報知器 **1m**の範囲

2．車両は、法令（第47条第２項又は第３項）の規定により駐車する場合に当該車両の右側の道路上に**3.5メートル**（道路標識等により距離が指定されているときは、その距離）**以上**の余地がないこととなる場所においては、駐車してはならない。ただし、貨物の積卸しを行う場合で運転者がその車両を離れないとき、若しくは運転者がその車両を離れたが直ちに運転に従事することができる状態にあるとき、又は傷病者の救護のためやむを得ないときは、この限りでない。

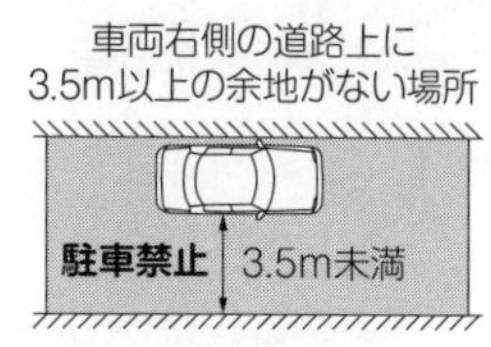

■高齢運転者等専用時間制限駐車区間における駐車の禁止［道交法第49条の４］

1．高齢運転者等専用時間制限駐車区間においては、高齢運転者等標章自動車以外の車両は、**駐車をしてはならない**。

■交差点等への進入禁止［道交法第50条］

1．交通整理の行われている交差点に入ろうとする車両等は、その進行しようとする進路の前方の車両等の状況により、交差点（交差点内に道路標識等による停止線が設けられているときは、その停止線をこえた部分）に入った場合においては当該交差点内で停止することとなり、よって交差道路における車両等の通行の妨害となるおそれがあるときは、**当該交差点に入ってはならない**。

2．車両等は、その進行しようとする進路の前方の車両等の状況により、横断歩道、自転車横断帯、踏切又は道路標示によって区画された部分に入った場合においてはその部分で停止することとなるおそれがあるときは、**これらの部分に入ってはならない**。

2 演習問題

問1　道路交通法に定める停車及び駐車等についての次の記述のうち、誤っているものを１つ選びなさい。なお、解答にあたっては、各選択肢に記載されている事項以外は考慮しないものとする。

□ 1．車両は、横断歩道又は自転車横断帯の前後の側端からそれぞれ前後に５メートル以内の道路の部分においては、停車し、又は駐車してはならない。

2．車両は、安全地帯が設けられている道路の当該安全地帯の左側の部分及び当該部分の前後の側端からそれぞれ前後に10メートル以内の部分においては、停車し、又は駐車してはならない。

3．車両は、消防用機械器具の置場若しくは消防用防火水槽の側端又はこれらの道路に接する出入口から５メートル以内の道路の部分においては、駐車してはならない。

4．車両は、法令の規定により駐車しようとする場合には、当該車両の右側の道路上に３メートル（道路標識等により距離が指定されているときは、その距離）以上の余地があれば駐車してもよい。

問2　道路交通法に定める停車及び駐車等についての次の記述のうち、正しいものを２つ選びなさい。なお、解答にあたっては、各選択肢に記載されている事項以外は考慮しないものとする。[R2_CBT]

□ 1．車両は、道路工事が行なわれている場合における当該工事区域の側端から５メートル以内の道路の部分においては、駐車してはならない。

2．車両は、人の乗降、貨物の積卸し、駐車又は自動車の格納若しくは修理のため道路外に設けられた施設又は場所の道路に接する自動車用の出入口から５メートル以内の道路の部分においては、駐車してはならない。

3．車両は、公安委員会が交通がひんぱんでないと認めて指定した区域を除き、法令の規定により駐車する場合に当該車両の右側の道路上に５メートル（道路標識等により距離が指定されているときは、その距離）以上の余地がないこととなる場所においては、駐車してはならない。

4．車両は、消防用機械器具の置場若しくは消防用防火水槽の側端又はこれらの道路に接する出入口から５メートル以内の道路の部分においては、駐車してはならない。

問3　道路交通法に定める停車及び駐車等についての次の記述のうち、正しいものを2つ選びなさい。なお、解答にあたっては、各選択肢に記載されている事項以外は考慮しないものとする。[R3.3]

☐ 1．車両は、人の乗降、貨物の積卸し、駐車又は自動車の格納若しくは修理のため道路外に設けられた施設又は場所の道路に接する自動車用の出入口から5メートル以内の道路の部分においては、駐車してはならない。

2．車両は、法令の規定により駐車しようとする場合には、当該車両の右側の道路上に3メートル（道路標識等により距離が指定されているときは、その距離）以上の余地があれば駐車してもよい。

3．車両は、交差点の側端又は道路の曲がり角から5メートル以内の道路の部分においては、法令の規定若しくは警察官の命令により、又は危険を防止するため一時停止する場合のほか、停車し、又は駐車してはならない。

4．車両は、踏切の前後の側端からそれぞれ前後に10メートル以内の道路の部分においては、法令の規定若しくは警察官の命令により、又は危険を防止するため一時停止する場合のほか、停車し、又は駐車してはならない。

問4　道路交通法に定める停車及び駐車を禁止する場所についての次の文中、A、B、C、Dに入るべき字句を下の枠内の選択肢（①～③）から選びなさい。なお、各選択肢は、法令の規定若しくは警察官の命令により、又は危険を防止するため一時停止する場合には当たらないものとする。また、解答にあたっては、各選択肢に記載されている事項以外は考慮しないものとする。[R1.8]

☐ 1．車両は、交差点の側端又は道路の曲りかどから（A）以内の道路の部分においては、停車し、又は駐車してはならない。

2．車両は、横断歩道又は自転車横断帯の前後の側端からそれぞれ前後に（B）以内の道路の部分においては、停車し、又は駐車してはならない。

3．車両は、安全地帯が設けられている道路の当該安全地帯の左側の部分及び当該部分の前後の側端からそれぞれ前後に（C）以内の道路の部分においては、停車し、又は駐車してはならない。

4．車両は、踏切の前後の側端からそれぞれ前後に（D）以内の部分においては、停車し、又は駐車してはならない。

① 3メートル	② 5メートル	③ 10メートル

◆解答＆解説

問1［解答　4］

1．道交法第44条（停車及び駐車を禁止する場所）第1項③。
2．道交法第44条（停車及び駐車を禁止する場所）第1項④。
3．道交法第45条（駐車を禁止する場所）第1項③。
4．「3メートル」⇒「**3.5メートル**」。道交法第45条（駐車を禁止する場所）第2項。

問2［解答　1，4］

1．道交法第45条（駐車を禁止する場所）第1項②。
2．「5メートル以内」⇒「**3メートル**以内」。道交法第45条（駐車を禁止する場所）第1項①。
3．「5メートル」⇒「**3.5メートル**」。道交法第45条（駐車を禁止する場所）第2項。
4．道交法第45条（駐車を禁止する場所）第1項③。

問3［解答　3，4］

1．「5メートル以内」⇒「**3メートル**以内」。道交法第45条（駐車を禁止する場所）第1項①。
2．「3メートル」⇒「**3.5メートル**」。道交法第45条（駐車を禁止する場所）第2項。
3．道交法第44条（停車及び駐車を禁止する場所）第1項②。
4．道交法第44条（停車及び駐車を禁止する場所）第1項⑥。

問4［解答　A－②，B－②，C－③，D－③］

1．道交法第44条（停車及び駐車を禁止する場所）第1項②。
2．道交法第44条（停車及び駐車を禁止する場所）第1項③。
3．道交法第44条（停車及び駐車を禁止する場所）第1項④。
4．道交法第44条（停車及び駐車を禁止する場所）第1項⑥。

9 灯火と合図の時期

1 法令の要点

■車両等の灯火［道交法第52条］

1．車両等は、夜間（日没時から日出時までの時間をいう。）、道路にあるときは、政令で定めるところにより、前照灯、車幅灯、尾灯その他の**灯火をつけなければならない**。政令で定める場合においては、**夜間以外の時間**にあっても、**同様**とする。

■道路にある場合の灯火［道交法施行令第18条］

1．車両等は、道交法第52条第１項前段の規定により、夜間、道路を通行するとき（高速自動車国道及び自動車専用道路においては**前方200メートル**、その他の道路においては**前方50メートル**まで明りょうに見える程度に照明が行われている**トンネルを通行する場合**を除く。）は、次の各号に掲げる区分に従い、それぞれ当該各号に定める灯火をつけなければならない。

①自動車　車両の保安基準に関する規定により設けられる前照灯、車幅灯、尾灯（尾灯が故障している場合においては、これと同等以上の光度を有する赤色の灯火とする。）、番号灯及び室内照明灯（法第27条の乗合自動車に限る。）

2．自動車（大型自動二輪車、普通自動二輪車及び小型特殊自動車を除く。）は、法第52条第１項前段により、**夜間**、道路（歩道又は路側帯と車道の区別のある道路においては、車道）の**幅員が5.5メートル以上**の道路に停車し、又は駐車しているときは、車両の保安基準に関する規定により設けられる**非常点滅表示灯又は尾灯**をつけなければならない。ただし、車両の保安基準に関する規定に定める基準に適合する駐車灯をつけて停車し、若しくは駐車している場合、その他政令で定める場合は、この限りでない。

■夜間以外の時間で灯火をつけなければならない場合［道交法施行令第19条］

1．道交法第52条第１項後段の夜間以外の時間とは、**トンネルの中、濃霧がかかっている場所**その他の場所で、視界が高速自動車国道及び自動車専用道路においては**200メートル**、その他の道路においては**50メートル以下**であるような暗い場所を通行する場合及び当該場所に停車し、又は駐車している場合とする。

■合　図［道交法第53条］

1．車両（自転車以外の軽車両を除く。）の運転者は、左折し、右折し、転回し、徐行し、停止し、後退し、又は同一方向に進行しながら進路を変えるときは、手、方向指示器又は灯火により合図をし、かつ、これらの行為が終わるまで当該**合図を継続**しなければならない。

■合図の時期及び方法［道交法施行令第21条］

1．合図を行う時期及び合図の方法（省略）は、次の表に掲げるとおりとする。

合図を行う場合	合図を行う時期
①**左折**するとき	その行為をしようとする地点（交差点においてその行為をする場合にあっては、当該交差点の手前の側端）から**30メートル手前**の地点に達したとき。
②同一方向に進行しながら**進路を左方**又は**右方**に**変えるとき**	その行為をしようとする時の**3秒前**のとき。
③**右折**し、又は転回するとき	その行為をしようとする地点（交差点において右折する場合にあっては、当該交差点の手前の側端）から**30メートル手前**の地点に達したとき。
④徐行し、又は**停止**するとき	その行為をしようとするとき。

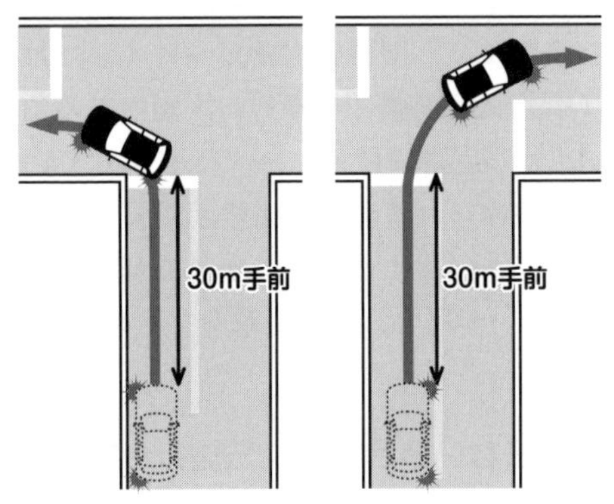

【左折・右折するときの合図】

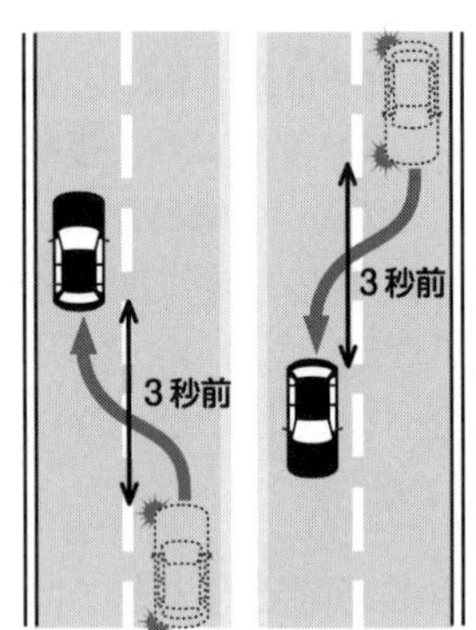

【同一方向に進行しながらの進路変更の合図】

2 演習問題

問1　道路交通法に定める灯火及び合図等についての次の記述のうち、正しいものを2つ選びなさい。なお、解答にあたっては、各選択肢に記載されている事項以外は考慮しないものとする。

☐ 1．車両の運転者が同一方向に進行しながら進路を左方又は右方に変えるときの合図を行う時期は、その行為をしようとする地点から30メートル手前の地点に達したときである。

2．停留所において乗客の乗降のため停車していた乗合自動車が発進するため進路を変更しようとして手又は方向指示器により合図をした場合においては、その後方にある車両は、その速度を急に変更しなければならないこととなる場合にあっても、当該合図をした乗合自動車の進路の変更を妨げてはならない。

3．自動車は、夜間、道路にあるときは、政令で定めるところにより、前照灯、車幅灯、尾灯その他の灯火をつけなければならない。ただし、高速自動車国道及び自動車専用道路において200メートル、その他の道路においては50メートルまで明りょうに見える程度に照明が行われているトンネルを通行する場合は、灯火をつけなくてもよい。

4．自動車（二輪車及び小型特殊自動車を除く。）は、夜間、道路の幅員が5.5メートル以上の道路に停車し、又は駐車しているときは、車両の保安基準に関する規定により設けられる非常点滅表示灯又は尾灯をつけなければならない。

問2　道路交通法に定める車両の交通方法等についての次の記述のうち、誤っているものを1つ選びなさい。なお、解答にあたっては、各選択肢に記載されている事項以外は考慮しないものとする。［R2_CBT］

☐ 1．車両（自転車以外の軽車両を除く。）の運転者は、左折し、右折し、転回し、徐行し、停止し、後退し、又は同一方向に進行しながら進路を変えるときは、手、方向指示器又は灯火により合図をし、かつ、これらの行為が終わるまで当該合図を継続しなければならない（環状交差点における場合を除く）。

2．一般乗合旅客自動車運送事業者による路線定期運行の用に供する自動車（以下「路線バス等」という。）の優先通行帯であることが道路標識等により表示されている車両通行帯が設けられている道路においては、自動車（路線バス等を除く。）は、路線バス等が後方から接近してきた場合に当該道路における交通の混雑のため当該車両通行帯から出ることができないこととなるときであっても、路線バス等が実際に接近してくるまでの間は、当該車両通行帯を通行することができる。

3．車両は、道路外の施設又は場所に出入するためやむを得ない場合において歩道等を横断するとき、又は法令の規定により歩道等で停車し、若しくは駐車するため必要な限度において歩道等を通行するときは、歩道等に入る直前で一時停止し、かつ、歩行者の通行を妨げないようにしなければならない。

4．旅客自動車運送事業の用に供する乗車定員50人の自動車は、法令の規定によりその速度を減ずる場合及び危険を防止するためやむを得ない場合を除き、道路標識等により自動車の最低速度が指定されていない区間の高速自動車国道の本線車道（政令で定めるものを除く。）における最低速度は、時速50キロメートルである。

問3　道路交通法に定める灯火及び合図等についての次の記述のうち、誤っているものを1つ選びなさい。なお、解答にあたっては、各選択肢に記載されている事項以外は考慮しないものとする。[R3.3]

☐ 1．車両の運転者が同一方向に進行しながら進路を左方又は右方に変えるときの合図を行う時期は、その行為をしようとする地点から30メートル手前の地点に達したときである。

2．車両の運転者が左折又は右折するときの合図を行う時期は、その行為をしようとする地点（交差点においてその行為をする場合にあっては、当該交差点の手前の側端）から30メートル手前の地点に達したときである。（環状交差点における場合を除く。）

3．車両は、トンネルの中、濃霧がかかっている場所その他の場所で、視界が高速自動車国道及び自動車専用道路においては200メートル、その他の道路においては50メートル以下であるような暗い場所を通行する場合及び当該場所に停車し、又は駐車している場合においては、前照灯、車幅灯、尾灯その他の灯火をつけなければならない。

4．停留所において乗客の乗降のため停車していた乗合自動車が発進するため進路を変更しようとして手又は方向指示器により合図をした場合においては、その後方にある車両は、その速度又は方向を急に変更しなければならないこととなる場合を除き、当該合図をした乗合自動車の進路の変更を妨げてはならない。

◆解答＆解説

問1［解答　3，4］

1．同一方向に進行しながら進路を左方又は右方に変えるときは、その行為をしようとする**3秒前**に合図を行う。30メートル手前で合図を行うのは、左折又は右折、転回するとき。道交法施行令第21条（合図の時期及び方法）第1項②。

2．その速度又は方向を急に変更しなければならないこととなる場合を**除き**、当該合図をした乗合自動車の進路の変更を妨げてはならない。道交法第31条の2（乗合自動車の発進の保護）第1項。⇒203P

3．道交法第52条（車両等の灯火）第1項・道交法施行令第18条（道路にある場合の灯火）第1項。

4．道交法施行令第18条（道路にある場合の灯火）第2項。

問2［解答　2］

1．道交法第53条（合図）第1項。

2．当該道路における交通の混雑のため車両通行帯から出ることができないこととなるときは、**当該車両通行帯を通行してはならず**、路線バス等が後方から接近してきた場合は、**すみやかに車両通行帯の外に出なければならない**。道交法第20条の2（路線バス等優先通行帯）第1項。⇒210P

3．道交法第17条（通行区分）第1項・第2項。⇒209P

4．道交法第75条の4（高速道路の最低速度）第1項・道交法施行令第27条の3（高速道路の最低速度）第1項。⇒196P

問3［解答　1］

1．同一方向に進行しながら進路を左方又は右方に変えるときは、その行為をしようとする**3秒前**に合図を行う。道交法施行令第21条（合図の時期及び方法）第1項②。

2．道交法施行令第21条（合図の時期及び方法）第1項①・③。

3．道交法第52条（車両等の灯火）第1項・道交法施行令第19条（夜間以外の時間で灯火をつけなければならない場合）第1項。

4．道交法第31条の2（乗合自動車の発進の保護）第1項。⇒203P

10 乗車又は積載方法の制限等

1 法令の要点

■乗車又は積載の方法［道交法第55条］

1．車両の運転者は、当該車両の乗車のために設備された場所以外の場所に乗車させ、又は乗車若しくは積載のために設備された場所以外の場所に積載して車両を**運転してはならない**。ただし、貨物自動車で貨物を積載しているものにあっては、当該貨物を**看守するため**必要な最小限度の人員をその荷台に乗車させて**運転することができる**。

2．車両の運転者は、運転者の視野若しくはハンドルその他の装置の操作を妨げ、後写鏡の効用を失わせ、車両の安定を害し、又は外部から当該車両の方向指示器、車両の番号標、制動灯、尾灯若しくは後部反射器を確認することができないこととなるような乗車をさせ、又は積載をして車両を**運転してはならない**。

■乗車又は積載の制限等［道交法第57条］

1．車両（軽車両を除く。）の運転者は、当該車両について政令で定める乗車人員又は積載物の重量、大きさ若しくは積載の方法の制限を超えて乗車をさせ、又は積載をして車両を**運転してはならない**。ただし、第55条第１項ただし書の規定により、又は出発地警察署長が道路又は交通の状況により支障がないと認めて人員を限定した許可を受けて貨物自動車の荷台に乗車させる場合にあっては、当該制限を超える乗車をさせて運転することができる。

2　演習問題

問１　道路交通法に定める乗車等についての次の記述のうち、誤っているものを１つ選びなさい。なお、解答にあたっては、各選択肢に記載されている事項以外は考慮しないものとする。

☐ １．車両の運転者は、運転者の視野若しくはハンドルその他の装置の操作を妨げ、後写鏡の効用を失わせ、車両の安定を害し、又は外部から当該車両の方向指示器、車両の番号標、制動灯、尾灯若しくは後部反射器を確認することができないこととなるような乗車をさせて車両を運転してはならない。

２．車両（軽車両を除く。）の運転者は、当該車両について政令で定める乗車人員又は積載物の重量、大きさ若しくは積載の方法の制限を超えて乗車させ、又は積載をして車両を運転してはならない。

３．自動車の運転者は、高速自動車国道に限り、法令で定めるやむを得ない理由があるときを除き、他の者を運転者席の横の乗車装置以外の乗車装置（当該乗車装置につき座席ベルトを備えなければならないこととされているものに限る。）に乗車させて自動車を運転するときは、その者に座席ベルトを装着させなければならない。

４．車両の運転者は、当該車両の乗車のために設備された場所以外の場所に乗車させ、又は乗車若しくは積載のために設備された場所以外の場所に積載して車両を運転してはならない。

◆解答＆解説

問１［解答　３］

１．道交法第55条（乗車又は積載の方法）第２項。

２．道交法第57条（乗車又は積載の制限等）第１項。

３．**高速道路に限らず、すべての場合において、他の者を運転者席以外の乗車装置に乗車させて自動車を運転するときは、座席ベルトを装着させなければならない。**ただし、法令で定めるやむを得ない理由があるときを除く。道交法第71条の３（普通自動車等の運転者の遵守事項）第２項。⇒242P

４．道交法第55条（乗車又は積載の方法）第１項。

11 酒気帯び運転の禁止

1 法令の要点

■酒気帯び運転等の禁止［道交法第65条］

1．何人も、酒気を帯びて車両等を運転してはならない。
2．何人も、酒気を帯びている者で、前項の規定に違反して車両等を運転することとなるおそれがあるものに対し、**車両等を提供**してはならない。
3．何人も、第1項の規定に違反して車両等を運転することとなるおそれがある者に対し、酒類を提供し、又は飲酒をすすめてはならない。
4．何人も、車両（トロリーバス及び旅客自動車運送事業の用に供する自動車で当該業務に従事中のものその他の政令で定める自動車を除く。）の運転者が酒気を帯びていることを知りながら、当該運転者に対し、当該車両を運転して自己を運送することを要求し、又は依頼して、当該運転者が第1項の規定に違反して運転する**車両に同乗**してはならない。

■危険防止の措置［道交法第67条］

4．車両等に乗車し、又は乗車しようとしている者が第65条第1項（酒気帯び運転等の禁止）の規定に違反して車両等を運転するおそれがあるときは、警察官は、その者が正常な運転ができる状態になるまで車両等の運転をしてはならない旨を指示する等道路における交通の危険を防止するため必要な応急の措置をとることができる。

■酒気帯び運転等の罰則［道交法第117条の2の2／道交法施行令第44条の3］

1．次の各号のいずれかに該当する者は、3年以下の懲役又は50万円以下の罰金に処する。

> ③第65条（酒気帯び運転等の禁止）第1項の規定に違反して車両等（軽車両を除く。）を運転した者で、その運転をした場合において身体に保有するアルコールの程度が、血液1ミリリットルにつき**0.3ミリグラム**又は呼気1リットルにつき**0.15ミリグラム以上**のアルコールを保有する状態にあったもの

2　演習問題

問1　道路交通法及び道路交通法施行令に定める酒気帯び運転等の禁止等に関する次の文中、A、B、Cに入るべき字句としていずれか正しいものを1つ選びなさい。

［R2. 8］

(1) 何人も、酒気を帯びて車両等を運転してはならない。

(2) 何人も、酒気を帯びている者で、(1)の規定に違反して車両等を運転することとなるおそれがあるものに対し、（A）してはならない。

(3) 何人も、(1)の規定に違反して車両等を運転することとなるおそれがある者に対し、酒類を提供し、又は飲酒をすすめてはならない。

(4) 何人も、車両（トロリーバス及び旅客自動車運送事業の用に供する自動車で当該業務に従事中のものその他の政令で定める自動車を除く。）の運転者が酒気を帯びていることを知りながら、当該運転者に対し、当該車両を運転して自己を運送することを要求し、又は依頼して、当該運転者が(1)の規定に違反して運転する（B）してはならない。

(5) (1)の規定に違反して車両等（軽車両を除く。）を運転した者で、その運転をした場合において身体に血液1ミリリットルにつき0.3ミリグラム又は呼気1リットルにつき（C）ミリグラム以上にアルコールを保有する状態にあったものは、3年以下の懲役又は50万円以下の罰金に処する。

☐	A	① 運転を指示	② 車両等を提供
	B	① 車両に同乗	② 機会を提供
	C	① 0.15	② 0.25

◆解答＆解説

問1［解答　A－②，B－①，C－①］

(1) 道交法第65条（酒気帯び運転等の禁止）第1項。

(2) 道交法第65条（酒気帯び運転等の禁止）第2項。

(3) 道交法第65条（酒気帯び運転等の禁止）第3項。

(4) 道交法第65条（酒気帯び運転等の禁止）第4項。

(5) 道交法第117条の2の2（酒気帯び運転等の罰則）第1項③・道交法施行令第44条の3（アルコールの程度）第1項。

12 過労運転の禁止

1 法令の要点

■過労運転等の禁止［道交法第66条］

1．何人も、酒気を帯びて車両等を運転してはならないほか、過労、病気、薬物の影響その他の理由により、正常な運転ができないおそれがある状態で車両等を運転してはならない。

■過労運転に係る車両の使用者に対する指示［道交法第66条の2］

1．車両の運転者が第66条の規定に違反して過労により**正常な運転**ができないおそれがある状態で車両を運転する行為（以下「過労運転」という。）を当該車両の使用者（当該車両の運転者であるものを除く。）の業務に関してした場合において、当該過労運転に係る**車両の使用者**が当該車両につき過労運転を防止するため必要な**運行の管理**を行っていると認められないときは、当該車両の使用の本拠の位置を管轄する公安委員会は、当該車両の使用者に対し、過労運転が行われることのないよう運転者に指導し又は助言することその他過労運転を防止するため**必要な措置をとること**を指示することができる。

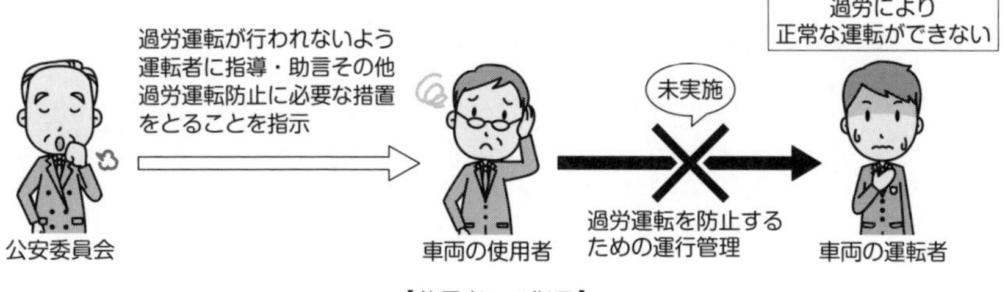

【使用者への指示】

2　演習問題

問1　道路交通法に定める過労運転に係る車両の使用者に対する指示についての次の文中、A、B、C、Dに入るべき字句としていずれか正しいものを１つ選びなさい。

車両の運転者が道路交通法第66条（過労運転等の禁止）の規定に違反して過労により（A）ができないおそれがある状態で車両を運転する行為（以下「過労運転」という。）を当該車両の使用者（当該車両の運転者であるものを除く。以下同じ。）の業務に関してした場合において、当該過労運転に係る（B）が当該車両につき過労運転を防止するため必要な（C）を行っていると認められないときは、当該車両の使用の本拠の位置を管轄する公安委員会は、当該車両の使用者に対し、過労運転が行われることのないよう運転者に指導し又は助言することその他過労運転を防止するため（D）ことを指示することができる。

☑ A　１．運転の維持、継続　　２．正常な運転
B　１．車両の使用者　　２．車両の所有者
C　１．運行の管理　　２．労務の管理
D　１．必要な施設等を整備する　　２．必要な措置をとる

◆解答＆解説

問1［解答　A－2，B－1，C－1，D－2］

道交法第66条の２（過労運転に係る車両の使用者に対する指示）第１項。

13 運転者の遵守事項

1 法令の要点

■安全運転の義務［道交法第70条］

1．車両等の運転者は、当該車両等のハンドル、ブレーキその他の装置を確実に操作し、かつ、道路、交通及び当該車両等の状況に応じ、他人に危害を及ぼさないような速度と方法で運転しなければならない。

■運転者の遵守事項［道交法第71条］

1．車両等の運転者は、次に掲げる事項を守らなければならない。

①ぬかるみ又は水たまりを通行するときは、泥よけ器を付け、又は徐行する等して、泥土、汚水等を飛散させて他人に迷惑を及ぼすことがないようにすること。
②身体障害者用の**車椅子**が通行しているとき、目が見えない者が政令で定めるつえを携え、若しくは政令で定める盲導犬を連れて通行しているとき、耳が聞こえない者若しくは政令で定める程度の身体の障害のある者が政令で定めるつえを携えて通行しているとき、又は**監護者が付き添わない児童**若しくは**幼児**が歩行しているときは、**一時停止し、又は徐行して**、その通行又は歩行を**妨げない**ようにすること。
②の２　高齢の歩行者、身体の障害のある歩行者、その他通行に支障のあるものが通行しているときは、**一時停止**し、又は**徐行**して、その**通行を妨げない**ようにすること。
②の３　児童、幼児等の乗降のため、車両の保安基準に関する規定に定める非常点滅表示灯をつけて停車している**通学通園バス**（専ら小学校、幼稚園等に通う児童、幼児等を運送するために使用する自動車で政令で定めるものをいう。）**の側方**を通過するときは、**徐行して安全を確認すること**。
③道路の左側部分に設けられた安全地帯の側方を通過する場合において、当該安全地帯に歩行者がいるときは、**徐行すること**。
④乗降口のドアを閉じ、貨物の積載を確実に行う等当該車両等に乗車している者の転落又は積載している物の転落若しくは飛散を防ぐため必要な措置を講ずること。
④の３　安全を確認しないで、ドアを開き、又は車両等から降りないようにし、及びその車両等に乗車している他の者がこれらの行為により交通の危険を生じさせないようにするため必要な措置を講ずること。
⑤の３　正当な理由がないのに、著しく他人に迷惑を及ぼすこととなる**騒音**を生じさせるような方法で、自動車若しくは原動機付自転車を急に発進させ、若しくはその速度を急激に増加させ、又は自動車若しくは原動機付自転車の原動機の動力を車輪に伝達させないで原動機の回転数を増加させないこと。

⑤の4　自動車を運転する場合において、初心運転者標識、**高齢運転者標識、聴覚障害者標識**、肢体不自由な運転者標識及び仮運転免許を受けた者が表示自動車を運転しているときは、危険防止のためやむを得ない場合を除き、進行している当該表示自動車の側方に**幅寄せ**をし、又は当該自動車が進路を変更した場合にその変更した後の進路と同一の進路を後方から進行してくる表示自動車が当該自動車との間に必要な距離を保つことができないこととなるときは進路を**変更しないこと**。
⑤の5　自動車又は原動機付自転車を運転する場合においては、当該自動車等が停止しているときを除き、**携帯電話用装置、自動車電話用装置その他の無線通話装置**（その全部又は一部を手で保持しなければ送信及び受信のいずれをも行うことができないものに限る。）を通話（傷病者の救護又は公共の安全の維持のため当該自動車等の走行中に緊急やむを得ずに行うものを除く。）のために使用し、又は当該自動車等に取り付けられ若しくは持ち込まれた画像表示用装置に表示された画像を**注視しないこと**。

■普通自動車等の運転者の遵守事項［道交法第71条の3］

1．自動車（大型自動二輪車及び普通自動二輪車を除く。以下同じ）の運転者は、道路運送車両法第3章及びこれに基づく命令の規定により当該自動車に備えなければならないこととされている**座席ベルトを装着しないで自動車を運転してはならない**。ただし、疾病のため座席ベルトを装着することが療養上適当でない者が自動車を運転するとき、緊急自動車の運転者が当該緊急自動車を運転するとき、その他政令で定めるやむを得ない理由があるときは、この限りでない。

2．自動車の運転者は、座席ベルトを**装着しない者**を運転者席以外の乗車装置（当該乗車装置につき座席ベルトを備えなければならないこととされているものに限る。）に**乗車させて自動車を運転してはならない**。ただし、幼児（適切に座席ベルトを装着させるに足りる座高を有するものを除く。）を当該乗車装置に乗車させるとき、疾病のため座席ベルトを装着させることが療養上適当でない者を当該乗車装置に乗車させるとき、その他政令で定めるやむを得ない理由があるときは、この限りでない。

3．自動車の運転者は、**幼児用補助装置**（幼児を乗車させる際座席ベルトに代わる機能を果たさせるため座席に固定して用いる補助装置であって、道路運送車両法第3章及びこれに基づく命令の規定に適合し、かつ、幼児の発育の程度に応じた形状を有するものをいう。以下同じ。）を使用しない幼児を乗車させて自動車を運転してはならない。ただし、疾病のため幼児用補助装置を使用させることが療養上適当でない幼児を乗車させるとき、その他政令で定めるやむを得ない理由があるときは、この限りでない。

■座席ベルト及び幼児用補助装置に係る義務の免除［道交法施行令第26条の3の2］

1．道交法第71条の3第1項ただし書の政令で定めるやむを得ない理由があるときは、次に掲げるとおりとする。

①**負傷**若しくは**障害**のため又は**妊娠中**であることにより座席ベルトを装着することが療養上又は**健康保持上適当でない者**が自動車を運転するとき。
③**自動車を後退させる**ため当該自動車を運転するとき。

3．道交法第71条の3第3項ただし書の政令で定めるやむを得ない理由があるときは、次に掲げるとおりとする。

⑥道路運送法第3条第1号に掲げる一般旅客自動車運送事業の用に供される自動車の運転者が当該事業に係る**旅客である幼児を乗車**させるとき。

■自動車の使用者の義務等［道交法第75条］

1．自動車の使用者（安全運転管理者等その他自動車の運行を直接管理する地位にある者を含む。次項において「使用者等」という。）は、その者の業務に関し、自動車の運転者に対し、次の各号のいずれかに掲げる行為をすることを命じ、又は自動車の運転者がこれらの行為をすることを容認してはならない。

④第66条（過労運転等の禁止）の規定に違反して自動車を運転すること。

2．自動車の使用者等が第75条第1項の規定に違反し、当該違反により自動車の運転者が第75条第1項各号のいずれかに掲げる行為をした場合において、自動車の使用者がその者の業務に関し自動車を使用することが著しく道路における交通の危険を生じさせ、又は著しく交通の妨害となるおそれがあると認めるときは、当該違反に係る自動車の使用の本拠の位置を管轄する公安委員会は、政令で定める基準に従い、当該自動車の使用者に対し、**6ヵ月**を超えない範囲内で期間を定めて、当該違反に係る自動車を運転し、又は運転させてはならない旨を命ずることができる。

■故障等の場合の措置［道交法第75条の11］

1．自動車の運転者は、故障その他の理由により本線車道若しくはこれに接する加速車線、減速車線若しくは登坂車線（以下「本線車道等」という。）又は**これらに接する路肩若しくは路側帯**において当該自動車を運転することができなくなったときは、政令で定めるところにより、当該自動車が故障その他の理由により停止しているものであることを**表示しなければならない**。

2　演習問題

問1　車両等の運転者の遵守事項等についての次の記述のうち、正しいものを２つ選びなさい。なお、解答にあたっては、各選択肢に記載されている事項以外は考慮しないものとする。

1．自動車の運転者は、ぬかるみ又は水たまりを通行するときは、泥よけ器を付け、又は徐行する等して、泥土、汚水等を飛散させて他人に迷惑を及ぼすことがないようにしなければならない。

2．道路運送法第３条第１号に掲げる一般旅客自動車運送事業の用に供される自動車の運転者が当該事業に係る旅客である幼児を乗車させるときであっても、幼児用補助装置を使用しないで乗車させてはならない。

3．自動車の運転者は、乗降口のドアを閉じ、貨物の積載を確実に行う等当該車両等に乗車している者の転落又は積載している物の転落若しくは飛散を防ぐため必要な措置を講じなければならない。

4．自動車の運転者は、高速自動車国道に限り、法令で定めるやむを得ない理由があるときを除き、他の者を運転者席の横の乗車装置以外の乗車装置（当該乗車装置につき座席ベルトを備えなければならないこととされているものに限る。）に乗車させて自動車を運転するときは、その者に座席ベルトを装着させなければならない。

問2　道路交通法に定める運転者の遵守事項等についての次の記述のうち、誤っているものを１つ選びなさい。なお、解答にあたっては、各選択肢に記載されている事項以外は考慮しないものとする。［R3_CBT］

1．車両等の運転者は、児童、幼児等の乗降のため、道路運送車両の保安基準に関する規定に定める非常点滅表示灯をつけて停車している通学通園バス（専ら小学校、幼稚園等に通う児童、幼児等を運送するために使用する自動車で政令で定めるものをいう。）の側方を通過するときは、徐行して安全を確認しなければならない。

2．車両等の運転者は、道路の左側部分に設けられた安全地帯の側方を通過する場合において、当該安全地帯に歩行者がいるときは、徐行しなければならない。

3．自動車の運転者は、自動車を後退させるため当該自動車を運転するときであっても座席ベルトを装着しなければならない。

4．免許証の更新を受けようとする者で更新期間が満了する日における年齢が70歳以上のもの（当該講習を受ける必要がないものとして法令で定める者を除く。）は、更新期間が満了する日前6ヵ月以内にその者の住所地を管轄する公安委員会が行った「高齢者講習」を受けていなければならない。

問3　道路交通法に定める運転者の遵守事項等についての次の記述のうち、誤っているものを1つ選びなさい。なお、解答にあたっては、各選択肢に記載されている事項以外は考慮しないものとする。［R2_CBT］

☐ 1．自動車を運転する場合においては、当該自動車が停止しているときを除き、携帯電話用装置（その全部又は一部を手で保持しなければ送信及び受信のいずれをも行うことができないものに限る。）を通話（傷病者の救護等のため当該自動車の走行中に緊急やむを得ずに行うものを除く。）のために使用してはならない。

2．免許証の更新を受けようとする者で更新期間が満了する日における年齢が70歳以上のもの（当該講習を受ける必要がないものとして法令で定める者を除く。）は、更新期間が満了する日前6ヵ月以内にその者の住所地を管轄する都道府県公安委員会が行った「高齢者講習」を受けていなければならない。

3．一般旅客自動車運送事業の用に供される自動車の運転者が当該事業に係る旅客である幼児を乗車させるときは、幼児用補助装置を使用しないで幼児を乗車させて自動車を運転することができる。

4．自動車の運転者は、故障その他の理由により高速自動車国道等の本線車道若しくはこれに接する加速車線、減速車線若しくは登坂車線（以下「本線車道等」という。）において当該自動車を運転することができなくなったときは、政令で定めるところにより、当該自動車が故障その他の理由により停止しているものであることを表示しなければならない。ただし、本線車道等に接する路肩若しくは路側帯においては、この限りではない。

問4　道路交通法に定める運転者及び使用者の義務等についての次の記述のうち、正しいものを2つ選びなさい。なお、解答にあたっては、各選択肢に記載されている事項以外は考慮しないものとする。[R3.3]

☐ 1．車両等の運転者は、児童、幼児等の乗降のため、道路運送車両の保安基準に関する規定に定める非常点滅表示灯をつけて停車している通学通園バスの側方を通過するときは、徐行して安全を確認しなければならない。

2．車両等の運転者は、高齢の歩行者でその通行に支障のあるものが通行しているときは、一時停止し、又は徐行して、その通行を妨げないようにしなければならない。

3．道路運送法第3条第1号に掲げる一般旅客自動車運送事業の用に供される自動車の運転者が当該事業に係る旅客である幼児を乗車させるときは、幼児用補助装置を使用して乗車させなければならない。

4．自動車の運転者は、故障その他の理由により高速自動車国道等の本線車道若しくはこれに接する加速車線、減速車線若しくは登坂車線（以下「本線車道等」という。）において当該自動車を運転することができなくなったときは、政令で定めるところにより、当該自動車が故障その他の理由により停止しているものであることを表示しなければならない。ただし、本線車道等に接する路肩若しくは路側帯においては、この限りでない。

問5　道路交通法に定める乗車等についての次の記述のうち、誤っているものを1つ選びなさい。なお、解答にあたっては、各選択肢に記載されている事項以外は考慮しないものとする。[R3.3]

☐ 1．車両に乗車する者は、運転者の視野若しくはハンドルその他の装置の操作を妨げ、後写鏡の効用を失わせ、車両の安定を害し、又は外部から当該車両の方向指示器、車両の番号標、制動灯、尾灯若しくは後部反射器を確認することができないこととなるような方法で乗車をしてはならない。

2．車両等の運転者は、安全を確認しないで、ドアを開き、又は車両等から降りないようにし、及びその車両等に乗車している他の者がこれらの行為により交通の危険を生じさせないようにするため必要な措置を講じなければならない。

3．自動車の運転者は、高速自動車国道に限り、法令で定めるやむを得ない理由があるときを除き、他の者を運転者席の横の乗車装置以外の乗車装置（当該乗車装置につき座席ベルトを備えなければならないこととされているものに限る。）に乗車させて自動車を運転するときは、その者に座席ベルトを装着させなければならない。

4．車両等に乗車し、又は乗車しようとしている者が道路交通法第65条第1項（酒気帯び運転等の禁止）の規定に違反して車両等を運転するおそれがあると認められるときは、警察官はその者が正常な運転ができる状態になるまで車両等を運転してはならない旨を指示する等道路における交通の危険を防止するため必要な応急の措置をとることができる。

問6　道路交通法に定める自動車の運転者の遵守事項及び故障等の場合の措置に関する次の記述のうち、正しいものを2つ選びなさい。なお、解答にあたっては、各選択肢に記載されている事項以外は考慮しないものとする。［R1.8］

☐ 1．車両等の運転者は、児童、幼児等の乗降のため、道路運送車両の保安基準に関する規定に定める非常点滅表示灯をつけて停車している通学通園バスの側方を通過するときは、できる限り安全な速度と方法で進行しなければならない。

2．自動車の運転者は、故障その他の理由により高速自動車国道等の本線車道若しくはこれに接する加速車線、減速車線若しくは登坂車線又はこれらに接する路肩若しくは路側帯において当該自動車を運転することができなくなったときは、道路交通法施行令で定めるところにより、停止表示器材を後方から進行してくる自動車の運転者が見やすい位置に置いて、当該自動車が故障その他の理由により停止しているものであることを表示しなければならない。

3．運転免許（仮運転免許を除く。）を受けた者が自動車等の運転に関し、当該自動車等の交通による人の死傷があった場合において、道路交通法第72条第1項前段の規定（交通事故があったときは、直ちに車両等の運転を停止して、負傷者を救護し、道路における危険を防止する等必要な措置を講じなければならない。）に違反したときは、その者が当該違反をしたときにおけるその者の住所地を管轄する都道府県公安委員会は、その者の運転免許を取り消すことができる。

4．車両等の運転者は、身体障害者用の車椅子が通行しているときは、その側方を離れて走行し、車椅子の通行を妨げないようにしなければならない。

問7　道路交通法に照らし、次の記述のうち、<u>正しいものを1つ</u>選びなさい。なお、解答にあたっては、各選択肢に記載されている事項以外は考慮しないものとする。

[R1. 8]

☐ 1．路側帯とは、歩行者及び自転車の通行の用に供するため、歩道の設けられていない道路又は道路の歩道の設けられていない側の路端寄りに設けられた帯状の道路の部分で、道路標示によって区画されたものをいう。

2．車両は、道路の中央から左の部分の幅員が6メートルに満たない道路において、他の車両を追い越そうとするとき（道路の中央から右の部分を見とおすことができ、かつ、反対の方向からの交通を妨げるおそれがない場合に限るものとし、道路標識等により追越しのため道路の中央から右の部分にはみ出して通行することが禁止されている場合を除く。）は、道路の中央から右の部分にその全部又は一部をはみ出して通行することができる。

3．自動車を運転する場合において、下図の標識が表示されている自動車は、肢体不自由である者が運転していることを示しているので、危険防止のためやむを得ない場合を除き、進行している当該表示自動車の側方に幅寄せをしてはならない。

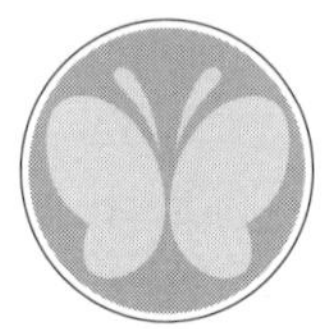

道路交通法施行規則で定める様式
縁の色彩は白色
マークの色彩は黄色
地の部分の色は緑色

4．高齢運転者等専用時間制限駐車区間においては、高齢運転者等標章自動車以外の車両であっても、空いている場合は駐車できる。

◆解答＆解説

問1［解答　1，3］

1．道交法第71条（運転者の遵守事項）第１項①。

2．一般旅客自動車運送事業の用に供される自動車の運転者が当該事業に係る**旅客である幼児**を乗車させる場合は、**幼児用補助装置の装着義務が免除**される。道交法施行令第26条の３の２（座席ベルト及び幼児用補助装置に係る義務の免除）第３項⑥。

3．道交法第71条（運転者の遵守事項）第１項④。

4．**高速道路に限らず、すべての場合において、他の者を運転者席以外の乗車装置に乗車させて自動車を運転するときは、座席ベルトを装着させなければならない**。ただし、法令で定めるやむを得ない理由があるときを除く。道交法第71条の３（普通自動車等の運転者の遵守事項）第２項。

問2［解答　3］

1．道交法第71条（運転者の遵守事項）第１項②の３。

2．道交法第71条（運転者の遵守事項）第１項③。

3．**後退時**は、座席ベルトの**装着義務が免除**される。道交法第71条の３（普通自動車等の運転者の遵守事項）第１項・道交法施行令第26条の３の２（座席ベルト及び幼児用補助装置に係る義務の免除）第１項③。

4．道交法第101条の４（70歳以上の者の特例）第１項。⇒189P。

問3［解答　4］

1．道交法第71条（運転者の遵守事項）第１項⑤の５。

2．道交法第101条の４（70歳以上の者の特例）第１項。⇒189P。

3．道交法施行令第26条の３の２（座席ベルト及び幼児用補助装置に係る義務の免除）第３項⑥。

4．本線車道等又は**これらに接する路肩若しくは路側帯**において、当該自動車が故障その他の理由により停止しているものであることを**表示しなければならない**。道交法第75条の11（故障等の場合の措置）第１項。

問4［解答　1，2］

1．道交法第71条（運転者の遵守事項）第１項②の３。

2．道交法第71条（運転者の遵守事項）第１項②の２。

3．一般旅客自動車運送事業の用に供される自動車の運転者が当該事業に係る**旅客である幼児**を乗車させるときは、**幼児用補助装置の装着義務が免除**される。道交法施行令第26条の３の２（座席ベルト及び幼児用補助装置に係る義務の免除）第３項⑥。

4．本線車道等又は**これらに接する路肩若しくは路側帯**において、当該自動車が故障その他の理由により停止しているものであることを**表示しなければならない**。道交法第75条の11（故障等の場合の措置）第１項。

問５［解答　３］

1．道交法第55条（乗車又は積載の方法）第２項。⇒235P

2．道交法第71条（運転者の遵守事項）第１項④の３。

3．**高速道路に限らず、すべての場合において、他の者を運転者席以外の乗車装置に乗車させて自動車を運転するときは、座席ベルトを装着させなければならない**。ただし、法令で定めるやむを得ない理由があるときを除く。道交法第71条の３（普通自動車等の運転者の遵守事項）第２項。

4．道交法第67条（危険防止の措置）第４項。⇒237P

問６［解答　２，３］

1．「できる限り安全な速度と方法で進行しなければならない」⇒「**徐行して安全を確認すること**」。道交法第71条（運転者の遵守事項）第１項②の３。

2．道交法第75条の11（故障等の場合の措置）第１項。

3．道交法第103条（免許の取消し、停止等）第２項。⇒189P

4．「その側方を離れて走行し、車椅子の通行を妨げないようにしなければならない」⇒「**一時停止し、又は徐行して、その通行を妨げないようにすること**」。道交法第71条（運転者の遵守事項）第１項②。

問７［解答　２］

1．「歩行者及び自転車の通行の用に供するため」⇒「**歩行者の通行の用に供し、又は車道の効用を保つため**」。道交法第２条（定義）第１項③の４。⇒184P

2．道交法第17条（通行区分）第５項④。⇒209P

3．設問の標識は**聴覚障害者**である者が運転していることを示す標識。道交法第71条（運転者の遵守事項）第１項⑤の４。

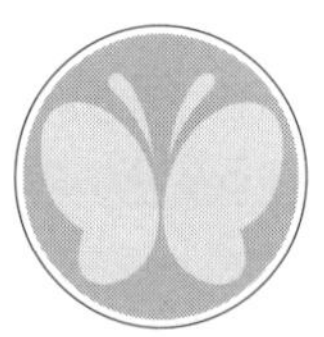 【聴覚障害者標識】 聴覚障害であることを理由に免許に条件を付されている者が運転する車に表示する標識で、標識の表示については、義務となっている。	 【身体障害者標識】 肢体不自由であることを理由に免許に条件を付されている者が運転する車に表示する標識で、標識の表示については、努力義務となっている。

4．高齢運転者等標章自動車以外の車両は、空いている場合であっても**駐車してはならない**。道交法第49条の４（高齢運転者等専用時間制限駐車区間における駐車の禁止）第１項。⇒225P

14 交通事故の場合の措置

1 法令の要点

■交通事故の場合の措置［道交法第72条］

1．交通事故（第67条第２項より、車両等の交通による人の死傷若しくは物の損壊をいう。）があったときは、当該交通事故に係る車両等の運転者その他の乗務員は、直ちに車両等の運転を停止して、**負傷者を救護**し、道路における**危険を防止**する等必要な措置を講じなければならない。この場合において、当該車両等の運転者（運転者が死亡し、又は負傷したためやむを得ないときは、その他の乗務員）は、警察官が現場にいるときは当該警察官に、警察官が現場にいないときは直ちに最寄りの警察署（派出所又は駐在所を含む。）の警察官に当該交通事故が発生した日時及び場所、当該交通事故における**死傷者の数**及び**負傷者の負傷の程度**並びに損壊した物及びその損壊の程度、当該交通事故に係る**車両等の積載物**並びに**当該交通事故について講じた措置**を報告しなければならない。

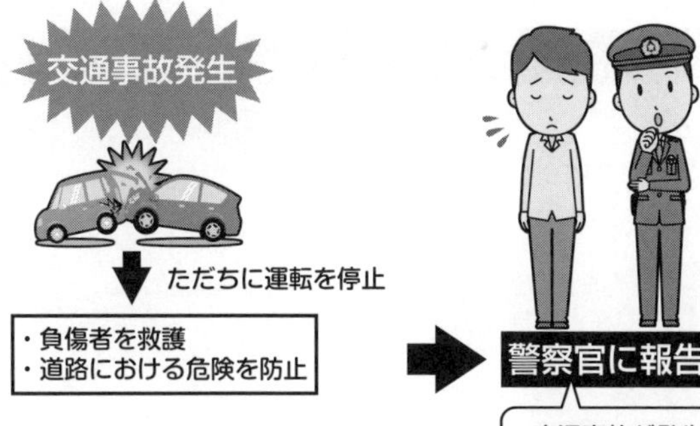

【交通事故を起こしたとき】

2．第１項後段の規定により報告を受けた最寄りの警察署の警察官は、負傷者を救護し、又は道路における危険を防止するため必要があると認めるときは、当該報告をした運転者に対し、警察官が現場に到着するまで現場を去ってはならない旨を命ずることができる。

2　演習問題

問1　道路交通法に定める交通事故の場合の措置についての次の文中、A、B、Cに入るべき字句としていずれか正しいものを1つ選びなさい。[R2_CBT/H31. 3改]

交通事故があったときは、当該交通事故に係る車両等の運転者その他の乗務員は、直ちに車両等の運転を停止して、（A）し、道路における危険を防止する等必要な措置を講じなければならない。この場合において、当該車両等の運転者（運転者が死亡し、又は負傷したためやむを得ないときは、その他の乗務員）は、警察官が現場にいるときは当該警察官に、警察官が現場にいないときは直ちに最寄りの警察署の警察官に当該交通事故が発生した日時及び場所、当該交通事故における（B）及び負傷者の負傷の程度並びに損壊した物及びその損壊の程度、当該交通事故に係る車両等の積載物並びに（C）を報告しなければならない。

☐ A	① 事故状況を確認	② 負傷者を救護
B	① 死傷者の数	② 事故車両の数
C	① 当該交通事故について講じた措置	② 運転者の健康状態

◆解答＆解説

問1［解答　A－②，B－①，C－①］

道交法第72条（交通事故の場合の措置）第1項。

15　使用者に対する通知

1　法令の要点

■使用者に対する通知［道交法第108条の34］

1．車両等の運転者がこの法律若しくはこの法律に基づく命令の規定又はこの法律の規定に基づく**処分に違反**した場合において、当該違反が当該違反に係る車両等の**使用者**の業務に関してなされたものであると認めるときは、公安委員会は、内閣府令で定めるところにより、当該車両等の使用者が道路運送法の規定による自動車運送事業者、貨物利用運送事業法の規定による第二種貨物利用運送事業を経営する者又は軌道法の規定による軌道の事業者であるときは当該事業者及び**当該事業を監督する行政庁**に対し、当該車両等の使用者がこれらの事業者以外の者であるときは当該車両等の使用者に対し、当該**違反の内容**を通知するものとする。

2　演習問題

問１　車両等の運転者が道路交通法に定める規定に違反した場合等の措置についての次の文中、A、B、C、Dに入るべき字句としていずれか正しいものを１つ選びなさい。

車両等の運転者が道路交通法若しくは同法に基づく命令の規定又は同法の規定に基づく（A）した場合において、当該違反が当該違反に係る車両等の（B）の業務に関してなされたものであると認めるときは、都道府県公安委員会は、内閣府令で定めるところにより、当該車両等の使用者が道路運送法の規定による自動車運送事業者、貨物利用運送事業法の規定による第二種貨物利用運送事業を経営する者であるときは当該事業者及び（C）に対し、当該車両等の使用者がこれらの事業者以外の者であるときは当該車両等の使用者に対し、当該（D）を通知するものとする。

☑ A　1．処分に違反　　2．指示に違反
B　1．運行管理者　　2．使用者
C　1．当該事業を監督する行政庁　　2．当該事業所の運行管理者
D　1．違反の内容　　2．指示の理由

◆解答＆解説

問１［解答　A−1，B−2，C−1，D−1］

道交法第108条の34（使用者に対する通知）第１項。

16 道路標識

1 道路標識の名称と意味

■道路標識の名称と意味［編集部］

標識	標識名称	意味
	車両進入禁止	道路における車両の通行につき一定の方向にする通行が禁止される道路において、車両がその禁止される方向に向かって進入することができない。
	二輪の自動車以外の自動車通行止め	二輪自動車以外、通行することができない。
	大型乗用自動車等通行止め	大型自動車、**特定中型自動車**※１の通行を禁止する。
8－20	**駐停車禁止**	８時から20時までの間は**駐停車**してはならない。
8－20	**駐車禁止**	８時から20時までの間は**駐車**してはならない。
	車両横断禁止	車両は**横断**（道路外の施設又は場所に出入するための左折を伴う横断を除く。）することができない。
追越し禁止	**追越し禁止**	自動車は、他の自動車を追い越してはならない。
3.3m	**高さ制限**	自動車の**高さ**が3.3メートルを超える車両の通行を禁止する。
2.2m	**最大幅**	自動車の**幅**が2.2メートルを超える車両の通行を禁止する。
	車線数減少	この標識より先にある道路の**車線の数が減少**することを示す。

	幅員減少	この標識より先にある道路の**道幅が狭く**なることを示す。
	チェーン規制※2	タイヤチェーンを取り付けていない車両は通行してはならない。
災害対策 Disaster Management	**広域災害応急対策車両専用**	緊急通行車両その他の車両であって、広域災害応急対策の実施に関し道路管理者が必要と認める者以外の者の利用を禁止する。
優先	**路線バス等優先通行帯**	特定の車両を優先して通行させなければならない車両通行帯を指定したもので、他の車両がその路線バス等優先通行帯を通行することもできるが、後方から路線バス等が接近してきたときは速やかに当該優先通行帯から出なければならない。
8 - 20	**時間**	8時から20時までの間に本標識が表示する交通の規制が行われている。
大　乗	**車両の種類**	本標識が表示する交通の規制の対象は大型乗用自動車。
	左折可	黄色又は赤色の灯火の信号にかかわらず左折することができる。

※1：特定中型自動車…車両総重量8t以上11t未満、最大積載量5t以上6.5t未満又は、乗車定員11人以上29人以下。

※2：正式名称「タイヤチェーンを取り付けていない車両通行止め」

2　演習問題

問1　次に掲げる標識に関する次の記述のうち、誤っているものを1つ選びなさい。なお、解答にあたっては、各選択肢に記載されている事項以外は考慮しないものとする。

☐ 1．緊急通行車両その他の車両であって、広域災害応急対策の実施に関し道路管理者が必要と認める者以外の者の利用を禁止する。

「道路標識、区画線及び道路標示に関する命令」に定める様式
文字、記号及び縁を白色、地を青色とする。

2．この標識より先にある道路の道幅が狭くなることを表している。

「道路標識、区画線及び道路標示に関する命令」に定める様式
縁線、文字及び記号を黒色、縁及び地を黄色とする。

3．自動車は、当該車両通行帯を通行している場合において、後方から路線バス等が接近してきたときは、その正常な運行に支障を及ぼさないように、すみやかに当該車両通行帯の外に出なければならない。

「道路標識、区画線及び道路標示に関する命令」に定める様式
文字、記号及び縁を白色、地を青色とする。

4．車両は、8時から20時までの間は駐車してはならない。

「道路標識、区画線及び道路標示に関する命令」に定める様式
斜めの帯及び枠を赤色、文字及び縁を白色、地を青色とする。

問２　次に掲げる標識に関する次の記述のうち、誤っているものを１つ選びなさい。なお、解答にあたっては、各選択肢に記載されている事項以外は考慮しないものとする。

1．タイヤチェーンを取り付けていない車両は通行してはならない。

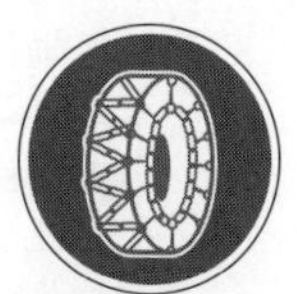

2．車両は、８時から20時までの間は駐停車してはならない。

3．車両は、黄色又は赤色の灯火の信号にかかわらず左折することができる。

4．車両は、指定された方向以外の方向に進行してはならない。

問3　次に掲げる標識に関する次の記述のうち、誤っているものを1つ選びなさい。なお、解答にあたっては、各選択肢に記載されている事項以外は考慮しないものとする。
［R2_CBT］

☐ 1．車両は、黄色又は赤色の灯火の信号にかかわらず左折することができる。

道路交通法施行規則別記様式第1
矢印及びわくの色彩は青色、地の色彩は白色とする。

2．車両は横断(道路外の施設又は場所に出入するための左折を伴う横断を除く。)をしてはならない。

「道路標識、区画線及び道路標示に関する命令」に定める様式
文字及び記号を青色、斜めの帯及び枠を赤色、縁及び地を白色とする。

3．乗車定員が18人の中型乗用自動車は通行することができる。

「道路標識、区画線及び道路標示に関する命令」に定める様式
文字及び記号を青色、斜めの帯及び枠を赤色、縁及び地を白色とする。

4．車両は、法令の規定若しくは警察官の命令により、又は危険を防止するため一時停止する場合のほか、8時から20時までの間は駐停車してはならない。

「道路標識、区画線及び道路標示に関する命令」に定める様式
斜めの帯及び枠を赤色、文字及び縁を白色、地を青色とする。

◆解答＆解説

問1 ［解答　2］

1．［広域災害応急対策車両専用］。

2．［車線数減少］。標識より先にある道路の**車線の数が減少**することを示す。

3．［路線バス等優先通行帯］。

4．［駐車禁止］。

問2 ［解答　4］

1．［チェーン規制（タイヤチェーンを取り付けていない車両通行止め）］。

2．［駐停車禁止］。

3．［左折可］。

4．［車両横断禁止］。**車両の横断**（道路外の施設等に出入りするための左折を伴う横断を除く）**を禁止する**標識である。

問3 ［解答　3］

1．［左折可］。

2．［車両横断禁止］。

3．［大型乗用自動車等通行止め］。乗車定員が18人の中型乗用自動車は、**特定中型自動車**（乗車定員11人以上）に該当するため、**通行することができない**。

4．［駐停車禁止］。

覚えておこう －道路交通法編－

◆用語の定義

本線車道	高速自動車国道又は自動車専用道路の**本線車線により構成する車道。**
路側帯	歩行者の通行用又は車道の効用を保つため、歩道の設けられていない道路又は道路の歩道の設けられていない側の部分で、**道路標示によって区画されたもの。**
車両通行帯	自動車が定められた部分を通行することが**道路標示により示されている場合の道路の部分。**
車両	**自動車、原動機付自転車、軽車両**及び**トロリーバス。**
自動車	**原動機を用い、かつ、レール又は架線によらないで運転する車**であって、原動機付自転車、軽車両、身体障害者用の車椅子等以外のもの。
道路標識	道路の交通に関し、**規制**又は**指示を表示する標示板。**
道路標示	道路の交通に関し、規制又は指示を表示する標示で、**路面に描かれた**道路鋲、**ペイント、石等による線、記号又は文字。**
駐車	自動車が継続的に停止すること又は運転者が自動車から離れて**すぐに運転できない状態で停止**すること。ただし、人の乗り降りや**5分以内**の荷下ろしなどは駐車にならない。
停車	車両等が停止することで、**駐車以外のこと。**
徐行	車両等が**直ちに停止することができるような速度で進行**すること。
追越し	車両が他の車両等に追い付いた場合で、その進路を変えてその追い付いた車両等の**側方を通過**し、かつ、**前方に出る**こと。
進行妨害	自動車等が進行を継続又は始めた場合に、他の自動車等が危険を防止するため速度又は方向を急に変更しなければならないときに、進行を継続又は始めることで他の自動車等の**進行を妨害すること。**
安全地帯	路面電車に**乗降する者**若しくは**横断している歩行者**の安全を図るため道路に設けられた**島状の施設**又は**道路標識**及び**道路標示により安全地帯であることが示されている道路の部分。**

まとめ③

◆道路交通法による自動車の種類

①大型自動車	②中型自動車	③準中型自動車	④普通自動車
⑤大型特殊自動車	⑥大型自動二輪車	⑦普通自動二輪車	⑧小型特殊自動車

◆免許の種類と運転できる自動車の範囲

	普通免許	準中型免許	中型免許	大型免許
車両総重量	3.5t未満	3.5t以上7.5t未満	7.5t以上11t未満	11t以上
最大積載量	2t未満	2t以上4.5t未満	4.5t以上6.5t未満	6.5t以上
乗車定員	10人以下	10人以下	11人以上29人以下	30人以上
普通自動車	○	○	○	○
準中型自動車		○	○	○
中型自動車			○	○
大型自動車				○

◆自動車の速度

《一般道路における最高速度》

自動車の種類		最高速度
①自動車（②以外の自動車）		**60km/h**
②他の自動車をロープ等で牽引して走行する場合	車両総重量**2t以下**の車両をその**3倍以上**の車両総重量の車両で牽引する場合	**40km/h**
	上記以外	**30km/h**

《高速道路における最高速度と最低速度》

自動車の種類	最高速度	最低速度
◎**中型、大型自動車（バス）** ◎**準中型自動車** ◎**普通自動車**	**100km/h**	**50km/h**
◎**中型、大型自動車（トラック）**	**80km/h**	

◆追越し

方法	・追い越そうとする前車の**右側を通行** ・前車が道路中央又は右側を通行している場合には、**左側を通行**
禁止場所	・道路の**曲がりかど附近** ・上り坂の**頂上附近** ・勾配の**急な下り坂**（勾配の急な上り坂は規定されていない） ・トンネル、交差点、踏切、横断歩道とその手前**30m以内**の部分

まとめ③

◆徐行と一時停止（過去問題から抜粋）

一時停止	・歩道などを**横断するとき** ・横断歩道を**横断している**又は**横断しようとする歩行者**があるとき ・横断歩道の直前で停止している車両の**側方を通過して前に出るとき** ・交差点又はその付近で**緊急自動車接近時**（交差点内を避ける）
徐行	・歩行者の**側方を通過するとき** ・道路の**まがりかど附近**、上り坂の**頂上附近**、**急な下り坂** ・**交差点進入時**（優先道路通行中を除く） ・環状交差点に**入ろうとするとき**

◆停車及び駐車禁止の場所

駐停車禁止の場所

■安全地帯の左側とその前後10m以内の範囲

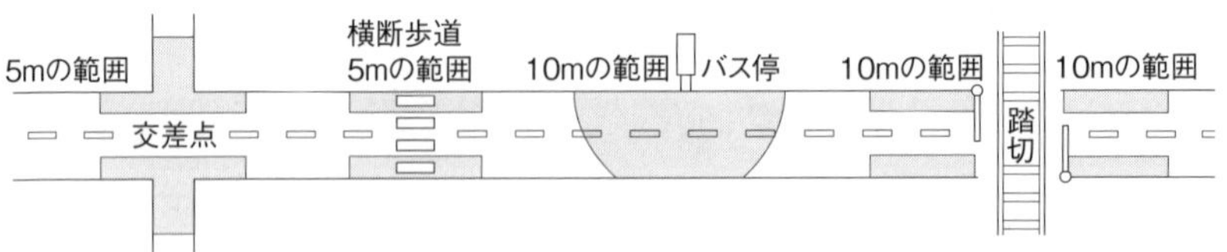

駐車禁止の場所

■車両の右側の道路上に3.5m以上の余地がない場所

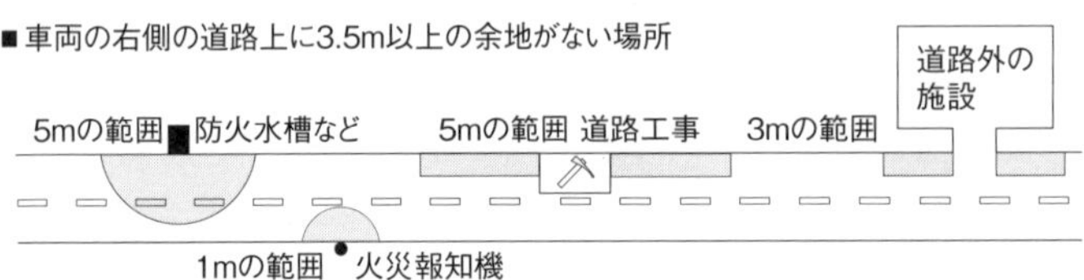

◆合図の時期

左折、右折、転回するとき	その行為をしようとする地点から**30m手前**の位置
同一方向に進行しながら 左方、右方に進路変更するとき	その行為をしようとする**3秒前**
徐行、停止するとき	その行為を**しようとするとき**

◆運転者の遵守事項

運転中は、無線通話装置を通話のために**使用しない**こと。画像表示用装置に表示された画像を**注視しない。**
身体障害者や**監護者が付き添わない児童**等が歩行しているときは、**一時停止**し、又は**徐行**して、その通行又は歩行を**妨げないようにすること。**
児童、幼児等の乗降のため、車両の保安基準に関する規定に定める**非常点滅表示灯をつけて停車**している**通学通園バスの側方を通過**するときは、**徐行して安全を確認する**こと。
道路の左側部分に設けられた安全地帯の**側方を通過する場合**において、安全地帯に**歩行者がいるときは、徐行**する。
運転者席以外の乗車装置に**座席ベルトをしない者**を乗車させて自動車を**運転してはならない。** ※負傷・障害・妊娠中など装着が健康保持上適当でない者を除く。
自動車の運転者は、**幼児用補助装置を使用しない幼児**を乗車させて自動車を**運転してはならない。** ※疾病のため幼児用補助装置を使用させることが療養上適当でない幼児を乗車させるとき、一般旅客自動車運送事業の用に供される自動車の運転者が当該事業に係る**旅客である幼児**を乗車させるときを**除く。**

◆交通事故の場合の措置

↓ ただちに運転を停止

・負傷者を救護
・道路における危険を防止

➡

警察官に報告

※現場にいるときはその警察官
警察官が現場にいないときは
直ちに最寄りの警察署（派出所又は駐在所を含む）

・交通事故が発生した日時、場所
・交通事故における死傷者の数、負傷者の負傷の程度
・損壊した物、損壊の程度
・交通事故に係る車両等の積載物
・交通事故について講じた措置

●●MEMO●●

第4章

労働基準法

1　労働条件・定義・解雇

1　法令の要点

■労働条件の原則［労基法第1条］

1．労働条件は、労働者が人たるに値する生活を営むための必要を充たすべきものでなければならない。

2．この法律で定める労働条件の**基準は最低**のものであるから、労働関係の当事者は、この基準を理由として労働条件を低下させてはならないことはもとより、その向上を図るように努めなければならない。

■均等待遇［労基法第3条］

1．使用者は、労働者の国籍、信条又は社会的身分を理由として、賃金、労働時間その他の労働条件について、**差別的取扱をしてはならない**。

■定　義［労基法第9条・第10条・第11条・第12条］

第9条（労働者の定義）
1．この法律で「**労働者**」とは、職業の種類を問わず、事業又は事務所（以下「事業」という。）に使用される者で、**賃金を支払われる者**をいう。
第10条（使用者の定義）
1．この法律で「**使用者**」とは、事業主又は事業の経営担当者その他その事業の労働者に関する事項について、事業主のために行為をするすべての者をいう。
第11条（賃金の定義）
1．この法律で「**賃金**」とは、賃金、給料、手当、賞与その他名称の如何を問わず、労働の対償として使用者が労働者に支払うすべてのものをいう。
第12条（平均賃金の定義）
1．この法律で「**平均賃金**」とは、これを算定すべき事由の発生した日以前3ヵ月間にその労働者に対し支払われた賃金の総額を、その期間の**総日数**で除した金額をいう。

■契約期間等［労基法第14条］

1．労働契約は、期間の定めのないものを除き、一定の事業の完了に必要な期間を定めるもののほかは、**3年**（次の各号のいずれかに該当する労働契約にあっては、**5年**）を超える期間について締結してはならない。

①専門的な知識、技術又は経験（以下この号において「専門的知識等」という。）であって高度のものとして厚生労働大臣が定める基準に該当する専門的知識等を有する労働者（当該高度の専門的知識等を必要とする業務に就く者に限る。）との間に締結される労働契約
②満60歳以上の労働者との間に締結される労働契約（前号に掲げる労働契約を除く。）

■労働条件の明示［労基法第15条］

1．使用者は、労働契約の締結に際し、労働者に対して賃金、労働時間その他の労働条件を明示しなければならない。この場合において、賃金及び労働時間に関する事項その他の厚生労働省令で定める事項については、厚生労働省令で定める方法により明示しなければならない。
2．第1項の規定によって明示された**労働条件が事実と相違する場合**においては、労働者は、**即時**に労働契約を解除することができる。

■賠償予定の禁止［労基法第16条］

1．使用者は、労働契約の不履行について**違約金**を定め、又は損害賠償額を予定する契約をしてはならない。

■解雇制限［労基法第19条］

1．使用者は、労働者が業務上負傷し、又は疾病にかかり療養のために休業する期間及びその後**30日間**並びに産前産後の女性が規定によって休業する期間及びその後**30日間**は、解雇してはならない。ただし、使用者が、打切補償（労基法第81条）の規定によって打切補償を支払う場合又は天災事変その他やむを得ない事由のために事業の継続が不可能となった場合においては、この限りでない。

■解雇の予告［労基法第20条・第21条］

《労基法第20条》

1．使用者は、労働者を解雇しようとする場合においては、少くとも**30日前**にその予告をしなければならない。30日前に予告をしない使用者は、**30日分以上**の平均賃金を支払わなければならない。ただし、天災事変その他やむを得ない事由のために事業の継続が不可能となった場合又は労働者の責に帰すべき事由に基いて解雇する場合においては、この限りでない。

《労基法第21条》

1．前条の規定は、各号に該当する労働者については適用しない。ただし、①に該当する者が**1ヵ月**を超えて引き続き使用されるに至った場合、②若しくは③に該当する者が所定の期間を超えて引き続き使用されるに至った場合又は④に該当する者が**14日**を超えて引き続き使用されるに至った場合においては、**この限りでない**。

①日日雇い入れられる者
②**2ヵ月**以内の期間を定めて使用される者
③季節的業務に**4ヵ月**以内の期間を定めて使用される者
④試の**使用期間中**の者

■退職時等の証明［労基法第22条］

1．労働者が、退職の場合において、使用期間、業務の種類、その事業における地位、賃金又は退職の事由（退職の事由が解雇の場合にあっては、その理由を含む。）について証明書を請求した場合においては、使用者は、**遅滞なく**これを交付しなければならない。

2　演習問題

問1　労働基準法（以下「法」という。）の定めに関する次の記述のうち、誤っているものを1つ選びなさい。なお、解答にあたっては、各選択肢に記載されている事項以外は考慮しないものとする。[R3.3]

☐

1．平均賃金とは、これを算定すべき事由の発生した日以前3ヵ月間にその労働者に対し支払われた賃金の総額を、その期間の総日数で除した金額をいう。

2．法で定める労働条件の基準は最低のものであるから、労働関係の当事者は、当事者間の合意がある場合を除き、この基準を理由として労働条件を低下させてはならないことはもとより、その向上を図るように努めなければならない。

3．労働者が、退職の場合において、使用期間、業務の種類、その事業における地位、賃金又は退職の事由（退職の事由が解雇の場合にあっては、その理由を含む。）について証明書を請求した場合においては、使用者は、遅滞なくこれを交付しなければならない。

4．使用者は、労働者の国籍、信条又は社会的身分を理由として、賃金、労働時間その他の労働条件について、差別的取扱をしてはならない。

問2　労働基準法（以下「法」という。）に定める労働契約についての次の記述のうち、正しいものを2つ選びなさい。なお、解答にあたっては、各選択肢に記載されている事項以外は考慮しないものとする。［R2_CBT］

☐ 1．使用者は、労働者が業務上負傷し、又は疾病にかかり療養のために休業する期間及びその後6週間並びに産前産後の女性が法第65条（産前産後）の規定によって休業する期間及びその後6週間は、解雇してはならない。

2．労働者が、退職の場合において、使用期間、業務の種類、その事業における地位、賃金又は退職の事由（退職の事由が解雇の場合にあっては、その理由を含む。）について証明書を請求した場合においては、使用者は、遅滞なくこれを交付しなければならない。

3．使用者は、労働者を解雇しようとする場合においては、法第20条の規定に基づき、少くとも14日前にその予告をしなければならない。14日前に予告をしない使用者は、14日分以上の平均賃金を支払わなければならない。

4．法第20条（解雇の予告）の規定は、法に定める期間を超えない限りにおいて、「日日雇い入れられる者」、「2ヵ月以内の期間を定めて使用される者」、「季節的業務に4ヵ月以内の期間を定めて使用される者」又は「試の使用期間中の者」のいずれかに該当する労働者については適用しない。

問3　労働基準法（以下「法」という。）に定める労働契約に関する次の記述のうち、正しいものを2つ選びなさい。なお、解答にあたっては、各選択肢に記載されている事項以外は考慮しないものとする。［R1.8］

☐ 1．使用者は、労働者を解雇しようとする場合においては、少くとも30日前にその予告をしなければならない。30日前に予告をしない使用者は、30日分以上の平均賃金を支払わなければならない。ただし、天災事変その他やむを得ない事由のために事業の継続が不可能となった場合又は労働者の責に帰すべき事由に基いて解雇する場合においては、この限りでない。

2．試の使用期間中の者に該当する労働者については、法第20条の解雇の予告の規定は適用しない。ただし、当該者が1ヵ月を超えて引き続き使用されるに至った場合においては、この限りでない。

3．労働契約は、期間の定めのないものを除き、一定の事業の完了に必要な期間を定めるもののほかは、3年（法第14条（契約期間等）第1項各号のいずれかに該当する労働契約にあっては、5年）を超える期間について締結してはならない。

4．労働者は、労働契約の締結に際し使用者から明示された賃金、労働時間その他の労働条件が事実と相違する場合においては、少くとも30日前に使用者に予告したうえで、当該労働契約を解除することができる。

◆解答＆解説

問1［解答　2］

1．労基法第12条（平均賃金の定義）第1項。
2．**当事者間の合意の有無にかかわらず**、労基法で定める労働条件の基準を理由として、**労働条件を低下させてはならない**。労基法第1条（労働条件の原則）第2項。
3．労基法第22条（退職時等の証明）第1項。
4．労基法第3条（均等待遇）第1項。

問2［解答　2，4］

1．労働者が業務上負傷し、又は疾病にかかり療養のために休業する期間及びその後**30日間**並びに産前産後の女性が法第65条（産前産後）の規定によって休業する期間及びその後**30日間**は、解雇してはならない。労基法第19条（解雇制限）第1項。
2．労基法第22条（退職時等の証明）第1項。
3．労働者を解雇しようとする場合においては、法第20条の規定に基づき、少くとも**30日前**にその予告をしなければならない。**30日前**に予告をしない使用者は、**30日分**以上の平均賃金を支払わなければならない。労基法第20条（解雇の予告）第1項。
4．労基法第21条（解雇の予告）第1項①～④。

問3［解答　1，3］

1．労基法第20条（解雇の予告）第1項。
2．「1ヵ月を超えて」⇒「**14日**を超えて」。労基法第21条（解雇の予告）第1項④。
3．労基法第14条（契約期間等）第1項。
4．労働条件が事実と相違する場合においては、労働者は、**即時**に労働契約を解除することができる。労基法第15条（労働条件の明示）第2項。

2 賃金・休み・女性

1 法令の要点

■金品の返還［労基法第23条］

1．使用者は、労働者の死亡又は退職の場合において、権利者の請求があった場合においては、**7日以内**に賃金を支払い、積立金、保証金、貯蓄金その他名称の如何を問わず、労働者の権利に属する金品を返還しなければならない。

■賃金の支払［労基法第24条］

2．賃金は、**毎月1回以上**、一定の期日を定めて支払わなければならない。ただし、臨時に支払われる賃金、賞与その他これに準ずるもので厚生労働省令で定める賃金については、この限りでない。

■非常時払［労基法第25条］

1．使用者は、労働者が出産、疾病、災害その他厚生労働省令で定める非常の場合の費用に充てるために請求する場合においては、支払期日前であっても、**既往の労働**に対する賃金を**支払わなければならない**。

■休業手当［労基法第26条］

1．使用者の責に帰すべき事由による休業の場合においては、使用者は、休業期間中当該労働者に、その平均賃金の**100分の60以上**の手当を支払わなければならない。

■出来高払制の保障給［労基法第27条］

1．出来高払制その他の請負制で使用する労働者については、使用者は、**労働時間に応じ**一定額の賃金の保障をしなければならない。

■労働時間［労基法第32条］

1．使用者は、労働者に、休憩時間を除き1週間について**40時間を超えて**、労働させてはならない。
2．使用者は、1週間の各日については、労働者に、**休憩時間を除き**1日について**8時間を超えて**、労働させてはならない。

■災害等による臨時の必要がある場合の時間外労働等［労基法第33条］

1．災害その他避けることのできない事由によって、臨時の必要がある場合においては、使用者は、行政官庁の許可を受けて、その必要の限度において労働時間を延長し、又は休日に労働させることができる。ただし、事態急迫のために行政官庁の許可を受ける暇がない場合においては、事後に遅滞なく届け出なければならない。

■休　憩［労基法第34条］

1．使用者は、労働時間が6時間を超える場合においては少くとも**45分**、**8時間を超える場合**においては少くとも**1時間**の休憩時間を労働時間の途中に与えなければならない。

■休　日［労基法第35条］

1．使用者は、労働者に対して、毎週少くとも**1回**の休日を与えなければならない。
2．第1項の規定は、**4週間**を通じ**4日以上**の休日を与える使用者については適用しない。

■時間外及び休日の労働［労基法第36条］

1．使用者は、当該事業場に、労働者の過半数で組織する労働組合がある場合においてはその労働組合、労働者の過半数で組織する労働組合がない場合においては**労働者の過半数を代表する者**との書面による協定をし、厚生労働省令で定めるところによりこれを行政官庁に届け出た場合においては、法定労働時間又は法定休日に関する規定にかかわらず、その協定で定めるところによって労働時間を延長し、又は休日に労働させることができる。
6．使用者は、第1項の協定で定めるところによって労働時間を延長して労働させ、又は休日において労働させる場合であっても、次の各号に掲げる時間について、当該各号に定める要件を満たすものとしなければならない。

> ①坑内労働その他厚生労働省令で定める健康上特に有害な業務について、1日について労働時間を延長して労働させた時間　2時間を超えないこと。

■時間外、休日及び深夜の割増賃金［労基法第37条］

1．使用者が、第33条又は第36条第１項の規定により労働時間を延長し、又は休日に労働させた場合においては、その時間又はその日の労働については、通常の労働時間又は労働日の賃金の計算額の**２割５分以上**５割以下の範囲内でそれぞれ政令で定める率以上の率で計算した割増賃金を支払わなければならない。

　ただし、当該延長して労働させた時間が１ヵ月について**60時間**を超えた場合においては、その超えた時間の労働については、通常の労働時間の賃金の計算額の**５割以上**の率で計算した割増賃金を支払わなければならない。

■時間計算［労基法第38条］

1．労働時間は、事業場を異にする場合においても、労働時間に関する規定の適用については**通算**する。

■年次有給休暇［労基法第39条］

1．使用者は、その雇入れの日から起算して**６ヵ月間継続勤務**し全労働日の**８割以上出勤**した労働者に対して、継続し、又は分割した**10労働日**の有給休暇を与えなければならない。

10．労働者が業務上負傷し、又は疾病にかかり療養のために休業した期間及び育児休業、介護休業等育児又は家族介護を行う労働者の福祉に関する法律に定める育児休業又は介護休業をした期間並びに産休によって休業した期間は、年次有給休暇（法第39条）取得のための算定上、**これを出勤したものとみなす**。

■深夜業［労基法第61条］

1．使用者は、**満18才に満たない者**を**午後10時から午前５時まで**の間において**使用してはならない**。ただし、**交替制**によって使用する**満16才以上の男性**については、この限りでない。

■産前産後［労基法第65条］

1．使用者は、**６週間**（多胎妊娠の場合にあっては、14週間）以内に出産する予定の女性が休業を請求した場合においては、その者を就業させてはならない。

2．使用者は、産後８週間を経過しない女性を就業させてはならない。ただし、**産後６週間**を経過した女性が請求した場合において、その者について医師が支障がないと認めた業務に就かせることは、差し支えない。

3．使用者は、妊娠中の女性が請求した場合においては、他の軽易な業務に転換させなければならない。

■育児時間［労基法第67条］

1．生後満一年に達しない生児を育てる女性は、労基法第34条の休憩時間のほか、**1日2回**各々少なくとも**30分**、その生児を育てるための時間を**請求することができる**。
2．使用者は、前項の育児時間中は、その女性を使用してはならない。

■療養補償［労基法第75条］

1．労働者が業務上負傷し、又は疾病にかかった場合においては、使用者は、その費用で必要な療養を行い、又は必要な療養の費用を負担しなければならない。

2　演習問題

問1　労働基準法（以下「法」という。）の定めに関する次の記述のうち、正しいものを２つ選びなさい。なお、解答にあたっては、各選択肢に記載されている事項以外は考慮しないものとする。

☐　1．平均賃金とは、これを算定すべき事由の発生した日以前３ヵ月間にその労働者に対し支払われた賃金の総額を、その期間の総日数で除した金額をいう。
2．法で定める労働条件の基準は最低のものであるから、労働関係の当事者は、当事者間の合意がある場合を除き、この基準を理由として労働条件を低下させてはならないことはもとより、その向上を図るように努めなければならない。
3．労働者が業務上負傷し、又は疾病にかかった場合においては、使用者は、その費用で必要な療養を行い、又は必要な療養の費用を負担しなければならない。
4．使用者は、労働者の死亡又は退職の場合において、権利者の請求があった場合においては、30日以内に賃金を支払い、積立金、保証金、貯蓄金その他名称の如何を問わず、労働者の権利に属する金品を返還しなければならない。

問2　労働基準法（以下「法」という。）に定める労働契約等についての次の記述のうち、誤っているものを１つ選びなさい。なお、解答にあたっては、各選択肢に記載されている事項以外は考慮しないものとする。

□ 1．使用者は、労働契約の締結に際し、労働者に対して賃金、労働時間その他の労働条件を明示しなければならない。この明示された労働条件が事実と相違する場合においては、労働者は、即時に労働契約を解除することができる。

2．生後満１年に達しない生児を育てる女性は、１日２回各々少なくとも30分、その生児を育てるための時間を請求することができる。

3．使用者は、使用者の責に帰すべき事由による休業の場合においては、休業期間中当該労働者に、その平均賃金の100分の80以上の手当を支払わなければならない。

4．労働者が、退職の場合において、使用期間、業務の種類、その事業における地位、賃金又は退職の事由（退職の事由が解雇の場合にあっては、その理由を含む。）について証明書を請求した場合においては、使用者は、遅滞なくこれを交付しなければならない。

問3　労働基準法の定めに関する次の記述のうち、誤っているものを１つ選びなさい。なお、解答にあたっては、各選択肢に記載されている事項以外は考慮しないものとする。

□ 1．使用者は、労働者の死亡又は退職の場合において、権利者の請求があった場合においては、30日以内に賃金を支払い、積立金、保証金、貯蓄金その他名称の如何を問わず、労働者の権利に属する金品を返還しなければならない。

2．出来高払制その他の請負制で使用する労働者については、使用者は、労働時間に応じ一定額の賃金の保障をしなければならない。

3．使用者は、産後８週間を経過しない女性を就業させてはならない。ただし、産後６週間を経過した女性が請求した場合において、その者について医師が支障がないと認めた業務に就かせることは、差し支えない。

4．使用者は、その雇入れの日から起算して６ヵ月間継続勤務し全労働日の８割以上出勤した労働者に対して、継続し、又は分割した10労働日の有給休暇を与えなければならない。

問4　労働基準法（以下「法」という。）に定める労働契約等についての次の記述のうち、正しいものを2つ選びなさい。なお、解答にあたっては、各選択肢に記載されている事項以外は考慮しないものとする。［R3_CBT］

□ 1．使用者は、労働者を解雇しようとする場合において、少なくとも30日前にその予告をしなければならない。30日前に予告をしない使用者は、30日分以上の平均賃金を支払わなければならない。

2．労働契約は、期間の定めのないものを除き、一定の事業の完了に必要な期間を定めるもののほかは、3年（法第14条（契約期間等）第1項各号のいずれかに該当する労働契約にあっては、5年）を超える期間について締結してはならない。

3．労働者は、労働契約の締結に際し使用者から明示された賃金、労働時間その他の労働条件が事実と相違する場合であっても、少なくとも30日前に予告しなければ、当該労働契約を解除することができない。

4．使用者は、労働者の死亡又は退職の場合において、権利者の請求があった場合においては、30日以内に賃金を支払い、積立金、保証金、貯蓄金その他名称の如何を問わず、労働者の権利に属する金品を返還しなければならない。

問5　労働基準法（以下「法」という。）に定める労働時間及び休日等に関する次の記述のうち、誤っているものを1つ選びなさい。なお、解答にあたっては、各選択肢に記載されている事項以外は考慮しないものとする。［R3_CBT］

□ 1．使用者は、その雇入れの日から起算して3ヵ月間継続勤務し全労働日の8割以上出勤した労働者に対して、継続し、又は分割した10労働日の有給休暇を与えなければならない。

2．使用者は、労働者に、休憩時間を除き1週間について40時間を超えて、労働させてはならない。また、1週間の各日については、労働者に、休憩時間を除き1日について、8時間を超えて、労働させてはならない。

3．使用者が、法の規定により労働時間を延長し、又は休日に労働させた場合においては、その時間又はその日の労働については、通常の労働時間又は労働日の賃金の計算額の2割5分以上5割以下の範囲内でそれぞれ政令で定める率以上の率で計算した割増賃金を支払わなければならない。

4．使用者は、満16歳以上の男性を交替制によって使用する場合その他法令で定める場合を除き、満18歳に満たない者を午後10時から午前5時までの間において使用してはならない。

問６　労働基準法（以下「法」という。）に定める労働時間及び休日等に関する次の記述のうち、誤っているものを１つ選びなさい。なお、解答にあたっては、各選択肢に記載されている事項以外は考慮しないものとする。［R3. 3］

□ １．使用者は、当該事業場に、労働者の過半数で組織する労働組合がある場合においてはその労働組合、労働者の過半数で組織する労働組合がない場合においては労働者の過半数を代表する者との書面による協定をし、これを行政官庁に届け出た場合においては、法定労働時間又は法定休日に関する規定にかかわらず、その協定で定めるところによって労働時間を延長し、又は休日に労働させることができる。

２．使用者は、災害その他避けることのできない事由によって、臨時の必要がある場合においては、行政官庁の許可を受けて、その必要の限度において法に定める労働時間を延長し、又は休日に労働させることができる。ただし、事態急迫のために行政官庁の許可を受ける暇がない場合においては、事後に遅滞なく届け出なければならない。

３．使用者は、２週間を通じ４日以上の休日を与える場合を除き、労働者に対して、毎週少なくとも２回の休日を与えなければならない。

４．使用者が、法の規定により労働時間を延長し、又は休日に労働させた場合においては、その時間又はその日の労働については、通常の労働時間又は労働日の賃金の計算額の２割５分以上５割以下の範囲内でそれぞれ政令で定める率以上の率で計算した割増賃金を支払わなければならない。

問7　労働基準法に定める労働時間及び休日等に関する次の記述のうち、誤っているものを1つ選びなさい。なお、解答にあたっては、各選択肢に記載されている事項以外は考慮しないものとする。[R2_CBT/R1.8]

☐ 1．労働時間は、事業場を異にする場合においても、労働時間に関する規定の適用については通算する。

2．使用者は、労働時間が6時間を超える場合においては少くとも30分、8時間を超える場合においては少くとも45分の休憩時間を労働時間の途中に与えなければならない。

3．使用者は、労働者に対して、毎週少くとも1回の休日を与えなければならない。ただし、この規定は、4週間を通じ4日以上の休日を与える使用者については適用しない。

4．使用者は、その雇入れの日から起算して6ヵ月間継続勤務し全労働日の8割以上出勤した労働者に対して、継続し、又は分割した10労働日の有給休暇を与えなければならない。

◆解答＆解説

問1［解答　1，3］

1．労基法第12条（平均賃金の定義）第1項。⇒266P

2．**当事者間の合意の有無にかかわらず**、労基法で定める労働条件の基準を理由として、**労働条件を低下させてはならない**。労基法第1条（労働条件の原則）第2項。⇒266P

3．労基法第75条（療養補償）第1項。

4．「30日以内」⇒「**7日以内**」。労基法第23条（金品の返還）第1項。

問2［解答　3］

1．労基法第15条（労働条件の明示）第1項・第2項。⇒267P

2．労基法第67条（育児時間）第1項。

3．「100分の80以上」⇒「**100分の60以上**」。労基法第26条（休業手当）第1項。

4．労基法第22条（退職時等の証明）第1項。⇒268P

問3［解答　1］

1．「30日以内」⇒「**7日以内**」。労基法第23条（金品の返還）第1項。

2．労基法第27条（出来高払制の保障給）第1項。

3．労基法第65条（産前産後）第2項。

4．労基法第39条（年次有給休暇）第1項。

問4［解答　1，2］

1．労基法第20条（解雇の予告）第１項。⇒267P

2．労基法第14条（契約期間等）第１項。⇒266P

3．労働条件が事実と相違する場合においては、労働者は、**即時に**労働契約を解除することができる。労基法第15条（労働条件の明示）第２項。⇒267P

4．「30日以内」⇒「**７日以内**」。労基法第23条（金品の返還）第１項。

問5［解答　1］

1．「３ヵ月間」⇒「**６ヵ月間**」。労基法第39条（年次有給休暇）第１項。

2．労基法第32条（労働時間）第１項・第２項。

3．労基法第37条（時間外、休日及び深夜の割増賃金）第１項。

4．労基法第61条（深夜業）第１項。

問6［解答　3］

1．労基法第36条（時間外及び休日の労働）第１項。

2．労基法第33条（災害等による臨時の必要がある場合の時間外労働等）第１項。

3．使用者は、**４週間**を通じ４日以上の休日を与える場合を除き、労働者に対して、毎週少なくとも**１回**の休日を与えなければならない。労基法第35条（休日）第１項・第２項。

4．労基法第37条（時間外、休日及び深夜の割増賃金）第１項。

問7［解答　2］

1．労基法第38条（時間計算）第１項。

2．労働時間が６時間を超える場合においては少くとも**45分**、８時間を超える場合においては少くとも**１時間**の休憩時間を労働時間の途中に与えなければならない。労基法第34条（休憩）第１項。

3．労基法第35条（休日）第１項・第２項。

4．労基法第39条（年次有給休暇）第１項。

3　就業規則

1　法令の要点

■就業規則の作成及び届出の義務［労基法第89条］

1．**常時10人以上**の労働者を使用する使用者は、次に掲げる事項について**就業規則を作成**し、行政官庁に**届け出**なければならない。次に掲げる事項を**変更した場合**においても、**同様**とする。

①始業及び終業の時刻、休憩時間、休日、休暇並びに労働者を２組以上に分けて交替に就業させる場合においては就業時転換に関する事項
②賃金（臨時の賃金等を除く。）の決定、計算及び支払の方法、賃金の締切り及び支払の時期並びに昇給に関する事項
③退職に関する事項（解雇の事由を含む。）

■作成の手続［労基法第90条］

1．使用者は、就業規則の作成又は変更について、当該事業場に、労働者の過半数で組織する労働組合がある場合においてはその労働組合、労働者の過半数で組織する労働組合がない場合においては労働者の過半数を代表する者の**意見**を聴かなければならない。

■制裁規定の制限［労基法第91条］

1．就業規則で、労働者に対して減給の制裁を定める場合においては、その減給は、１回の額が平均賃金の１日分の半額を超え、総額が一賃金支払期における賃金の総額の**10分の１**を超えてはならない。

■法令及び労働協約との関係［労基法第92条］

1．就業規則は、法令又は当該事業場について適用される労働協約に反してはならない。
2．行政官庁は、法令又は労働協約に抵触する就業規則の変更を命ずることができる。

■法令等の周知義務［労基法第106条］

1．使用者は、この法律及びこれに基づく命令の要旨、就業規則、法令で定める協定並びに決議を、常時各作業場の見やすい場所へ掲示し、又は備え付けること、書面を交付することその他の厚生労働省令で定める方法によって、**労働者に周知**させなければならない。

■記録の保存［労基法第109条］

1．使用者は、労働者名簿、賃金台帳及び雇入れ、解雇、災害補償、賃金その他労働関係に関する重要な書類を**5年間保存**※しなければならない。

※ただし、経過措置として当分の間は３年間保存となっている。（労基法附則第143条）

2　演習問題

問１　労働基準法の定めに関する次の記述のうち、正しいものを２つ選びなさい。なお、解答にあたっては、各選択肢に記載されている事項以外は考慮しないものとする。

［R2. 8］

☐ 1．使用者は、労働者名簿、賃金台帳及び雇入れ、解雇、災害補償、賃金その他労働関係に関する重要な書類を１年間（ただし、当分の間は３年間保存）保存しなければならない。

2．使用者は、労働者に、休憩時間を除き１週間について40時間を超えて、労働させてはならない。また、１週間の各日については、労働者に、休憩時間を除き１日について８時間を超えて、労働させてはならない。

3．使用者は、労働時間が６時間を超える場合においては少くとも45分、８時間を超える場合においては少くとも１時間の休憩時間を労働時間の途中に与えなければならない。

4．労働契約は、期間の定めのないものを除き、一定の事業の完了に必要な期間を定めるもののほかは、１年を超える期間について締結してはならない。

問2　労働基準法（以下「法」という。）に定める労働契約等についての次の記述のうち、誤っているものを1つ選びなさい。なお、解答にあたっては、各選択肢に記載されている事項以外は考慮しないものとする。

☐ 1．法第20条（解雇の予告）の規定は、法に定める期間を超えない限りにおいて、「日日雇い入れられる者」、「3ヵ月以内の期間を定めて使用される者」、「季節的業務に6ヵ月以内の期間を定めて使用される者」又は「試の使用期間中の者」のいずれかに該当する労働者については適用しない。

2．使用者は、労働契約の締結に際し、労働者に対して賃金、労働時間その他の労働条件を明示しなければならない。この明示された労働条件が事実と相違する場合においては、労働者は、即時に労働契約を解除することができる。

3．使用者は、労働者が業務上負傷し、又は疾病にかかり療養のために休業する期間及びその後30日間並びに産前産後の女性が法第65条（産前産後）の規定によって休業する期間及びその後30日間は、解雇してはならない。

4．使用者は、労働者名簿、賃金台帳及び雇入れ、解雇、災害補償、賃金その他労働関係に関する重要な書類を5年間（ただし、当分の間は3年間保存）保存しなければならない。

問3　労働基準法（以下「法」という。）の定めに関する次の記述のうち、正しいものを2つ選びなさい。なお、解答にあたっては、各選択肢に記載されている事項以外は考慮しないものとする。

☐ 1．法で定める労働条件の基準は最低のものであるから、労働関係の当事者は、当事者間の合意がある場合を除き、この基準を理由として労働条件を低下させてはならないことはもとより、その向上を図るように努めなければならない。

2．労働契約は、期間の定めのないものを除き、一定の事業の完了に必要な期間を定めるもののほかは、3年（法第14条（契約期間等）第1項各号のいずれかに該当する労働契約にあっては、5年）を超える期間について締結してはならない。

3．労働者は、労働契約の締結に際し使用者から明示された賃金、労働時間その他の労働条件が事実と相違する場合においては、少なくとも30日前に使用者に予告したうえで、当該労働契約を解除することができる。

4．法第106条に基づき使用者は、この法律及びこれに基づく命令の要旨、就業規則、時間外労働・休日労働に関する協定等を、常時各作業場の見やすい場所へ掲示し、又は備え付けること、書面を交付することその他の厚生労働省令で定める方法によって、労働者に周知させなければならない。

問４　労働基準法に定める就業規則についての次の記述のうち、誤っているものを１つ選びなさい。なお、解答にあたっては、各選択肢に記載されている事項以外は考慮しないものとする。

□ １．常時10人以上の労働者を使用する使用者は、始業及び終業の時刻、休憩時間、休日、休暇等法令に定める事項について就業規則を作成し、行政官庁に届け出なければならない。

２．就業規則で、労働者に対して減給の制裁を定める場合においては、その減給は、１回の額が平均賃金の１日分の半額を超え、総額が一賃金支払期における賃金の総額の10分の１を超えてはならない。

３．使用者は、就業規則の作成又は変更について、当該事業場に、労働者の過半数で組織する労働組合がある場合においてはその労働組合、労働者の過半数で組織する労働組合がない場合においては労働者の過半数を代表する者と協議し、その内容について同意を得なければならない。

４．就業規則は、法令又は当該事業所について適用される労働協約に反してはならない。また、行政官庁は、法令又は労働協約に抵触する就業規則の変更を命ずることができる。

◆解答＆解説

問1［解答　2，3］

1．「1年間保存」⇒「**5年間保存**」。労基法第109条（記録の保存）第1項。
2．労基法第32条（労働時間）第1項・第2項。⇒271P
3．労基法第34条（休憩）第1項。⇒272P
4．「1年」⇒「**3年**」。労基法第14条（契約期間等）第1項。⇒266P

問2［解答　1］

1．解雇の予告の規定は、次の労働者については適用しない。①日日雇い入れられる者、②**2ヵ月以内**の期間を定めて使用される者、③季節的業務に**4ヵ月以内**の期間を定めて使用される者、④試の使用期間中の者。労基法第21条（解雇の予告）第1項①～④。⇒268P
2．労基法第15条（労働条件の明示）第1項・第2項。⇒267P
3．労基法第19条（解雇制限）第1項。⇒267P
4．労基法第109条（記録の保存）第1項。

問3［解答　2，4］

1．**「当事者間の合意」がある場合であっても、労基法で定める労働条件の基準を理由として、労働条件を低下させてはならない**。労基法第1条（労働条件の原則）第2項。⇒266P
2．労基法第14条（契約期間等）第1項。⇒266P
3．「少なくとも30日前に使用者に予告したうえで」⇒「**即時に**」。労基法第15条（労働条件の明示）第1項・第2項。⇒267P
4．労基法第106条（法令等の周知義務）第1項。

問4［解答　3］

1．労基法第89条（就業規則の作成及び届出の義務）第1項①。
2．労基法第91条（制裁規定の制限）第1項。
3．労働者の過半数で組織する労働組合がない場合は、労働者の過半数を代表する者の**意見を聴かなければならない**。協議し、同意を得る必要はない。労基法第90条（作成の手続き）第1項。
4．労基法第92条（法令及び労働協約との関係）第1項・第2項。

4 健康診断

1 法令の要点

■健康診断［安衛法第66条］

1．事業者は、労働者に対し、衛生規則で定めるところにより、**医師による健康診断**を行わなければならない。

■健康診断の結果についての医師等からの意見聴取［安衛法第66条の4］

1．事業者は、健康診断の結果（当該健康診断の項目に異常の所見があると診断された労働者に係るものに限る。）に基づき、当該労働者の健康を保持するために必要な措置について、衛生規則で定めるところにより、医師又は歯科医師の**意見を聴かなければならない**。

■健康診断の結果の通知［安衛法第66条の6］

1．事業者は、健康診断を受けた労働者に対し、衛生規則で定めるところにより、当該健康診断の結果を**通知しなければならない**。

■面接指導等［安衛法第66条の8］

1．事業者は、その労働時間の状況その他の事項が労働者の健康の保持を考慮して衛生規則第52条の2で定める要件に該当する労働者に対し、衛生規則で定めるところにより、医師による面接指導（問診その他の方法により心身の状況を把握し、これに応じて面接により必要な指導を行うことをいう。）を**行わなければならない**。

■面接指導の対象となる労働者の要件等［衛生規則第52条の2］

1．安衛法第66条の8第1項の衛生規則で定める要件は、休憩時間を除き1週間当たり40時間を超えて労働させた場合におけるその超えた時間が1ヵ月当たり80時間を超え、かつ、疲労の蓄積が認められる者であることとする。ただし、次項の期日前1ヵ月以内に安衛法第66条の8第1項又は第66条の8の2第1項に規定する面接指導を受けた労働者その他これに類する労働者であって法第66条の8第1項に規定する面接指導を受ける必要がないと医師が認めたものを除く。

■面接指導の実施方法等［衛生規則第52条の3］

1．面接指導は、衛生規則第52条の2第1項の要件に該当する労働者の申出により行うものとする。

3．事業者は、労働者から第1項の申出があったときは、**遅滞なく**、面接指導を行わなければならない。

■雇入時の健康診断［衛生規則第43条］

1．事業者は、常時使用する労働者を**雇い入れるとき**は、当該労働者に対し、既往歴及び業務歴の調査等の項目について医師による**健康診断**を行わなければならない。ただし、医師による健康診断を受けた後、**3ヵ月**を経過しない者を雇い入れる場合において、その者が当該健康診断の結果を証明する書面を提出したときは、当該健康診断の項目に相当する項目については、この限りでない。

■定期健康診断［衛生規則第44条］

1．事業者は、常時使用する労働者（深夜業を含む業務等衛生規則に定める業務に従事する労働者を除く。）に対し、**1年以内ごとに1回**、定期に、所定の項目（既往歴及び業務歴の調査、自覚症状及び他覚症状の有無の検査など）について医師による**健康診断**を行わなければならない。

■特定業務従事者の健康診断［衛生規則第45条］

1．事業者は、第13条第1項第3号に掲げる業務（**深夜業を含む業務**、坑内における業務など）に常時従事する労働者に対し、当該業務への配置替えの際及び**6ヵ月以内ごとに1回**、定期に、第44条第1項各号に掲げる所定の項目（略）について医師による**健康診断**を行わなければならない。

■健康診断結果の記録の作成［衛生規則第51条］

1．事業者は、雇入時の健康診断等又は自ら受けた健康診断の結果に基づき、健康診断個人票を作成して、これを**5年間保存**しなければならない。

■健康診断の結果についての医師等からの意見聴取［衛生規則第51条の２］

２．**深夜業に従事する労働者**が、自ら受けた健康診断の結果を証明する書面を事業者に提出した場合において、その健康診断の結果（当該健康診断の項目に異常の所見があると診断された労働者に係るものに限る。）に基づく**医師からの意見聴取**は、次に定めるところにより行わなければならない。

①当該健康診断の結果を証明する書面が事業者に提出された日から**２ヵ月以内**に行うこと。
②聴取した医師の意見を健康診断個人票に記載すること。

２　演習問題

問１　労働基準法及び労働安全衛生法の定める健康診断に関する次の記述のうち、誤っているものを１つ選びなさい。なお、解答にあたっては、各選択肢に記載されている事項以外は考慮しないものとする。

□　１．事業者は、雇入時の健康診断等又は自ら受けた健康診断の結果に基づき、健康診断個人票を作成して、これを５年間保存しなければならない。

２．事業者は、事業者が行う健康診断を受けた労働者から請求があった場合に限り、当該労働者に対し、規則で定めるところにより、当該健康診断の結果を通知するものとする。

３．事業者は、深夜業を含む業務等に常時従事する労働者に対し、当該業務への配置替えの際及び６ヵ月以内ごとに１回、定期に、労働安全衛生規則に定める所定の項目について医師による健康診断を行わなければならない。

４．事業者は、健康診断の結果（当該健康診断の項目に異常の所見があると診断された労働者に係るものに限る。）に基づき、当該労働者の健康を保持するために必要な措置について、衛生規則で定めるところにより、医師又は歯科医師の意見を聴かなければならない。

問2　労働基準法及び労働安全衛生法の定める健康診断に関する次の記述のうち、誤っているものを1つ選びなさい。なお、解答にあたっては、各選択肢に記載されている事項以外は考慮しないものとする。

☑ 1．事業者は、常時使用する労働者（労働安全衛生規則（以下「規則」という。）に定める深夜業を含む業務等に常時従事する労働者を除く。）に対し、1年以内ごとに1回、定期に、規則に定める項目について医師による健康診断を行わなければならない。また、この健康診断の結果に基づき、健康診断個人票を作成し、5年間保存しなければならない。

2．事業者は、健康診断の結果（当該健康診断の項目に異常の所見があると診断された労働者に係るものに限る。）に基づき、当該労働者の健康を保持するために必要な措置について、規則で定めるところにより、医師又は歯科医師の意見を聴かなければならない。

3．事業者は、事業者が行う健康診断を受けた労働者から請求があった場合に限り、当該労働者に対し、規則で定めるところにより、当該健康診断の結果を通知するものとする。

4．事業者は、その労働時間の状況その他の事項が労働者の健康の保持を考慮して規則第52条の2で定める要件に該当する労働者からの申出があったときは、遅滞なく、当該労働者に対し、規則で定めるところにより、医師による面接指導を行わなければならない。

問3　労働基準法及び労働安全衛生法の定める健康診断に関する次の記述のうち、誤っているものを１つ選びなさい。なお、解答にあたっては、各選択肢に記載されている事項以外は考慮しないものとする。［R2.8］

1．事業者は、常時使用する労働者を雇い入れるときは、当該労働者に対し、労働安全衛生規則に定める既往歴及び業務歴の調査等の項目について医師による健康診断を行わなければならない。ただし、医師による健康診断を受けた後、３ヵ月を経過しない者を雇い入れる場合において、その者が当該健康診断の結果を証明する書面を提出したときは、当該健康診断の項目に相当する項目については、この限りでない。

2．事業者は、事業者が行う健康診断を受けた労働者に対し、遅滞なく、当該健康診断の結果を通知しなければならない。

3．事業者は、深夜業を含む業務等に常時従事する労働者に対し、当該業務への配置替えの際及び６ヵ月以内ごとに１回、定期に、労働安全衛生規則に定める所定の項目について医師による健康診断を行わなければならない。

4．事業者は、労働安全衛生規則で定めるところにより、深夜業に従事する労働者が、自ら受けた健康診断の結果を証明する書面を事業者に提出した場合において、その健康診断の結果（当該健康診断の項目に異常の所見があると診断された労働者に係るものに限る。）に基づく医師からの意見聴取は、当該健康診断の結果を証明する書面が事業者に提出された日から４ヵ月以内に行わなければならない。

◆解答＆解説

問1［解答　2］

1．衛生規則第51条（健康診断結果の記録の作成）第1項。

2．**請求の有無にかかわらず**、労働者に対し当該健康診断の結果を**通知しなければならない**。安衛法第66条の6（健康診断の結果の通知）第1項。

3．衛生規則第45条（特定業務従事者の健康診断）第1項。

4．安衛法第66条の4（健康診断の結果についての医師等からの意見聴取）第1項。

問2［解答　3］

1．衛生規則第44条（定期健康診断）第1項・衛生規則第51条（健康診断結果の記録の作成）第1項。

2．安衛法第66条の4（健康診断の結果についての医師等からの意見聴取）第1項。

3．**請求の有無にかかわらず**、労働者に対し当該健康診断の結果を**通知しなければならない**。安衛法第66条の6（健康診断の結果の通知）第1項。

4．安衛法第66条の8（面接指導等）第1項・衛生規則第52条の2（面接指導の対象となる労働者の要件等）第1項・衛生規則第52条の3（面接指導の実施方法等）第1項・第3項。

問3［解答　4］

1．衛生規則第43条（雇入時の健康診断）第1項。

2．安衛法第66条の6（健康診断の結果の通知）第1項。

3．衛生規則第45条（特定業務従事者の健康診断）第1項。

4．「4ヵ月以内」⇒「**2ヵ月以内**」。衛生規則第51条の2（健康診断の結果についての医師等からの意見聴取）第2項①。

5　労働時間の改善基準［目的］

1　法令の要点

※改善基準：自動車運転者の労働時間等の改善のための基準（厚生労働省告示）

『自動車運転者の労働時間等の改善のための基準（改善基準告示）』は令和４年12月23日に改正されましたが、適用は令和６年４月１日からとなっています。そのため、本書の内容は旧改善基準告示に沿って編集しています。

新改善基準告示はこちら

■目的等［改善基準第１条］

1．この基準は、自動車運転者（労働基準法（以下「法」という。）第９条に規定する労働者（同居の親族のみを使用する事業又は事務所に使用される者及び家事使用人を除く。）であって、**四輪以上の自動車**の運転の業務（厚生労働省労働基準局長が定めるものを除く。）に主として従事する者をいう。）の労働時間等の改善のための基準を定めることにより、自動車運転者の労働時間等の**労働条件の向上**を図ることを目的とする。

2．**労働関係の当事者**は、この基準を理由として自動車運転者の**労働条件を低下**させてはならないことはもとより、その**向上**に努めなければならない。

3．使用者は、**季節的繁忙**その他の事情により、法第36条第１項の規定に基づき臨時に**労働時間を延長し**、又は休日に労働させる場合においても、その時間数又は日数を少なくするように努めるものとする。

2　演習問題

問１「自動車運転者の労働時間等の改善のための基準」に定める目的等についての次の文中、Ａ～Ｇに入るべき字句としていずれか正しいものを１つ選びなさい。

［R2. 8改］

1．この基準は、自動車運転者（労働基準法（以下「法」という。）第９条に規定する労働者であって、（Ａ）の運転の業務（厚生労働省労働基準局長が定めるものを除く。）に主として従事する者をいう。以下同じ。）の労働時間等の改善のための基準を定めることにより、自動車運転者の労働時間等の（Ｂ）を図ることを目的とする。

2．（Ｃ）は、この基準を理由として自動車運転者の（Ｄ）させてはならないことはもとより、その（Ｅ）に努めなければならない。

3．使用者は、（Ｆ）その他の事情により、法第36条第１項の規定に基づき臨時に（Ｇ)、又は休日に労働させる場合においても、その時間数又は日数を少なくするように努めるものとする。

Ａ	1．四輪以上の自動車	2．二輪以上の自動車
Ｂ	1．労働契約の遵守	2．労働条件の向上
Ｃ	1．使用者	2．労働関係の当事者
Ｄ	1．生活環境を悪化	2．労働条件を低下
Ｅ	1．維持	2．向上
Ｆ	1．季節的繁忙	2．運転者不足
Ｇ	1．休息期間を短縮し	2．労働時間を延長し

◆解答＆解説

問１［解答　Ａ－１，Ｂ－２，Ｃ－２，Ｄ－２，Ｅ－２，Ｆ－１，Ｇ－２］

1．改善基準第１条（目的等）第１項。

2．改善基準第１条（目的等）第２項。

3．改善基準第１条（目的等）第３項。

6 労働時間の改善基準［タクシー］

1 法令の要点

■一般乗用旅客自動車運送事業に従事する自動車運転者の拘束時間等

［改善基準第２条］

1．使用者は、一般乗用旅客自動車運送事業に従事する自動車運転者（**隔日勤務に就くものを除く**。）の拘束時間及び休息期間については、次に定めるところによるものとする。

※**拘束時間**とは、始業時刻から終業時刻までの時間で、労働時間と休憩時間（仮眠時間を含む）の合計時間をいう。

※**休息期間**とは、勤務と次の勤務の間の時間で、睡眠時間を含む労働者の生活時間として、労働者にとって全く自由な時間をいう。

《１ヵ月の拘束時間》

①１ヵ月についての拘束時間は、**299時間**を超えないものとすること。ただし、車庫待ち等の自動車運転者について、労働者の過半数を代表する者との書面による労使協定があるときは、**322時間**を超えないものとすること。

《１日の拘束時間》

②１日（**始業時刻から起算して24時間をいう**。）についての拘束時間は、**13時間**を超えないものとし、当該拘束時間を延長する場合であっても、１日についての拘束時間の限度（最大拘束時間）は、**16時間**とすること。ただし、車庫待ち等の自動車運転者について、次に掲げる要件を満たす場合には、この限りでない。

イ．勤務終了後、継続**20時間**以上の休息期間を与えること。

ロ．１日についての拘束時間が**16時間**を超える回数が、１ヵ月について**７回以内**であること。

ハ．１日についての拘束時間が**18時間**を超える場合には、夜間４時間以上の仮眠時間を与えること。

ニ．１回の勤務における拘束時間が、24時間を超えないこと。

③勤務終了後、継続**８時間以上**の休息期間を与えること。

2．使用者は、一般乗用旅客自動車運送事業に従事する自動車運転者であって**隔日勤務に就くもの**の拘束時間及び休息期間については、次に定めるところによるものとする。

《２暦日の拘束時間》

①拘束時間は、**２暦日**について**21時間**、１ヵ月について**262時間**を超えないものとすること。ただし、１ヵ月の拘束時間は、地域的事情その他の特別の事情がある場合において、労使協定があるときは、１年のうち**６ヵ月**において、各月について**270時間**を超えないものとする。

②勤務終了後、継続**20時間以上**の休息期間を与えること。

3．使用者及び労働者の過半数で組織する労働組合又は労働者の過半数を代表する者は、法第36条第１項の協定（労働時間の延長に係るものに限る。）において一般乗用旅客自動車運送事業に従事する自動車運転者に係る１日を超える一定の期間についての延長時間について協定するに当たっては、当該一定期間は**１ヵ月**とするものとする。

4．使用者は、一般乗用旅客自動車運送事業に従事する自動車運転者に法第35条の**休日に労働**させる場合は、当該労働させる休日は**２週間について１回**を超えないものとし、当該休日の労働によって第１項又は第２項に定める拘束時間及び最大拘束時間の限度を超えないものとする。

2　演習問題（1日の拘束時間）

問1　「自動車運転者の労働時間等の改善のための基準」に定める一般乗用旅客自動車運送事業に従事する自動車運転者（隔日勤務に就く運転者及びハイヤーに乗務する運転者以外のもの。）の拘束時間及び休息期間についての次の文中、A、B、C、Dに入るべき字句としていずれか正しいものを1つ選びなさい。［R1.8改］

1日（始業時刻から起算して24時間をいう。以下同じ。）についての拘束時間は、（A）を超えないものとし、当該拘束時間を延長する場合であっても、1日についての拘束時間の限度（最大拘束時間）は、（B）とすること。ただし、車庫待ち等の自動車運転者について、次に掲げる要件を満たす場合には、この限りでない。

イ　勤務終了後、継続（C）以上の休息期間を与えること。

ロ　1日についての拘束時間が（B）を超える回数が、1ヵ月について7回以内であること。

ハ　1日についての拘束時間が（D）を超える場合には、夜間4時間以上の仮眠時間を与えること。

ニ　1回の勤務における拘束時間が、24時間を超えないこと。

☐ A　1．13時間　　2．14時間

B　1．15時間　　2．16時間

C　1．8時間　　2．20時間

D　1．18時間　　2．20時間

◆解答＆解説

問1［解答　A－1，B－2，C－2，D－1］

改善基準第2条第1項②。

3　演習問題（2暦日の拘束時間）

問1　下表は、一般乗用旅客自動車運送事業の隔日勤務に従事する自動車運転者の1ヵ月の勤務状況の例を示したものであるが、「自動車運転者の労働時間等の改善のための基準」に定める拘束時間等に照らし、次の1～4の中から違反している事項を2つ選びなさい。なお、車庫待ち等はないものとし、また、「1ヵ月についての拘束時間の延長に関する労使協定」及び「時間外労働及び休日労働に関する労使協定」があり、下表の1ヵ月は、当該協定により1ヵ月についての拘束時間を延長することができる月に該当するものとする。［R2. 8］

日付	1日	2日	3日	4日	5日	6日	7日	8日	9日	10日	11日	12日	13日	14日	15日	16日
勤務等状況	労働日		労働日		休日	労働日		労働日		休日	労働日		労働日		労働日	
始業時刻（午前）	9:00		8:00			9:00		9:00			8:00		9:00		8:00	
	～		～			～		～			～		～		～	
終業時刻（午前）		6:00		5:00			6:00		6:00			5:00		6:00		5:00
拘束時間（時間）	21		21		－	21		21		－	21		21		21	

日付	17日	18日	19日	20日	21日	22日	23日	24日	25日	26日	27日	28日	29日	30日	31日	1ヵ月（1日～31日）の拘束時間計
勤務等状況	労働日		休日	休日	労働日		労働日		休日労働日		労働日		労働日		休日	
始業時刻（午前）	8:00				8:00		8:00		10:00		9:00		8:00			
	～				～		～		～		～		～			
終業時刻（午前）		6:00				5:00		5:00		4:00		6:00		5:00		
拘束時間（時間）	22		－	－	21		21		18		21		21		－	271時間

（注1）協定における時間外労働及び休日労働の起算日は、1日とする。
（注2）1日の前日は休日とする。
（注3）拘束時間と次の拘束時間の間は休息期間とする。

☐　1．休息期間
　　2．労働基準法第35条の休日に労働させる回数
　　3．2暦日についての拘束時間
　　4．1ヵ月の拘束時間

◆解答＆解説

問1［解答　3，4］

改善基準第２条第２項①・②、第４項。

終業時刻から始業時刻を休息期間に書き換えると次のとおりになる。

日　付	1日	2日	3日	4日	5日	6日	7日	8日	9日	10日	11日	12日	13日	14日	15日	16日
勤務等状況	労働日		労働日		休日	労働日		労働日		休日	労働日		労働日		労働日	
拘束時間（時間）	21		21			21		21			21		21		21	
休息期間（時間）		26			—		27			—		28		26		27

日　付	17日	18日	19日	20日	21日	22日	23日	24日	25日	26日	27日	28日	29日	30日	31日
勤務等状況	労働日		休日	休日	労働日		労働日		休日労働		労働日		労働日		休日
拘束時間（時間）	**22**				21		21		18		21		21		
休息期間（時間）			—	—		27		29		29		26			—

１ヵ月（1日～31日）の拘束時間計	**271時間**

1．休息期間は、勤務終了後、継続20時間以上であること。
　◎いずれも継続20時間以上のため改善基準に違反していない。

2．労働基準法第35条の休日に労働させる回数は、２週間について１回を超えないこと。
　◎２週間で１回（25～26日）のみのため、改善基準に違反していない。

3．拘束時間は、２暦日について21時間を超えないこと。
　◎17～18日（**22時間**）が21時間を超えているため**改善基準に違反している**。

4．１ヵ月についての拘束時間は、262時間を超えないこと。ただし、労使協定がある場合は、１年のうち６ヵ月は、各月について270時間を超えないこと。
　◎１ヵ月についての拘束時間の延長に関する労使協定及び１ヵ月についての拘束時間を延長することができる月に該当しているため、１ヵ月の拘束時間を270時間まで延長できるが、拘束時間の合計が**271時間**であるため、**改善基準に違反している**。

7　労働時間の改善基準［バス］

1　法令の要点

■一般乗合・貸切旅客自動車運送事業に従事する自動車運転者の拘束時間等［改善基準第5条］

1．使用者は、一般乗合・貸切旅客自動車運送事業に従事する自動車運転者（バス運転者等）の拘束時間、休息期間及び運転時間については、次に定めるところによるものとする。

※**拘束時間**とは、始業時刻から終業時刻までの時間で、労働時間と休憩時間（仮眠時間を含む）の合計時間をいう。

※**休息期間**とは、勤務と次の勤務の間の時間で、睡眠時間を含む労働者の生活時間として、労働者にとって全く自由な時間をいう。

《１週間当たりの拘束時間》

①拘束時間は、４週間を平均し１週間当たり**65時間**を超えないものとすること。ただし、貸切バスを運行する営業所において運転の業務に従事する者、貸切バスに乗務する者及び高速バスの運転者については、労使協定があるときは、52週間のうち**16週間**までは、４週間を平均し１週間当たり**71.5時間**まで延長することができる。

《１日の拘束時間》

②**１日（始業時刻から起算して24時間をいう。）**についての拘束時間は、**13時間**を超えないものとし、当該拘束時間を延長する場合であっても、最大拘束時間は**16時間**とすること。この場合において、１日についての拘束時間が**15時間**を超える回数は、１週間について**２回以内**とすること。

③勤務終了後、**継続８時間以上**の休息期間を与えること。

《２日平均の運転時間・１週間当たりの運転時間》

④運転時間は、**２日（始業時刻から起算して48時間をいう。）を平均**し１日当たり**９時間**（※詳細は333Pを参照）、**４週間**を平均し１週間当たり**40時間**を超えないものとすること。ただし、貸切バスを運行する営業所において運転の業務に従事する者、貸切バスに乗務する者及び高速バスの運転者については、労使協定があるときは、52週間についての運転時間が**2,080時間を超えない範囲**において、52週間のうち**16週間**までは、４週間を平均し１週間当たり**44時間**まで延長することができる。

《連続運転時間》

⑤連続運転時間は、**4時間**を超えないものとすること。

※**連続運転時間**とは、1回が連続**10分以上**で、かつ、合計が**30分以上**の運転の中断をすることなく連続して運転する時間をいう。また、運転開始後4時間以内又は4時間経過直後に運転を中断して30分以上の休憩等を確保すること。休憩等については、少なくとも1回につき**10分以上とした上で分割**できる。

2．使用者は、バス運転者等の休息期間については、当該バス運転者等の住所地における休息期間がそれ以外の場所における休息期間より**長くなる**ように努めるものとする。

3．第1項の規定にかかわらず、次の各号のいずれかに該当する場合には、拘束時間及び休息期間については、厚生労働省労働基準局長の定めるところによることができる。

①業務の必要上、勤務の終了後継続8時間以上の休息期間を与えることが**困難な場合**
②バス運転者等が同時に1台の自動車に2人以上乗務する場合
③バス運転者等が隔日勤務に就く場合
④バス運転者等がフェリーに乗船する場合

〔一般乗用旅客自動車運送事業以外の事業に従事する自動車運転者の拘束時間及び休息期間の特例について〕

※以下「特例通達」という

1．業務の必要上、勤務の終了後継続8時間以上の休息期間を与えることが困難な場合

(1) 業務の必要上、勤務の終了後継続8時間以上の休息期間を与えることが困難な場合には、当分の間、一定期間における全勤務回数の**2分の1**を限度に、休息期間を拘束時間の途中及び拘束時間の経過直後に分割して与えることができるものとする。この場合において、分割された休息期間は、1日（始業時刻から起算して24時間をいう。以下同じ。）において1回当たり**継続4時間以上、合計10時間以上**でなければならないものとする。

2．自動車運転者が同時に1台の自動車に2人以上乗務する場合

バス運転者が同時に1台の事業用自動車に2人以上乗務する場合（車両内に身体を伸ばして休息することができる設備がある場合に限る。）においては、1日についての最大拘束時間を**20時間**まで延長することができる。また、休息期間は、**4時間**まで短縮することができるものとする。

3．自動車運転者が隔日勤務に就く場合

業務の必要上やむを得ない場合には、当分の間、改善基準第５条第１項第１号から第３号までの規定並びに上記１及び２にかかわらず、次の条件の下で隔日勤務に就かせることができるものとする。

(1) ２暦日における拘束時間は、**21時間**を超えてはならないものとする。

ただし、事業場内仮眠施設又は使用者が確保した同種の施設において、夜間に４時間以上の仮眠時間を与える場合には、２週間について**３回**を限度に、この２暦日における拘束時間を**24時間**まで延長とすることができるものとする。この場合においても、２週間における総拘束時間は**126時間**（21時間×６勤務）を超えることができないものとする。

(2) 勤務終了後、**継続20時間**以上の休息期間を与えなければならないものとする。

4．自動車運転者がフェリーに乗船する場合

(2) 一般乗用旅客自動車運送事業以外の旅客自動車運送事業に従事する自動車運転者のフェリー乗船時間（乗船時刻から下船時刻まで）のうち**２時間**（フェリー乗船時間が２時間未満の場合には、その時間）については**拘束時間**として取り扱い、**その他の時間**については**休息期間**として取り扱うものとする。

(3) 上記(2)により休息期間とされた時間を改善基準第５条第１項第３号の規定（ただし、２人乗務の場合には上記２、隔日勤務の場合には上記３の(2)）により与えるべき休息期間の時間から減ずることができるものとする。ただし、その場合においても、減算後の休息期間（勤務の終了時刻（休息期間の開始時刻）から次の勤務の開始時刻（休息期間の終了時刻）まで）は、２人乗務の場合を除き、フェリー下船時刻から勤務終了時刻までの間の時間（フェリー下船時刻から勤務の終了時刻（休息期間の開始時刻））の**２分の１**を下回ってはならないものとする。

4．労使当事者は、時間外労働協定においてバス事業に従事する自動車運転者に係る一定期間についての延長時間について協定するに当たっては、当該一定期間は、**２週間及び１ヵ月以上３ヵ月以内**の一定の期間とするものとする。

5．使用者は、バス運転者等に労基法第35条（⇒272P）の休日に労働させる場合は、当該労働させる休日は**２週間について１回**を超えないものとし、当該休日の労働によって第１項に定める拘束時間及び**最大拘束時間**の限度を超えないものとする。

2　演習問題（総合1）

問1　「自動車運転者の労働時間等の改善のための基準」（以下「改善基準告示」という。）に定める一般乗用旅客自動車運送事業以外の旅客自動車運送事業に従事する自動車運転者（以下「バス運転者」という。）の拘束時間等についての次の文中、A、B、C、Dに入るべき字句としていずれか正しいものを１つ選びなさい。

［R3_CBT］

1．使用者は、バス運転者に労働基準法第35条の休日に労働させる場合は、当該労働させる休日は（A）について１回を超えないものとし、当該休日の労働によって改善基準告示第５条第１項に定める拘束時間及び（B）の限度を超えないものとする。

2．労使当事者は、労働基準法第36条第１項の協定（時間外労働協定（労働時間の延長に係るものに限る。））においてバス運転者に係る一定期間についての延長時間について協定するに当たっては、当該一定期間は、（C）及び（D）以内の一定の期間とするものとする。

☐
A　①２週間　　②４週間
B　①連続運転時間　　②最大拘束時間
C　①２週間　　②４週間
D　①１ヵ月以上３ヵ月　　②３ヵ月以上６ヵ月

問2　「自動車運転者の労働時間等の改善のための基準」（以下「改善基準告示」という。）に定める一般乗用旅客自動車運送事業以外の旅客自動車運送事業に従事する自動車運転者の拘束時間等に関する次の文中、A、B、C、Dに入るべき字句としていずれか正しいものを1つ選びなさい。ただし、1人乗務で、隔日勤務に就く場合には該当しないものとする。[R2_CBT]

1. 業務の必要上、勤務の終了後継続8時間以上の休息期間を与えることが困難な場合には、当分の間、一定期間における全勤務回数の（A）を限度に、休息期間を拘束時間の途中及び拘束時間の経過直後に分割して与えることができるものとする。この場合において、分割された休息期間は、1日（始業時刻から起算して24時間をいう。）において1回当たり継続4時間以上、合計（B）以上でなければならないものとする。
2. 拘束時間は、4週間を平均し1週間当たり（C）を超えないものとすること。ただし、貸切バスを運行する営業所において運転の業務に従事する者、貸切バスに乗務する者及び改善基準告示に定める運転者については、労使協定があるときは、52週間のうち16週間までは、4週間を平均し1週間当たり（D）まで延長することができる。

☐ A　①　3分の1　　②　2分の1
B　①　10時間　　②　12時間
C　①　44時間　　②　65時間
D　①　71.5時間　　②　81時間

問３　「自動車運転者の労働時間等の改善のための基準」（以下「改善基準告示」という。）に定める一般乗用旅客自動車運送事業以外の旅客自動車運送事業に従事する自動車運転者（以下「バス運転者」という。）の拘束時間等についての次の文中、A、B、C、Dに入るべき字句としていずれか正しいものを１つ選びなさい。

［R3. 3改］

1．１日（始業時刻から起算して24時間をいう。以下同じ。）についての拘束時間は、13時間を超えないものとし、当該拘束時間を延長する場合であっても、最大拘束時間は（A）とすること。

2．業務の必要上、勤務の終了後継続８時間以上の休息期間を与えることが困難な場合には、当分の間、一定期間における全勤務回数の２分の１を限度に、休息期間を拘束時間の途中及び拘束時間の経過直後に分割して与えることができるものとする。この場合において、分割された休息期間は、１日において１回当たり継続（B）以上、合計10時間以上でなければならないものとする。

3．労使当事者は、時間外労働協定においてバス運転者に係る一定期間についての延長時間について協定するに当たっては、当該一定期間は２週間及び（C）以内の一定の期間とするものとする。

4．使用者は、バス運転者に労働基準法第35条の休日に労働させる場合は、当該労働させる休日は（D）について１回を超えないものとし、当該休日の労働によって改善基準告示第５条第１項に定める拘束時間及び最大拘束時間の限度を超えないものとする。

☐
A　①　15時間　　②　16時間
B　①　３時間　　②　４時間
C　①　１ヵ月以上３ヵ月　　②　３ヵ月以上６ヵ月
D　①　２週間　　②　４週間

問4　「自動車運転者の労働時間等の改善のための基準」（以下「改善基準告示」という。）において定める一般貸切旅客自動車運送事業に従事する自動車運転者（以下「貸切バス運転者」という。）の拘束時間等の規定に関する次の記述のうち、正しいものをすべて選びなさい。なお、解答にあたっては、各選択肢に記載されている事項以外は考慮しないものとする。

☑ 1．使用者は、貸切バス運転者の運転時間については、4週間を平均し1週間当たり40時間を超えないものとすること。ただし、労使協定があるときは、4週間を平均し1週間当たりの運転時間については改善基準告示で定める範囲内において延長することができる。

2．使用者は、貸切バス運転者（隔日勤務に就く運転者以外のもの。）の1日（始業時刻から起算して24時間をいう。以下同じ。）についての拘束時間は、13時間を超えないものとし、当該拘束時間を延長する場合であっても、最大拘束時間は、15時間とすること。この場合において、1日についての拘束時間が15時間を超える回数は、1週間について2回以内とすること。

3．使用者は、業務の必要上、貸切バス運転者に勤務の終了後継続8時間以上の休息期間を与えることが困難な場合には、当分の間、一定期間における全勤務回数の2分の1を限度に、休息期間を拘束時間の途中及び拘束時間の経過直後に分割して与えることができるものとする。この場合において、分割された休息期間は、1日（始業時刻から起算して24時間をいう。）において1回当たり継続4時間以上、合計8時間以上でなければならないものとする。

4．使用者は、貸切バス運転者の連続運転時間（1回が連続10分以上で、かつ、合計が30分以上の運転の中断をすることなく連続して運転する時間をいう。）は、4時間を超えないものとすること。

問５　「自動車運転者の労働時間等の改善のための基準」（以下「改善基準告示」という。）に定める一般乗用旅客自動車運送事業以外の旅客自動車運送事業に従事する自動車運転者（以下「バス運転者」という。）の拘束時間等に関する次の記述のうち、正しいものを２つ選びなさい。なお、解答にあたっては、各選択肢に記載されている事項以外は考慮しないものとする。

☐ １．使用者は、貸切バス運転者の１日（始業時刻から起算して24時間をいう。以下同じ。）についての拘束時間については、13時間を超えないものとし、当該拘束時間を延長する場合であっても、最大拘束時間は、16時間とすること。この場合において、１日についての拘束時間が13時間を超える回数は、１週間について２回以内とすること。

２．使用者は、業務の必要上、貸切バス運転者（１人乗務の場合）に勤務の終了後継続８時間以上の休息期間を与えることが困難な場合には、当分の間、一定期間における全勤務回数の２分の１を限度に、休息期間を拘束時間の途中及び拘束時間の経過直後に分割して与えることができるものとする。この場合において、分割された休息期間は、１日（始業時刻から起算して24時間をいう。以下同じ。）において１回当たり継続４時間以上、合計10時間以上でなければならないものとする。

３．使用者は、貸切バス運転者の運転時間については、２日（始業時刻から起算して48時間をいう。）を平均し１日当たり９時間、４週間を平均し１週間当たり40時間を超えないものとすること。ただし、労使協定があるときは、４週間を平均し１週間当たりの運転時間については改善基準告示で定める範囲内において延長することができる。

４．使用者は、業務の必要上やむを得ない場合には、当分の間、貸切バス運転者を隔日勤務に就かせることができる。この場合、２暦日における拘束時間は、24時間を超えないものとする。

問6　「自動車運転者の労働時間等の改善のための基準」(以下「改善基準告示」という。)において定める一般貸切旅客自動車運送事業に従事する自動車運転者（以下「貸切バス運転者」という。）の拘束時間等の規定に関する次の記述のうち、正しいものを2つ選びなさい。なお、解答にあたっては、各選択肢に記載されている事項以外は考慮しないものとする。［R3_CBT］

☐ 1．使用者は、貸切バス運転者の連続運転時間（1回が連続5分以上で、かつ、合計が30分以上の運転の中断をすることなく連続して運転する時間をいう。）は、4時間を超えないものとすること。

2．使用者は、貸切バス運転者（隔日勤務に就く運転者以外のもの。）の1日（始業時刻から起算して24時間をいう。以下同じ。）についての拘束時間は、13時間を超えないものとし、当該拘束時間を延長する場合であっても、最大拘束時間は、16時間とすること。この場合において、1日についての拘束時間が15時間を超える回数は、1週間について2回以内とすること。

3．使用者は、業務の必要上、貸切バス運転者に勤務の終了後継続8時間以上の休息期間を与えることが困難な場合には、当分の間、一定期間における全勤務回数の2分の1を限度に、休息期間を拘束時間の途中及び拘束時間の経過直後に分割して与えることができるものとする。この場合において、分割された休息期間は、1日（始業時刻から起算して24時間をいう。）において1回当たり継続4時間以上、合計10時間以上でなければならないものとする。

4．使用者は、貸切バス運転者の運転時間については、2日（始業時刻から起算して48時間をいう。）を平均し1日当たり9時間、4週間を平均し1週間当たり44時間を超えないものとすること。ただし、労使協定があるときは、4週間を平均し1週間当たりの運転時間については改善基準告示で定める範囲内において延長することができる。

問７　「自動車運転者の労働時間等の改善のための基準」(以下「改善基準告示」という。）において定める一般貸切旅客自動車運送事業に従事する自動車運転者（以下「貸切バス運転者」という。）の拘束時間等に関する次の記述のうち、正しいものを２つ選びなさい。ただし、当該運行は、１人乗務で、隔日勤務には就いていない場合とする。なお、解答にあたっては、各選択肢に記載されている事項以外は考慮しないものとする。[R2_CBT]

□ １．使用者は、貸切バス運転者の１日（始業時刻から起算して24時間をいう。）についての拘束時間については、13時間を超えないものとし、当該拘束時間を延長する場合であっても、最大拘束時間は、16時間とすること。この場合において、１日についての拘束時間が15時間を超える回数は、１週間について２回以内とすること。

２．使用者は、貸切バス運転者の運転時間については、２日（始業時刻から起算して48時間をいう。）を平均し１日当たり９時間、４週間を平均し１週間当たり44時間を超えないものとすること。ただし、労使協定があるときは、４週間を平均し１週間当たりの運転時間については改善基準告示で定める範囲内において延長することができる。

３．使用者は、貸切バス運転者に労働基準法第35条の休日に労働させる場合は、当該労働させる休日は２週間について１回を超えないものとし、当該休日の労働によって改善基準告示第５条第１項に定める拘束時間及び最大拘束時間の限度を超えないものとする。

４．使用者は、貸切バス運転者の連続運転時間（１回が連続５分以上で、かつ、合計が30分以上の運転の中断をすることなく連続して運転する時間をいう。）は、４時間を超えないものとすること。

問8　「自動車運転者の労働時間等の改善のための基準」に定める一般乗用旅客自動車運送事業以外の旅客自動車運送事業に従事する自動車運転者（以下「バス運転者」という。）の拘束時間等に関する次の記述のうち、正しいものを２つ選びなさい。なお、解答にあたっては、各選択肢に記載されている事項以外は考慮しないものとする。[R3.3]

☐　1．拘束時間とは、始業時間から終業時間までの時間で、休憩時間を除く労働時間の合計をいう。

2．使用者は、バス運転者の休息期間については、当該バス運転者の住所地における休息期間がそれ以外の場所における休息期間より長くなるように努めるものとする。

3．連続運転時間（１回が連続10分以上で、かつ、合計が30分以上の運転の中断をすることなく連続して運転する時間をいう。）は、４時間を超えないものとする。

4．使用者は、業務の必要上、バス運転者（１人乗務の場合）に勤務の終了後継続８時間以上の休息期間を与えることが困難な場合には、当分の間、一定期間における全勤務回数の２分の１を限度に、休息期間を拘束時間の途中及び拘束時間の経過直後に分割して与えることができるものとする。この場合において、分割された休息期間は、１日（始業時刻から起算して24時間をいう。）において１回当たり継続４時間以上、合計８時間以上でなければならないものとする。

問９　「自動車運転者の労働時間等の改善のための基準」（以下「改善基準告示」という。）及び厚生労働省労働基準局長の定める「一般乗用旅客自動車運送事業以外の事業に従事する自動車運転者の拘束時間及び休息期間の特例について」に関する次の記述のうち、正しいものを２つ選びなさい。ただし、当該運行は、１人乗務で、隔日勤務には就いていない場合とする。なお、解答にあたっては、各選択肢に記載されている事項以外は考慮しないものとする。［R2.8］

☐　1．使用者は、貸切バス運転者の１日（始業時刻から起算して24時間をいう。以下同じ。）についての拘束時間については、13時間を超えないものとし、当該拘束時間を延長する場合であっても、最大拘束時間は、16時間とすること。この場合において、１日についての拘束時間が13時間を超える回数は、１週間について２回以内とすること。

2．使用者は、業務の必要上、貸切バス運転者に勤務の終了後継続８時間以上の休息期間を与えることが困難な場合には、当分の間、一定期間における全勤務回数の２分の１を限度に、休息期間を拘束時間の途中及び拘束時間の経過直後に分割して与えることができるものとする。この場合において、分割された休息期間は、１日において１回当たり継続４時間以上、合計10時間以上でなければならないものとする。

3．バス運転者が勤務の中途においてフェリーに乗船する場合における拘束時間及び休息期間は、フェリー乗船時間（乗船時刻から下船時刻まで）のうち、１時間（フェリー乗船時間が１時間未満の場合は、その時間）については拘束時間として取り扱い、その他の時間は休息期間として取り扱うものとし、この休息期間とされた時間を改善基準告示第５条の規定及び特例通達により与えるべき休息期間の時間から減ずることができるものとする。ただし、その場合においても、減算後の休息期間は、フェリー下船時刻から勤務終了時刻までの間の時間の２分の１を下回ってはならない。

4．労使当事者は、時間外労働協定において一般乗用旅客自動車運送事業以外の旅客自動車運送事業に従事する自動車運転者に係る一定期間についての延長時間について協定するに当たっては、当該一定期間は、２週間及び１ヵ月以上３ヵ月以内の一定の期間とするものとする。

問10　「自動車運転者の労働時間等の改善のための基準」及び厚生労働省労働基準局長の定める「一般乗用旅客自動車運送事業以外の事業に従事する自動車運転者の拘束時間及び休息期間の特例について」に関する次の記述のうち、正しいものを２つ選びなさい。なお、解答にあたっては、各選択肢に記載されている事項以外は考慮しないものとする。〔R1.8〕

☐ 1．使用者は、一般貸切旅客自動車運送事業に従事する自動車運転者（以下「貸切バス運転者」という。）の拘束時間は、４週間を平均し１週間当たり65時間を超えないものとすること。ただし、当該事業場に労働者の過半数で組織する労働組合がある場合においてはその労働組合、労働者の過半数で組織する労働組合がない場合においては労働者の過半数を代表する者との書面による協定があるときは、52週間のうち16週間までは、４週間を平均し１週間当たり71.5時間まで延長することができる。

2．使用者は、業務の必要上、貸切バス運転者（１人乗務の場合）に勤務の終了後継続８時間以上の休息期間を与えることが困難な場合には、当分の間、一定期間における全勤務回数の３分の２を限度に、休息期間を拘束時間の途中及び拘束時間の経過直後に分割して与えることができるものとする。この場合において、分割された休息期間は、１日（始業時刻から起算して24時間をいう。以下同じ。）において１回当たり継続４時間以上、合計10時間以上でなければならないものとする。

3．使用者は、貸切バス運転者（隔日勤務に就く運転者以外のもの。）が同時に１台の事業用自動車に２人以上乗務する場合（車両内に身体を伸ばして休息することができる設備がある場合に限る。）においては、１日についての最大拘束時間を20時間まで延長することができる。

4．使用者は、業務の必要上やむを得ない場合には、当分の間、貸切バス運転者を隔日勤務に就かせることができる。この場合、２暦日における拘束時間は、26時間を超えないものとする。

◆解答＆解説

問1［解答　A－①，B－②，C－①，D－①］

1．改善基準第５条第５項。

2．改善基準第５条第４項。

問2［解答　A－②，B－①，C－②，D－①］

1．特例通達１（1）。

2．改善基準第５条第１項①。

問3［解答　A－②，B－②，C－①，D－①］

1．改善基準第５条第１項②。

2．特例通達１（1）。

3．改善基準第５条第４項。

4．改善基準第５条第５項。

問4［解答　1，4］

1．改善基準第５条第１項④。

2．「最大拘束時間は、15時間とすること」⇒「最大拘束時間は、**16時間**とすること」。改善基準第５条第１項②。

3．「合計８時間以上」⇒「**合計10時間以上**」。特例通達１（1）。

4．改善基準第５条第１項⑤。

問5［解答　2，3］

1．「13時間を超える回数」⇒「**15時間**を超える回数」。改善基準第５条第１項②。

2．特例通達１（1）。

3．改善基準第５条第１項④。

4．「24時間」⇒「**21時間**」。特例通達３（1）。

問6［解答　2，3］

1．「１回が連続５分以上」⇒「１回が連続**10分以上**」。改善基準第５条第１項⑤。

2．改善基準第５条第１項②。

3．特例通達１（1）。

4．「１週間当たり44時間」⇒「１週間当たり**40時間**」。改善基準第５条第１項④。

問7［解答　1，3］

1．改善基準第５条第１項②。

2．「１週間当たり44時間」⇒「１週間当たり**40時間**」。改善基準第５条第１項④。

3．改善基準第５条第５項。

4．「１回が連続５分以上」⇒「１回が連続**10分以上**」。改善基準第５条第１項⑤。

問8［解答　2，3］

1．拘束時間には、始業時間から終業時間までの時間で**休憩時間も含まれる**。改善基準第5条第1項。

2．改善基準第5条第2項。

3．改善基準第5条第1項⑤。

4．「合計8時間以上」⇒「**合計10時間以上**」。特例通達1（1）。

問9［解答　2，4］

1．「13時間を超える回数」⇒「**15時間**を超える回数」。改善基準第5条第1項②。

2．特例通達1（1）。

3．フェリー乗船時間（乗船時刻から下船時刻まで）のうち、**2時間**（フェリー乗船時間が**2時間**未満の場合は、その時間）については拘束時間として取り扱い、その他の時間は休息期間として取り扱う。特例通達4（2）・（3）。

4．改善基準第5条第4項。

問10［解答　1，3］

1．改善基準第5条第1項①。

2．「全勤務回数の3分の2を限度に」⇒「全勤務回数の**2分の1**を限度に」。特例通達1（1）。

3．特例通達2。

4．2暦日における拘束時間は、**21時間**を超えないものとする。特例通達3（1）。

3　演習問題（1週間当たりの拘束時間）

問1「自動車運転者の労働時間等の改善のための基準」（以下「改善基準」という。）に定める一般乗用旅客自動車運送事業以外の旅客自動車運送事業に従事する自動車運転者の拘束時間等についての次の文中、A、B、C、Dに入るべき字句を次の枠内の選択肢（1～8）から選びなさい。ただし、1人乗務で、隔日勤務に就く場合には該当しないものとする。

☐ 拘束時間は、（A）を平均し1週間当たり（B）を超えないものとすること。ただし、貸切バスを運行する営業所において運転の業務に従事する者、貸切バスに乗務する者及び改善基準に定める特定運転者（いわゆる「高速バスの運転者」）については、労使協定があるときは、52週間のうち（C）までは、（A）を平均し1週間当たり（D）まで延長することができる。

1．2週間	2．4週間	3．16週間	4．18週間
5．44時間	6．65時間	7．71.5時間	8．81時間

問2　下表は、貸切バスの運転者の4週間を平均した1週間当たりの拘束時間の例を示したものであるが、このうち、「自動車運転者の労働時間等の改善のための基準」に適合しているものを1つ選びなさい。なお、隔日勤務に就く場合には該当しないものとする。また、「4週間を平均した1週間当たりの拘束時間の延長に関する労使協定」があるものとする。［R3_CBT］

☐　1．

	1週～4週	5週～8週	9週～12週	13週～16週	17週～20週	21週～24週	25週～28週	29週～32週	33週～36週	37週～40週	41週～44週	45週～48週	49週～52週
4週間を平均した1週間当たりの拘束時間	60	68	63	62	65	66	58	62	66	67	64	63	70

2．

	1週～4週	5週～8週	9週～12週	13週～16週	17週～20週	21週～24週	25週～28週	29週～32週	33週～36週	37週～40週	41週～44週	45週～48週	49週～52週
4週間を平均した1週間当たりの拘束時間	64	66	64	71	65	63	60	59	67	72	62	64	61

3．

	1週～4週	5週～8週	9週～12週	13週～16週	17週～20週	21週～24週	25週～28週	29週～32週	33週～36週	37週～40週	41週～44週	45週～48週	49週～52週
4週間を平均した1週間当たりの拘束時間	61	64	60	71	65	64	63	60	62	69	64	70	67

4．

	1週～4週	5週～8週	9週～12週	13週～16週	17週～20週	21週～24週	25週～28週	29週～32週	33週～36週	37週～40週	41週～44週	45週～48週	49週～52週
4週間を平均した1週間当たりの拘束時間	64	70	61	66	62	63	58	64	70	72	62	63	60

問３　下表の１～４は、貸切バスの運転者の52週間における各４週間を平均し１週間当たりの拘束時間の例を示したものである。下表の空欄A、B、C、Dについて、次の選択肢ア～ウの拘束時間の組み合わせをあてはめた場合、「自動車運転者の労働時間等の改善のための基準」に適合するものを１つ選びなさい。なお、「４週間を平均し１週間当たりの拘束時間の延長に関する労使協定」があるものとする。

１．

	1週～4週	5週～8週	9週～12週	13週～16週	17週～20週	21週～24週	25週～28週	29週～32週	33週～36週	37週～40週	41週～44週	45週～48週	49週～52週
拘束時間（時間）	65	58	66	64	59	70	54	A	64	68	64	67	57

２．

	1週～4週	5週～8週	9週～12週	13週～16週	17週～20週	21週～24週	25週～28週	29週～32週	33週～36週	37週～40週	41週～44週	45週～48週	49週～52週
拘束時間（時間）	59	63	61	B	66	59	71	60	61	65	67	65	58

３．

	1週～4週	5週～8週	9週～12週	13週～16週	17週～20週	21週～24週	25週～28週	29週～32週	33週～36週	37週～40週	41週～44週	45週～48週	49週～52週
拘束時間（時間）	62	69	62	59	60	68	58	61	70	C	60	56	66

４．

	1週～4週	5週～8週	9週～12週	13週～16週	17週～20週	21週～24週	25週～28週	29週～32週	33週～36週	37週～40週	41週～44週	45週～48週	49週～52週
拘束時間（時間）	58	59	71	62	63	D	69	59	60	63	68	58	61

		A（時間）	B（時間）	C（時間）	D（時間）
選択肢	ア	64	71	63	65
	イ	62	68	73	67
	ウ	68	63	65	69

問4　下表の1～4は、貸切バスの運転者の52週間における各4週間を平均し1週間当たりの拘束時間の例を示したものである。下表の空欄A、B、C、Dについて、次の選択肢ア～ウの拘束時間の組み合わせをあてはめた場合、「自動車運転者の労働時間等の改善のための基準」に適合するものを1つ選びなさい。なお、「4週間を平均し1週間当たりの拘束時間の延長に関する労使協定」があるものとする。

1.

	1週～4週	5週～8週	9週～12週	13週～16週	17週～20週	21週～24週	25週～28週	29週～32週	33週～36週	37週～40週	41週～44週	45週～48週	49週～52週
拘束時間（時間）	58	67	A	66	65	60	56	54	63	57	58	68	64

2.

	1週～4週	5週～8週	9週～12週	13週～16週	17週～20週	21週～24週	25週～28週	29週～32週	33週～36週	37週～40週	41週～44週	45週～48週	49週～52週
拘束時間（時間）	70	59	58	59	B	59	66	58	65	54	56	60	67

3.

	1週～4週	5週～8週	9週～12週	13週～16週	17週～20週	21週～24週	25週～28週	29週～32週	33週～36週	37週～40週	41週～44週	45週～48週	49週～52週
拘束時間（時間）	67	63	56	68	59	62	C	66	71	59	54	59	59

4.

	1週～4週	5週～8週	9週～12週	13週～16週	17週～20週	21週～24週	25週～28週	29週～32週	33週～36週	37週～40週	41週～44週	45週～48週	49週～52週
拘束時間（時間）	59	65	60	66	69	56	58	61	D	67	58	70	59

☐

		A（時間）	B（時間）	C（時間）	D（時間）
選択肢	ア	62	72	63	60
	イ	66	63	65	64
	ウ	64	68	64	66

◆解答＆解説

問１［解答　A－2，B－6，C－3，D－7］

改善基準第５条第１項①。

問２［解答　3］

改善基準第５条第１項①。

拘束時間は、４週間を平均し１週間当たり65時間を超えないものとすること。ただし、労使協定があるときは、52週間のうち16週間までは、４週間を平均し１週間当たり71.5時間まで延長することができる。ポイントは、「65時間超が16週を超える」または「71.5時間超の区分が１区分以上ある」のどちらかにあてはまると改善基準違反となる。

設問では、４週間を１区分として、１週から52週まで13区分している。これでちょうど１年間となる。

１．

	１週～４週	５週～８週	９週～12週	13週～16週	17週～20週	21週～24週	25週～28週	29週～32週	33週～36週	37週～40週	41週～44週	45週～48週	49週～52週
４週間を平均した１週間当たりの拘束時間	60	**68**	63	62	65	**66**	58	62	**66**	**67**	64	63	**70**

◎拘束時間が65時間を超えている区分は、５～８週、21～24週、33～36週、37～40週、49～52週の５区分。５区分×４週間＝**20週間**。

◎拘束時間が71.5時間を超える区分はない。

◎拘束時間を延長できる71.5時間を超える区分はないが、65時間超が16週を超えているため、改善基準違反となる。

２．

	１週～４週	５週～８週	９週～12週	13週～16週	17週～20週	21週～24週	25週～28週	29週～32週	33週～36週	37週～40週	41週～44週	45週～48週	49週～52週
４週間を平均した１週間当たりの拘束時間	64	**66**	64	**71**	65	63	60	59	**67**	**72**	62	64	61

◎拘束時間が65時間を超えている区分は、５～８週、13～16週、33～36週、37～40週の４区分。４区分×４週間＝16週間。

◎**37週～40週**に拘束時間が71.5時間を超えている。

◎65時間超が16週を超えていないが、拘束時間を延長できる71.5時間を超える区分があるため、改善基準違反となる。

3．

	1週～4週	5週～8週	9週～12週	13週～16週	17週～20週	21週～24週	25週～28週	29週～32週	33週～36週	37週～40週	41週～44週	45週～48週	49週～52週
4週間を平均した1週間当たりの拘束時間	61	64	60	**71**	65	64	63	60	62	**69**	64	**70**	**67**

◎拘束時間が65時間を超えている区分は、13～16週、37～40週、45～48週、49～52週の4区分。4区分×4週間＝16週間。

◎拘束時間が71.5時間を超える区分はない。

◎65時間超が16週を超えておらず、また、拘束時間を延長できる71.5時間を超える区分もないため、**改善基準に適合している**。

4．

	1週～4週	5週～8週	9週～12週	13週～16週	17週～20週	21週～24週	25週～28週	29週～32週	33週～36週	37週～40週	41週～44週	45週～48週	49週～52週
4週間を平均した1週間当たりの拘束時間	64	**70**	61	**66**	62	63	58	64	**70**	**72**	62	63	60

◎拘束時間が65時間を超えている区分は、5～8週、13～16週、33～36週、37～40週の4区分。4区分×4週間＝16週間。

◎**37～40週**に拘束時間が71.5時間を超えている。

◎65時間超が16週を超えていないが、拘束時間を延長できる71.5時間を超えている区分があるため、改善基準違反となる。

問3［解答　ア］

改善基準第5条第1項①。

拘束時間は、4週間を平均し1週間当たり65時間を超えないものとすること。ただし、労使協定があるときは、52週間のうち16週間までは、4週間を平均し1週間当たり71.5時間まで延長することができる。設問では、4週間を1区分として、1週から52週まで13区分している。これでちょうど1年間となる。

※この時点で選択肢イは、Cが**73時間**で、最大延長時間の71.5時間を超えているため、**除外できる。**

はじめに1～4について、71.5時間まで延長できる区分が残っているかどうかを考える。

1．

	1～4週	5～8週	9～12週	13～16週	17～20週	21～24週	25～28週	29～32週	33～36週	37～40週	41～44週	45～48週	49～52週
拘束時間（時間）	65	58	**66**	64	59	**70**	54	**A**	64	**68**	64	**67**	57

◎拘束時間が65時間を超えている区分は、9～12週、21～24週、37～40週、45週～48週の4区分。4区分×4週間＝16週間となり、71.5時間まで延長できる区分は残っていない。

2.

	1～4週	5～8週	9～12週	13～16週	17～20週	21～24週	25～28週	29～32週	33～36週	37～40週	41～44週	45～48週	49～52週
拘束時間（時間）	59	63	61	B	**66**	59	**71**	60	61	65	**67**	65	58

◎拘束時間が65時間を超えている区分は、17～20週、25～28週、41～44週の3区分。3区分×4週間＝12週間。71.5時間まで延長できる16週まで残り1区分。

3.

	1～4週	5～8週	9～12週	13～16週	17～20週	21～24週	25～28週	29～32週	33～36週	37～40週	41～44週	45～48週	49～52週
拘束時間（時間）	62	**69**	62	59	60	**68**	58	61	**70**	C	60	56	**66**

◎拘束時間が65時間を超えている区分は、5～8週、21～24週、33～36週、49～52週の4区分。4区分×4週間＝16週間となり、71.5時間まで延長できる区分は残っていない。

4.

	1～4週	5～8週	9～12週	13～16週	17～20週	21～24週	25～28週	29～32週	33～36週	37～40週	41～44週	45～48週	49～52週
拘束時間（時間）	58	59	**71**	62	63	D	**69**	59	60	63	**68**	58	61

◎拘束時間が65時間を超えている区分は、9～12週、25～28週、41～44週の3区分。3区分×4週間＝12週間。71.5時間まで延長できる16週まで残り1区分。

ここで条件をまとめると、

AとCは、71.5時間まで延長できない区分であるため、AとCに入る時間は**65時間以下**となる。

BとDは、71.5時間まで延長できる区分であるため、BとDに入る時間は**71.5時間以下**となる。

《結果》

選択肢イは、はじめに記述したとおり、Cが**73時間**であり、延長できる71.5時間を超えているため**除外される**。

選択肢ウは、Aが**68時間**であり、拘束時間の65時間を超えているため**除外される**。

したがって、ABCDの条件をすべて満たしている選択肢**「ア」**が正解となる。

問4［解答　イ］

改善基準第5条第1項①。

拘束時間は、4週間を平均し1週間当たり65時間を超えないものとすること。ただし、労使協定があるときは、52週間のうち16週間までは、4週間を平均し1週間当たり71.5時間まで延長することができる。設問では、4週間を1区分として、1週から52週まで13区分している。これでちょうど1年間となる。

※この時点で選択肢アは、Bが**72時間**であり、最大延長時間の71.5時間を超えているため、**除外できる。**

はじめに1～4について、71.5時間まで延長できる区分が残っているかどうかを考える。

1.

	1～4週	5～8週	9～12週	13～16週	17～20週	21～24週	25～28週	29～32週	33～36週	37～40週	41～44週	45～48週	49～52週
拘束時間（時間）	58	**67**	A	**66**	65	60	56	54	63	57	58	**68**	64

◎拘束時間が65時間を超えている区分は、5～8週、13～16週、45～48週の3区分。3区分×4週間＝12週間。71.5時間まで延長できる16週まで残り1区分。

2.

	1～4週	5～8週	9～12週	13～16週	17～20週	21～24週	25～28週	29～32週	33～36週	37～40週	41～44週	45～48週	49～52週
拘束時間（時間）	**70**	59	58	59	**B**	59	**66**	58	65	54	56	60	**67**

◎拘束時間が65時間を超えている区分は、1～4週、25～28週、49～52週の3区分。3区分×4週間＝12週間。71.5時間まで延長できる16週まで残り1区分。

3.

	1～4週	5～8週	9～12週	13～16週	17～20週	21～24週	25～28週	29～32週	33～36週	37～40週	41～44週	45～48週	49～52週
拘束時間（時間）	**67**	63	56	**68**	59	62	C	**66**	**71**	59	54	59	59

◎拘束時間が65時間を超えている区分は、1～4週、13～16週、29～32週、33～36週の4区分。4区分×4週間＝16週間となり、71.5時間まで延長できる区分は残っていない。

4.

	1～4週	5～8週	9～12週	13～16週	17～20週	21～24週	25～28週	29～32週	33～36週	37～40週	41～44週	45～48週	49～52週
拘束時間（時間）	59	65	60	**66**	**69**	56	58	61	**D**	**67**	58	**70**	59

◎拘束時間が65時間を超えている区分は、13～16週、17～20週、37～40週、45～48週の4区分。4区分×4週間＝16週間となり、71.5時間まで延長できる区分は残っていない。

ここで条件をまとめると、

AとBは、71.5時間まで延長できる区分であるため、AとBに入る時間は**71.5時間以下**となる。

CとDは、71.5時間まで延長できない区分であるため、CとDに入る時間は**65時間以下**となる。

《結果》

選択肢アは、はじめに記述したとおり、Bが**72時間**であり、延長できる71.5時間を超えているため**除外される。**

選択肢ウは、Dが**66時間**であり、拘束時間の65時間を超えているため**除外される。**

したがって、ABCDの条件をすべて満たしている選択肢**「イ」**が正解となる。

4　演習問題（1日の拘束時間）

問1　下図は、一般貸切旅客自動車運送事業に従事する自動車運転者の1週間の勤務状況の例を示したものであるが、「自動車運転者の労働時間等の改善のための基準」（以下「改善基準告示」という。）に定める拘束時間等に関する次の記述のうち、適切なものを2つ選びなさい。ただし、すべて1人乗務の場合とする。なお、解答にあたっては、下図に示された内容及び各選択肢に記載されている事項以外は考慮しないものとする。

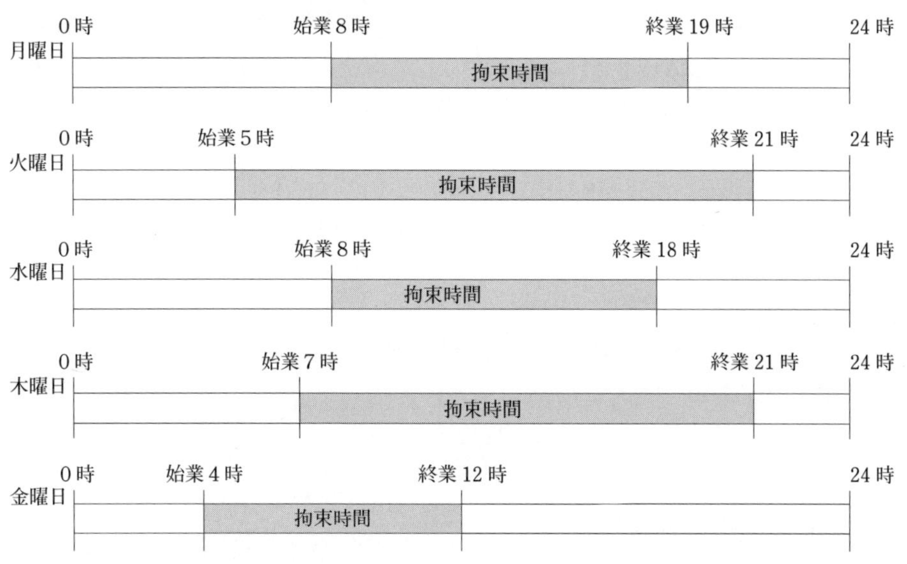

注）土曜日及び日曜日は休日とする。

☐ 1．1日についての拘束時間が改善基準告示に定める最大拘束時間に違反するものがある。

2．勤務終了後の休息期間が改善基準告示に違反するものがある。

3．1日についての拘束時間が15時間を超えることができる1週間についての回数は、改善基準告示に違反している。

4．月曜日に始まる勤務の1日についての拘束時間は、この1週間の勤務の中で1日についての拘束時間が最も長い。

問２　下図は、一般貸切旅客自動車運送事業に従事する自動車運転者の１週間の勤務状況の例を示したものであるが、「自動車運転者の労働時間等の改善のための基準」（以下「改善基準告示」という。）に定める拘束時間等に関する次の記述のうち、誤っているものを１つ選びなさい。ただし、すべて１人乗務の場合とする。なお、解答にあたっては、下図に示された内容及び各選択肢に記載されている事項以外は考慮しないものとする。［R3. 3］

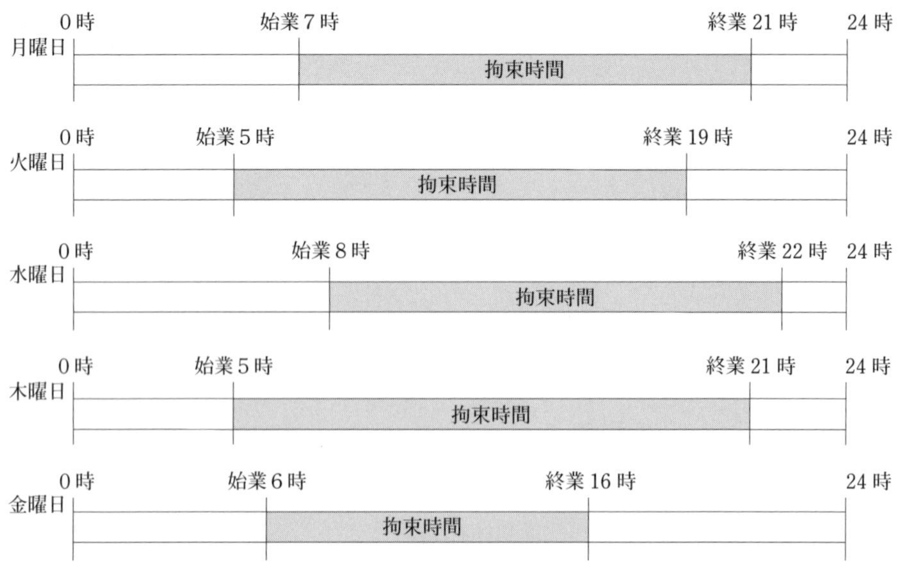

注）土曜日及び日曜日は休日とする。

☐　1．１日についての拘束時間が改善基準告示に定める最大拘束時間に違反する勤務がある。

2．勤務終了後の休息期間が改善基準告示に違反するものがある。

3．１日についての拘束時間が15時間を超えることができる１週間についての回数は、改善基準告示に違反している。

4．木曜日に始まる勤務の１日についての拘束時間は、この１週間の勤務の中で１日についての拘束時間が最も長い。

問3　下図は、一般貸切旅客自動車運送事業に従事する自動車運転者（1人乗務で隔日勤務に就く運転者以外のもの。）の5日間の勤務状況の例を示したものであるが、次の1～4の拘束時間のうち、「自動車運転者の労働時間等の改善のための基準」等における1日についての拘束時間として、正しいものを1つ選びなさい。

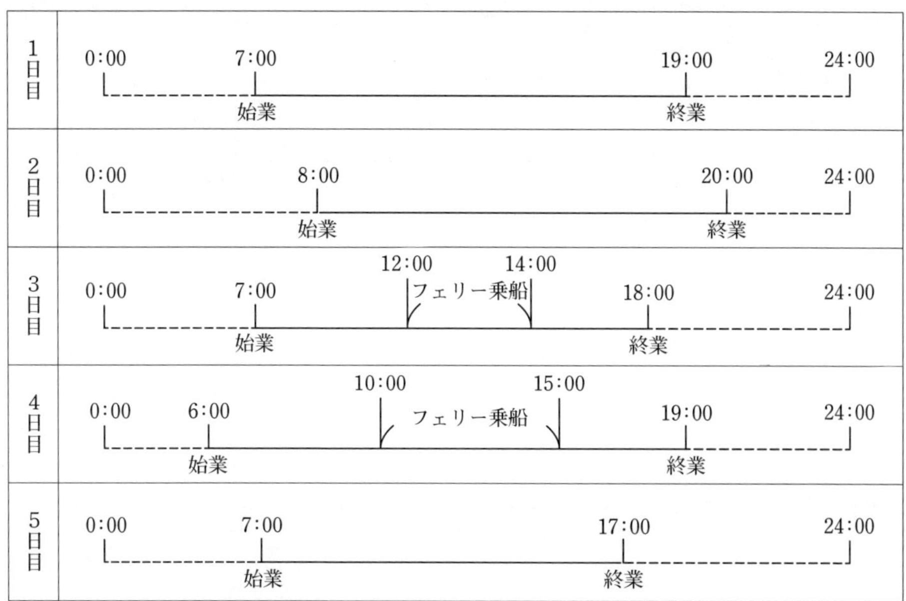

☐ 1．1日目：11時間　2日目：12時間　3日目：10時間　4日目：11時間
2．1日目：12時間　2日目：13時間　3日目：８時間　4日目：11時間
3．1日目：12時間　2日目：13時間　3日目：12時間　4日目：10時間
4．1日目：12時間　2日目：12時間　3日目：11時間　4日目：10時間

問4　下図は、一般貸切旅客自動車運送事業に従事する自動車運転者（1人乗務で隔日勤務に就く運転者以外のもの。）の5日間の勤務状況の例を示したものであるが、次の1～4の拘束時間のうち、「自動車運転者の労働時間等の改善のための基準」等における1日についての拘束時間として、正しいものを1つ選びなさい。

［R2_CBT/R1.8］

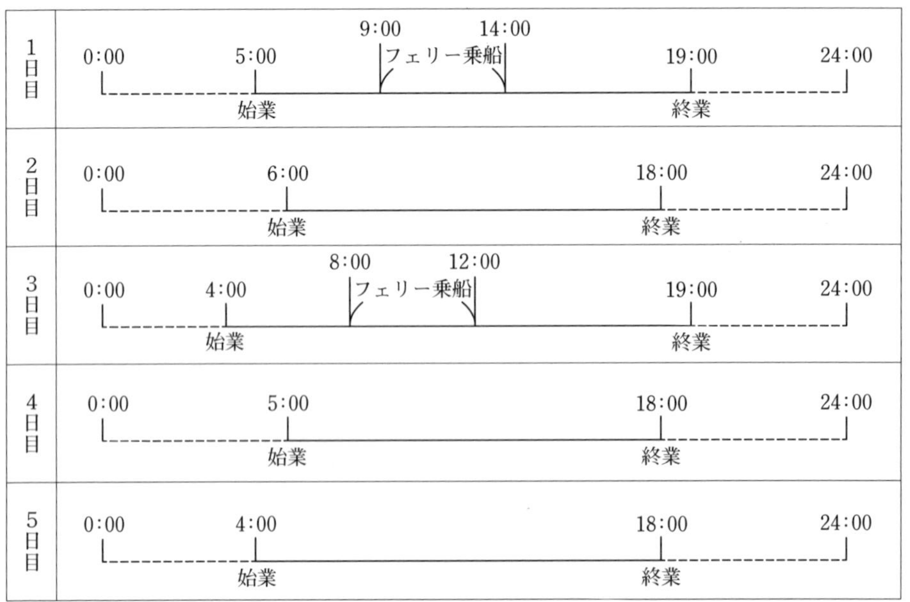

□　1．1日目：12時間　2日目：12時間　3日目：13時間　4日目：13時間

2．1日目：９時間　2日目：14時間　3日目：11時間　4日目：14時間

3．1日目：11時間　2日目：14時間　3日目：13時間　4日目：14時間

4．1日目：12時間　2日目：14時間　3日目：13時間　4日目：14時間

◆解答＆解説

問1［解答　1，2］

改善基準第５条第１項②・③。

１日についての拘束時間は13時間を超えないものとし、当該拘束時間を延長する場合であっても、１日についての拘束時間の限度（最大拘束時間）は16時間とすること。また、勤務終了後に継続８時間以上の休息期間を与えること。ポイントは、「最大拘束時間が16時間を超える」、「休息期間が８時間未満」であると改善基準違反となる。

※「超える」には、「16時間」は含まれない。

なお、１日の拘束時間の**開始は当日の始業時とし、終了は始業時から24時間後**となる。

設問の場合、月曜日の拘束時間は、始業８時から24時間後の火曜日の８時までとなる。月曜日の始業時から24時間以内には火曜日の始業５時から８時までの３時間が含まれる。よって、拘束時間の計算は次のようになる。

月曜日の拘束時間は、始業８時～終業19時（①）＋火曜日の始業５時～８時（③）となり、11時間＋３時間＝14時間となる。また、木曜日の始業７時～８時（⑥）までの１時間は水曜日の拘束時間に、金曜の始業４時～７時（⑨）の３時間は木曜日の拘束時間に含まれることに注意する。

月曜日　火曜日
月曜日の24時間
（拘束時間＝①＋③、休息期間＝②）
始業 8時　終業 19時　0時　始業 5時　8時
拘束時間 11時間　休息期間 10時間　拘束時間
①　②　③

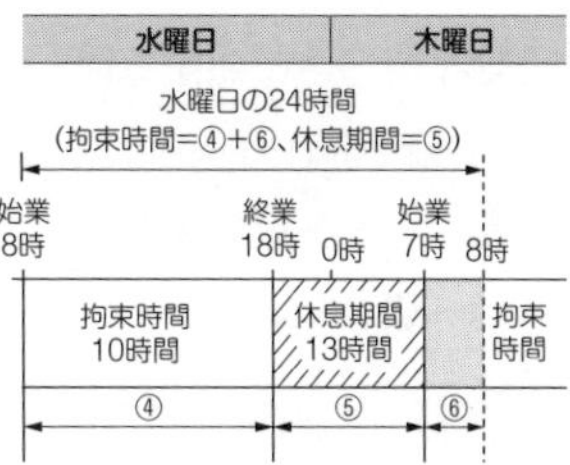

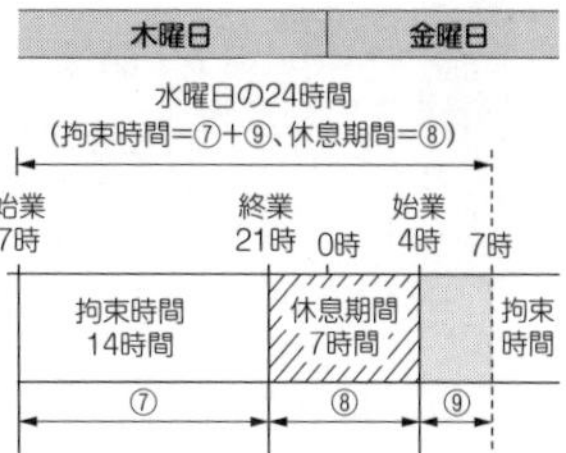

月曜日から金曜日までの拘束時間と休息期間は次のとおり。

月	拘束時間	14時間（11時間（始業８時～終業19時）＋翌日３時間）
	休息期間	10時間（月曜終業19時～火曜始業５時）
火	拘束時間	16時間（始業５時～終業21時）
	休息期間	11時間（火曜終業21時～水曜始業８時）
水	拘束時間	11時間（10時間（始業８時～終業18時）＋翌日１時間）
	休息期間	13時間（水曜終業18時～木曜始業７時）
木	拘束時間	**17時間**（14時間（始業７時～終業21時）＋翌日３時間）
	休息期間	**７時間**（木曜終業21時～金曜始業４時）
金	拘束時間	８時間（始業４時～終業12時）

1. 改善基準に定める1日についての最大拘束時間は16時間とすること。木曜日の拘束時間が17時間と最大拘束時間の16時間を超えているため、改善基準に違反している。
2. 勤務終了後の休息期間は継続して8時間以上与えること。木曜日の休息期間が7時間になっており、8時間未満であるため、改善基準に違反している。
3. 1日についての拘束時間が15時間を超える回数は、1週間について2回以内とする。月曜日～金曜日までのうち15時間を超えるのは、火曜日（16時間）、木曜日（17時間）の計2回となり、改善基準に**違反していない**。
4. 月曜日の拘束時間は**14時間**である。月曜日～金曜日のうち、最も拘束時間が長いのは、**木曜日（17時間）**である。

問2［解答　4］

改善基準第5条第1項②・③。

月曜日から金曜日までの拘束時間と休息期間は次のとおり。

月	拘束時間	**16時間**（14時間（始業7時～終業21時）＋翌日2時間）
	休息期間	8時間（月曜終業21時～火曜始業5時）
火	拘束時間	14時間（始業5時～終業19時）
	休息期間	13時間（火曜終業19時～水曜始業8時）
水	拘束時間	**17時間**（14時間（始業8時～終業22時）＋翌日3時間）
	休息期間	**7時間**（水曜終業22時～木曜始業5時）
木	拘束時間	**16時間**（始業5時～終業21時）
	休息期間	9時間（木曜終業21時～金曜始業6時）
金	拘束時間	10時間（始業6時～終業16時）

1. 改善基準に定める1日についての最大拘束時間は16時間とすること。水曜日の拘束時間が17時間と最大拘束時間の16時間を超えているため、最大拘束時間に違反する勤務がある。
2. 勤務終了後の休息期間は継続して8時間以上与えること。水曜日の休息期間が7時間になっており、8時間未満であるため、改善基準に違反している。
3. 1日についての拘束時間が15時間を超える回数は、1週間について2回以内とする。月曜日～金曜日までのうち15時間を超えるのは、月曜日（16時間）、水曜日（17時間）、木曜日（16時間）の計3回となり、改善基準に違反している。
4. 木曜日の拘束時間は**16時間**である。月曜日～金曜日のうち、最も拘束時間が長いのは、**水曜日（17時間）**である。

問3［解答　3］

改善基準第5条第1項②・特例通達4（2）。

一般乗用旅客自動車運送事業以外の旅客自動車運送事業に従事する自動車運転者の**フェリー乗船時間**（乗船時刻から下船時刻まで）のうち、**2時間**（フェリー乗船時間が2時間未満の場合には、その時間）については**拘束時間**として取り扱い、その他の時間については休息期間として取り扱う。したがって、フェリー乗船がある日程で2時間以上乗船している場合は、拘束時間から「フェリー乗船時間－2時間」分を差し引かなければならない。

例）

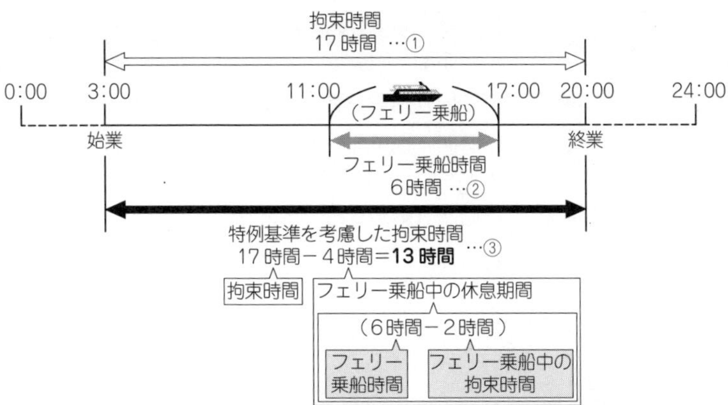

上図の拘束時間は始業3時～終業20時（①）で、11時～17時の6時間はフェリーに乗船（②）している。フェリー乗船時間が2時間以上の場合は2時間が拘束時間、残りが休息期間となるため、6時間中4時間が休息期間となり、拘束時間は17時間から休息期間の4時間を差し引いた時間（③）となる。

各日の拘束時間は、次のとおり。

1日目	拘束時間	**12時間**	12時間（始業7時～終業19時）
2日目	拘束時間	**13時間**	12時間（始業8時～終業20時）＋翌日1時間
3日目	拘束時間	**12時間**	11時間（始業7時～終業18時）＋翌日1時間※
4日目	拘束時間	**10時間**	13時間（始業6時～終業19時）－3時間（フェリー乗船時間5時間－2時間）

※フェリー乗船時間の2時間は拘束時間となる。

したがって、選択肢**「3」**が正解となる。

問４［解答　３］

改善基準第５条第１項②・特例通達４（２）。

一般乗用旅客自動車運送事業以外の旅客自動車運送事業に従事する自動車運転者の**フェリー乗船時間**（乗船時刻から下船時刻まで）のうち、**２時間**（フェリー乗船時間が２時間未満の場合には、その時間）については**拘束時間**として取り扱い、その他の時間については休息期間として取り扱う。したがって、フェリー乗船がある日程で２時間以上乗船している場合は、拘束時間から「フェリー乗船時間－２時間」分を差し引かなければならない。

各日の拘束時間は、次のとおり。

１日目	拘束時間	**11時間**	14時間（始業５時～終業19時）－３時間（フェリー乗船時間５時間－２時間）
２日目	拘束時間	**14時間**	12時間（始業６時～終業18時）＋翌日２時間
３日目	拘束時間	**13時間**	15時間（始業４時～終業19時）－２時間（フェリー乗船時間４時間－２時間）
４日目	拘束時間	**14時間**	13時間（始業５時～終業18時）＋翌日１時間

したがって、選択肢**「３」**が正解となる。

5　演習問題（2日平均の運転時間）

問1　下表は、一般貸切旅客自動車運送事業に従事する自動車運転者の5日間の運転時間の例を示したものであるが、5日間すべての日を特定日とした2日を平均し1日当たりの運転時間が「自動車運転者の労働時間等の改善のための基準」に違反しているものをすべて選びなさい。

☐　1.

	休日	1日目	2日目	3日目	4日目	5日目	休日
運転時間	―	7時間	8時間	10時間	11時間	7時間	―

2.

	休日	1日目	2日目	3日目	4日目	5日目	休日
運転時間	―	8時間	9時間	8時間	11時間	9時間	―

3.

	休日	1日目	2日目	3日目	4日目	5日目	休日
運転時間	―	8時間	11時間	8時間	7時間	9時間	―

4.

	休日	1日目	2日目	3日目	4日目	5日目	休日
運転時間	―	7時間	9時間	10時間	9時間	7時間	―

問2　下表は、一般貸切旅客自動車運送事業に従事する自動車運転者の5日間の運転時間の例を示したものであるが、5日間すべての日を特定日とした2日を平均し1日当たりの運転時間が「自動車運転者の労働時間等の改善のための基準」に<u>違反しているものをすべて</u>選びなさい。[R3.3]

☐ 1.

	休日	1日目	2日目	3日目	4日目	5日目	休日
運転時間	－	10時間	7時間	11時間	10時間	8時間	－

2.

	休日	1日目	2日目	3日目	4日目	5日目	休日
運転時間	－	7時間	8時間	9時間	10時間	9時間	－

3.

	休日	1日目	2日目	3日目	4日目	5日目	休日
運転時間	－	8時間	9時間	10時間	9時間	8時間	－

4.

	休日	1日目	2日目	3日目	4日目	5日目	休日
運転時間	－	10時間	9時間	9時間	9時間	10時間	－

問３　下図は、貸切バス運転者の４週間の運転時間の例を示したものである。図の空欄Ａ、Ｂ、Ｃ、Ｄについて、次の選択肢１～４の運転時間の組み合わせを当てはめた場合、2日を平均し1日当たりの運転時間及び4週間を平均し1週間当たりの運転時間が「自動車運転者の労働時間等の改善のための基準」に違反せず、かつ、当該4週間の運転時間の合計が最少となるものを1つ選びなさい。ただし、１人乗務とし、「４週間を平均し１週間当たりの運転時間の延長に関する労使協定」があり、下図の４週間は、当該協定により４週間を平均し１週間あたりの運転時間を延長することができるものとする。

前週 → ｜← 第１週 → ｜← 第２週 →

	31日	1日	2日	3日	4日	5日	6日	7日	8日	9日	10日	11日	12日	13日	14日
運転時間等(時間)	休日	4	5	9	A	9	8	休日	8	9	B	10	6	9	休日

(起算日)

← 第３週 → ｜← 第４週 →

	15日	16日	17日	18日	19日	20日	21日	22日	23日	24日	25日	26日	27日	28日
運転時間等(時間)	10	C	8	4	4	9	休日	10	D	9	5	4	5	休日

(注１) ２日を平均した１日当たりの運転時間については、当該４週間のすべてを特定日とすること。
(注２) ４週間の起算日は１日とする。
(注３) 各労働日の始業時刻は午前８時とする。

☐

選択肢	A(時間)	B(時間)	C(時間)	D(時間)	第１週～第４週の４週間を平均した１週間当たりの運転時間(時間)
1	9	8	7	9	44.5
2	8	6	10	7	44.0
3	6	6	8	9	43.5
4	10	5	6	6	43.0

問4　下図は、貸切バス運転者の4週間の運転時間の例を示したものである。図の空欄A、B、C、Dについて、次の選択肢1～4の運転時間の組み合わせを当てはめた場合、2日を平均した1日当たりの運転時間及び4週間を平均した1週間当たりの運転時間のいずれも「自動車運転者の労働時間等の改善のための基準」に適合しているものをすべて選びなさい。ただし、1人乗務とし、「4週間を平均し1週間当たりの運転時間の延長に関する労使協定」があり、下図の4週間は、当該協定により4週間を平均し1週間当たりの運転時間を延長することができるものとする。

［R2. 8］

前週 → ｜←第1週→｜←第2週→｜

(起算日)

日付	1日	2日	3日	4日	5日	6日	7日	8日	9日	10日	11日	12日	13日	14日
運転時間等(時間)	5	6	5	9	A	10	休日	8	B	10	5	6	7	休日

｜←第3週→｜←第4週→｜

日付	15日	16日	17日	18日	19日	20日	21日	22日	23日	24日	25日	26日	27日	28日
運転時間等(時間)	7	6	9	C	10	6	休日	5	10	D	10	5	6	休日

（注1）2日を平均した1日当たりの運転時間については、当該4週間のすべてを特定日とすること。
（注2）4週間の起算日は1日とする。
（注3）各労働日の始業時刻は午前8時とする。

☐		A(時間)	B(時間)	C(時間)	D(時間)	第1週～第4週を合計した運転時間(時間)
選択肢	1	9	8	6	8	176
	2	8	9	9	7	178
	3	7	6	10	6	174
	4	6	10	7	8	176

◆解答＆解説

問1［解答　2，3，4］

改善基準第５条第１項④。

「２日を平均した１日当たりの運転時間」については、「特定日の前日と特定日」の平均運転時間と、「特定日と特定日の翌日」の平均運転時間が**ともに９時間を超えている場合**は改善基準違反となる。いずれか一方の平均運転時間が９時間以内の場合は改善基準違反とならない。

（例）改善基準に違反しない場合

（例）改善基準に違反する場合

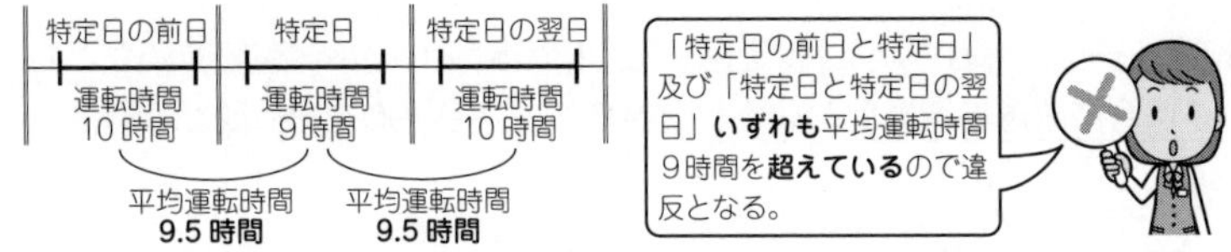

５日間すべての日を特定日とし、２日を平均して１日当たり運転時間は、それぞれ以下のとおりとなる。

１．

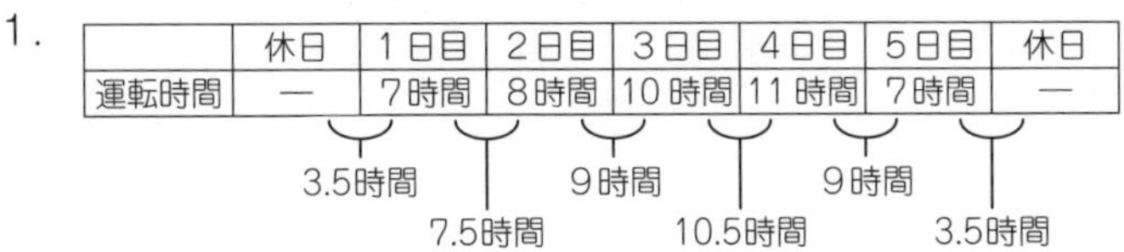

	休日	１日目	２日目	３日目	４日目	５日目	休日
運転時間	―	７時間	８時間	10時間	11時間	７時間	―

◎２日を平均してともに９時間を超える日はない。

２．

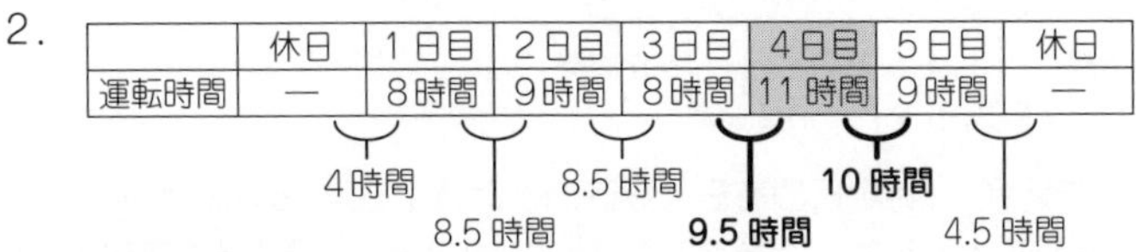

	休日	１日目	２日目	３日目	４日目	５日目	休日
運転時間	―	８時間	９時間	８時間	11時間	９時間	―

◎４日目を特定日とした場合、「特定日の前日（８時間）と特定日（11時間）」の平均運転時間は**9.5時間**。「特定日（11時間）と特定日の翌日（９時間）」の平均運転時間は**10時間**となり、いずれも９時間を超えているので、**改善基準違反となる**。

3．

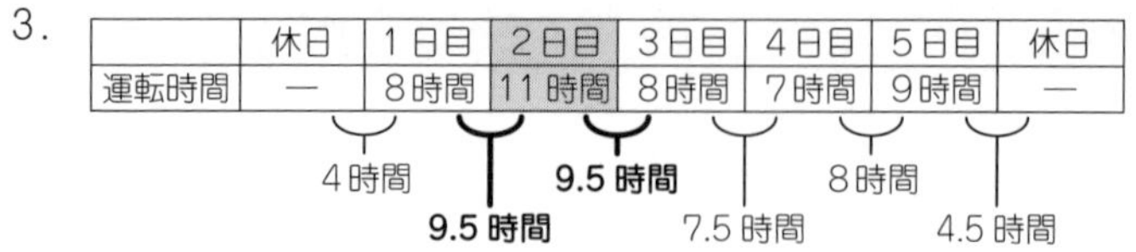

	休日	1日目	2日目	3日目	4日目	5日目	休日
運転時間	—	8時間	11時間	8時間	7時間	9時間	—

◎2日目を特定日とした場合、「特定日の前日（8時間）と特定日（11時間）」の平均運転時間は**9.5時間**。「特定日（11時間）と特定日の翌日（8時間）」の平均運転時間も**9.5時間**となり、いずれも9時間を超えているので、**改善基準違反となる**。

4．

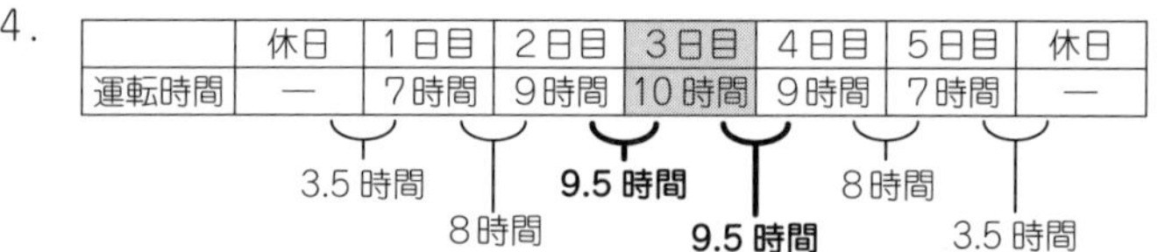

	休日	1日目	2日目	3日目	4日目	5日目	休日
運転時間	—	7時間	9時間	10時間	9時間	7時間	—

◎3日目を特定日とした場合、「特定日の前日（9時間）と特定日（10時間）」の平均運転時間は**9.5時間**。「特定日（10時間）と特定日の翌日（9時間）」の平均運転時間も**9.5時間**となり、いずれも9時間を超えているので、**改善基準違反となる**。

問2［解答　2，3］

改善基準第5条第1項④。

「特定日の前日＋特定日」及び「特定日＋特定日の翌日」の平均運転時間が**ともに9時間を超えている場合に改善基準違反**となる。いずれか一方の平均運転時間が9時間以内の場合は改善基準違反とならない。

5日間すべての日を特定日とし、2日を平均して1日当たり運転時間は、それぞれ以下のとおりとなる。

1．

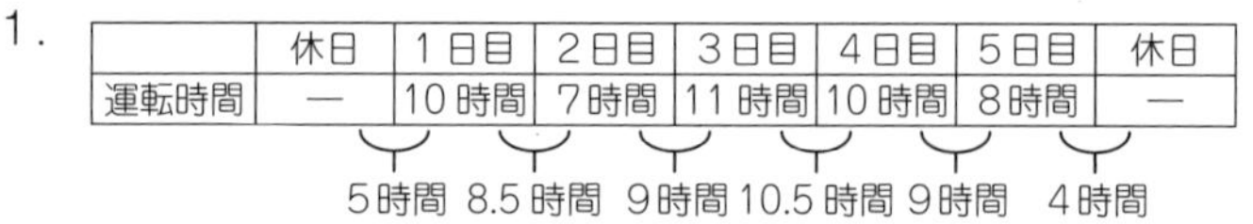

	休日	1日目	2日目	3日目	4日目	5日目	休日
運転時間	—	10時間	7時間	11時間	10時間	8時間	—

◎2日を平均してともに9時間を超える日はない。

2．

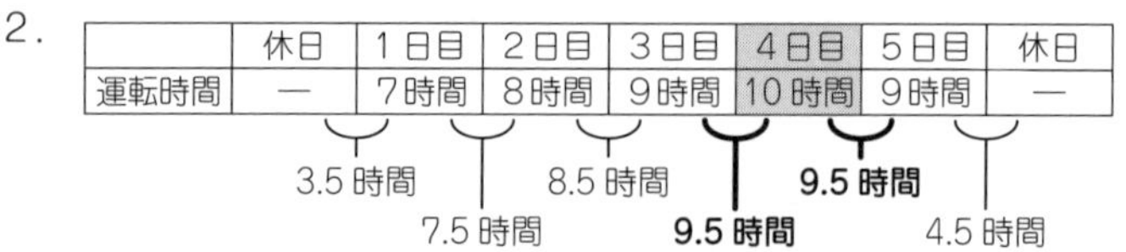

	休日	1日目	2日目	3日目	4日目	5日目	休日
運転時間	—	7時間	8時間	9時間	10時間	9時間	—

◎4日目を特定日とした場合、「特定日の前日（9時間）と特定日（10時間）」の平均運転時間は**9.5時間**。「特定日（10時間）と特定日の翌日（9時間）」の平均運転時間も**9.5時間**となり、いずれも9時間を超えているので、**改善基準違反となる**。

3．

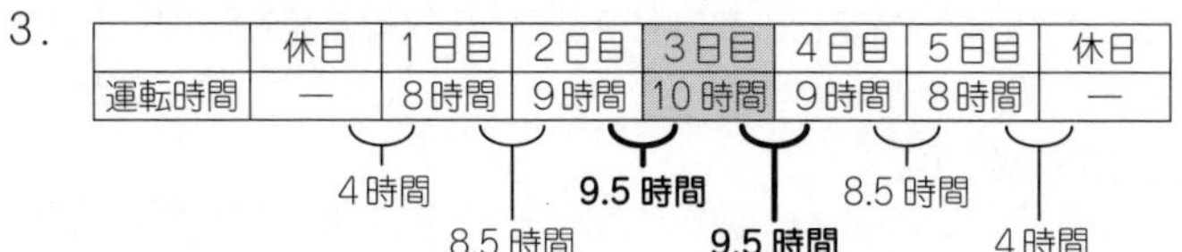

	休日	1日目	2日目	3日目	4日目	5日目	休日
運転時間	―	8時間	9時間	10時間	9時間	8時間	―

◎3日目を特定日とした場合、「特定日の前日（9時間）と特定日（10時間）」の平均運転時間は**9.5時間**。「特定日（10時間）と特定日の翌日（9時間）」の平均運転時間も**9.5時間**となり、いずれも9時間を超えているので、**改善基準違反となる**。

4．

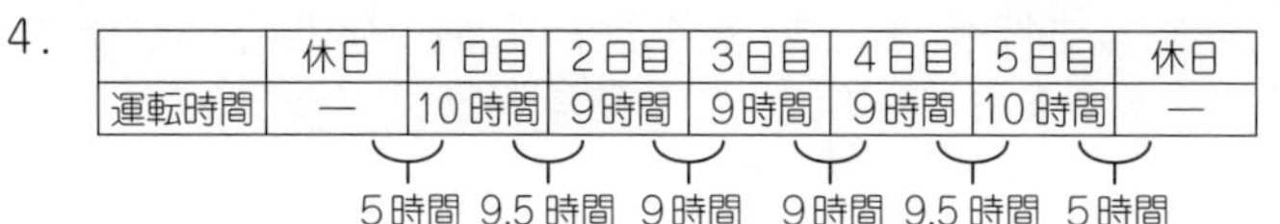

	休日	1日目	2日目	3日目	4日目	5日目	休日
運転時間	―	10時間	9時間	9時間	9時間	10時間	―

◎2日を平均してともに9時間を超える日はない。

問3［解答　3］

改善基準第5条第1項④。

ポイントは、「2日を平均し1日当たりの運転時間が**9時間以内**」及び「4週間を平均し1週間当たりの運転時間が**40時間以内**」であれば改善基準違反とならない。

なお、貸切バス及び高速バスの運転者について、労使協定がある場合には、4週間を平均し1週間当たりの運転時間は**44時間**まで延長できる。

2日を平均し1日当たりの運転時間、及び4週間を平均し1週間当たりの運転時間をわかりやすく書き換えてみる。また、この設問は、2日を平均し1日当たりの運転時間及び4週間を平均した1週間当たりの運転時間が改善基準に適合しており、かつ、4週間の運転時間の合計が最少となるものを選ぶことに注意する。

1．A～Dに運転時間を入れると次のとおりになる。また、A、B、C、D以外を特定日としたときは改善基準に違反していないため省略する。

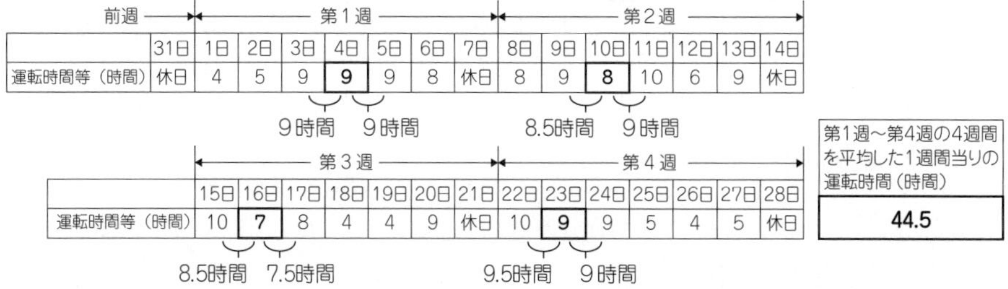

前週 ／ 第1週 ／ 第2週

	31日	1日	2日	3日	4日	5日	6日	7日	8日	9日	10日	11日	12日	13日	14日
運転時間等（時間）	休日	4	5	9	9	9	8	休日	8	9	8	10	6	9	休日

第3週 ／ 第4週

	15日	16日	17日	18日	19日	20日	21日	22日	23日	24日	25日	26日	27日	28日
運転時間等（時間）	10	7	8	4	4	9	休日	10	9	9	5	4	5	休日

第1週～第4週の4週間を平均した1週間当りの運転時間（時間）
44.5

◎4日（A）を特定日とした場合、「特定日の前日と特定日」の平均運転時間は9時間。「特定日と特定日の翌日」の平均運転時間も9時間となり、いずれも9時間を超えていないので、改善基準に適合している。

◎10日（B）を特定日とした場合、「特定日の前日と特定日」の平均運転時間は8.5時間。「特定日と特定日の翌日」の平均運転時間は9時間となり、いずれも9時間を超えていないので、改善基準に適合している。

◎16日（C）を特定日とした場合、「特定日の前日と特定日」の平均運転時間は8.5時間。「特定日と特定日の翌日」の平均運転時間は7.5時間となり、いずれも９時間を超えていないので、改善基準に適合している。

◎23日（D）を特定日とした場合、「特定日の前日と特定日」の平均運転時間は9.5時間。「特定日と特定日の翌日」の平均運転時間は９時間となり、「特定日の前日と特定日」は９時間を超えているが、「特定日と特定日の翌日」が９時間を超えていないので、改善基準に適合している。

◎４週間を平均し１週間当たりの運転時間は40時間を超えてはならないが、労使協定があるため44時間まで延長できる。設問は、第１週～第４週の４週間を平均した１週間当たりの運転時間は**44.5時間**で44時間を超えているので、**改善基準違反となる**ため、選択肢１は除外される。

2．A～Dに運転時間を入れると次のとおりになる。

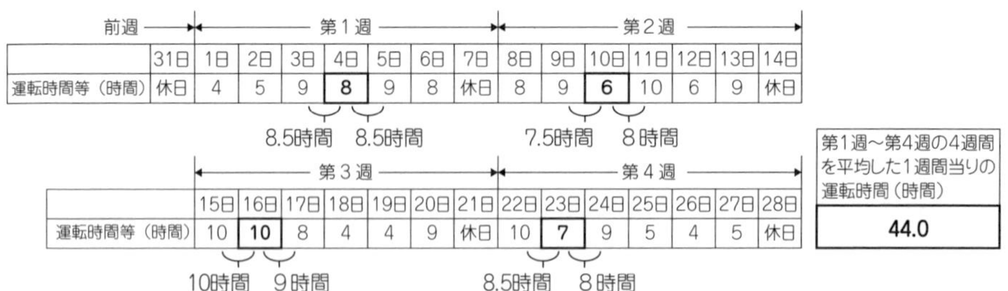

	前週	第１週							第２週						
	31日	1日	2日	3日	4日	5日	6日	7日	8日	9日	10日	11日	12日	13日	14日
運転時間等（時間）	休日	4	5	9	**8**	9	8	休日	8	9	**6**	10	6	9	休日

8.5時間　8.5時間　7.5時間　８時間

	第３週							第４週						
	15日	16日	17日	18日	19日	20日	21日	22日	23日	24日	25日	26日	27日	28日
運転時間等（時間）	10	**10**	8	4	4	9	休日	10	**7**	9	5	4	5	休日

10時間　９時間　8.5時間　８時間

第1週～第4週の4週間を平均した1週間当りの運転時間（時間）
44.0

◎４日（A）を特定日とした場合、「特定日の前日と特定日」の平均運転時間は8.5時間。「特定日と特定日の翌日」の平均運転時間も8.5時間となり、いずれも９時間を超えていないので、改善基準に適合している。

◎10日（B）を特定日とした場合、「特定日の前日と特定日」の平均運転時間は7.5時間。「特定日と特定日の翌日」の平均運転時間は８時間となり、いずれも９時間を超えていないので、改善基準に適合している。

◎16日（C）を特定日とした場合、「特定日の前日と特定日」の平均運転時間は10時間。「特定日と特定日の翌日」の平均運転時間は９時間となり、「特定日と特定日の前日」は９時間を超えているが、「特定日と特定日の翌日」が９時間を超えていないので、改善基準に適合している。

◎23日（D）を特定日とした場合、「特定日の前日と特定日」の平均運転時間は8.5時間。「特定日と特定日の翌日」の平均運転時間は８時間となり、いずれも９時間を超えていないので、改善基準に適合している。

◎４週間を平均し１週間当たりの運転時間は44時間を超えていないので、改善基準に適合している。

◎第１週～第４週の４週間を平均した１週間当たりの運転時間は44.0時間であり、４週間の運転時間の合計は44.0時間×４＝**176時間**となる。

3．A～Dに運転時間を入れると次のとおりになる。

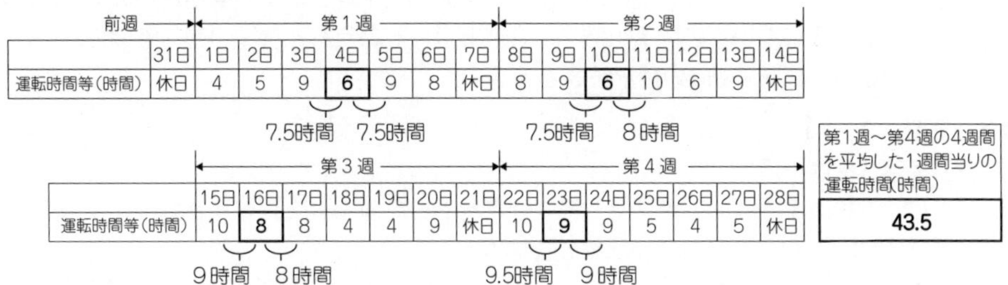

	前週	第1週							第2週						
	31日	1日	2日	3日	4日	5日	6日	7日	8日	9日	10日	11日	12日	13日	14日
運転時間等(時間)	休日	4	5	9	**6**	9	8	休日	8	9	**6**	10	6	9	休日

	第3週							第4週						
	15日	16日	17日	18日	19日	20日	21日	22日	23日	24日	25日	26日	27日	28日
運転時間等(時間)	10	**8**	8	4	4	9	休日	10	**9**	9	5	4	5	休日

第1週～第4週の4週間を平均した1週間当りの運転時間(時間)
43.5

◎4日（A）を特定日とした場合、「特定日の前日と特定日」の平均運転時間は7.5時間。「特定日と特定日の翌日」の平均運転時間も7.5時間となり、いずれも9時間を超えていないので、改善基準に適合している。

◎10日（B）を特定日とした場合、「特定日の前日と特定日」の平均運転時間は7.5時間。「特定日と特定日の翌日」の平均運転時間は8時間となり、いずれも9時間を超えていないので、改善基準に適合している。

◎16日（C）を特定日とした場合、「特定日の前日と特定日」の平均運転時間は9時間。「特定日と特定日の翌日」の平均運転時間は8時間となり、いずれも9時間を超えていないので、改善基準に適合している。

◎23日（D）を特定日とした場合、「特定日の前日と特定日」の平均運転時間は9.5時間。「特定日と特定日の翌日」の平均運転時間は9時間となり、「特定日の前日と特定日」は9時間を超えているが、「特定日と特定日の翌日」が9時間を超えていないので、改善基準に適合している。

◎4週間を平均し1週間当たりの運転時間は44時間を超えていないので、改善基準に適合している。

◎第1週～第4週の4週間を平均した1週間当たりの運転時間は43.5時間であり、4週間の運転時間の合計は43.5時間×4＝**174時間**となる。

4．A～Dに運転時間を入れると次のとおりになる。

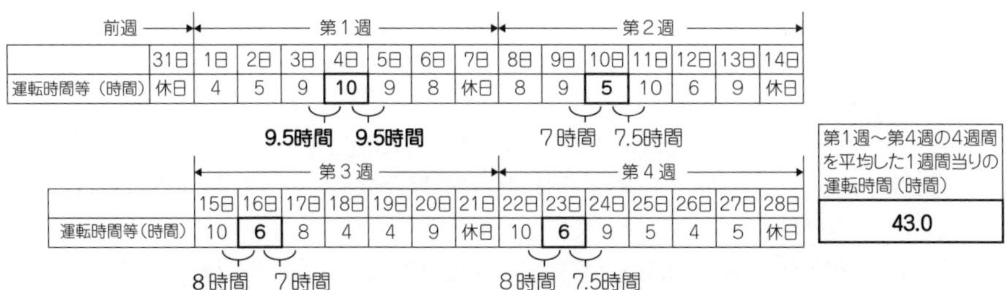

	前週	第1週							第2週						
	31日	1日	2日	3日	4日	5日	6日	7日	8日	9日	10日	11日	12日	13日	14日
運転時間等（時間）	休日	4	5	9	**10**	9	8	休日	8	9	**5**	10	6	9	休日

	第3週							第4週						
	15日	16日	17日	18日	19日	20日	21日	22日	23日	24日	25日	26日	27日	28日
運転時間等(時間)	10	**6**	8	4	4	9	休日	10	**6**	9	5	4	5	休日

第1週～第4週の4週間を平均した1週間当りの運転時間（時間）
43.0

◎4日目（A）を特定日とした場合、「特定日の前日と特定日」の平均運転時間は**9.5時間**。「特定日と特定日の翌日」の平均運転時間も**9.5時間**となり、いずれも9時間を超えているので、**改善基準違反となる**ため、選択肢4は除外される。

《結果》

◎２日を平均した１日当たりの運転時間及び、４週間を平均した１週間当たりの運転時間が改善基準に適合しているのは選択肢２、３であり、そのうち４週間の運転時間の合計が最も最少となるのは174時間の**選択肢３**である。

問４［解答　１，４］

改善基準第５条第１項④。

はじめに、選択肢１～４の「第１週～第４週を合計した運転時間」を４で割り、４週間を平均した１週間当たりの運転時間をそれぞれ求めてみる。

選択肢１：176時間÷４週間＝44時間　　選択肢２：178時間÷４週間＝**44.5時間**

選択肢３：174時間÷４週間＝43.5時間　　選択肢４：176時間÷４週間＝44時間

選択肢２は、４週間を平均した１週間当たりの運転時間が44時間を超えており、**改善基準に違反**しているため除外される。

また、図の18日（C）を特定日とした場合、17日が９時間、19日が10時間であるため、Cは９時間以下でなければならない。よって選択肢３のCが**10時間**であるため、**除外**される。

残った選択肢１と選択肢４の運転時間を当てはめてみる。

１．A～Dに運転時間を入れると次のとおりになる。

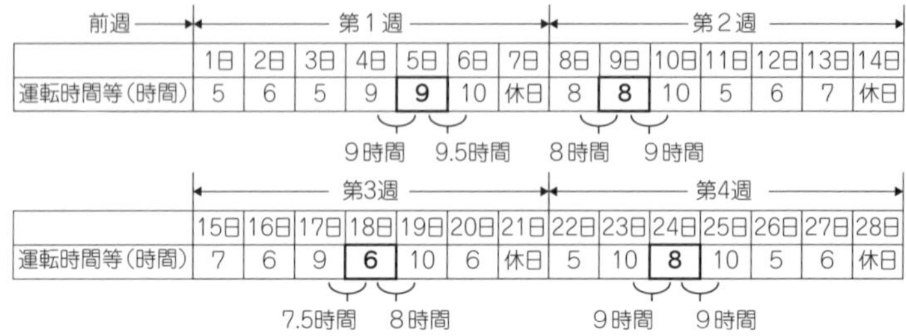

前週　第１週　第２週

	1日	2日	3日	4日	5日	6日	7日	8日	9日	10日	11日	12日	13日	14日
運転時間等（時間）	5	6	5	9	9	10	休日	8	8	10	5	6	7	休日

第3週　第4週

	15日	16日	17日	18日	19日	20日	21日	22日	23日	24日	25日	26日	27日	28日
運転時間等（時間）	7	6	9	6	10	6	休日	5	10	8	10	5	6	休日

◎５日（A）を特定日とした場合、「特定日の前日と特定日」の平均運転時間は９時間。「特定日と特定日の翌日」の平均運転時間は9.5時間となり、「特定日と特定日の翌日」は９時間を超えているが、「特定日の前日と特定日」が９時間を超えていないので、改善基準に適合している。

◎９日（B）を特定日とした場合、「特定日の前日と特定日」の平均運転時間は８時間。「特定日と特定日の翌日」の平均運転時間は９時間となり、いずれも９時間を超えていないので、改善基準に適合している。

◎18日（C）を特定日とした場合、「特定日の前日と特定日」の平均運転時間は7.5時間。「特定日と特定日の翌日」の平均運転時間は８時間となり、いずれも９時間を超えていないので、改善基準に適合している。

◎24日（D）を特定日とした場合、「特定日の前日と特定日」の平均運転時間は９時間。「特定日と特定日の翌日」の平均運転時間も９時間となり、いずれも９時間を超えていないので、改善基準に適合している。

選択肢１は**改善基準に適合**している。

4．A～Dに運転時間を入れると次のとおりになる。

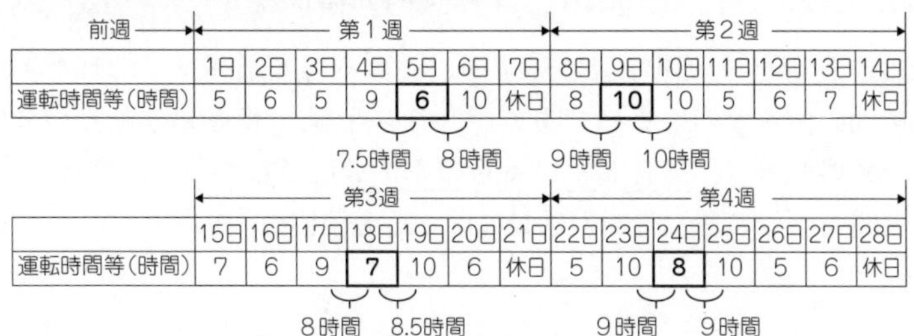

前週 → ｜← 第1週 →｜← 第2週 →

	1日	2日	3日	4日	5日	6日	7日	8日	9日	10日	11日	12日	13日	14日
運転時間等（時間）	5	6	5	9	**6**	10	休日	8	**10**	10	5	6	7	休日

7.5時間　8時間　9時間　10時間

←第3週→｜←第4週→

	15日	16日	17日	18日	19日	20日	21日	22日	23日	24日	25日	26日	27日	28日
運転時間等（時間）	7	6	9	**7**	10	6	休日	5	10	**8**	10	5	6	休日

8時間　8.5時間　9時間　9時間

◎5日（A）を特定日とした場合、「特定日の前日と特定日」の平均運転時間は7.5時間。「特定日と特定日の翌日」の平均運転時間は8時間となり、いずれも9時間を超えていないので、改善基準に適合している。

◎9日（B）を特定日とした場合、「特定日の前日と特定日」の平均運転時間は9時間。「特定日と特定日の翌日」の平均運転時間は10時間となり、「特定日と特定日の翌日」は9時間を超えているが、「特定日の前日と特定日」が9時間を超えていないので、改善基準に適合している。

◎18日（C）を特定日とした場合、「特定日の前日と特定日」の平均運転時間は8時間。「特定日と特定日の翌日」の平均運転時間は8.5時間となり、いずれも9時間を超えていないので、改善基準に適合している。

◎24日（D）を特定日とした場合、「特定日の前日と特定日」の平均運転時間は9時間。「特定日と特定日の翌日」の平均運転時間も9時間となり、いずれも9時間を超えていないので、改善基準に適合している。

選択肢4は**改善基準に適合**している。

《結果》

◎2日を平均した1日当たりの運転時間及び4週間を平均した1週間当たりの運転時間のいずれも改善基準に適合しているのは、選択肢**「1」**と**「4」**である。

6　演習問題（1週間当たりの運転時間）

問1　下表は、貸切バスの運転者の52週間における各４週間を平均した１週間当たりの運転時間の例を示したものであるが、このうち、「自動車運転者の労働時間等の改善のための基準」に適合しているものを１つ選びなさい。ただし、「４週間を平均し１週間当たりの運転時間の延長に関する労使協定」があるものとする。［R1.8］

□　1．

	1～4週	5～8週	9～12週	13～16週	17～20週	21～24週	25～28週	29～32週	33～36週	37～40週	41～44週	45～48週	49～52週	52週間の運転時間
４週間を平均した１週間当たりの運転時間	38	35	40	46	44	43	38	35	40	44	36	40	40	2,076

2．

	1～4週	5～8週	9～12週	13～16週	17～20週	21～24週	25～28週	29～32週	33～36週	37～40週	41～44週	45～48週	49～52週	52週間の運転時間
４週間を平均した１週間当たりの運転時間	39	40	39	41	43	40	39	38	40	44	38	39	41	2,084

3．

	1～4週	5～8週	9～12週	13～16週	17～20週	21～24週	25～28週	29～32週	33～36週	37～40週	41～44週	45～48週	49～52週	52週間の運転時間
４週間を平均した１週間当たりの運転時間	35	40	39	43	41	42	39	37	40	43	36	40	41	2,064

4．

	1～4週	5～8週	9～12週	13～16週	17～20週	21～24週	25～28週	29～32週	33～36週	37～40週	41～44週	45～48週	49～52週	52週間の運転時間
４週間を平均した１週間当たりの運転時間	37	38	40	42	40	44	38	38	41	44	37	39	40	2,072

◆解答＆解説

問１［解答　４］

改善基準第５条第１項④。

運転時間は、４週間を平均し1週間当たり**40時間**を超えないものとすること。ただし、貸切バスを運行する営業所において運転の業務に従事する者、貸切バスに乗務する者及び高速バスの運転者については、労使協定があるときは、52週間についての運転時間が**2,080時間**を超えない範囲において、52週間のうち**16週間**までは、4週間を平均し1週間当たり**44時間**まで延長することができる。

ポイントは、①40時間超の区分が４区分（16週間）を超える、②52週間の運転時間が2,080時間を超える、③44時間超の区分が１区分（４週間）以上ある、のいずれかにあてはまると改善基準違反となる。

１．

	1～4週	5～8週	9～12週	13～16週	17～20週	21～24週	25～28週	29～32週	33～36週	37～40週	41～44週	45～48週	49～52週	52週間の運転時間
４週間を平均した１週間当たりの運転時間	38	35	40	**46**	44	43	38	35	40	44	36	40	40	2,076

①運転時間が40時間を超えている区分は、13～16週・17～20週・21～24週・37～40週の４区分（16週間：４区分×４週間）。

②52週間の運転時間は2,076時間で2,080時間を超えていない。

③**13～16週**に運転時間が44時間を超えている。

◎運転時間が40時間を超える区分は４区分（16週間）を超えておらず、かつ、52週間の運転時間が2,080時間を超えていないが、延長できる運転時間の44時間を超える区分があるため、改善基準違反となる。

２．

	1～4週	5～8週	9～12週	13～16週	17～20週	21～24週	25～28週	29～32週	33～36週	37～40週	41～44週	45～48週	49～52週	52週間の運転時間
４週間を平均した１週間当たりの運転時間	39	40	39	41	43	40	39	38	40	44	38	39	41	**2,084**

①運転時間が40時間を超えている区分は、13～16週・17～20週・37～40週・49～52週の４区分（16週間：４区分×４週間）。

②52週間の運転時間は**2,084時間**で2,080時間を超えている。

③44時間を超える区分はない。

◎運転時間が40時間を超える区分は４区分（16週間）を超えておらず、延長できる運転時間の44時間を超える区分はないが、52週間の運転時間が2,080時間を超えているため、改善基準違反となる。

3．

	1～4週	5～8週	9～12週	13～16週	17～20週	21～24週	25～28週	29～32週	33～36週	37～40週	41～44週	45～48週	49～52週	52週間の運転時間
4週間を平均した1週間当たりの運転時間	35	40	39	43	41	42	39	37	40	43	36	40	41	2,064

①運転時間が40時間を超えている区分は、13～16週・17～20週・21～24週・37～40週・49～52週の**5区分**（**20週間**：5区分×4週間）。

②52週間の運転時間は2,064時間で2,080時間を超えていない。

③44時間を超える区分はない。

◎52週間の運転時間が2,080時間を超えておらず、延長できる運転時間の44時間を超える区分はないが、運転時間が40時間を超える区分が4区分（16週間）を超えているため、改善基準違反となる。

4．

	1～4週	5～8週	9～12週	13～16週	17～20週	21～24週	25～28週	29～32週	33～36週	37～40週	41～44週	45～48週	49～52週	52週間の運転時間
4週間を平均した1週間当たりの運転時間	37	38	40	42	40	44	38	38	41	44	37	39	40	2,072

①運転時間が40時間を超えている区分は、13～16週・21～24週・33～36週・37～40週の4区分（16週間：4区分×4週間）。

②52週間の運転時間は2,072時間で2,080時間を超えていない。

③44時間を超える区分はない。

◎運転時間が40時間を超える区分は4区分（16週間）を超えておらず、52週間の運転時間も2,080時間を超えておらず、かつ、延長できる運転時間44時間を超える区分もないため、**改善基準に適合している**。

7 演習問題（連続運転時間）

問１　下図は、旅客自動車運送事業（一般乗用旅客自動車運送事業を除く。）に従事する自動車運転者の運転時間及び休憩時間の例を示したものであるが、このうち、連続運転の中断方法として「自動車運転者の労働時間等の改善のための基準」に適合しているものを２つ選びなさい。

□ １．

乗務開始	運転	休憩	運転	休憩	運転	休憩	運転	休憩	運転	休憩	運転	休憩	運転	乗務終了
	30分	10分	１時間30分	５分	１時間	10分	１時間30分	１時間	１時間	15分	１時間30分	10分	１時間	

２．

乗務開始	運転	休憩	運転	休憩	運転	休憩	運転	休憩	運転	休憩	運転	休憩	運転	乗務終了
	１時間	15分	１時間30分	10分	２時間	15分	１時間30分	１時間	１時間	10分	２時間	10分	30分	

３．

乗務開始	運転	休憩	運転	休憩	運転	休憩	運転	休憩	運転	休憩	運転	休憩	運転	乗務終了
	１時間30分	15分	２時間	５分	30分	15分	１時間	１時間	２時間	15分	１時間	10分	１時間	

４．

乗務開始	運転	休憩	運転	休憩	運転	休憩	運転	休憩	運転	休憩	運転	休憩	運転	乗務終了
	１時間	10分	１時間30分	10分	30分	10分	１時間	１時間	30分	10分	１時間	15分	２時間	

問2　下図は、旅客自動車運送事業（一般乗用旅客自動車運送事業を除く。）に従事する自動車運転者の運転時間及び休憩時間の例を示したものであるが、このうち、連続運転の中断方法として「自動車運転者の労働時間等の改善のための基準」に適合しているものを２つ選びなさい。［R3_CBT］

☐ 1.

乗務開始	運転	休憩	運転	休憩	運転	休憩	運転	休憩	運転	休憩	運転	休憩	運転	乗務終了
	30分	10分	2時間	15分	30分	10分	1時間30分	1時間	2時間	15分	1時間30分	10分	1時間	

2.

乗務開始	運転	休憩	運転	休憩	運転	休憩	運転	休憩	運転	休憩	運転	休憩	運転	乗務終了
	1時間	15分	2時間	10分	1時間	15分	1時間	1時間	1時間30分	10分	1時間	5分	30分	

3.

乗務開始	運転	休憩	運転	休憩	運転	休憩	運転	休憩	運転	休憩	運転	休憩	運転	乗務終了
	2時間	10分	1時間30分	10分	30分	10分	1時間	1時間	1時間	10分	1時間	10分	2時間	

4.

乗務開始	運転	休憩	運転	休憩	運転	休憩	運転	休憩	運転	休憩	運転	休憩	運転	乗務終了
	1時間	10分	1時間30分	15分	30分	5分	1時間30分	1時間	2時間	10分	1時間30分	10分	30分	

◆解答&解説

問1 [解答　3, 4]

改善基準第5条第1項⑤。

連続運転時間とは、「1回が連続10分以上で、かつ、合計が30分以上の運転の中断をすることなく連続して運転する時間」をいう。そのため、改善基準で規定されている**最大運転時間は合計4時間**までであるが、運転時間が合計4時間にならなくても、中断時間が合計30分以上を満たした場合、連続運転時間は一区切りされる。また、改善基準では、**10分未満は中断とみなさない**ため、休憩5分は中断していることにはなるが、考慮しない（図では休憩5分を省略）。以下、設問の休憩時間は、中断時間と表記する。

1．最初の運転時間で、運転1時間30分の後の休憩5分は中断とみなさないため、2回目の運転時間1時間30分までが連続運転時間となる。連続運転時間が合計4時間30分となり、4時間を超えるため、改善基準違反となる。

乗務開始　　　　　　　　　　　　　　　　　　　　　　　　乗務終了

運転	中断	運転	運転	中断	運転	中断
30分	10分	1時間30分	1時間	10分	1時間30分	1時間

運転：**4時間30分**
中断：1時間20分

※10分未満の中断は省略

運転	中断	運転	中断	運転
1時間	15分	1時間30分	10分	1時間

運転：3時間30分
中断：25分

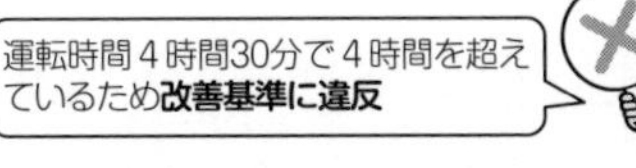

2．最初の連続運転時間が合計4時間30分となり、4時間を超えるため、改善基準違反となる。

乗務開始　　　　　　　　　　　　　　　　　　　　　　　　乗務終了

運転	中断	運転	中断	運転	中断
1時間	15分	1時間30分	10分	2時間	15分

運転：**4時間30分**
中断：40分

運転	中断
1時間30分	1時間

運転：1時間30分
中断：1時間

運転	中断	運転	中断	運転
1時間	10分	2時間	10分	30分

運転：3時間30分
中断：20分

3．最初の運転時間で、運転2時間の後の休憩5分は中断とみなさないため、休憩5分後の運転時間30分までが連続運転時間となり、合計4時間に付随する中断時間は合計30分で適合している。次の運転時間1時間に付随する中断時間は1時間で適合している。この後、運転時間合計4時間に付随する中断時間が合計25分のみで30分未満となるが、この後に乗務を終了しているため、**改善基準に適合している**。

乗務開始　　　　乗務終了

運転	中断	運転	運転	中断	運転	中断	運転	中断	運転	中断	運転
1時間30分	15分	2時間	30分	15分	1時間	1時間	2時間	15分	1時間	10分	1時間

運転：4時間
中断：30分
※10分未満の中断は省略

運転：1時間
中断：1時間

運転：4時間
中断：25分

4．最初の運転時間合計3時間に付随する中断時間は合計30分で適合している。次の運転時間1時間に付随する中断時間は1時間で適合している。この後、運転時間合計3時間30分に付随する中断時間は25分のみで30分未満となるが、この後に乗務を終了しているため、**<u>改善基準に適合している</u>**。

乗務開始　　　　乗務終了

運転	中断	運転	中断	運転	中断	運転	中断	運転	中断	運転	中断	運転
1時間	10分	1時間30分	10分	30分	10分	1時間	1時間	30分	10分	1時間	15分	2時間

運転：3時間
中断：30分

運転：1時間
中断：1時間

運転：3時間30分
中断：25分

連続運転時間と中断時間が改善基準
を満たしているので適合

問2［解答　2，3］

改善基準第5条第1項⑤。

1．最初の運転時間合計3時間に付随する中断時間は合計35分で適合している。次の運転時間1時間30分に付随する中断時間は1時間で適合している。しかし、この後の連続運転時間が合計<u>4時間30分</u>となり、4時間を超えるため、<u>改善基準違反となる</u>。

乗務開始　　　　乗務終了

運転	中断	運転	中断	運転	中断	運転	中断	運転	中断	運転	中断	運転
30分	10分	2時間	15分	30分	10分	1時間30分	1時間	2時間	15分	1時間30分	10分	1時間

運転：3時間
中断：35分

運転：1時間30分
中断：1時間

運転：**4時間30分**
中断：25分

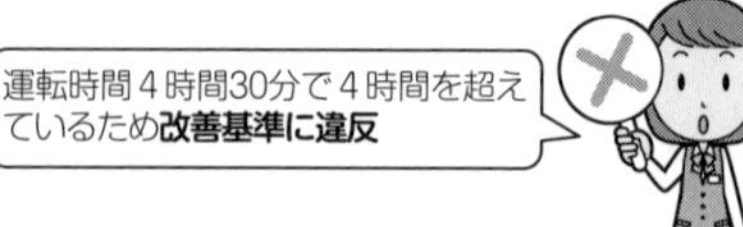

2．最初の運転時間合計４時間に付随する中断時間は合計40分で適合している。次の運転時間１時間に付随する中断時間は１時間で適合している。この後、運転時間合計３時間に付随する中断時間は10分のみで30分未満となるが、この後に乗務を終了しているため、**改善基準に適合している**。

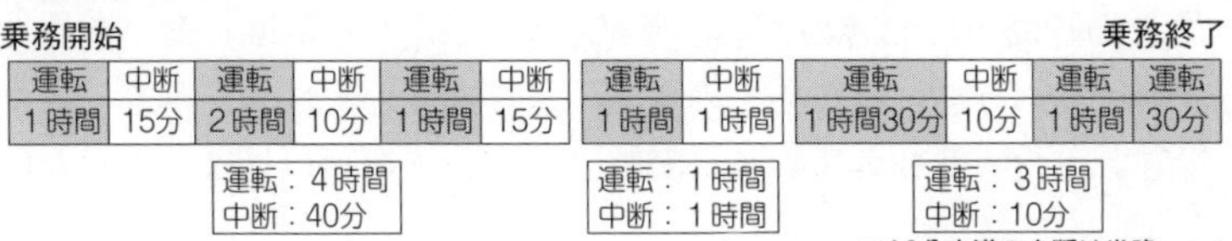

乗務開始　　　　　　　　　　　　　　　　　　　　乗務終了

運転	中断	運転	中断	運転	中断	運転	中断	運転	中断	運転	運転
１時間	15分	２時間	10分	１時間	15分	１時間	１時間	１時間30分	10分	１時間	30分

運転：４時間
中断：40分

運転：１時間
中断：１時間

運転：３時間
中断：10分

※10分未満の中断は省略

連続運転時間と中断時間が改善基準を満たしているので適合

3．最初の運転時間合計４時間に付随する中断時間は合計30分で適合している。次の運転時間１時間に付随する中断時間は１時間で適合している。この後、運転時間合計４時間に付随する中断時間は20分のみで30分未満となるが、この後に乗務を終了しているため、**改善基準に適合している**。

乗務開始　　　　　　　　　　　　　　　　　　　　乗務終了

運転	中断	運転	中断	運転	中断	運転	中断	運転	中断	運転	中断	運転
２時間	10分	１時間30分	10分	30分	10分	１時間	１時間	１時間	10分	１時間	10分	２時間

運転：４時間
中断：30分

運転：１時間
中断：１時間

運転：４時間
中断：20分

連続運転時間と中断時間が改善基準を満たしているので適合

4．運転30分の後の休憩５分は中断とみなさないため、２回目の運転時間１時間30分までが連続運転時間となる。連続運転時間が合計４時間30分となり、４時間を超えるため、改善基準違反となる。

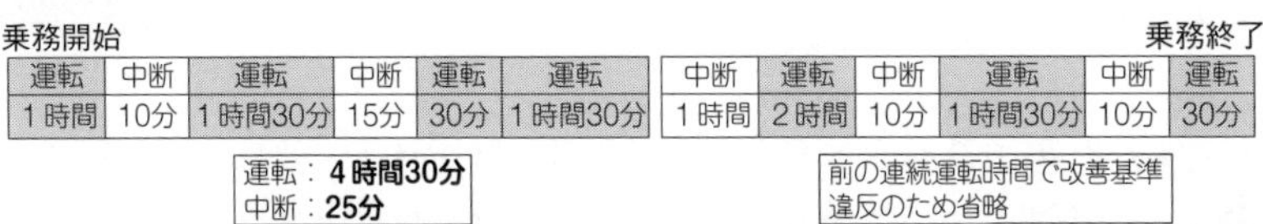

乗務開始　　　　　　　　　　　　　　　　　　　　乗務終了

運転	中断	運転	中断	運転	運転	中断	運転	中断	運転	中断	運転
１時間	10分	１時間30分	15分	30分	１時間30分	１時間	２時間	10分	１時間30分	10分	30分

運転：**４時間30分**
中断：**25分**

※10分未満の中断は省略

前の連続運転時間で改善基準違反のため省略

運転時間４時間30分で４時間を超えているため**改善基準に違反**

8　演習問題（総合2）

問1　下図は、旅客自動車運送事業（一般乗用旅客自動車運送事業を除く。）に従事する自動車運転者の4日間の運転時間及び休憩時間の例を示したものであるが、「自動車運転者の労働時間等の改善のための基準」（以下「改善基準」という。）の定めに関する次の記述のうち、正しいものを2つ選びなさい。なお、解答にあたっては、下図に示された内容及び各選択肢に記載されている事項以外は考慮しないものとする。

1日目

乗務開始	運転	休憩	運転	休憩	運転	休憩	運転	休憩	運転	休憩	運転	乗務終了	運転時間
	1時間	20分	1時間	10分	2時間	1時間	2時間	20分	1時間	10分	1時間		8時間

2日目

乗務開始	運転	休憩	運転	休憩	運転	休憩	運転	休憩	運転	休憩	運転	乗務終了	運転時間
	2時間	20分	1時間30分	10分	1時間30分	10分	2時間	10分	1時間	10分	2時間		10時間

3日目

乗務開始	運転	休憩	運転	休憩	運転	休憩	運転	休憩	運転	休憩	運転	乗務終了	運転時間
	1時間	10分	2時間	10分	2時間	10分	1時間	30分	2時間	10分	1時間		9時間

4日目

乗務開始	運転	休憩	運転	休憩	運転	休憩	運転	休憩	運転	休憩	運転	乗務終了	運転時間
	1時間	10分	1時間30分	30分	2時間	10分	2時間	20分	1時間30分	20分	2時間		10時間

注）1日目の前日と4日目の翌日は休日とする。

☐　1．連続運転の中断方法が改善基準に違反するのは1日目と4日目の勤務である。
2．連続運転の中断方法が改善基準に違反するのは2日目と3日目の勤務である。
3．4日間すべての日を特定日とした2日を平均し1日当たりの運転時間は、改善基準に違反している。
4．4日間すべての日を特定日とした2日を平均し1日当たりの運転時間は、改善基準に違反していない。

問２　下表は、貸切バスの運転者の４週間の勤務状況の例を示したものであるが、「自動車運転者の労働時間等の改善のための基準」に定める拘束時間及び運転時間等に照らし、次の１～４の中から違反している事項をすべて選びなさい。なお、１人乗務とし、「４週間を平均し１週間当たりの拘束時間の延長に関する労使協定」、「４週間を平均し１週間当たりの運転時間の延長に関する労使協定」及び「時間外労働及び休日労働に関する労使協定」があり、下表の４週間は、当該協定により、拘束時間及び運転時間を延長することができるものとする。

(起算日)

第1週		1日	2日	3日	4日	5日	6日	7日	週の合計時間
	各日の運転時間	7	5	8	8	9	8	休日	45
	各日の拘束時間	9	10	13	10	13	13		68

第2週		8日	9日	10日	11日	12日	13日	14日 休日労働	週の合計時間
	各日の運転時間	4	5	5	8	10	9	5	46
	各日の拘束時間	8	8	8	17	15	11	8	75

第3週		15日	16日	17日	18日	19日	20日	21日	週の合計時間
	各日の運転時間	4	4	9	9	10	4	休日	40
	各日の拘束時間	8	8	12	11	16	8		63

第4週		22日	23日	24日	25日	26日	27日	28日 休日労働	週の合計時間
	各日の運転時間	9	10	8	4	5	6	5	47
	各日の拘束時間	13	13	12	10	9	13	9	79

４週間の合計時間	
運転時間	178
拘束時間	285

(注１)　７日、14日、21日及び28日は法定休日とする。
(注２)　法定休日労働に係る２週間及び運転時間に係る４週間の起算日は１日とする。
(注３)　各労働日の始業時刻は午前８時とする。
(注４)　当該４週間を含む52週間の運転時間は、2080時間を超えないものとする。

１．２週間における法定休日に労働させる回数
２．４週間を平均し１週間当たりの運転時間
３．当該４週間のすべての日を特定日とした２日を平均した１日当たりの運転時間
４．１日の最大拘束時間

問３　下表は、一般貸切旅客自動車運送事業に従事する自動車運転者の４週間の勤務状況の例を示したものであるが、「自動車運転者の労働時間等の改善のための基準」に定める拘束時間等に照らし、次の１～４の中から違反している事項を１つ選びなさい。なお、１人乗務とし、「４週間を平均し１週間当たりの拘束時間の延長に関する労使協定」及び「４週間を平均し１週間当たりの運転時間の延長に関する労使協定」があり、下表の４週間は、当該協定により、拘束時間及び運転時間を延長することができるものとする。[R2_CBT]

（起算日）

第１週		1日	2日	3日	4日	5日	6日	7日	週の合計時間
	各日の運転時間	9	8	9	5	6	5	休日	42
	各日の拘束時間	13	12	13	10	13	12		73

第２週		8日	9日	10日	11日	12日	13日	14日	週の合計時間
	各日の運転時間	6	8	6	7	9	8	休日	44
	各日の拘束時間	9	13	10	14	12	13		71

第３週		15日	16日	17日	18日	19日	20日	21日	週の合計時間
	各日の運転時間	5	6	5	8	10	8	休日	42
	各日の拘束時間	10	10	10	15	15	13		73

第４週		22日	23日	24日	25日	26日	27日	28日	週の合計時間
	各日の運転時間	6	6	6	8	10	9	休日	45
	各日の拘束時間	8	10	8	15	16	14		71

４週間の合計時間	
運転時間	173
拘束時間	288

（注１）　拘束時間及び運転時間に係る４週間の起算日は１日とする。
（注２）　各労働日の始業時刻は午前８時とする。
（注３）　当該４週間を含む52週間の運転時間は、2080時間を超えないものとする。

１．当該４週間のすべての日を特定日とした２日を平均した１日当たりの運転時間
２．４週間を平均した１週間当たりの運転時間
３．４週間を平均した１週間当たりの拘束時間
４．１日の最大拘束時間

◆解答＆解説

問１［解答　２，３］

改善基準第５条第１項④、⑤。

連続運転時間と２日平均の運転時間についてそれぞれ解いていく。

《連続運転時間》

1．最初の運転時間合計２時間に付随する中断時間は合計30分で、改善基準に適合している。次の運転時間２時間に付随する中断時間も１時間で適合している。その後の運転時間合計３時間に付随する中断時間も30分で適合している。さらにこの後１時間運転後に乗務を終了しているため、<u>改善基準に適合している</u>。

乗務開始	運転	中断	運転	中断	運転	中断	運転	中断	運転	中断	運転	乗務終了
	1時間	20分	1時間	10分	2時間	1時間	2時間	20分	1時間	10分	1時間	

運転：2時間　中断：30分

運転：2時間　中断：1時間

運転：3時間　中断：30分

運転：1時間　乗務終了

連続運転時間と中断時間が改善基準を満たしているので適合

2．最初の運転時間合計３時間30分に付随する中断時間は合計30分で適合している。しかし、次の連続運転時間が合計<u>**４時間30分**</u>となり、４時間を超えるため、<u>**改善基準違反となる**</u>。

乗務開始	運転	中断	運転	中断	運転	中断	運転	中断	運転	中断	運転	乗務終了
	2時間	20分	1時間30分	10分	1時間30分	10分	2時間	10分	1時間	10分	2時間	

運転：3時間 30 分　中断：30分

運転：**4時間30分**　中断：30分

運転：2時間　乗務終了

運転時間**４時間30分**で４時間を超えているため**改善基準に違反**

3．最初の連続運転時間が合計<u>**５時間**</u>となり、４時間を超えるため、<u>**改善基準違反となる**</u>。

乗務開始	運転	中断	運転	中断	運転	中断	運転	中断	運転	中断	運転	乗務終了
	1時間	10分	2時間	10分	2時間	10分	1時間	30分	2時間	10分	1時間	

運転：**5時間**　中断：30分

運転：1時間　中断：30分

運転：3時間　乗務終了

運転時間**５時間**で４時間を超えているため**改善基準に違反**

4．最初の運転時間合計２時間30分に付随する中断時間は合計40分で、改善基準に適合している。次の運転時間合計４時間に付随する中断時間も合計30分で適合している。さらにこの後は合計３時間30分運転後に乗務を終了しているため、<u>改善基準に適合している</u>。

乗務開始	運転	中断	運転	中断	運転	中断	運転	中断	運転	中断	運転	乗務終了
	1時間	10分	1時間30分	30分	2時間	10分	2時間	20分	1時間30分	20分	2時間	

運転：2時間30分
中断：40分

運転：4時間
中断：30分

運転：3時間30分
乗務終了

連続運転時間と中断時間が改善基準を満たしているので適合

《２日平均の運転時間》

「２日平均の運転時間」は、「特定日の前日と特定日」の平均運転時間と、「特定日と特定日の翌日」の平均運転時間がともに９時間を超えている場合に改善基準違反となる。いずれか一方の平均運転時間が９時間以内の場合は改善基準違反とならない。

２日を平均した１日当たりの運転時間は以下のとおり。

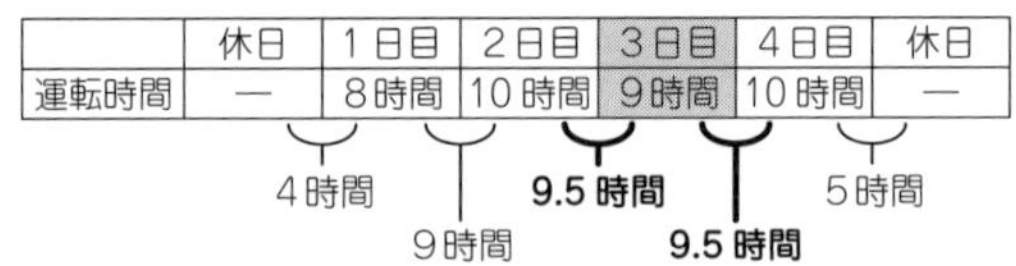

	休日	１日目	２日目	３日目	４日目	休日
運転時間	―	8時間	10 時間	9時間	10 時間	―

◎３日目を特定日とした場合、「特定日の前日（10時間）と特定日（９時間）」の平均運転時間は**9.5時間**。「特定日（９時間）と特定日の翌日（10時間）」の平均運転時間も**9.5時間**となり、いずれも９時間を超えているので、**改善基準違反となる**。

したがって、選択肢**「2」**と**「3」**が正解となる。

問2［解答　2，4］

改善基準第５条第１項②・④、第５項。

1．２週間における法定休日に労働させる回数は１回を超えると違反となる。第２週と第４週に休日労働をしているが、２週間について１回なので違反とはならず、改善基準に適合している。

2．４週間の運転時間の合計は178時間。４週間を平均した１週間当たりの運転時間は178時間÷４週間＝**44.5時間**。労使協定があるため44時間まで延長できるが、超えているため**改善基準に違反している**。

3．２日を平均した１日当たりの運転時間は、「特定日の前日＋特定日」及び「特定日＋特定日の翌日」の平均運転時間がともに９時間を超えないこと。２日を平均した１日当たりの運転時間は、それぞれ次のとおりとなる。

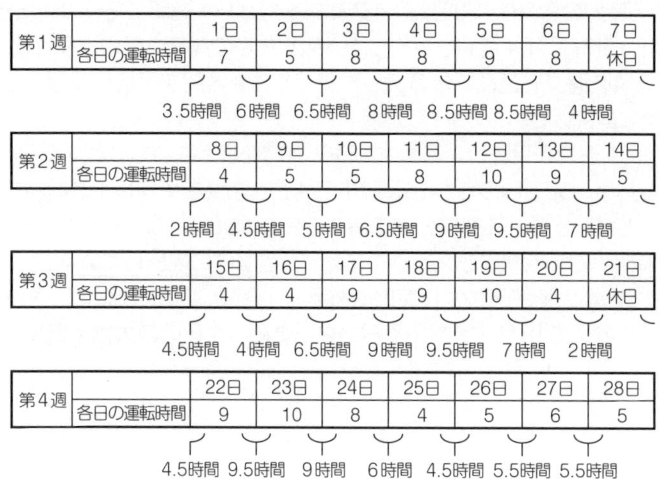

第1週	1日	2日	3日	4日	5日	6日	7日
各日の運転時間	7	5	8	8	9	8	休日
	3.5時間	6時間	6.5時間	8時間	8.5時間	8.5時間	4時間

第2週	8日	9日	10日	11日	12日	13日	14日
各日の運転時間	4	5	5	8	10	9	5
	2時間	4.5時間	5時間	6.5時間	9時間	9.5時間	7時間

第3週	15日	16日	17日	18日	19日	20日	21日
各日の運転時間	4	4	9	9	10	4	休日
	4.5時間	4時間	6.5時間	9時間	9.5時間	7時間	2時間

第4週	22日	23日	24日	25日	26日	27日	28日
各日の運転時間	9	10	8	4	5	6	5
	4.5時間	9.5時間	9時間	6時間	4.5時間	5.5時間	5.5時間

すべての日を特定日としても、2日を平均した1日当たりの運転時間は、「特定日の前日＋特定日」及び「特定日＋特定日の翌日」の平均運転時間がともに9時間を超えている日がないため、改善基準に適合している。

4．1日についての最大拘束時間は、16時間である。4週間の勤務状況より、第2週の11日の拘束時間が**17時間**で16時間を超えるため、**改善基準に違反している。**

問3［解答　3］

改善基準第5条第1項①・②・④。

1．2日を平均した1日当たりの運転時間は、「特定日の前日＋特定日」及び「特定日＋特定日の翌日」の平均運転時間がともに9時間を超えると改善基準違反となるが、設問では該当する日がないため、改善基準に適合している。

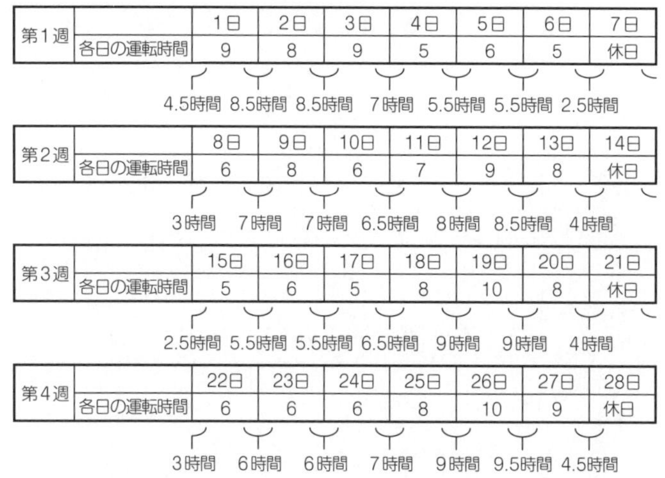

第1週	1日	2日	3日	4日	5日	6日	7日
各日の運転時間	9	8	9	5	6	5	休日
	4.5時間	8.5時間	8.5時間	7時間	5.5時間	5.5時間	2.5時間

第2週	8日	9日	10日	11日	12日	13日	14日
各日の運転時間	6	8	6	7	9	8	休日
	3時間	7時間	7時間	6.5時間	8時間	8.5時間	4時間

第3週	15日	16日	17日	18日	19日	20日	21日
各日の運転時間	5	6	5	8	10	8	休日
	2.5時間	5.5時間	5.5時間	6.5時間	9時間	9時間	4時間

第4週	22日	23日	24日	25日	26日	27日	28日
各日の運転時間	6	6	6	8	10	9	休日
	3時間	6時間	6時間	7時間	9時間	9.5時間	4.5時間

2．4週間の運転時間の合計は173時間。4週間を平均した1週間当たりの運転時間は173時間÷4週間＝43.25時間。「4週間を平均し1週間当たりの運転時間の延長に関する労使協定」があるため、44時間まで延長できる。したがって、4週間を平均し1週間当たりの運転時間は改善基準に適合している。

3．拘束時間は、4週間を平均し1週間当たり65時間を超えないものとすること。ただし、労使協定があるため、52週間のうち16週間までは、4週間を平均し1週間当たり71.5時間まで延長することができる。4週間の拘束時間の合計は288時間。4週間の平均は288時間÷4週間＝**72時間**。71.5時間を超えているため、**改善基準に違反している**。

4．1日についての最大拘束時間は16時間である。4週間の勤務状況より、第1週から第4週までのすべてにおいて16時間を超える日がないため、1日の最大拘束時間は改善基準に適合している。

覚えておこう －労働基準法編－

◆用語と日数

平均賃金	**3ヵ月間の賃金の総額**÷**3ヵ月間の総日数**
契約期間	一定の事業の完了に必要な期間を定めるもののほかは、**3年**を超える期間について締結してはならない
労働条件の明示	労働条件が事実と相違する場合においては、**即時解除**できる
解雇の予告	**30日前**に予告。しない場合は**30日分以上**の平均賃金を支払う
解雇制限	業務上の負傷、**疾病療養休業期間＋30日間**、**産前産後休業期間＋30日間**は解雇してはならない
金品の返還	労働者の死亡又は退職において権利者の請求があった場合は、**7日以内**に賃金を支払い、積立金、保証金、貯蓄金その他名称の如何を問わず、労働者の権利に属する**金品を返還**しなければならない
労働時間	1週間について**40時間**を超えてはならない 1週間の各日については、休憩時間を除き1日について**8時間**を超えてはならない
休憩	労働時間**6時間**を超える⇒**45分** 労働時間**8時間**を超える⇒**1時間**
休日	少なくとも**週1回**（4週間で4日以上休日がある場合を除く）
時間外・休日等の割増賃金	通常賃金の**2割5分以上5割以下**。ただし、1ヵ月の延長労働時間が**60時間**を超えた場合、その超えた時間に対しては通常賃金の**5割以上**
有給休暇	**6ヵ月以上**継続勤務、**8割以上**出勤⇒**10労働日**の有給休暇
産前産後	**産後8週間**を経過しない女性を就業させてはならないが、**産後6週間**を経過した女性が請求した場合には、医師が支障がないと認めた業務に就かせることは差し支えない
育児時間	生後満一年に達しない生児を育てる女性は、休憩時間のほか、**1日2回**各々少なくとも**30分**、その生児を育てるための時間を請求することができる
就業規則	**常時10人以上の労働者**を使用する場合、就業規則を**作成**、**行政官庁に届け出る**
健康診断の結果の通知	健康診断を受けた労働者に対し、当該健康診断の結果を**通知しなければならない**

◆拘束時間と運転時間

《一般乗用旅客運送事業者（タクシー）》

■ 1ヵ月の拘束時間

・**299時間**（労使協定がある場合は**322時間**）を超えないこと

■ 1日の拘束時間

・**13時間**を超えないものとし、最大拘束時間**16時間**を超えないこと
・**継続8時間以上**の休息期間を与えること
〔車庫待ち等の運転者〕
・拘束時間が**18時間**を超える場合は、**夜間4時間以上**の仮眠時間を与えること

■ 2暦日の拘束時間

・2暦日の拘束時間が**21時間**を超えないこと
・1ヵ月の拘束時間の合計が**262時間**を超えないこと

■休日労働

・2週間について**1回**を超えないこと

《一般乗合・一般貸切旅客運送事業者（バス）》

■ 1週間当たりの拘束時間

・4週間を平均し1週間当たり**65時間**を超えないこと
〔労使協定がある場合（貸切バス・高速バス）〕
・52週間のうち**16週間**までは、4週間を平均し1週間当たり**71.5時間**まで延長できる

■ 1日の拘束時間

・**13時間**を超えないものとし、最大拘束時間**16時間**を超えないこと
・15時間を超える回数は、1週間に**2回以内**
・**継続8時間以上**の休息期間を与えること

■ 2日平均の運転時間

・2日を平均し1日当たり**9時間**、4週間を平均し1週間当たり**40時間**を超えないこと
〔労使協定がある場合（貸切バス・高速バス）〕
・52週間のうち**16週間**までは、4週間を平均し1週間当たり**44時間**まで延長できる（ただし、52週間の運転時間が**2,080時間**を超えない範囲内）

■連続運転時間

・**4時間**運転毎に**30分以上**の休憩
（1回**連続10分以上**かつ、**合計30分以上**の運転中断が必要）

■休日労働

・2週間について**1回**を超えないこと

■延長時間の協定に係る一定期間

・**2週間**以上及び**1ヵ月以上3ヵ月以内**

第5章

実務上の知識及び能力

1　運行管理者

1　運行管理者の役割

■出題傾向と対策

①「実務上の知識及び能力」の範囲では、運行管理者の業務に関する問題が多く出されています。出題内容は主に、「第1章　道路運送法」に基づいたもので、運行管理者が行った業務上の措置の例を示し、それが法令に適合するかどうかを判断するという、法令の理解度や適用範囲を問うものです。さらに、運行管理者が立てた運行計画の内容の適否を問うものも出題されており、これを解くには第3章の「道路交通法」や第4章の「改善基準」の知識が必要となります。したがって、この項の演習問題は、各関係法令と併せて学習して下さい。

②演習問題から、出題の要点をまとめました。

《運行管理者の業務》

◎運行管理者の業務の範囲及び業務上の措置　◎運行管理者の役割

◎運転者に対する指導・監督　◎補助者に対する指導・監督

◎事業者への助言

《点呼》

◎場所・状況などによる点呼の実施方法

◎酒気帯びの有無や健康状態等の点呼方法及び点呼結果による乗車の可否の決定

◎事業用自動車の状態等の点呼結果による運行の可否の決定

◎交替運転者の配置基準（貸切バス）

《運行計画》

◎運転時間、連続運転時間、中断時間、平均速度等

《事故の再発防止対策》

◎事故の概要及び情報から判断する有効な再発防止対策

2 演習問題（運行管理者の業務）

問1　運行管理に関する次の記述のうち、適切なものをすべて選びなさい。なお、解答にあたっては、各選択肢に記載されている事項以外は考慮しないものとする。

［R2_CBT改］

☐ 1. 運行管理者は、自動車運送事業者の代理人として事業用自動車の輸送の安全確保に関する業務全般を行い、交通事故を防止する役割を担っている。したがって、事故が発生した場合には、自動車運送事業者に代わって責任を負うこととなる。

2. 運行管理者は、運行管理業務に精通し、確実に遂行しなければならない。そのためにも自動車輸送に関連する諸規制を理解し、実務知識を身につけると共に、日頃から運転者と積極的にコミュニケーションを図り、必要な場合にあっては運転者等の声を自動車運送事業者に伝え、常に安全で明るい職場環境を築いていくことも重要な役割である。

3. 運行管理者は、乗務開始及び乗務終了後の運転者等に対し、原則、対面で点呼を実施しなければならないが、遠隔地で業務を開始又は終了する場合、車庫と営業所が離れている場合、又は運転者の出庫・帰庫が早朝・深夜であり、点呼を行う運行管理者が営業所に出勤していない場合等、運行上やむを得ず、対面での点呼が実施できないときには、電話、その他の方法で行う必要がある。

4. 運行管理者は、事業用自動車が運行しているときにおいては、運行管理業務に従事している必要がある。しかし、1人の運行管理者が毎日、24時間営業所に勤務することは不可能である。そのため自動車運送事業者は、複数の運行管理者を選任して交替制で行わせるか、又は、運行管理者の補助者を選任し、点呼の一部を実施させるなど、確実な運行管理業務を遂行させる必要がある。

問2　運行管理者の日常業務の記録等に関する次の記述のうち、適切なものには「適」を、適切でないものには「不適」を記入しなさい。なお、解答にあたっては、各選択肢に記載されている事項以外は考慮しないものとする。［R2. 8改］

☐ 1．運行管理者は、事業用自動車の運転者が他の営業所に転出し当該営業所の運転者でなくなったときは、直ちに、乗務員等台帳に運転者でなくなった年月日及び理由を記載して1年間保存している。

2．運行管理者は、貸切バスに装着された運行記録計により記録される「瞬間速度」、「運行距離」及び「運行時間」等により運転者の運行の実態や車両の運行の実態を分析し、運転者の日常の業務を把握し、過労運転の防止及び運行の適正化を図る資料として活用しており、この運行記録計の記録を1年間保存している。

3．運行管理者は、事業用自動車の運転者に対し、事業用自動車の構造上の特性、乗車中の旅客の安全を確保するために留意すべき事項など事業用自動車の運行の安全及び旅客の安全を確保するために必要な運転に関する技能及び知識等について、適切に指導を行うとともに、その内容等について記録し、かつ、その記録を営業所において1年間保存している。

4．運行管理者は、事業用自動車の運転者等に対する業務前点呼において、運転者の酒気帯びの有無については、目視等で確認するほか、アルコール検知器を用いて確認するとともに、点呼を行った旨並びに報告及び指示の内容等を記録し、かつ、その記録を1年間保存している。

問3　運行管理者の日常業務の記録等に関する次の記述のうち、適切なものには「適」を、適切でないものには「不適」を記入しなさい。なお、解答にあたっては、各選択肢に記載されている事項以外は考慮しないものとする。

☐ 1．運行管理者は、選任された運転者等ごとに採用時に提出させた履歴書が、法令で定める乗務員等台帳の記載事項の内容を概ね網羅していることから、これを当該台帳として使用し、索引簿なども作成のうえ、営業所に備え管理している。

2．運行管理者は、自動車運送事業者が定めた勤務時間及び乗務時間の範囲内で、運転者が過労とならないよう十分考慮しながら、天候や道路状況などを勘案しつつ、乗務割を作成している。なお、乗務については、早めに運転者に知らせるため、事前に予定を示すことにしている。

3．運行管理者は、事業用自動車の運行中に暴風雪等に遭遇した場合、運転者から迅速に状況を報告させるとともに、その状況に応じて、運行休止を含めた具体的な指示を行うこととしている。また、報告を受けた事項や指示した内容については、異常気象時等の措置として、詳細に記録している。

4. 運行管理者は、運転者に法令に基づく運行指示書を携行させ、運行させている途中において、自然災害により運行経路の変更を余儀なくされた。このため、当該運行管理者は、当該運転者に対して電話等により変更の指示を行ったが、携行させている運行指示書については帰庫後提出させ、運行管理者自ら当該変更内容を記載のうえ保管し、運行の安全確保を図った。

◆解答&解説

※第5章において「適切なもの」について特に注意すべき点がない場合は、解説を省略しています。

問1［解答　2,4］

1. 不適：運行管理者が**事業者に代わって責任を負うことはない**。ただし、適切な運行管理を行っていないことで交通事故が発生した場合は、厳しい処分を受ける場合がある。

3. 不適：車庫と営業所が離れている場合や、出庫・帰庫が早朝、深夜で運行管理者が出勤していない場合などは**「運行上やむを得ない場合」に該当しないため、電話等による点呼はできない**。必要に応じて運行管理者や補助者を派遣して、対面点呼を確実に実施する。「運輸規則の解釈及び運用」第24条第1項①。⇒39P

問2［解答　適－2,4　不適－1,3］

1. **不適**：「1年間保存」⇒「**3年間**保存」。運輸規則第37条（乗務員等台帳並びに乗務員証及び保安員証）第2項。⇒67P

2. 適：運輸規則第26条（運行記録計による記録）第1項。⇒59P・運輸規則第48条（運行管理者の業務）第1項⑧。⇒104P

3. **不適**：「1年間保存」⇒「**3年間**保存」。運輸規則第38条（従業員に対する指導監督）第1項。⇒70P・運輸規則第48条（運行管理者の業務）第1項⑯。⇒104P

4. 適：運輸規則第24条（点呼等）第4項・第5項。⇒38P

問3［解答　適－2,3　不適－1,4］

1. **不適**：履歴書を乗務員等台帳として**使用することはできない**。一定の様式の**乗務員等台帳を作成**しなければならない。運輸規則第37条（乗務員等台帳並びに乗務員証及び保安員証）第1項。⇒67P

2. 適：乗務割は、早めに運転者に知らせることも大切であるため、1ヵ月分程度の予定を事前に示し、これに従って運転者に乗務させることが望ましい。運輸規則第48条（運行管理者の業務）第1項③。⇒104P

3. 適：運輸規則第48条（運行管理者の業務）第1項②。⇒104P

4. **不適**：運行の途中において運行経路の変更が生じた場合は、運転者に対し、電話等で変更の指示をし、**また、携行させている運行指示書に変更の内容を記載させなければならない**。「運輸規則の解釈及び運用」第28条の2第1項。⇒64P

3　演習問題（点呼）

問1　点呼の実施等に関する次の記述のうち、適切なものをすべて選びなさい。なお、解答にあたっては、各選択肢に記載されている事項以外は考慮しないものとする。

□　1．運行管理者は、業務開始及び業務終了後の運転者等に対し、原則、対面で点呼を実施しなければならないが、運行上やむを得ず対面での点呼が実施できないときには、電話その他の方法で行う必要があり、法で定める電話「その他の方法」には携帯電話は含まれない。

2．運行管理者は、アルコール検知器を常時有効に保持するため、毎日アルコール検知器に損傷がなく電源が確実に入ることを確認し、1週間に1回以上、確実に酒気を帯びていない者が当該アルコール検知器を使用した場合に、アルコールを検知しないこと、及び液体歯磨き等アルコールを含有する液体又はこれを希釈したものをスプレー等により口内に噴霧した上で、当該アルコール検知器を使用した場合に、アルコールを検知することを確認している。

3．A営業所において、運行管理者は昼間のみの勤務体制となっており、当該営業所における点呼の総回数の6割を運行管理者が行っている。なお、昼間以外の時間帯は、事業者が選任した複数の運行管理者の補助者に点呼を実施させている。

4．業務前の点呼において運転者等の健康状態を的確に確認することができるようにするため、健康診断の結果等から異常の所見がある運転者又は就業上の措置を講じた運転者が一目で分かるように、個人のプライバシーに配慮しながら点呼記録表の運転者等の氏名の横に注意喚起のマークを付記するなどして、これを点呼において活用している。

問2　旅客自動車運送事業の事業用自動車の運転者等に対する点呼の実施等に関する次の記述のうち、適切なものをすべて選びなさい。なお、解答にあたっては、各選択肢に記載されている事項以外は考慮しないものとする。

☐ 1．業務前の点呼において運転者等の健康状態を的確に確認することができるようにするため、健康診断の結果等から異常の所見がある運転者又は就業上の措置を講じた運転者等が一目で分かるように、個人のプライバシーに配慮しながら点呼記録表の運転者の氏名の横に注意喚起のマークを付記するなどして、これを点呼において活用している。

2．運転者の業務前の点呼において、アルコール検知器を使用し呼気中のアルコール濃度を確認したところ、1リットル当たり0.17ミリグラムであったため、運行の業務に従事することを中止させた。しかし、交替要員がないため、2時間休憩させ、あらためて、アルコール検知器を使用し呼気中のアルコール濃度を確認したところ、1リットル当たり0.10ミリグラムとなったため、運行の業務に従事させた。

3．3日間にわたる事業用自動車の運行で、2日目は遠隔地の業務のため、業務後の点呼については、目的地への到着予定時刻が運行管理者等の勤務時間外となることから、業務途中の休憩時間を利用して運行管理者等が営業所に勤務する時間帯に携帯電話により行い、所定の事項を点呼記録表に記録した。

4．以前に自社の運転者等が自動車運転免許証の停止の処分を受けているにもかかわらず、事業用自動車を運転していた事案が発覚したことがあったため、運行管理規程に業務前の点呼における実施事項として、自動車運転免許証の提示及び確認について明記した。その後、運行管理者は、業務前の点呼の際の運転免許証の確認については、各自の運転免許証のコピーにより行い、再発防止を図っている。

問３　旅客自動車運送事業の事業用自動車の運転者等に対する点呼の実施等に関する次の記述のうち、適切なものには「適」を、適切でないものには「不適」を記入しなさい。なお、解答にあたっては、各選択肢に記載されている事項以外は考慮しないものとする。［R3. 3改］

☐ 1．運行管理者は、業務開始及び業務終了後の運転者等に対し、原則、対面で点呼を実施しなければならないが、遠隔地で業務が開始又は終了する場合、車庫と営業所が離れている場合、又は運転者の出庫・帰庫が早朝・深夜であり、点呼を行う運行管理者が営業所に出勤していない場合等、運行上やむを得ず、対面での点呼が実施できないときには、電話、その他の方法で行っている。

2．３日間にわたる事業用自動車の運行で、２日目は遠隔地の業務のため、業務後の点呼については、目的地への到着予定時刻が運行管理者等の勤務時間外となることから、業務途中の休憩時間を利用して運行管理者等が営業所に勤務する時間帯に携帯電話により行い、所定の事項を点呼記録表に記録した。

3．輸送の安全及び旅客の利便の確保に関する取組が優良であると認められる営業所に属する運転者等が、当該営業所の車庫において、当該営業所の運行管理者による国土交通大臣が定める方法による点呼（旅客IT点呼）を受けた。

4．業務前の点呼においてアルコール検知器を使用するのは、身体に保有している酒気帯びの有無を確認するためのものであり、道路交通法施行令で定める呼気中のアルコール濃度１リットル当たり0.15ミリグラム以上であるか否かを判定するためのものではない。

問4　点呼の実施等に関する次の記述のうち、適切なものには「適」を、適切でないものには「不適」を記入しなさい。なお、解答にあたっては、各選択肢に記載されている事項以外は考慮しないものとする。［R1.8改］

☐ 1．A営業所においては、運行管理者は昼間のみの勤務体制となっている。しかし、運行管理者が不在となる時間帯の点呼が当該営業所における点呼の総回数の7割を超えていることから、その時間帯における点呼については、事業者が選任した複数の運行管理者の補助者に実施させている。

2．運行管理者は、業務開始及び業務終了後の運転者等に対し、原則、対面で点呼を実施しなければならないが、遠隔地で業務を開始又は終了する場合、車庫と営業所が離れている場合、又は運転者の出庫・帰庫が早朝・深夜であり、点呼を行う運行管理者が営業所に出勤していない場合等、運行上やむを得ず、対面での点呼が実施できないときには、電話、その他の方法で行っている。

3．業務後の点呼において、業務を終了した運転者等からの当該業務に係る事業用自動車、道路及び運行の状況についての報告は、特に異常がない場合には運転者等から求めないこととしており、点呼記録表に「異常なし」と記録している。

4．業務前の点呼においてアルコール検知器を使用するのは、身体に保有している酒気帯びの有無を確認するためのものであり、道路交通法施行令で定める呼気中のアルコール濃度1リットル当たり0.15ミリグラム以上であるか否かを判定するためのものではない。

問5　下表は、一般貸切旅客自動車運送事業者が、法令の規定により運転者等ごとに行う点呼の記録表の一例を示したものである。この記録表に関し、A、B、Cに入る最もふさわしい事項を下の選択肢（①～⑧）から1つ選びなさい。［R3_CBT改］

点呼記録表

年　月　日　曜日　　天候　　　　　　　　　　　　営業所

社長	所長（統括運行管理者）	運行管理者	補助者

登録番号／運転者名（ガイド名）	業務前点呼									
	点呼時間	点呼場所	点呼方法	疾病・疲労・睡眠不足等の状況	アルコール検知器の使用の有無	酒気帯びの有無	A	指示事項	その他必要な事項	執行者名
	/		対面		有	有				
	:		電話		無	無				
	/		対面		有	有				
	:		電話		無	無				
	/		対面		有	有				
	:		電話		無	無				

業務途中点呼								業務後点呼								
点呼時間	点呼場所	点呼方法	自動車・道路及び運行の状況	B	指示事項	その他必要な事項	執行者名	点呼時間	点呼場所	点呼方法	アルコール検知器の使用の有無	酒気帯びの有無	自動車・道路及び運行の状況	C	その他必要な事項	執行者名
/		電話						/		対面	有	有				
:								:		電話	無	無				
/		電話						/		対面	有	有				
:								:		電話	無	無				
/		電話						/		対面	有	有				
:								:		電話	無	無				

□　①定期点検の状況　　　　②苦情の状況
③薬物の使用状況　　　　④運転者交替時の通告内容
⑤酒気帯びの有無　　　　⑥日常点検の状況
⑦指示事項　　　　　　　⑧疾病・疲労・睡眠不足等の状況

◆解答＆解説

問1［解答　2，3，4］

1．不適：携帯電話は、「その他の方法」に含まれる。「運輸規則の解釈及び運用」第24条第1項①。⇒39P

2．「運輸規則の解釈及び運用」第24条第2項④。⇒43P

3．運行管理者が行う点呼が、点呼全体の3分の1以上を占めているため、適切である。「安全規則の解釈及び運用」第24条第1項⑥。⇒42P

4．運輸規則第24条（点呼等）第1項③。⇒38P・運輸規則第48条（運行管理者の業務）第1項④の2。⇒104P

問2［解答　1］

1．運輸規則第24条（点呼等）第1項③。⇒38P・運輸規則第48条（運行管理者の業務）第1項④の2。⇒104P

2．不適：微量であってもアルコールが残っている場合は**運行の業務に従事させてはならない**。「運輸規則の解釈及び運用」第21条第4項。⇒31P

3．不適：運行管理者等の勤務時間外になるという理由で、**業務後の点呼を業務途中に行ってはならない**。この場合は、事業者・運行管理者・補助者のいずれかの者が業務後の点呼を行わなければならない。運輸規則第24条（点呼等）第2項。⇒38P

4．不適：点呼の際は、自動車運転免許証のコピーによる確認ではなく、**都度、運転免許証の現物を提示させ、確認し、再発防止を図る**。

問3［解答　適－3，4　不適－1，2］

1．**不適**：遠隔地で業務が開始又は終了する場合、車庫と営業所が離れている場合、出庫・帰庫が早朝・深夜で運行管理者が不在などの場合は**「運行上やむを得ない場合」に該当しないため、電話等による点呼はできない**。必要に応じて運行管理者や補助者を派遣して、対面点呼を確実に実施する。「運輸規則の解釈及び運用」第24条第1項①。⇒39P

2．**不適**：運行管理者等の勤務時間外になるという理由で、**業務後の点呼を業務途中に行ってはならない**。この場合は、事業者・運行管理者・補助者のいずれかの者が乗務後の点呼を行わなければならない。運輸規則第24条（点呼等）第2項。⇒38P

3．適：「運輸規則の解釈及び運用」第24条第1項③・④・⑤。⇒39P

4．適：アルコール検知器を使用する理由は、呼気中のアルコール濃度が0.15mg/ℓ以上であるか否かを判定するためではなく、微量であってもアルコールが残っていないかどうかを確認するためである。「運輸規則の解釈及び運用」第21条第4項。⇒31P

問４［解答　適－４　不適－１，２，３］

1．**不適**：補助者が点呼を行う場合でも、**運行管理者は点呼全体の３分の１以上を実施しなければならない**。運行管理者が不在となる時間帯の点呼が総回数の７割を超えているということは、**運行管理者の行う点呼が３分の１以下になってしまうため、不適切である**。「運輸規則の解釈及び運用」第24条第１項⑥。

2．**不適**：遠隔地で業務が開始又は終了する場合、車庫と営業所が離れている場合、出庫・帰庫が早朝・深夜で運行管理者が不在などの場合は**「運行上やむを得ない場合」に該当しないため、電話等による点呼はできない**。必要に応じて運行管理者や補助者を派遣して、対面点呼を確実に実施する。「運輸規則の解釈及び運用」第24条第１項①。⇒39P

3．**不適**：業務後の点呼では、業務を終了した運転者等から事業用自動車、道路及び運行の状況について、特に異常がない場合であっても**その都度、報告を求め確認しなければならない**。運輸規則第24条（点呼等）第２項。⇒38P

4．適：「運輸規則の解釈及び運用」第21条第４項。⇒31P

問５［解答　A－⑥，B－⑧，C－④］

運輸規則第24条（点呼等）第１項・第２項・第３項。⇒38P

4　演習問題（指導及び監督）

問1　旅客自動車運送事業者が事業用自動車の運転者に対して行う指導・監督に関する次の記述のうち、適切なものをすべて選びなさい。なお、解答にあたっては、各選択肢に記載されている事項以外は考慮しないものとする。

☐ 1．自動車が追越しをするときは、前の自動車の走行速度に応じた追越し距離、追越し時間が必要になる。前の自動車と追越しをする自動車の速度差が小さい場合には追越しに長い時間と距離が必要になることから、無理な追越しをしないよう運転者に対し指導している。

2．ある運転者が、昨年今年と連続で追突事故を起こしたので、運行管理者は、ドライブレコーダーの映像等をもとに事故の原因を究明するため、専門的な知識及び技術を有する外部機関に事故分析を依頼し、その結果に基づき指導している。

3．飲酒により体内に摂取されたアルコールを処理するために必要な時間の目安については、例えばアルコール度数15％の日本酒一合（180ml）の場合、概ね4時間とされている。事業者は、これらを参考に、社内教育の中で酒気帯び運転防止の観点から飲酒が運転に及ぼす影響等について指導している。

4．国土交通大臣が認定する適性診断（以下「適性診断」という。）を受診した運転者の診断結果において、「感情の安定性」の項目で、「すぐかっとなるなどの衝動的な傾向」との判定が出た。適性診断は、性格等を客観的に把握し、運転の適性を判定することにより、運転業務に適さない者を選任しないようにするためのものであるため、運行管理者は、当該運転者は運転業務に適さないと判断し、他の業務へ配置替えを行った。

問2　旅客自動車運送事業者が事業用自動車の運転者に対して行う指導・監督に関する次の記述のうち、適切なものをすべて選びなさい。なお、解答にあたっては、各選択肢に記載されている事項以外は考慮しないものとする。

☐　1．道路上におけるバスの乗客の荷物の落下は、事故を誘発するおそれがあることから、運行管理者は運転者に対し、バスを出発させる時には、トランクルームの扉が完全に閉まった状態であり、かつ、確実に施錠されていることを確認するなど、乗客の荷物等積載物の転落を防止するための措置を講ずるよう指導している。

2．運転者が交通事故を起こした場合、乗客に対する被害状況を確認し、負傷者がいるときは、まず最初に運行管理者に連絡した後、負傷者の救護、道路における危険の防止、乗客の安全確保、警察への報告などの必要な措置を講じるよう運転者に対し指導している。

3．四輪車を運転する場合、二輪車との衝突事故を防止するための注意点として、①二輪車は死角に入りやすいため、その存在に気づきにくく、また、②二輪車は速度が実際より遅く感じたり、距離が実際より遠くに見えたりする特性がある。したがって、運転者に対してこのような点に注意するよう指導する必要がある。

4．飲酒により体内に摂取されたアルコールを処理するために必要な時間の目安については、例えばアルコール度数15％の日本酒一合（180ml）の場合、概ね2時間とされている。事業者は、これらを参考に、社内教育の中で酒気帯び運転防止の観点から飲酒が運転に及ぼす影響等について指導している。

問3　旅客自動車運送事業者が事業用自動車の運転者に対して行う指導・監督に関する次の記述のうち、適切なものをすべて選びなさい。なお、解答にあたっては、各選択肢に記載されている事項以外は考慮しないものとする。

☐　1．雪道への対応の遅れは、雪道でのチェーンの未装着のため自動車が登り坂を登れないこと等により後続車両が滞留し大規模な立ち往生を発生させることにもつながる。このことから運行管理者は、状況に応じて早めのチェーン装着等を運転者に対し指導する必要がある。

2．道路上におけるバスの乗客の荷物の落下は、事故を誘発するおそれがあることから、運行管理者は運転者に対し、バスを出発させる時には、トランクルームの扉が完全に閉まった状態であり、かつ、確実に施錠されていることを確認するなど、乗客の荷物等積載物の転落を防止するための措置を講ずるよう指導している。

3．四輪車を運転する場合、二輪車との衝突事故を防止するための注意点として、①二輪車は死角に入りやすいため、その存在に気づきにくく、また、②二輪車は速度が実際より速く感じたり、距離が近くに見えたりする特性がある。したがって、運転者に対してこのような点に注意するよう指導する必要がある。

4．近年、大型車のホイール・ボルトの折損等による車輪脱落事故が増加傾向にあり、冬季に集中して起こっている。特に冬用タイヤへの交換作業後１ヶ月以内に多く発生する傾向にある。このため、運行管理者は、運転者や交換作業者に対して、規定の締付トルクでの確実な締め付けや日常点検での目視等によるチェック等を徹底するよう指導している。

問４　旅客自動車運送事業者が事業用自動車の運転者に対して行う指導・監督に関する次の記述のうち、適切なものをすべて選びなさい。なお、解答にあたっては、各選択肢に記載されている事項以外は考慮しないものとする。

☐ 1．異常気象や天災、事故等の緊急時の対応については、マニュアル化して指導するようにしており、緊急時における運転の中断、徐行運転等の運転に関わる判断はすべて運転者に任せ、中断等を行った際は報告するように指導している。

2．時速36キロメートルで走行中の自動車の運転者が、前車との追突の危険を認知しブレーキ操作を行い、ブレーキが効きはじめるまでに要する空走時間を１秒間とし、ブレーキが効きはじめてから停止するまでに走る制動距離を８メートルとすると、当該自動車の停止距離は13メートルとなることなど、十分な車間距離が必要なことを指導している。

3．車両の重量が重い自動車は、スピードを出すことにより、カーブでの遠心力が大きくなるため横転などの危険性が高くなり、また、制動距離が長くなるため追突の危険性も高くなる。このため、法定速度を遵守し、十分な車間距離を保つことを運転者に指導する必要がある。

4．運転者が交通事故を起こした場合、乗客に対する被害状況を確認し、負傷者がいるときは、まず最初に運行管理者に連絡した後、負傷者の救護、道路における危険の防止、乗客の安全確保、警察への報告などの必要な措置を講じるよう運転者に対し指導している。

問5　旅客自動車運送事業者が事業用自動車の運転者に対して行う指導・監督に関する次の記述のうち、適切なものをすべて選びなさい。なお、解答にあたっては、各選択肢に記載されている事項以外は考慮しないものとする。［R3. 3改］

☑ 1．自動車が追越しをするときは、前の自動車の走行速度に応じた追越し距離、追越し時間が必要になるため、前の自動車と追越しをする自動車の速度差が大きい場合には追越しに長い時間と距離が必要になることから、無理な追越しをしないよう指導した。

2．ある運転者が、昨年今年と連続で追突事故を起こしたので、運行管理者は、ドライブレコーダーの映像等をもとに事故の原因を究明するため、専門的な知識及び技術を有する外部機関に事故分析を依頼し、その結果に基づき指導した。

3．１人ひとりの運転者が行う日常点検や運転行動は、慣れとともに、各動作を漫然と行ってしまうことがある。その行動や作業を確実に実施させるために、「指差呼称」や「安全呼称」を習慣化することで事故防止に有効であるという意識を根付かせるよう指導した。

4．令和３年中に発生したハイヤー・タクシーが第１当事者となった人身事故のうち、出会い頭の事故は追突事故と同程度に多く、全体の約２割を占めている。出会い頭の事故を防止するために、交差点における安全確認、見通しの悪い箇所での一時停止の確実な履行等を徹底するよう指導した。

問6　旅客自動車運送事業者が事業用自動車の運転者に対して行う指導・監督に関する次の記述のうち、適切なものをすべて選びなさい。なお、解答にあたっては、各選択肢に記載されている事項以外は考慮しないものとする。［R2_CBT］

☑ 1．時速36キロメートルで走行中の自動車を例に取り、運転者が前車との追突の危険を認知しブレーキ操作を行い、ブレーキが効きはじめるまでに要する空走時間を１秒間とし、ブレーキが効きはじめてから停止するまでに走る制動距離を８メートルとすると、当該自動車の停止距離は約13メートルとなるなど、危険が発生した場合でも安全に止まれるような速度と車間距離を保って運転するよう指導している。

2．道路上におけるバスの乗客の荷物の落下は、事故を誘発するおそれがあることから、運行管理者は運転者に対し、バスを出発させる時には、トランクルームの扉が完全に閉まった状態であり、かつ、確実に施錠されていることを確認するなど、乗客の荷物等積載物の転落を防止するための措置を講ずるよう指導している。

3．運転者の目は、車の速度が速いほど、周辺の景色が視界から消え、物の形を正確に捉えることができなくなるため、周辺の危険要因の発見が遅れ、事故につながるおそれが高まることを理解させるよう指導している。

4．飲酒により体内に摂取されたアルコールを処理するために必要な時間の目安については、例えばビール500ミリリットル（アルコール５%）の場合、概ね４時間とされている。事業者は、これを参考に個人差も考慮して、体質的にお酒に弱い運転者のみを対象として、飲酒が運転に及ぼす影響等について指導を行っている。

問７　旅客自動車運送事業者が事業用自動車の運転者に対して行う指導・監督に関する次の記述のうち、適切なものをすべて選びなさい。なお、解答にあたっては、各選択肢に記載されている事項以外は考慮しないものとする。［R3_CBT］

☐ 1．運転者の目は、車の速度が速いほど、周辺の景色が視界から消え、物の形を正確に捉えることができなくなるため、周辺の危険要因の発見が遅れ、事故につながるおそれが高まることを理解させるよう指導している。

2．他の自動車に追従して走行するときは、常に「秒」の意識をもって自車の速度と制動距離（ブレーキが効きはじめてから止まるまでに走った距離）に留意し、前車への追突の危険が発生した場合でも安全に停止できるよう、制動距離と同程度の車間距離を保って運転するよう指導している。

3．自動車が追越しをするときは、前の自動車の走行速度に応じた追越し距離、追越し時間が必要になる。前の自動車と追越しをする自動車の速度差が小さい場合には追越しに長い時間と距離が必要になることから、無理な追越しをしないよう運転者に対し指導する必要がある。

4．国土交通大臣が認定する適性診断（以下「適性診断」という。）を受診した運転者の診断結果において、「感情の安定性」の項目で、「すぐかっとなるなどの衝動的な傾向」との判定が出た。適性診断は、性格等を客観的に把握し、運転の適性を判定することにより、運転業務に適さない者を選任しないようにするためのものであるため、運行管理者は、当該運転者は運転業務に適さないと判断し、他の業務へ配置替えを行った。

問8　旅客自動車運送事業者が事業用自動車の運転者に対して行う指導・監督に関する次の記述のうち、適切なものをすべて選びなさい。なお、解答にあたっては、各選択肢に記載されている事項以外は考慮しないものとする。[R2.8]

☐　1．車長が長い自動車は、①内輪差が大きく、左折時に左側方のバイクや歩行者を巻き込んでしまう、②狭い道路への左折時には、車体がふくらみ、センターラインをはみ出してしまう、③右折時には、車体後部のオーバーハング部が隣接する車線へはみ出して車体後部が後続車に接触する、などの事故の要因となり得る危険性を有していることを運転者に対し指導している。

2．運転者が交通事故を起こした場合、乗客に対する被害状況を確認し、負傷者がいるときは、まず最初に運行管理者に連絡した後、負傷者の救護、道路における危険の防止、乗客の安全確保、警察への報告などの必要な措置を講じるよう運転者に対し指導している。

3．国土交通大臣が認定する適性診断（以下「適性診断」という。）を受診した運転者の診断結果において、「感情の安定性」の項目で、「すぐかっとなるなどの衝動的な傾向」との判定が出た。適性診断は、性格等を客観的に把握し、運転の適性を判定することにより、運転業務に適さない者を選任しないようにするためのものであるため、運行管理者は、当該運転者は運転業務に適さないと判断し、他の業務へ配置替えを行った。

4．飲酒により体内に摂取されたアルコールを処理するために必要な時間の目安については、個人差はあるが、例えばチューハイ350ミリリットル（アルコール7％）の場合、概ね2時間とされている。事業者は、これらを参考に、社内教育の中で酒気帯び運転防止の観点から飲酒が運転に及ぼす影響等について指導している。

問９　旅客自動車運送事業者が事業用自動車の運転者に対して行う指導・監督に関する次の記述のうち、適切なものをすべて選びなさい。なお、解答にあたっては、各選択肢に記載されている事項以外は考慮しないものとする。[R1.8]

☐ 1．他の自動車に追従して走行するときは、常に「秒」の意識をもって自車の速度と制動距離（ブレーキが効きはじめてから止まるまでに走った距離）に留意し、前車への追突の危険が発生した場合でも安全に停止できるよう、制動距離と同程度の車間距離を保って運転するよう指導している。

2．道路上におけるバスの乗客の荷物の落下は、事故を誘発するおそれがあることから、運行管理者は運転者に対し、バスを出発させる時には、トランクルームの扉が完全に閉まった状態であり、かつ、確実に施錠されていることを確認するなど、乗客の荷物等積載物の転落を防止するための措置を講ずるよう指導している。

3．運転者の目は、車の速度が速いほど、周辺の景色が視界から消え、物の形を正確に捉えることができなくなるため、周辺の危険要因の発見が遅れ、事故につながるおそれが高まることを理解させるよう指導している。

4．飲酒により体内に摂取されたアルコールを処理するために必要な時間の目安については、個人差はあるが、例えばビール500ミリリットル（アルコール５％）の場合、概ね４時間とされている。事業者は、これらを参考に社内教育の中で酒気帯び運転防止の観点から飲酒が運転に及ぼす影響等について指導を行っている。

◆解答＆解説

問1［解答　1，2，3］

1．「追い越しに必要な距離」。⇒466P

2．外部機関に事故分析を依頼し、その結果に基づいて運転者を指導することは適切な指導・監督である。

3．「指導及び監督の指針」第1章2（1）⑨⇒73P・「アルコールの1単位」。⇒414P

4．不適：適性診断は、運転者の運転行動や運転態度の長所や短所を診断し、運転のクセ等に応じたアドバイスを提供するためのものであり、**運転者を選任する際の判断材料ではない。**

問2［解答　1，3］

1．運転者に対し、出発時にトランクルームの扉が完全に閉まった状態であり、かつ、確実に施錠されていることを確認するよう指導することは、積載物の転落や飛散を防ぐための必要な措置として適切である。道交法第71条（運転者の遵守事項）第1項④。⇒241P

2．不適：交通事故を起こし負傷者がいる場合は、**まず最初に負傷者の救護等必要な措置を行い**、その後、運行管理者に連絡をして指示を受けるよう指導する。道交法第72条（事故の場合の措置）第1項。⇒251P

3．「四輪車から見た二輪車」。⇒460P

4．不適：アルコール度数15％の日本酒一合（180ml）を処理するために必要な時間の目安は、**概ね4時間**とされている。「指導及び監督の指針」第1章2（1）⑨⇒73P・「アルコールの1単位」。⇒414P

問3［解答　1，2，4］

3．不適：四輪車を運転する場合、二輪車は速度が実際より**遅く**感じたり、距離が**遠く**に見えたりするため、注意するよう指導する必要がある。「四輪車から見た二輪車」。⇒460P

問4［解答　3］

1．不適：異常気象や天災等による事業用自動車の運転の中断、徐行運転等の運転に関わることについては、運転者の判断に任せるのではなく、事業者が状況を的確に把握したうえで、**適切な指示を行い、また、必要な措置を講じなければならない。**運輸規則第20条（異常気象時等における措置）第1項。⇒54P

2．不適：停止距離は空走距離＋制動距離で求められるが、空走距離がわからないため、はじめに空走距離を求める。

空走時間が1秒であることから、時速36kmで走行中の自動車が1秒間に走行する距離を求めるため、時速を秒速に変換する。1kmは1000m、1時間は3600秒（s）である。

$$36\text{km/h} = \frac{36 \times 1000\text{m}}{3600\text{s}} = \frac{360\text{m}}{36\text{s}} = 10\text{m/s} \quad \Rightarrow 10\text{m}$$

空走距離が10mとわかったので、停止距離を求める。

停止距離＝空走距離＋制動距離＝10m＋8m＝18m

したがって、**停止距離は18メートル**となることを指導する。「停止距離」。⇒471P

3．スピードの特性をふまえ、バスの乗客の安全を確保するために、法定速度を遵守させ、十分な車間距離を保つよう指導しているので適切である。「スピードの特性」。⇒461P

4．不適 ：交通事故を起こし負傷者がいる場合は、**まず最初に負傷者の救護等必要な措置を行い**、その後、運行管理者に連絡をして指示を受けるよう指導する。道交法第72条（事故の場合の措置）第１項。⇒251P

問５［解答　２，３，４］

1．不適 ：前の自動車と追越しをする自動車の速度差が**小さい場合**に、長い時間と距離が必要となるため、無理な追越しをしないよう指導する。「追い越しに必要な距離」。⇒466P

問６［解答　２，３］

1．不適：問４　２．を参照。

2．道交法第71条（運転者の遵守事項）第１項④。⇒241P

3．運転者の視野は、速度が増すごとに狭くなる。低速では、路側の障害物やその他の潜在的な危険を視認することが可能である。しかし、高速では視野が狭くなるため、潜在的な危険を認識する能力が大きく減退し、近くから飛び出してくる歩行者や自転車などを見落としやすくなることを理解させるよう指導する。

4．不適 ：飲酒が運転に及ぼす影響については、**体質的に酒に弱い者のみに限定せず、すべての運転者**に対し、指導・監督を行わなければならない。「指導及び監督の指針」第１章 2（１）⑨。⇒73P・「アルコールの１単位」。⇒414P

問７［解答　１，３］

2．不適 ：自車の速度と**停止距離（危険認知から自動車が止まりきるまでの総走行距離）**に留意し、**安全に停止できるような速度又は車間距離**を保って運転するよう指導する。「停止距離」。⇒471P

4．不適 ：適性診断は、運転者の運転行動や運転態度の長所や短所を診断し、運転のクセ等に応じたアドバイスを提供するためのものであり、**運転者を選任する際の判断材料ではない。**

問８［解答　１］

1．「内輪差」。⇒462P

2．不適 ：交通事故を起こし負傷者がいる場合は、**まず最初に負傷者の救護等必要な措置を行い**、その後、運行管理者に連絡をして指示を受けるよう指導する。道交法第72条（事故の場合の措置）第１項。⇒251P

3．不適 ：適性診断は、運転者の運転行動や運転態度の長所や短所を診断し、運転のクセ等に応じたアドバイスを提供するためのものであり、**運転者を選任する際の判断材料ではない。**

4．不適 ：チューハイ350ミリリットル（アルコール７％）を処理するために必要な時間の目安は、概ね**４時間以上**とされている。「指導及び監督の指針」第１章２（１）⑨⇒73P・「アルコールの１単位」。⇒414P

問９［解答　２，３，４］

1．不適 ：自車の速度と**停止距離（危険認知から自動車が止まりきるまでの総走行距離）**に留意し、安全に**停止できるような速度又は車間距離**を保って運転するよう指導する。「停止距離」。⇒471P

4．「指導及び監督の指針」第１章２（１）⑨⇒73P・「アルコールの１単位」。⇒414P

5　演習問題（運行計画）

問1　旅行業者から貸切バス事業者に対し、ホテル（B地点）に滞在する団体客を空港（C地点）に12時までに到着させるよう運送の依頼があった。これを受けて運行管理者として運行指示書を作成し、運転者に指示するため、次に示す「当日の運行計画を策定するための前提条件」に基づき運行計画を立てた。この事業用自動車の運行に関する次のア～ウについて解答しなさい。なお、解答にあたっては、「当日の運行計画を策定するための前提条件」に記載されている事項以外は考慮しないものとする。

「当日の運行計画を策定するための前提条件」

○　A営業所を出庫し、30キロメートル離れたホテル（B地点）まで平均時速30キロメートルで走行する。

○　ホテル（B地点）において団体客のバスへの乗車に要する時間を30分とする。

○　ホテル（B地点）から180キロメートル離れた空港（C地点）までの間、一部高速自動車国道を利用し、平均時速45キロメートルで走行して、空港（C地点）に12時に到着する。

○　団体客の下車後、1時間の休憩をとる。休憩後、A営業所に帰庫するため、空港（C地点）を13時30分に出発、一部高速自動車国道を利用し、150キロメートル先のD地点まで平均時速50キロメートルで走行して到着後、15分の休憩をとる。

○　D地点からA営業所まで平均時速30キロメートルで走行して、A営業所に17時45分に帰庫する。

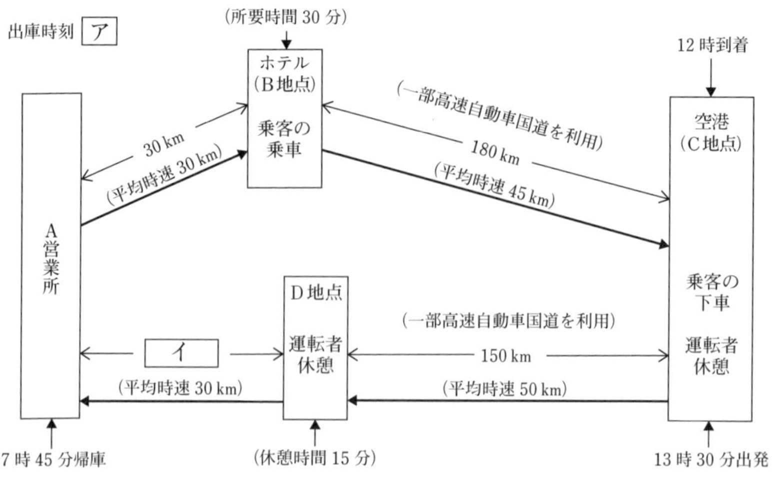

☐ ア．空港（C地点）に12時に到着させるためにふさわしいA営業所の出庫時刻について、次の１～４の中から正しいものを１つ選びなさい。

１．６時30分　　２．７時00分
３．７時30分　　４．８時00分

イ．D地点とA営業所間の距離について、次の１～４の中から正しいものを１つ選びなさい。

１．15キロメートル　　２．30キロメートル
３．45キロメートル　　４．60キロメートル

ウ．当日の全運行において、連続運転時間は「自動車運転者の労働時間等の改善のための基準」に照らし、違反しているか否かについて、次の１～２の中から正しいものを１つ選びなさい。

１．違反していない　　２．違反している

問2　旅行業者から貸切バス事業者に対し、ツアー客の運送依頼があった。これを受けて運行管理者は、下の図に示す運行計画を立てた。この運行に関する次の1～3の記述について、解答しなさい。なお、解答にあたっては、〈運行計画〉及び各選択肢に記載されている事項以外は考慮しないものとする。［R3_CBT］

〈運行計画〉

A営業所を出庫し、B駅にてツアー客を乗車させ、C観光地及びD観光地を経て、E駅にてツアー客を降車させた後、A営業所に帰庫する行程とする。当該運行は、乗車定員36名乗りの貸切バスを使用し、運転者1人乗務とする。

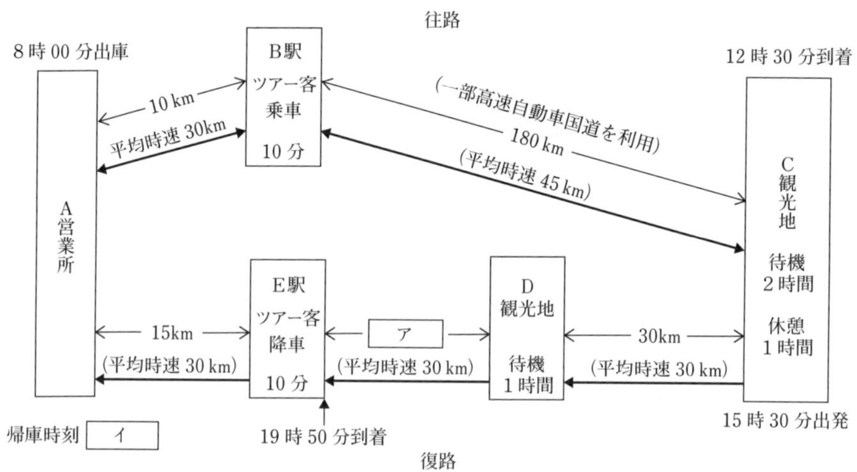

1．D観光地とE駅の間の距離アについて、次の①～③の中から正しいものを1つ選びなさい。

①60キロメートル　　②65キロメートル　　③70キロメートル

2．当該運転者がA営業所に帰庫する時刻イについて、次の①～③の中から正しいものを1つ選びなさい。

①20時20分　　②20時30分　　③20時40分

3．当日の全運行において、連続運転時間は「自動車運転者の労働時間等の改善のための基準」に照らし、違反しているか否かについて、次の①～④の中から正しいものを1つ選びなさい。

①往路は違反しているが、復路は違反していない
②往路は違反していないが、復路は違反している
③往路、復路ともに違反している
④往路、復路ともに違反していない

問3　旅行業者から貸切バス事業者に対し、ツアー客の運送依頼があった。これを受けて運行管理者は、下の図に示す運行計画を立てた。この運行に関する次の1～3の記述について、解答しなさい。なお、解答にあたっては、〈運行計画〉及び各選択肢に記載されている事項以外は考慮しないものとする。[R2_CBT]

〈運行計画〉

朝B駅にてツアー客を乗車させ、C観光地及びD道の駅等を経て、F駅に帰着させる行程とする。当該運行は、乗車定員36名乗りの貸切バスを使用し、運転者1人乗務とする。

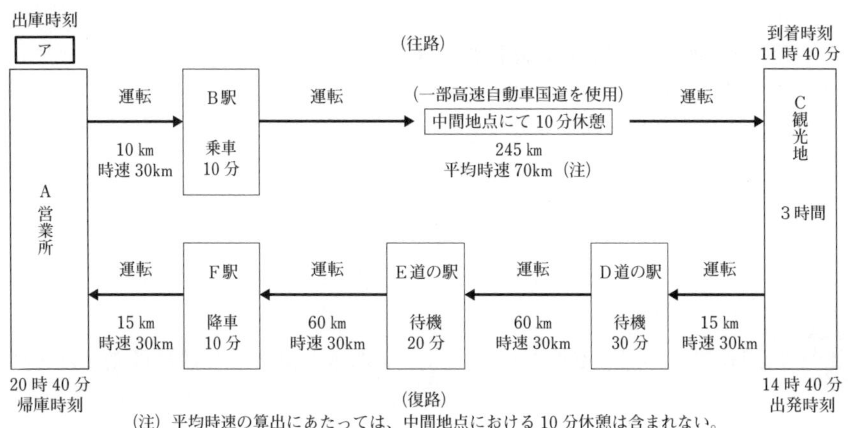

1．当該運行においてC観光地に11時40分に到着させるためにふさわしいA営業所の出庫時刻アについて、次の①～③の中から正しいものを1つ選びなさい。

① 7時20分　② 7時30分　③ 7時40分

2．当該運転者は前日の運転時間が9時間00分であり、また、翌日の運転時間を9時間20分とした場合、当日を特定の日とした場合の2日を平均して1日当たりの運転時間が自動車運転者の労働時間等の改善のための基準告示（以下「改善基準告示」という。）に違反しているか否について、正しいものを1つ選なさい。

① 違反していない　② 違反している

3．当日の全運行において、連続運転時間は「改善基準告示」に、違反しているか否かについて、正しいものを1つ選びなさい。

① 違反していない　② 違反している

問4　旅行業者から下の運送依頼を受けて、A営業所の運行管理者が次のとおり運行の計画を立てた。この計画に関するア～イについて解答しなさい。なお、解答にあたっては、〈運行の計画〉及び各選択肢に記載されている事項以外は考慮しないものとする。[R3. 3]

〈旅行業者からの運送依頼〉

○　B駅で観光客27名を乗車させE観光地に10時に到着させる。

○　13時にE観光地で観光を終えた乗客を乗せ、F観光地を回り、17時50分にB駅に到着させる。

〈運行の計画〉

○　次の運行経路図に示された経路に従い運行する。

○　この運行には運転者1名、バスガイド1名が乗務する。

○　道路標識等により最高速度が指定されていない高速自動車国道（高速自動車国道法に規定する道路。以下「高速道路」という。）のC料金所とD料金所間（走行距離135キロメートル）を、運転の中断をすることなく1時間30分で走行する。

○　運行するF観光地とG地点間の道路には（マイクロを除く）が、G地点とB駅間の道路には（3.3m）の道路標識が設置されているので、これらを勘案して通行可能な貸切バスを配置する。

（道路標識は、「文字及び記号を青色、斜めの帯及び枠を赤色、縁及び地を白色とする。」）

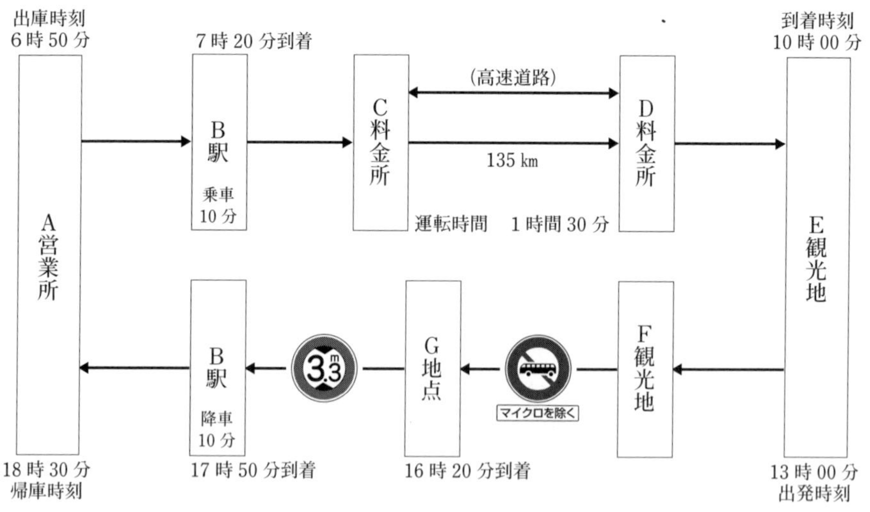

☐ ア　当該運行に適した車両として、次の１～３の貸切バスの中から正しいものを１つ選びなさい。

貸切バス	乗車定員（人）	車両重量（kg）	車両総重量（kg）	自動車の大きさ（m）		
				長さ	幅	高さ
1	47	12,930	15,515	11.99	2.49	3.75
2	29	9,900	11,495	8.99	2.49	3.30
3	29	6,390	7,985	6.99	2.05	2.63

イ　高速道路のＣ料金所とＤ料金所間の運転時間を１時間30分としたことについて、次の１～２の中から正しいものを１つ選びなさい。

１．適切　　　２．不適切

問５　旅行業者から貸切バス事業者に対し、朝Ｂ駅にてツアー客を乗車させ、Ｄ観光地に向けて運行し、夕方Ｆ駅に帰着させるよう運送の依頼があった。これを受けて運行管理者は、次に示す「当日の運行計画」を立てた。この事業用自動車の運行に関する次のア～ウについて解答しなさい。なお、解答にあたっては、「当日の運行計画」及び各選択肢に記載されている事項以外は考慮しないものとする。［R2.8］

「当日の運行計画」

往路

○　Ａ営業所を出庫し、15キロメートル離れたＢ駅まで平均時速30キロメートルで走行する。

○　Ｂ駅にてツアー客のバスへの乗車に要する時間を10分とする。

○　Ｂ駅から110キロメートル離れたＣ地点までの間、一部高速自動車国道を利用し、平均時速55キロメートルで走行し、Ｃ地点で、10分間休憩をとる。

○　Ｃ地点から45キロメートル離れたＤ観光地まで平均時速30キロメートルで走行し、Ｄ観光地に12時に到着する。

○　Ｄ観光地にて、２時間待機し、その内１時間の休憩をとる。

復路

○　休憩後、E地点に向かうため、D観光地を14時に出発し、60キロメートル離れたE地点まで平均時速30キロメートルで走行する。E地点で、20分間休憩をとる。

○　E地点からF駅まで平均時速25キロメートルで走行して、F駅に18時20分に到着し、ツアー客の降車に要する時間を10分とする。

○　F駅から20キロメートル離れたA営業所まで平均時速30キロメートルで走行し、A営業所には19時10分に帰庫する。

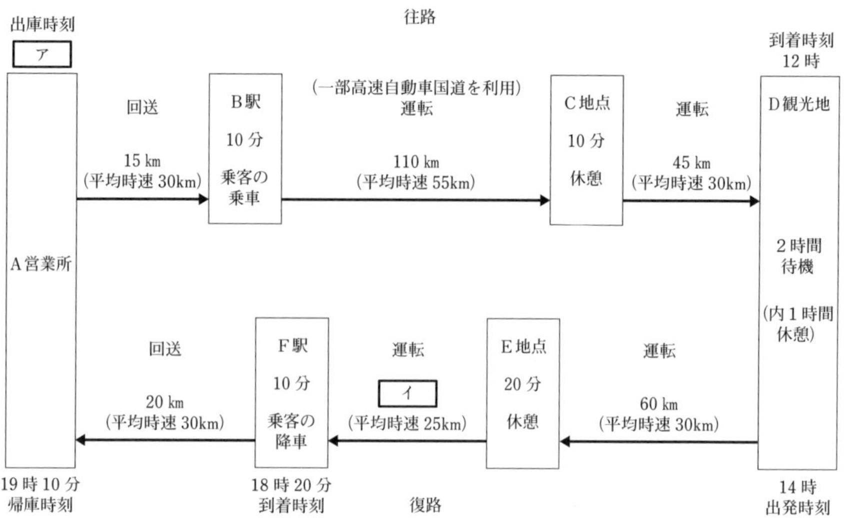

ア　D観光地に12時に到着させるためにふさわしいA営業所の出庫時刻（ア）について、次の①～④の中から正しいものを1つ選びなさい。

①　7時00分　　②　7時20分

③　7時40分　　④　8時00分

イ　E地点とF駅間の距離（イ）について、次の①～④の中から正しいものを1つ選びなさい。

①　45キロメートル　　②　50キロメートル

③　55キロメートル　　④　60キロメートル

ウ　当日の全運行において、連続運転時間は「自動車運転者の労働時間等の改善のための基準」に照らし、違反しているか否かについて、次の①～②の中から正しいものを1つ選びなさい。

①　違反していない　　②　違反している

◆解答＆解説

問1［解答　ア－1，イ－2，ウ－1］

ア．A営業所～ホテル（B地点）及びホテル（B地点）～空港（C地点）の運転時間を求める。

◎A営業所～ホテル（B地点）の運転時間

$$運転時間 = \frac{距離}{平均速度} = \frac{30km}{30km/h} = 1時間$$

◎ホテル（B地点）～空港（C地点）の運転時間

$$運転時間 = \frac{距離}{平均速度} = \frac{180km}{45km/h} = 4時間$$

空港（C地点）に12時に到着するため、求めたそれぞれの時間を12時から引けばA営業所の出庫時刻がわかる。

A営業所の出庫時刻＝12時－4時間－乗車30分－1時間＝**6時30分**

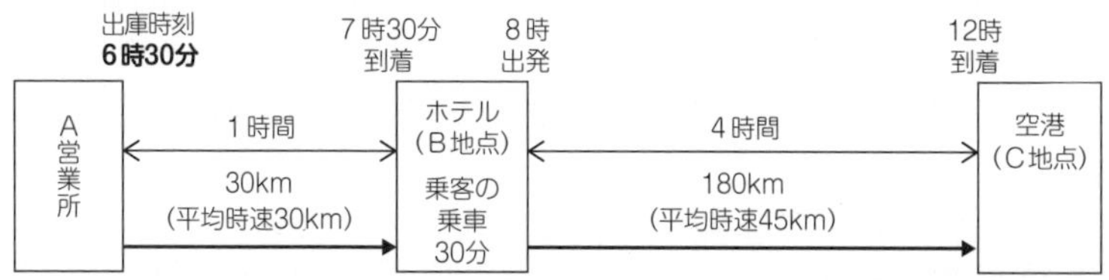

イ．空港（C地点）～D地点の運転時間を求める。

$$運転時間 = \frac{距離}{平均速度} = \frac{150km}{50km/h} = 3時間$$

空港（C地点）～D地点の運転時間が3時間のため、D地点の到着時刻は16時30分（13時30分＋3時間）となる。

D地点で15分休憩をとっているので、D地点の出発時刻は16時45分（16時30分＋15分）となる。

D地点～A営業所の運転時間は1時間（17時45分－16時45分）となるため、D地点～A営業所の距離は次のとおり。

距離＝平均速度×運転時間＝30km/h×1時間＝**30km**

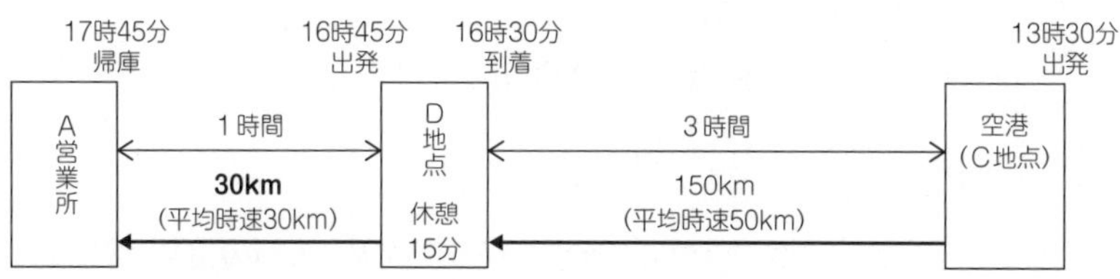

ウ．運転時間と中断時間をまとめると次のとおり（休憩及び乗車・下車は中断時間とする）。

出庫　　　　　　　　　　　　　　　　　　　　　　　　帰庫

運転	中断	運転	中断	運転	中断	運転
1時間	30分	4時間	1時間30分	3時間	15分	1時間

運転：1時間
中断：30分

運転：4時間
中断：1時間30分

運転：4時間
乗務終了

1時間運転後に30分の中断、4時間運転後に1時間30分の中断、合計4時間運転に対し15分の中断だが、その後乗務を終了している。したがって、連続運転時間は「改善基準」に照らし、**違反していない**。改善基準第5条第1項⑤。⇒299P

問2［解答　1－③，2－②，3－①］

1．はじめにC観光地～D観光地の運転時間を求める。

$$運転時間 = \frac{距離}{平均速度} = \frac{30km}{30km/h} = 1時間$$

C観光地～D観光地の運転時間が1時間のため、D観光地への到着時刻は16時30分（15時30分＋1時間）となる。

D観光地で1時間待機しているので、D観光地の出発時刻は17時30分（16時30分＋1時間）となる。

D観光地～E駅の運転時間は2時間20分（19時50分－17時30分）となるため、D観光地～E駅の距離は次のとおり。2時間20分は140分（60分＋60分＋20分）と考える。

距離＝平均速度×運転時間

$$= 30km/h \times \frac{140}{60}時間 = 30km/h \times \frac{7}{3}時間 = \mathbf{70km}$$

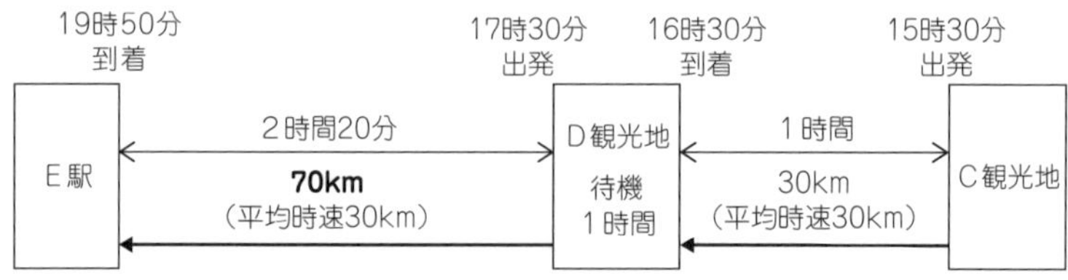

2．E駅～A営業所の運転時間を求める。

$$運転時間 = \frac{距離}{平均速度} = \frac{15km}{30km/h} = \frac{1}{2}時間$$

「時間」を「分」に換算するため60分をかける。

$$\frac{1}{2}時間 \times 60分 = 30分$$

E駅に到着した後、ツアー客の降車に10分要しているため、E駅の出発時刻は20時（19時50分＋10分）となる。

E駅～A営業所の運転時間は30分であるため、A営業所に帰庫する時刻は**20時30分**（20時＋30分）となる。

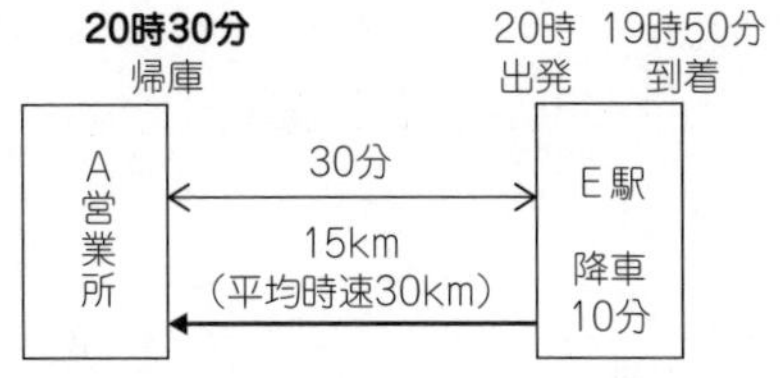

3．勤務当日の運転時間を求める。

◎A営業所～B駅の運転時間

$$運転時間 = \frac{距離}{平均速度} = \frac{10km}{30km/h} = \frac{1}{3}時間 \Rightarrow \frac{1}{3} \times 60分 = 20分$$

◎B駅～C観光地の運転時間

$$運転時間 = \frac{距離}{平均速度} = \frac{180km}{45km/h} = 4時間$$

◎C観光地からD観光地の運転時間

1．より1時間

◎D観光地～E駅の運転時間

1．より2時間20分

◎E駅からA営業所の運転時間

2．より30分

すべての運転時間と中断時間（休憩及び待機・乗車・降車）をまとめると次のとおりとなる。

往路が、運転時間4時間20分で4時間を超えているため**改善基準に違反**

往路の運転時間は**合計4時間20分**であり、これに付随する中断時間は10分である。連続運転時間が4時間を超えており、付随する中断時間が30分未満のため、**改善基準に違反している**。

復路は、1時間運転後に1時間の中断、この後、運転時間合計2時間50分に付随する中断時間は10分のみで30分未満となるが、この後に乗務を終了しているため、**改善基準に適合**している。

問３［解答　１－②，２－①，３－①］

１．Ａ営業所～Ｂ駅及びＢ駅～Ｃ観光地の運転時間を求める。

◎Ａ営業所～Ｂ駅は次のとおり。

$$運転時間 = \frac{距離}{平均速度} = \frac{10km}{30km/h} = \frac{1}{3}時間 \Rightarrow \frac{1}{3} \times 60分 = 20分$$

◎Ｂ駅～Ｃ観光地は次のとおり。

$$運転時間 = \frac{距離}{速度} = \frac{245km}{70km/h} = 3.5時間 = 3時間30分$$

Ｃ観光地11時40分に到着するためには、求めたそれぞれの時間を11時40分から引けばＡ営業所の出庫時刻がわかる。

Ａ営業所の出庫時刻＝11時40分－運転３時間30分－中間地点の休憩10分－乗車10分－運転20分＝**7時30分**

２．勤務当日の運転時間を求める。

往路は、設問１で求めた運転時間を合計して、**3時間50分**（20分＋３時間30分）となる。

復路は、以下のとおり運転時間を求めて合計する。

◎Ｃ観光地～Ｄ道の駅の運転時間

$$運転時間 = \frac{距離}{速度} = \frac{15km}{30km/h} = \frac{1}{2}時間 \Rightarrow \frac{1}{2} \times 60分 = 30分$$

◎Ｄ道の駅～Ｅ道の駅の運転時間

$$運転時間 = \frac{距離}{速度} = \frac{60km}{30km/h} = 2時間$$

◎Ｅ道の駅～Ｆ駅の運転時間

$$運転時間 = \frac{距離}{速度} = \frac{60km}{30km/h} = 2時間$$

◎Ｆ駅～Ａ営業所の運転時間

$$運転時間 = \frac{距離}{速度} = \frac{15km}{30km/h} = \frac{1}{2}時間 = 30分$$

各運転時間を合計すると復路は**5時間**（30分＋２時間＋２時間＋30分）となる。

往路と復路の運転時間を合計すると当日の運転時間は**8時間50分**（３時間50分＋５時間）となる。

次に、勤務当日を特定の日とした場合の２日を平均して１日当たりの運転時間を求めると次のとおりとなる。

◎前日と勤務当日の２日平均の運転時間は、**8時間55分**（(９時間＋８時間50分)÷２)。

◎勤務当日と翌日の２日平均の運転時間は、**9時間５分**（(８時間50分＋９時間20分）÷２)。

したがって、**改善基準に違反していない**。改善基準第５条第１項④。⇒298P

3．乗務開始から順に、合計３時間50分の運転に対して合計３時間20分の中断、30分運転後に30分の中断、合計４時間の運転に対して合計30分の中断、30分運転後に乗務終了しているため、**改善基準に違反していない**。改善基準第５条第１項⑤。⇒299P

乗務開始 ／ 乗務終了

運転	中断	運転	＋中断	中断	運転	中断	運転	中断	運転	中断	運転
20分	10分	３時間30分	＋10分	３時間	30分	30分	２時間	20分	２時間	10分	30分

運転：３時間50分
中断：３時間20分

運転：30分
中断：30分

運転：４時間
中断：30分

運転：30分
乗務終了

問４［解答　アー３，イー１］

ア．マイクロを除く　「大型乗用自動車等通行止め」
…車両総重量11,000kg以上又は乗車定員30人以上の**大型乗用自動車は通行できない**。

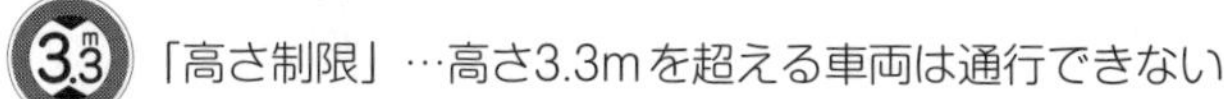
「高さ制限」…高さ3.3ｍを超える車両は通行できない。

これらの道路標識が設置されている道路を通行する運行計画であるため、道交法も考慮する。**貸切バス１**は乗車定員と車両総重量及び車両の高さが、**貸切バス２**は車両総重量が規制値を超えているため通行できない。**貸切バス３**は高さ2.63m、車両総重量7,985kg、乗車定員29名の中型バスのため**この運行に適した車両**となる。道交法第３条（自動車の種類）⇒186P・「道路標識の名称と意味」。⇒254P

イ．Ｃ料金所からＤ料金所までの走行距離135km、走行時間１時間30分から、平均速度を計算する。１時間30分は90分（60分＋30分）と考える。

平均速度＝距離÷時間

$$=135\text{km} \div \frac{90}{60}\text{時間} = \frac{135\text{km} \times 60}{90} = 90\text{km/h}$$

アで選んだ貸切バス（乗車定員11人以上29人以下）の高速道路での最高速度は100km/hであるため、**適している**。道交法施行令第27条（高速道路の最高速度）第１項①。⇒196P

問５［解答　アー③，イー②，ウー①］

ア．Ａ営業所～Ｂ駅、Ｂ駅～Ｃ地点及びＣ地点～Ｄ観光地の運転時間を求める。

◎Ａ営業所～Ｂ駅の運転時間

$$\text{運転時間} = \frac{\text{距離}}{\text{平均速度}} = \frac{15\text{km}}{30\text{km/h}} = \frac{1}{2}\text{時間} \Rightarrow \frac{1}{2} \times 60\text{分} = 30\text{分}$$

◎Ｂ駅～Ｃ地点の運転時間

$$\text{運転時間} = \frac{\text{距離}}{\text{平均速度}} = \frac{110\text{km}}{55\text{km/h}} = 2\text{時間}$$

◎Ｃ地点～Ｄ観光地の運転時間

$$\text{運転時間} = \frac{\text{距離}}{\text{平均速度}} = \frac{45\text{km}}{30\text{km/h}} = \frac{3}{2}\text{時間} \Rightarrow \frac{3}{2} \times 60\text{分} = 90\text{分} = 1\text{時間}30\text{分}$$

D観光地に12時に到着予定のため、求めたそれぞれの時間を12時から引けばA営業所の出庫時刻がわかる。

A営業所の出庫時刻＝12時－1時間30分－休憩10分－2時間－乗車10分－回送30分
＝**<u>7時40分</u>**

イ．はじめにD観光地～E地点の運転時間を求める。

$$運転時間 = \frac{距離}{平均速度} = \frac{60km}{30km/h} = 2時間$$

D観光地～E地点の運転時間が2時間のため、E地点の到着時刻は16時（14時＋2時間）となる。

E地点で20分休憩をとっているので、E地点の出発時刻は16時20分（16時＋20分）となる。

E地点～F駅の運転時間は2時間（18時20分－16時20分）となるため、E地点～F駅の距離は次のとおり。

距離＝平均速度×運転時間＝25km/h×2時間＝**<u>50km</u>**

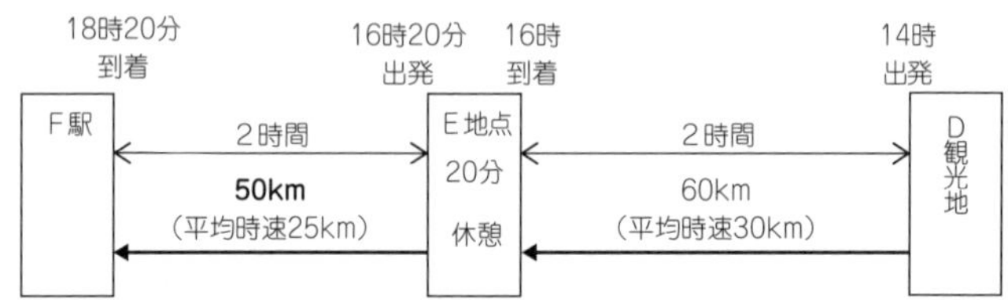

ウ．運転時間と中断時間（休憩及び待機・乗車・降車）をまとめると次のとおり。

※F駅～A営業所の運転時間は

$$\frac{20km}{30km/h} = \frac{2}{3}時間 \times 60分 = 40分となる。$$

乗務開始　　　　　　　　　　　　　　　　　　　　　　　　　乗務終了

運転	中断	運転	中断	運転	中断	運転	中断	運転	中断	運転
30分	10分	2時間	10分	1時間30分	2時間	2時間	20分	2時間	10分	40分

運転：4時間
中断：2時間20分

運転：4時間
中断：30分

運転：40分
乗務終了

乗務開始から順に、合計4時間運転後に合計2時間20分の中断、合計4時間運転後に合計30分の中断、40分運転後に乗務終了しているため、「改善基準」に照らし、**<u>違反していない</u>**。改善基準第5条第1項⑤。⇒299P

2　配置基準

1　交替運転者の配置基準

■高速乗合バス及び貸切バスの交替運転者の配置基準について（※）

※以下「配置基準」という。高速乗合バスについては省略。以下同じ。

1．用語の定義

(4) **1日の乗務**：1人の運転者が1日（**始業から起算して24時間**をいう。以下同じ。）のうち、最初に**運転を開始**してから、最後に**運転を終了**するまでの間の乗務をいう。

(5) **一運行**：1人の運転者の1日の乗務のうち、**回送運行を含む**運転を開始してから運転を終了するまでの一連の乗務を一運行という。ただし、1人の運転者が1日に2つ以上の実車運行に乗務し、**その間に連続1時間以上**の休憩を確保する場合であって、当該休憩の**直前及び直後に回送運行**があるときには、当該休憩の前後の実車運行はそれぞれ別の運行とする。なお、1人の運転者が同じ1日の乗務の中で**2つの夜間ワンマン運行**に連続して乗務する場合には、運行と運行の間に連続1時間以上の休憩を挟んでいても、これらの連続する運行を合わせて**1つの夜間ワンマン運行**とみなす。

★一運行のポイント★

①1人の運転者が1日に2つ以上の実車運行に乗務し、その間に連続1時間以上の休憩を確保する場合で直前直後に回送運行があると、休憩の前後の実車運行はそれぞれ別の運行になる。ただし、直前及び直後に回送運行がないと一運行になる。

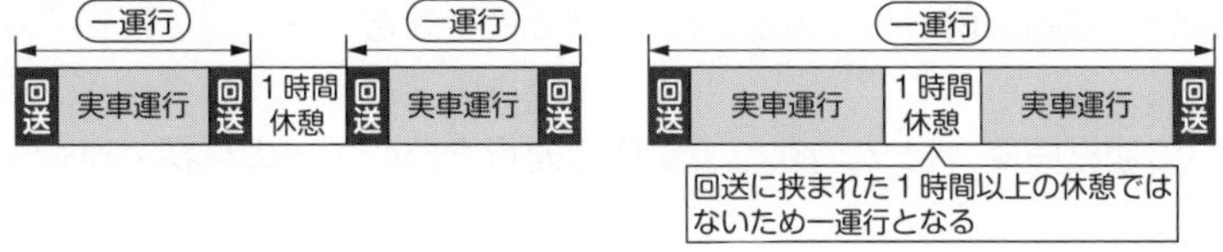

②1日の乗務の中で2つの夜間ワンマン運行に連続して乗務する場合、直前直後に回送運行があり、連続1時間以上の休憩を挟んでいても、1つの夜間ワンマン運行となる。

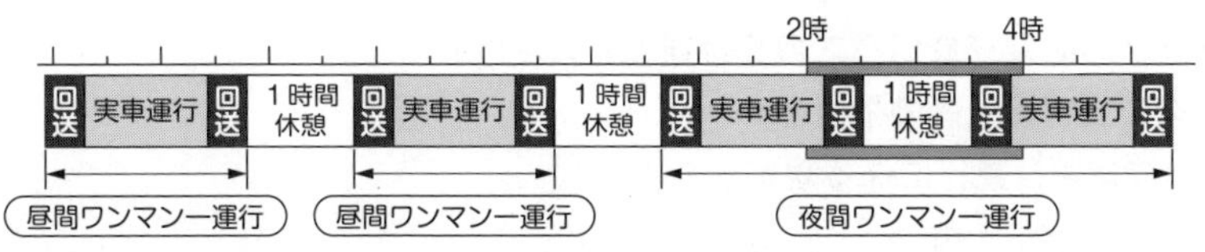

(7) **夜間ワンマン運行**：最初の旅客が乗車する時刻若しくは最後の旅客が降車する時刻（運転を交替する場合にあっては実車運行を開始する時刻若しくは実車運行を終了する時刻）が**午前2時から午前4時までの間**にあるワンマン運行又は**当該時刻をまたぐ**ワンマン運行をいう。

★夜間ワンマン運行のポイント★

①最初の旅客が乗車する時刻若しくは最後の旅客が降車する時刻が午前2時～午前4時までの間

②午前2時～午前4時をまたぐ運行

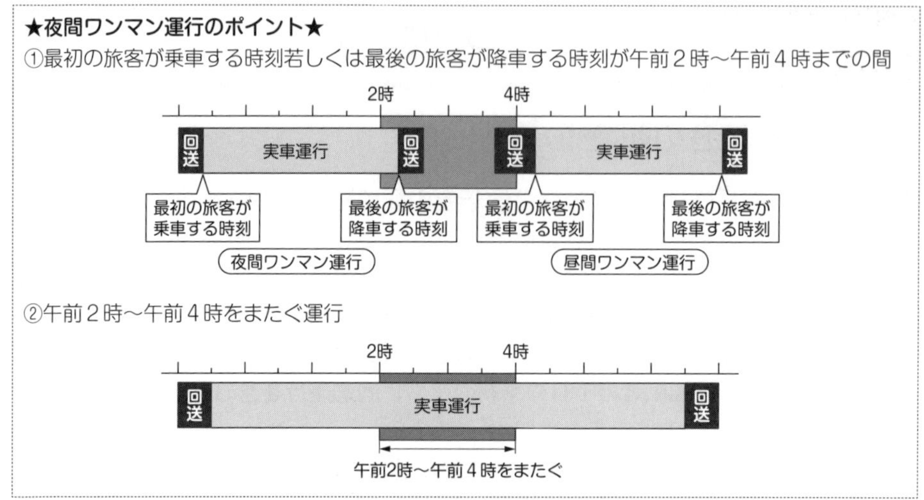

(8) **昼間ワンマン運行**：夜間ワンマン運行に**該当しないワンマン運行**をいう。

(9) **実車運行**：旅客の乗車の有無に関わらず、旅客の乗車が可能として設定した区間の運行をいい、回送運行は**実車運行には含まない**。

(10) **実車距離**：実車運行する区間（以下単に「実車運行区間」という。）の距離をいう。

(11) **回送運行**：**実車運行区間以外の区間**における運行をいう。

(12) **一運行の実車距離**：１人の運転者が**一運行で運転する実車距離**をいう。

(13) **１日の合計実車距離**：１人の運転者が**１日の乗務で運転する実車距離の合計**をいう。

(14) **一運行の運転時間**：１人の運転者が**回送運行を含む一運行**で運転する時間をいう。

(15) **１日の運転時間**：１人の運転者が**回送運行を含む１日の乗務**で運転する時間をいう。

(17) **連続運転時間**：**10分以上の運転**の中断をすることなく連続して運転する時間をいう。

2．高速乗合バス及び貸切バスの交替運転者の配置基準

貸切バスの交替運転者の配置基準

(1) 夜間ワンマン運行に係る規定

①一運行の実車距離

夜間ワンマン運行の一運行の実車距離は、**400km**（次のイ及びロに該当する場合にあっては、**500km**）を超えないものとする。

イ．当該運行の**運行直前に11時間以上**の休息期間を確保している場合

ロ．当該運行の一運行の乗務時間（当該運行の回送運行を含む乗務開始から乗務終了までの時間をいう。）が**10時間以内**であること又は当該運行の**実車距離100kmから400kmまでの間**に運転者が身体を伸ばして仮眠することのできる施設（車両床下の仮眠施設等、リクライニングシート等の座席を含む。）において仮眠するための**連続1時間以上**の休憩を確保している場合

★夜間ワンマン運行の一運行の実車距離ポイント★

夜間ワンマン運行の一運行の実車距離が500kmになるのは、

①「運行直前に11時間以上の休息」＋「一運行の乗務時間が10時間以内」。

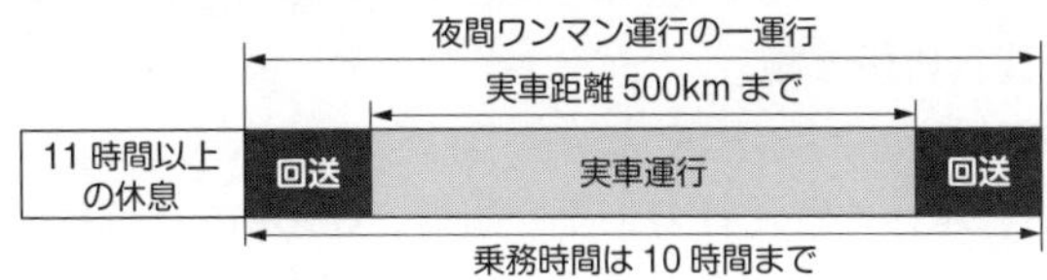

②「運行直前に11時間以上の休息」＋「実車距離が100〜400kmまでの間に身体を伸ばして仮眠ができる施設で連続１時間以上の休憩を確保」

②一運行の運転時間

夜間ワンマン運行の一運行の運転時間は、運行指示書上、**９時間**を超えないものとする。

③夜間ワンマン運行の連続乗務回数

夜間ワンマン運行の連続乗務回数は、**４回**（一運行の実車距離が400kmを超える場合にあっては、**２回**）以内とする。

④実車運行区間における連続運転時間

夜間ワンマン運行の実車運行区間においては、連続運転時間は、運行指示書上、**概ね（おおむ）２時間**までとする。

※概ね２時間の「概ね」は、連続運転時間が２時間を超える次のサービスエリア又はパーキングエリアで休憩をとることを指す。

⑤実車運行区間の途中における休憩の確保

夜間ワンマン運行の実車運行区間においては、運行指示書上、実車運行区間における運転時間**概ね２時間毎に連続20分以上**（一運行の実車距離が**400km以下**の場合にあっては、実車運行区間における運転時間**概ね２時間毎に連続15分以上**）の休憩を確保していなければならないものとする。

★実車運行区間の途中における休憩のポイント★

①実車距離が400km超の場合は、実車運行区間における運転時間概ね２時間毎に連続20分以上。

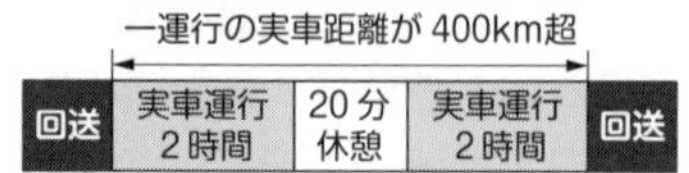

②実車距離が400km以下の場合は、実車運行区間における運転時間概ね２時間毎に連続15分以上。

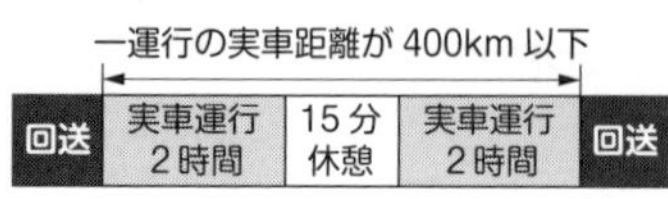

(2) 昼間ワンマン運行に係る規定

①一運行の実車距離

昼間ワンマン運行の一運行の実車距離は、**500km**（当該運行の実車運行区間の途中に**合計１時間以上**（分割する場合は、１回連続20分以上）の休憩を確保している場合にあっては、**600km**）を超えないものとする。

★昼間ワンマン運行の一運行の実車距離のポイント★

600kmまで延長になるには、

①「実車運行区間の途中に１時間以上のまとまった休憩を確保」

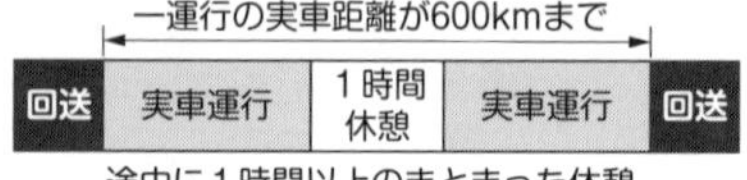

途中に１時間以上のまとまった休憩

②「１回連続20分以上で合計１時間以上の休憩を確保」

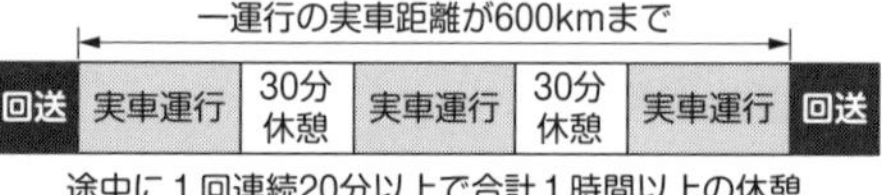

途中に１回連続20分以上で合計１時間以上の休憩

②一運行の運転時間

昼間ワンマン運行の一運行の運転時間は、運行指示書上、**９時間**を超えないものとする。ただし、１週間当たり２回まで、これを運行指示書上、10時間までとすることができるものとする。

③高速道路の実車運行区間における連続運転時間

昼間ワンマン運行の高速道路の実車運行区間においては、連続運転時間は、運行指示書上、**概ね２時間**までとする。

★昼間ワンマン運行の高速道路の実車運行区間のポイント★

(3) 1日乗務に係る規定

①1日の合計実車距離

1人の運転者の1日の乗務が、夜間ワンマン運行又は昼間ワンマン運行の一運行のみの場合には、それぞれ2.(1)①の夜間ワンマン運行又は2.(2)①の昼間ワンマン運行に係る**一運行の実車距離の規定を適用する**。

1人の運転者が1日の乗務の中で、2つ以上の運行に乗務する場合には、1日の合計実車距離は**原則600km**までとする。

ただし、1週間当たり2回まで、これを超えることができるものとする。

★1日の合計実車距離のポイント★

2つ以上の運行に乗務する場合、1日の合計実車距離は、始業から24時間以内に運転した実車距離の合計となり、原則600kmまで。

②1日の運転時間

1日の運転時間は、運行指示書上、**9時間を超えない**ものとする。

ただし、夜間ワンマン運行を行う場合を除き、1週間当たり2回まで、これを運行指示書上、10時間までとすることができるものとする。

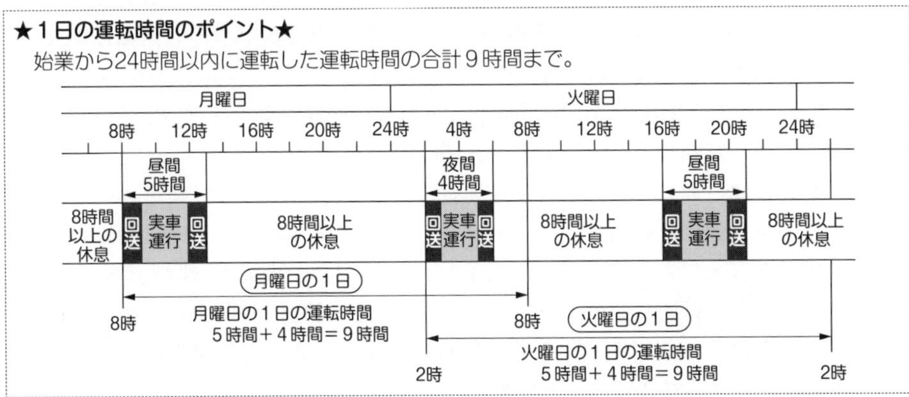

(4) 乗務中の体調報告

次のイ又はロの運行を行う場合にあっては、それぞれイ又はロに掲げる実車距離において、運転者は所属する営業所の運行管理者等に電話等で連絡し、体調報告を行うとともに、当該運行管理者等はその結果を記録し、かつ、その記録を1年間保存しなければならない。

イ．一運行の実車距離が400kmを超える夜間ワンマン運行を行う場合
当該運行の実車距離100kmから400kmまでの間
ロ．１日の乗務の合計実車距離が500kmを超えるワンマン運行を行う場合
当該１日の乗務の合計実車距離100kmから500kmまでの間

(5) デジタル式運行記録計による運行管理

一運行の実車距離400kmを超える夜間ワンマン運行又は１日の乗務の合計実車距離600kmを超えるワンマン運行を行う場合には、当該運行の用に供される車両にデジタル式運行記録計等を装着し、当該運行を行う事業者がそれを用いた運行管理を行わなければならない。

2　演習問題

問１　旅客自動車運送事業者（以下「事業者」という。）の過労運転の防止等についての法令の定めに関する次の記述のうち、誤っているものを１つ選びなさい。なお、解答にあたっては、各選択肢に記載されている事項以外は考慮しないものとする。

［R3_CBT］

☐ １．一般貸切旅客自動車運送事業者は、運転者が長距離運転又は夜間の運転に従事する場合であって、疲労等により安全な運転を継続することができないおそれがあるときは、あらかじめ、交替するための運転者を配置しておかなければならない。

２．事業者は、乗務員等が事業用自動車の運行中に疾病、疲労、睡眠不足その他の理由により安全に運行の業務を継続し、又はその補助を継続することができないおそれがあるときは、当該乗務員等に対する必要な指示その他輸送の安全のための措置を講じなければならない。

３．貸切バスの交替運転者の配置基準に定める夜間ワンマン運行（１人乗務）の１運行の運転時間は、運行指示書上、10時間を超えないものとする。

４．事業者は、事業計画（路線定期運行を行う一般乗合旅客自動車運送事業者にあっては、事業計画及び運行計画）の遂行に十分な数の事業用自動車の運転者を常時選任しておかなければならない。この場合、事業者（個人タクシー事業者を除く。）は、日日雇い入れられる者、２ヵ月以内の期間を定めて使用される者及び試みの使用期間中の者（14日を超えて引き続き使用されるに至った者を除く。）を当該運転者として選任してはならない。

問２　一般貸切旅客自動車運送事業者の過労防止等についての国土交通省で定めた「貸切バスの交替運転者の配置基準」に関する次の記述のうち、誤っているものを１つ選びなさい。なお、解答にあたっては、各選択肢に記載されている事項以外は考慮しないものとする。［R2. 8］

☐ 1．貸切バスの交替運転者の配置基準に定める夜間ワンマン運行（１人乗務）において、運行直前に11時間以上休息期間を確保している場合など配置基準に規定する場合を除き、１運行の実車距離は600キロメートルを超えないものとする。

2．貸切バスの交替運転者の配置基準に定める夜間ワンマン運行（１人乗務）の１運行の運転時間は、運行指示書上、９時間を超えないものとする。

3．貸切バスの交替運転者の配置基準に定める夜間ワンマン運行（１人乗務）の実車運行区間においては、連続運転時間は、運行指示書上、概ね２時間までとする。

4．貸切バスの交替運転者の配置基準に定める夜間ワンマン運行（１人乗務）の実車運行区間においては、運行指示書上、実車運行区間における運転時間概ね２時間毎に連続20分以上（１運行の実車距離が400キロメートル以下の場合にあっては、実車運行区間における運転時間概ね２時間毎に連続15分以上）の休憩を確保しなければならない。

問３　一般旅客自動車運送事業者の過労運転の防止等に関する次の記述のうち、正しいものをすべて選びなさい。なお、解答にあたっては、各選択肢に記載されている事項以外は考慮しないものとする。

☐ 1．貸切バスの交替運転者の配置基準に定める夜間ワンマン運行（１人乗務）の１運行の運転時間は、運行指示書上、９時間を超えないものとする。

2．貸切バスの交替運転者の配置基準に定める夜間ワンマン運行（１人乗務）の実車運行区間においては、運行指示書上、実車運行区間における運転時間概ね２時間毎に連続15分以上（一運行の実車距離が400キロメートル以下の場合にあっては、実車運行区間における運転時間概ね２時間毎に連続10分以上）の休憩を確保していなければならないものとする。

3．貸切バスの交替運転者の配置基準に定める夜間ワンマン運行（１人乗務）において、１運行の実車距離は400キロメートルを超えないものとする。

4．貸切バスの交替運転者の配置基準に定める夜間ワンマン運行（１人乗務）の連続乗務回数は、４回（一運行の実車距離が400キロメートルを超える場合にあっては、２回）以内とする。

問４　貸切バス事業の営業所の運行管理者は、旅行会社から運送依頼を受けて、次のとおり運行の計画を立てた。国土交通省で定めた「貸切バスの交替運転者の配置基準」（以下「配置基準」という。）等に照らし、この計画を立てた運行管理者の判断等に関する１～３の記述について、正しいものをすべて選びなさい。なお、解答にあたっては、〈運行の計画〉及び各選択肢に記載されている事項以外は考慮しないものとする。

（旅行会社の依頼事項）

ハイキングツアー客（以下「乗客」という。）39名を乗せ、A地点を22時55分に出発し、D目的地に翌日の４時25分に到着する。その後、E目的地を14時10分に出発し、A地点に18時50分に戻る。

〈運行の計画〉

ア．デジタル式運行記録計を装着した乗車定員45名の貸切バスを使用し、運転者は１人乗務とする。

イ．当該運転者は、本運行の開始前10時間の休息をとった後、始業時刻である22時00分に乗務前点呼を受け、点呼後22時30分に営業所を出発する。A地点において乗客を乗せた後22時55分にD目的地に向け出発する。途中の高速自動車国道（法令による最低速度を定めない本線車道に該当しないもの。以下「高速道路」という。）のパーキングエリアにて、２回の休憩をとり乗務途中点呼後に、D目的地には翌日の４時25分に到着する。

乗客を降ろした後、指定された宿泊所に向かい、当該宿泊所において電話による乗務後点呼を受けた後、５時15分に往路の業務を終了する。

運転者は、同宿泊所において８時間休息する。

ウ．13時15分に同宿泊所において電話による乗務前点呼を受け、13時45分に出発する。E目的地において乗客を乗せた後14時10分にA地点に向け出発する。復路も高速道路等を運転し、２回の休憩をはさみ、A地点には18時50分に到着する。

乗客を降ろした後、19時10分に営業所に帰庫し、乗務後点呼の後、19時40分に終業する。当該運転者は、翌日は休日とする。

（往　路）→

22時00分			22時55分								4時25分		5時15分
乗務前点呼	回送	乗車	運転	運転（高速道路）	休憩	運転（高速道路）	休憩	乗務途中点呼	運転（高速道路）	運転	降車	回送	乗務後点呼
30分	10分	15分	30分	1時間	15分	2時間	20分	5分	1時間	20分	10分	10分	30分
営業所	5 km		10km	80km		160 km			80 km	10 km		5 km	
		A地点	（B料金所）						（C料金所）		D目的地		

指定された宿泊所

乗務後点呼	回送	降車	運転	運転（高速道路）	休憩	運転（高速道路）	休憩	運転（高速道路）	運転	乗車	回送	乗務前点呼
30分	10分	10分	30分	1時間	10分	1時間30分	10分	1時間	20分	15分	10分	30分
営業所	5 km		20km	80km		120 km		80 km	10 km		5 km	
		A地点	（B料金所）					（F料金所）		E目的地		
19時40分			18時50分							14時10分		13時15分

←（復　路）

☐ 1．当該夜間ワンマン運行における実車運行区間においての休憩は、「配置基準」に定める限度に違反していないと判断したこと。

2．当該運行における実車運行区間においての連続運転時間は、「配置基準」に定める限度に違反していないと判断したこと。

3．1日についての実車距離は「配置基準」に定める限度を超えておらず、また、1日についての運転時間も「配置基準」に定める限度を超えていないと判断したこと。

問5　貸切バス事業の営業所の運行管理者は、旅行業者から下の運送依頼を受けて、次のとおり運行の計画を立てた。国土交通省で定めた「貸切バスの交替運転者の配置基準」（以下「配置基準」という。）等に照らし、この計画を立てた運行管理者の判断に関する1～3の記述の中から正しいものをすべて選びなさい。なお、解答にあたっては、〈運行の計画〉及び各選択肢に記載されている事項以外は考慮しないものとする。［R3. 3］

（旅行業者からの運送依頼）

ハイキングツアー客（以下「乗客」という。）38名を乗せ、A地点を23時25分に出発し、D目的地に翌日の4時20分に到着する。その後、E目的地を13時40分に出発し、G地点に18時30分に到着する。

〈運行の計画〉

ア　デジタル式運行記録計を装着した乗車定員45名の貸切バスを使用する。運転者は１人乗務とする。

イ　運転者は、本運行の開始前10時間の休息をとった後、始業時刻である22時30分に乗務前点呼を受け、点呼後23時に営業所を出発する。Ａ地点において乗客を乗せた後23時25分にＤ目的地に向け出発する。途中の高速道路のパーキングエリアにて、２回の休憩をとり乗務途中点呼後に、Ｄ目的地には翌日の４時20分に到着する。

乗客を降ろした後、当該運転者は、指定された宿泊所に向かい、当該宿泊所において電話による乗務後点呼を受けた後、５時00分に往路の業務を終了し、８時間休息する。

ウ　13時00分に電話による乗務前点呼を受け、13時15分に出発し、Ｅ目的地において乗客を乗せた後13時40分にＧ地点に向け出発する。復路も高速道路等を運転し、２回の休憩をはさみ、Ｇ地点には18時30分に到着する。

乗客を降ろした後、運転者は、18時55分に営業所に帰庫し、乗務後点呼の後、19時25分に終業し、翌日は休日とする。

（往　路）→

22時30分　23時25分　4時20分　5時00分

乗務前点呼等	回送	乗車	運転	運転（高速道路）	休憩	運転（高速道路）	休憩	乗務途中点呼	運転（高速道路）	運転	降車	回送	乗務後点呼等
30分	10分	15分	30分	1時間	15分	1時間20分	15分	5分	1時間	30分	15分	10分	15分
営業所	5 km	A地点	20km	90km（B料金所）		100 km			90 km（C料金所）	10 km	D目的地	5 km	

指定された宿泊所

乗務後点呼等	回送	降車	運転	運転（高速道路）	休憩	運転（高速道路）	休憩	運転（高速道路）	運転	乗車	回送	乗務前点呼等
30分	10分	15分	30分	1時間	15分	1時間20分	15分	1時間	30分	15分	10分	15分
営業所	5 km	G地点	20km	80km（B料金所）		100 km		80 km（F料金所）	10 km	E目的地	5 km	

19時25分　18時30分　13時40分　13時00分

←（復　路）

1．当該運行計画の１日における実車距離は、配置基準に定める限度に違反していないと判断したこと。

2．１日における運転時間は、配置基準に定める限度に違反していないと判断したこと。

3．往路運行の実車運行区間の途中における休憩の確保は、配置基準に定める限度に違反していないと判断したこと。

問６　貸切バス事業の営業所の運行管理者は、旅行会社から運送依頼を受けて、次のとおり運行の計画を立てた。国土交通省で定めた「貸切バスの交替運転者の配置基準」（以下「配置基準」という。）等に照らし、この計画を立てた運行管理者の判断等に関する１～３の記述について、正しいものをすべて選びなさい。なお、解答にあたっては、〈運行の計画〉及び各選択肢に記載されている事項以外は考慮しないものとする。

（旅行会社の依頼事項）

ハイキングツアー客（以下「乗客」という。）39名を乗せ、A地点を22時55分に出発し、D目的地に翌日の３時50分に到着する。その後、E目的地を13時40分に出発し、A地点に18時00分に戻る。

〈運行の計画〉

ア．デジタル式運行記録計を装着した乗車定員45名の貸切バスを使用し、運転者は１人乗務とする。

イ．当該運転者は、本運行の開始前10時間の休息をとった後、始業時刻である22時00分に乗務前点呼を受け、点呼後22時30分に営業所を出発する。A地点において乗客を乗せた後22時55分にD目的地に向け出発する。途中の高速自動車国道（法令による最低速度を定めない本線車道に該当しないもの。以下「高速道路」という。）のパーキングエリアにて、２回の休憩をとり乗務途中点呼後に、D目的地には翌日の３時50分に到着する。

乗客を降ろした後、指定された宿泊所に向かい、当該宿泊所において電話による乗務後点呼を受けた後、４時40分に往路の業務を終了する。

運転者は、同宿泊所において８時間05分休息する。

ウ．12時45分に同宿泊所において電話による乗務前点呼を受け、13時15分に出発する。E目的地において乗客を乗せた後13時40分にA地点に向け出発する。復路も高速道路等を運転し、２回の休憩をはさみ、A地点には18時00分に到着する。

乗客を降ろした後、18時20分に営業所に帰庫し、乗務後点呼の後、18時50分に終業する。当該運転者は、翌日は休日とする。

（往　路）

22時00分　22時55分　3時50分　4時40分

乗務前点呼	回送	乗車	運転	運転（高速道路）	休憩	運転（高速道路）	休憩	乗務途中点呼	運転（高速道路）	運転	降車	回送	乗務後点呼
30分	10分	15分	30分	1時間	10分	1時間30分	20分	5分	1時間	20分	10分	10分	30分
営業所	5 km	A地点	20km	90km（B料金所）		120 km			90 km（C料金所）	10 km	D目的地	5 km	

指定された宿泊所

乗務後点呼	回送	降車	運転	運転（高速道路）	休憩	運転（高速道路）	休憩	運転（高速道路）	運転	乗車	回送	乗務前点呼
30分	10分	10分	30分	1時間	10分	1時間	10分	1時間	30分	15分	10分	30分
営業所	5 km	A地点	20km	80km（B料金所）		80 km		80 km（F料金所）	10 km	E目的地	5 km	

18時50分　18時00分　13時40分　12時45分

（復　路）

☐ 1．当該夜間ワンマン運行における実車運行区間においての休憩は、「配置基準」に定める限度に違反していないと判断したこと。

2．当該運行における実車運行区間においての連続運転時間は、「配置基準」に定める限度に違反していないと判断したこと。

3．１日についての実車距離は「配置基準」に定める限度を超えておらず、また、１日についての運転時間も「配置基準」に定める限度を超えていないと判断したこと。

問７　貸切バス事業の営業所の運行管理者は、旅行会社から運送依頼を受けて、次のとおり運行の計画を立てた。国土交通省で定めた「貸切バスの交替運転者の配置基準」（以下「配置基準」という。）等に照らし、この計画を立てた運行管理者の判断等に関する１～３の記述について、正しいものをすべて選びなさい。なお、解答にあたっては、〈運行の計画〉及び各選択肢に記載されている事項以外は考慮しないものとする。[R1.8]

（旅行会社の依頼事項）

ハイキングツアー客（以下「乗客」という。）39名を乗せ、A地点を23時50分に出発し、D目的地に翌日の４時50分までに到着する。その後、E目的地を13時40分に出発し、G地点に19時30分までに到着する。

〈運行の計画〉

ア　デジタル式運行記録計を装着した乗車定員45名の貸切バスを使用する。運転者は１人乗務とする。

イ　当該運転者は、本運行の開始前10時間の休息をとった後、始業時刻である23時00分に乗務前点呼を受け、点呼後23時20分に営業所を出発する。A地点において乗客を乗せた後23時50分にD目的地に向け出発する。途中の高速自動車国道（法令による最低速度を定めない本線車道に該当しないもの。以下「高速道路」という。）のパーキングエリアにて、２回の休憩をとり乗務途中点呼後に、D目的地には翌日の４時25分に到着する。乗客を降ろした後、指定された宿泊所に向かい、当該宿泊所において電話による乗務後点呼を受けた後、４時55分に往路の業務を終了する。運転者は、同宿泊所において８時間05分休息する。

ウ　13時00分に同宿泊所において電話による乗務前点呼を受け、13時10分に出発する。E目的地において乗客を乗せた後13時40分にG地点に向け出発する。復路も高速道路等を運転し、２回の休憩をはさみ、G地点には19時10分に到着する。乗客を降ろした後、19時40分に営業所に帰庫し、乗務後点呼の後、20時00分に終業する。当該運転者は、翌日は休日とする。

（往　路）→

23時00分			23時50分								4時25分		4時55分
乗務前点呼	回送	乗車	運転	運転（高速道路）	休憩	運転（高速道路）	休憩	乗務途中点呼	運転（高速道路）	運転	降車	回送	乗務後点呼
20分	10分	20分	30分	1時間	20分	1時間	20分	5分	1時間	20分	10分	10分	10分
	5km		20km	90km		90km			90km	10km		5km	
営業所		A地点		（B料金所）					（C料金所）		D目的地		指定された宿泊所

20時00分		19時10分								13時40分		13時00分
乗務後点呼	回送	降車	運転	運転（高速道路）	休憩	運転（高速道路）	休憩	運転（高速道路）	運転	乗車	回送	乗務前点呼
20分	20分	10分	40分	1時間30分	10分	1時間30分	10分	1時間	30分	20分	10分	10分
	10km		20km	80km		90km		80km	10km		5km	
営業所		G地点		（B料金所）				（F料金所）		E目的地		

←（復　路）

☐ 1．当該運行計画の１日における実車距離は、配置基準に定める限度に違反していないと判断したこと。

2．１日における運転時間は、配置基準に定める限度に違反していないと判断したこと。

3．往路運行の実車運行区間の途中における休憩の確保は、配置基準に定める限度に違反していないと判断したこと。

◆解答＆解説

※問1・問2は第1章の範囲で出題されましたが、学習及び編集の都合上、第5章に収録しました。

問1［解答　3］

1．運輸規則第21条（過労防止等）第6項。⇒30P
2．運輸規則第21条（過労防止等）第7項。⇒30P
3．「10時間」⇒「**9時間**」。［配置基準］2（1）②。
4．運輸規則第36条（運転者として選任してはならない者）第1項①～④。⇒28P

問2［解答　1］

1．「600km」⇒「**400km**」。［配置基準］2（1）①。
2．［配置基準］2（1）②。
3．［配置基準］2（1）④。
4．［配置基準］2（1）⑤。

問3［解答　1，3，4］

1．［配置基準］2（1）②。
2．夜間ワンマン運行の実車運行区間においては、運行指示書上、実車運行区間における運転時間概ね**2時間毎に連続20分以上**（一運行の実車距離が400km以下の場合にあっては、実車運行区間における運転時間概ね**2時間毎に連続15分以上**）の休憩を確保していなければならない。［配置基準］2（1）⑤。
3．［配置基準］2（1）①。
4．［配置基準］2（1）③。

問4［解答　1，2］

1．［配置基準］2（1）①・⑤。

　夜間ワンマン運行の実車運行区間において、運行指示書上、実車運行区間における運転時間概ね2時間毎に連続20分以上（一運行の実車距離が**400km以下**の場合にあっては、実車運行区間における運転時間概ね**2時間毎に連続15分以上**）の休憩を確保する。

　はじめに、この運行計画の夜間ワンマン運行（往路）の実車距離を求める。実車距離とは、実車運行（旅客の乗車の有無に関わらず、旅客の乗車が可能として設定した区間の運行をいい、回送運行は含まない。）する区間の距離をいう。営業所～A地点の5kmと、D目的地～指定された宿泊所の5kmは回送運行となるため、往路の**実車距離は340km**（10km＋80km＋160km＋80km＋10km）となる。

　夜間ワンマン運行の実車距離が400km以下（340km）であるため、運転時間概ね2時間毎に連続15分以上の休憩を確保していればよい。

◎夜間ワンマン運行の実車運行区間の途中における休憩は、30分＋1時間運行した後に15分休憩、2時間運行した後に20分休憩、1時間＋20分運行した後に降車しており、概ね2時間毎に連続15分以上の休憩を確保できているため、違反していない。

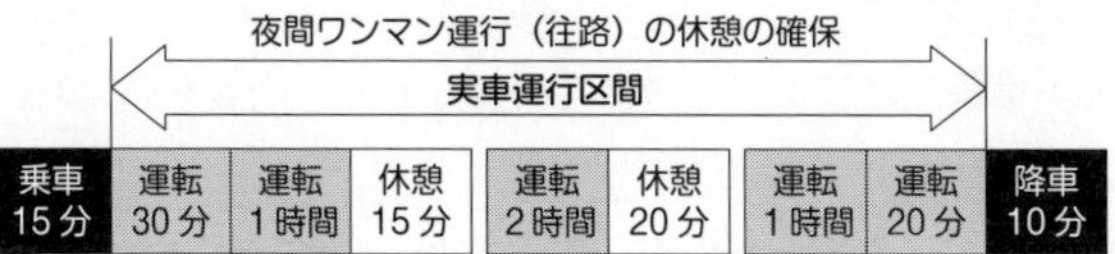

2．［配置基準］2（1）④・(2)③。

夜間ワンマン運行の実車運行区間において、連続運転時間は運行指示書上、概ね**2時間**までとし、昼間ワンマン運行の高速道路の実車運行区間においても、連続運転時間は運行指示書上、概ね**2時間**までとする。連続運転時間とは、**10分以上中断することなく連続して運転する時間**をいう。したがって、夜間ワンマン運行の実車運行区間及び昼間ワンマン運行の高速道路の実車運行区間において、2時間を超えないように10分以上中断していれば連続運転時間の限度に違反していない。なお、この設問は連続運転時間の限度が適切であるかを判断するため、休憩の確保は考えなくてもよい。

《夜間ワンマン運行（往路）の連続運転時間》

夜間ワンマン運行の実車運行区間の途中における連続運転時間は、30分＋1時間運行した後に15分中断、2時間運行した後に20分中断、1時間＋20分運行した後に降車しているため、連続運転時間の限度は違反していない。

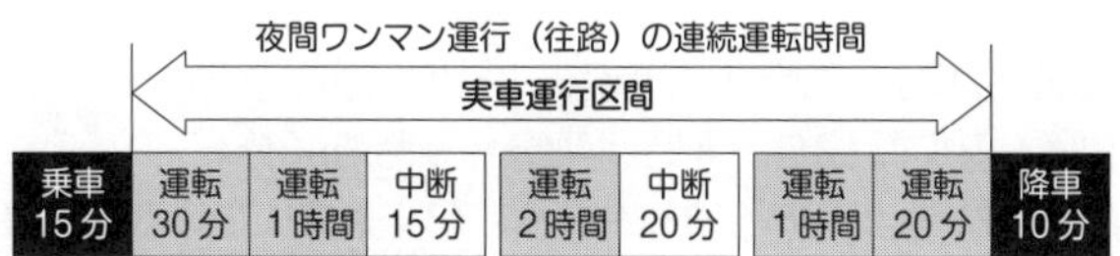

《昼間ワンマン運行（復路）の高速道路の連続運転時間》

昼間ワンマン運行の高速道路の連続運転時間は、1時間運行した後10分中断、1時間30分運行した後10分中断、その後1時間運行した後に高速道路の運行を終了しているため、連続運転時間の限度は違反していない。

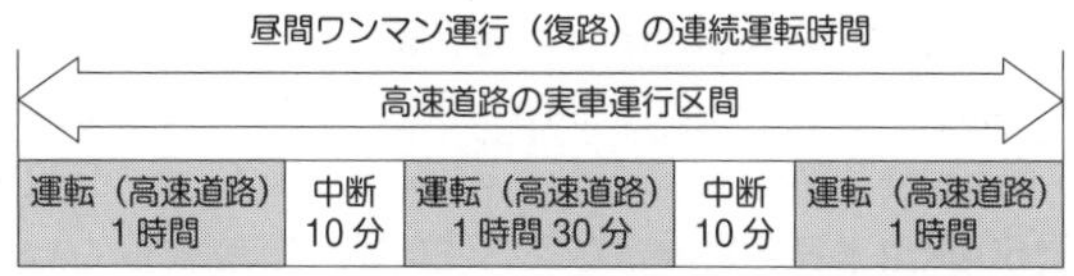

◎実車運行区間においての連続運転時間は、配置基準に定める連続運転時間の限度に違反していない。

3．［配置基準］2（3）①・②。

1日についての実車距離及び1日についての運転時間が限度を超えていないか考える。

《1日についての実車距離》

1日の実車距離は、1人の運転者の1日の乗務が、夜間ワンマン運行又は昼間ワンマン運行の一運行のみの場合はそれぞれの運行に係る一運行の実車距離の規定を適用するが、2つ以上の運行に乗務する場合は**原則600km**までとなる。

往路（A地点～D目的地）：340km（10km＋80km＋160km＋80km＋10km）

復路（E目的地～A地点）：310km（10km＋80km＋120km＋80km＋20km）

往路と復路の**合計650km**が実車距離となる（回送運行の営業所～A地点の5km、D目的地～指定された宿泊所の5km、指定された宿泊所～E目的地の5km、A地点～営業所の5kmは、実車距離に含まない）。

◎1日についての実車距離は650kmで、**配置基準に定める限度（600km）を超えている。**

《1日についての運転時間》

1日の運転時間は、運行指示書上、**原則9時間**までとする。また、1日とは始業から起算して24時間をいうため、1日の運転時間は**往路と復路の合計**となる。

運行の計画による運転時間は以下のとおり。

往路：5時間10分（10分＋30分＋1時間＋2時間＋1時間＋20分＋10分）。

復路：4時間40分（10分＋20分＋1時間＋1時間30分＋1時間＋30分＋10分）。

1日の運転時間は、5時間10分＋4時間40分＝**9時間50分**。

◎1日についての運転時間は9時間50分となり、**配置基準に定める限度（9時間）を超えている**。

問5［解答　1，3］

1．［配置基準］2（3）①。

1日の実車距離は、1人の運転者の1日の乗務が、夜間ワンマン運行又は昼間ワンマン運行の一運行のみの場合はそれぞれの運行に係る一運行の実車距離の規定を適用するが、2つ以上の運行に乗務する場合は**原則600km**までとなる。

往路（A地点～D目的地）：310km（20km＋90km＋100km＋90km＋10km）

復路（E目的地～A地点）：290km（10km＋80km＋100km＋80km＋20km）

往路と復路の**合計600km**が実車距離となる（回送運行の営業所～A地点の5km、D目的地～指定された宿泊所の5km、指定された宿泊所～E目的地の5km、G地点～営業所の5kmは、実車距離に含まない）。

◎1日における実車距離は600kmで、配置基準に定める限度（600km）を超えていないため、違反していない。

2．［配置基準］２（3）②。

1日の運転時間は、運行指示書上、**原則９時間**までとする。また、１日とは始業から起算して24時間をいうため、１日の運転時間は**往路と復路の合計**となる。

運行の計画による運転時間は以下のとおり。

往路：４時間40分（10分＋30分＋１時間＋１時間20分＋１時間＋30分＋10分）。

復路：４時間40分（10分＋30分＋１時間＋１時間20分＋１時間＋30分＋10分）。

１日の運転時間は、４時間40分＋４時間40分＝**９時間20分**。

◎１日における運転時間は９時間20分となり、配置基準に定める限度（９時間）に**違反している**。

3．［配置基準］２（1）①・⑤。

夜間ワンマン運行の実車運行区間において、運行指示書上、実車運行区間における運転時間概ね２時間毎に連続20分以上（一運行の実車距離が**400km以下**の場合にあっては、実車運行区間における運転時間概ね**２時間毎に連続15分以上**）の休憩を確保する。

往路の夜間ワンマン運行の実車距離が400km以下（１．より310km）であるため、運転時間概ね２時間毎に連続15分以上の休憩を確保していればよい。

◎夜間ワンマン運行の実車運行区間の途中における休憩は、30分＋１時間運行した後に15分休憩、１時間20分運行した後に15分休憩、１時間＋30分運行した後に降車しているため、実車運行区間の途中における休憩の確保は、配置基準に定める限度に違反していない。

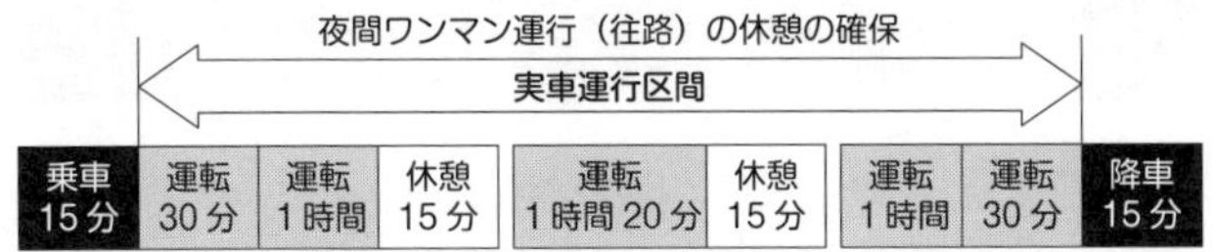

問6［解答　2，3］

1．［配置基準］２（1）①・⑤。

夜間ワンマン運行の実車運行区間において、運行指示書上、実車運行区間における運転時間概ね２時間毎に連続20分以上（一運行の実車距離が**400km以下**の場合にあっては、実車運行区間における運転時間概ね**２時間毎に連続15分以上**）の休憩を確保する。

はじめに、この運行計画の夜間ワンマン運行（往路）の実車運行距離を求める。実車距離とは、実車運行（旅客の乗車の有無に関わらず、旅客の乗車が可能として設定した区間の運行をいい、回送運行は含まない。）する区間の距離をいう。営業所～Ａ地点の５kmと、Ｄ目的地～指定された宿泊所の５kmは回送運行となるため、往路の**実車距離は330km**（20km＋90km＋120km＋90km＋10km）となる。

夜間ワンマン運行の実車距離が400km以下（330km）であるため、運転時間概ね２時間毎に連続15分以上の休憩を確保していればよい。

◎夜間ワンマン運行の実車運行区間の途中における休憩は、30分＋１時間運行した後に**10分休憩**、１時間30分運行した後に20分休憩、１時間＋20分運行した後に降車しており、最初の休憩が**15分未満のため違反している**。

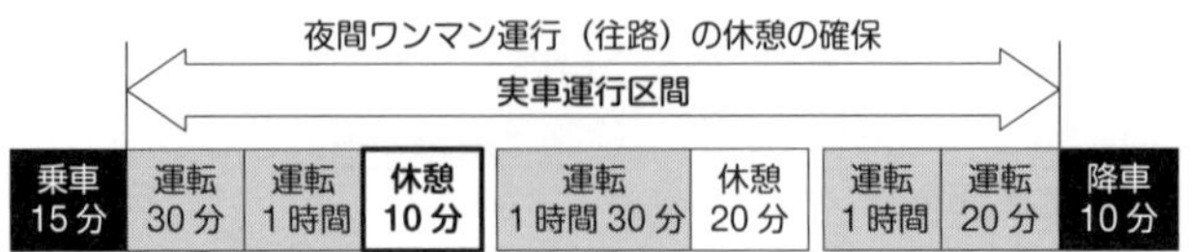

2．［配置基準］2（1）③・④。

夜間ワンマン運行の実車運行区間において、連続運転時間は運行指示書上、概ね**2時間**までとし、昼間ワンマン運行の高速道路の実車運行区間においても、連続運転時間は、運行指示書上、概ね**2時間**までとする。連続運転時間とは、**10分以上の中断をすることなく連続して運転する時間**をいう。したがって、夜間ワンマン運行の実車運行区間及び昼間ワンマン運行の高速道路の実車運行区間において、2時間を超えないように10分以上中断していれば連続運転時間の限度に違反していない。なお、この設問は連続運転時間の限度が適切であるかを判断するため、休憩の確保は考えなくてもよい。

《夜間ワンマン運行（往路）の連続運転時間》

夜間ワンマン運行の実車運行区間の途中における連続運転時間は、30分＋1時間運行した後に10分中断、1時間30分運行した後に20分中断、1時間＋20分運行した後に降車しているため、連続運転時間の限度は違反していない。

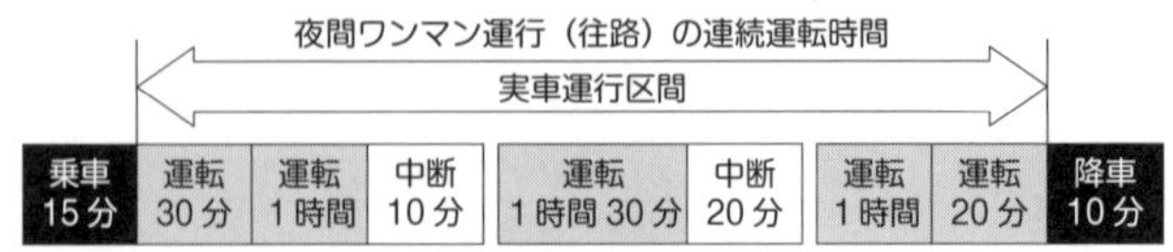

《昼間ワンマン運行（復路）の高速道路の連続運転時間》

昼間ワンマン運行の高速道路の連続運転時間は、1時間運行した後10分中断、1時間運行した後10分中断、その後1時間運行した後に高速道路の運行を終了しているため、連続運転時間の限度は違反していない。

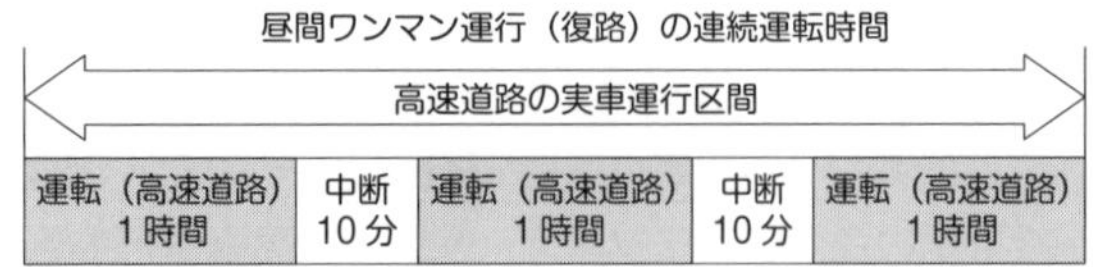

◎実車運行区間においての連続運転時間は、配置基準に定める連続運転時間の限度に違反していない。

3．［配置基準］2（3）①・②。

1日についての実車距離及び1日についての運転時間が限度を超えていないか考える。

《1日についての実車距離》

1日の合計実車距離は、1人の運転者の1日の乗務が、夜間ワンマン運行又は昼間ワンマン運行の一運行のみの場合はそれぞれの運行に係る一運行の実車距離の規定を適用するが、2つ以上の運行に乗務する場合は**原則600km**までとなる。

往路（A地点～D目的地）：330km（20km＋90km＋120km＋90km＋10km）

復路（E目的地～A地点）：270km（10km＋80km＋80km＋80km＋20km）

往路と復路の**合計600km**が実車距離となる（回送運行の営業所～A地点の5km、D目的地～指定された宿泊所の5km、指定された宿泊所～E目的地の5km、A地点～営業所の5kmは、実車距離に含まない）。

◎1日についての実車距離は600kmとなり、配置基準に定める限度（600km）は超えていない。

《1日についての運転時間》

1日の運転時間は、運行指示書上、**原則9時間**までとする。また、1日とは始業から起算して24時間をいうため、1日の運転時間は**往路と復路の合計**になる。

運行の計画による運転時間は以下のとおりとなる。

往路：4時間40分（10分＋30分＋1時間＋1時間30分＋1時間＋20分＋10分）。

復路：4時間20分（10分＋30分＋1時間＋1時間＋1時間＋30分＋10分）。

1日の運転時間は、4時間40分＋4時間20分＝**9時間**。

◎1日についての運転時間は9時間となり、配置基準に定める限度（9時間）を超えていないため違反していない。

問7［解答　1，3］

1．［配置基準］2（3）①。

1日の合計実車距離は、1人の運転者の1日の乗務が、夜間ワンマン運行又は昼間ワンマン運行の一運行のみの場合はそれぞれの運行に係る一運行の実車距離の規定を適用するが、2つ以上の運行に乗務する場合は**原則600km**までとなる。

往路（A地点～D目的地）：300km（20km＋90km＋90km＋90km＋10km）

復路（E目的地～G地点）：280km（10km＋80km＋90km＋80km＋20km）

往路と復路の合計**580km**が実車距離となる（回送運行の営業所～A地点の5km、D目的地～指定された宿泊所の5km、指定された宿泊所～E目的地の5km、G地点～営業所の10kmは、実車距離に含まない）。

◎1日における実車距離は580kmとなるため、配置基準に定める限度（600km）に違反していない。

2．［配置基準］2（3）②。

1日の運転時間は、運行指示書上、**原則9時間**までとする。また、1日とは始業から起算して24時間をいうため、1日の運転時間は**往路と復路の合計**になる。

運行の計画による運転時間は以下のとおりとなる。

往路：4時間10分（10分＋30分＋1時間＋1時間＋1時間＋20分＋10分）。

復路：5時間40分（10分＋30分＋1時間＋1時間30分＋1時間30分＋40分＋20分）。

1日の運転時間は、4時間10分＋5時間40分＝**9時間50分**。

◎1日における運転時間が9時間50分となり、配置基準に定める限度（9時間）に**違反している**。

３．［配置基準］２（1）①・⑤。

夜間ワンマン運行の実車運行区間において、運行指示書上、実車運行区間における運転時間概ね２時間毎に連続20分以上（一運行の実車距離が**400km以下**の場合にあっては、実車運行区間における運転時間概ね２時間毎に**連続15分以上**）の休憩を確保していなければならない。

往路は夜間ワンマン運行の実車距離が400km以下（１より300km）であるため、運転時間概ね２時間毎に連続15分以上の休憩を確保していればよい。

◎夜間ワンマン運行の実車運行区間の途中における休憩は、30分＋１時間運行した後に20分休憩、１時間運行した後に20分休憩、１時間＋20分運行した後に降車しているため、実車運行区間の途中における休憩の確保は、配置基準に定める限度に違反していない。

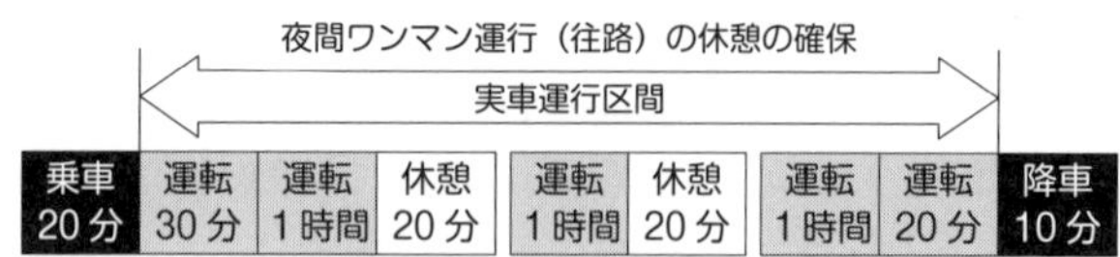

3　運転者の健康管理

1　健康管理に関する要点

■健康診断

定期健康診断などの結果に基づく健康管理

定期健康診断（※1）などの実施

↓

健康診断結果に異常があった場合は医師から意見を聴取（※2）

↓

運転者の就業上の措置

↓

運転者の日常的健康管理

※1：事業者は、労働者に対し、1年以内ごとに1回、健康診断を受けさせなければならない。ただし、深夜を中心とした業務に常時従事する場合の定期健康診断は、すべての運転者が6ヵ月に1回受診しなければならない。
※2：原則として健康診断受診日から3ヵ月以内（深夜業に従事する労働者の自発的健康診断の場合は提出日から2ヵ月以内）に医師から意見を聴取。

1．運転者には健康診断を必ず受診させることが必要である。法令によって義務付けられている健康診断は、①雇入時の健康診断、②雇用後の定期健康診断、③特定業務従事者（深夜業に従事する者等）の健康診断、の3つである。
2．健康診断の結果に「異常の所見」があった場合には、次のような対応をとる。

①事業者は、医師に対し、その運転者の乗務の可否、乗務させる場合の配慮事項等について意見を求めなければならない。
②その際、その意見は、その運転者の健康診断個人票の「医師の意見」欄に記入してもらう。
③健康上の問題点を明確にするため、必要に応じて、さらに精密検査等を受けるよう運転者を指導することが望まれる。

■生活習慣病

1．生活習慣病とは、「体の負担となる生活習慣」を続けることによって引き起こされる病気の総称をいう。
2．具体的には、高血圧症、脳卒中、心臓病、糖尿病などが該当する。かつては、「成人病」と呼ばれていた。

3．暴飲暴食や運動不足などの習慣が積み重なって発病するので、定期的な健康診断の結果に基づいて**生活習慣の改善**を図るよう運転者に対し呼びかける。

■脳血管疾患

1．脳血管疾患の種類は、脳の血管が詰まることによって起こるもの（脳梗塞）や脳の血管が破れることによって起こるもの（脳出血、くも膜下出血）がある。
2．脳血管疾患の**初期症状**には、**意識の異常**（意識がもうろうとしているなど）、**言葉の異常**（ろれつが回らないなど）、**手足の異常**（体の半分がうまく動かないなど）、**目の異常**（視野が半分になるなど）、めまいや頭痛等がある。
3．脳血管疾患は、早期に発見して治療を開始することで、より症状が重い疾患の発症を防ぎ、可能な限り後遺症を軽くすることができる。そのため、事業者や運行管理者は、運転者に脳血管疾患の初期症状があり、普段と様子が違うときは、すぐに専門医療機関で受診させ、また、運転者に対し、脳血管疾患の主な初期症状を理解させ、同様の症状があった際にすぐに**申告**させるようにする。

■心臓疾患

1．自動車の運転中に、心臓疾患（心筋梗塞、心不全等）や、大血管疾患（急性大動脈解離、大動脈瘤破裂、急性肺血栓塞栓症等）が起こると、ショック状態、意識障害、心停止等を生じ、運転者が事故を回避するための行動をとることができなくなり、重大事故を引き起こすおそれがあるため、健康起因事故※を防止するには、発症する前の**早期発見や予防が重要**となる。
2．健康起因事故につながる心臓疾患、大血管疾患は、生活習慣の悪化及び就労環境の影響の結果として段階を追って発症リスクが高まる疾病であり、早期の段階で対策を講じることで未然に発症を防ぐことが可能であると考えられる。
3．そのため、日ごろから点呼等で運転者の健康状態を把握するとともに、心臓疾患や大血管疾患の注意すべき症状である**『胸痛』**、**『めまい・失神』**、**『動悸』**、**『呼吸困難』**を見逃さないよう注意する必要がある。

※健康起因事故とは、脳・心臓疾患や体調不良等、運転者の健康状態の急激な悪化により自動車の運転に支障を及ぼしたことによる交通事故、乗務中断のことをいう。

■睡眠時無呼吸症候群（SAS）

1．睡眠時無呼吸症候群（以下、「SAS」という）は、睡眠中に舌がのどの奥に沈下することにより気道がふさがれ、呼吸が止まったり、止まりかけたりする状態が断続的に繰り返される病気である。
2．SASにかかると、質の良い睡眠がとれなくなるため、日中に眠気を感じたり、漫然運転や居眠り運転による事故が発生しやすくなる。
3．SASは治療が可能な病気である。本人に**自覚がない**ことが多く、安全運転の面から早期発見・早期治療が重要である。
4．SASでは、次のような症状がみられる。

夜間	睡眠中に呼吸が止まる、大きないびきをかく、寝ている間に頻繁に目が覚める
昼間	熟睡感がない、頭痛がする、強い眠気を感じる、集中力が低下する

5．SASになると、睡眠中に呼吸停止と再開が繰り返されるため、血圧が上昇し、血液も固まりやすくなることから、高血圧、糖尿病、**狭心症、心筋梗塞**、脳卒中などの重大な**合併症を引き起こす**リスクが高まる。
6．近年の研究では、中程度～重度のSASになっている場合でも、日中に強い眠気を感じない人が多くいることがわかってきている。これは、慢性の睡眠不足状態により自覚的な眠気を感じない状態となっていることや、コーヒーなどに含まれるカフェイン、喫煙（ニコチン）による覚醒効果によるものと考えられる。
7．軽症の場合は、残業を控えるなど業務上での負荷の軽減や、睡眠時間を多く取る、過度な飲酒を控えるなどの生活習慣の改善によって、業務が可能な場合があるので、医師と相談して慎重に対応する。

■ SASスクリーニング検査

1．SASスクリーニング検査とは、SASの早期発見を目的として運転者を対象に行うもので、SASの確定診断のための精密検査が必要かどうかを判断する簡易検査である。
2．SASスクリーニング検査の頻度は、**3年に1度が目安**となる。また、雇入れ時に行い、職種変更や体重が急増したような場合にも検査を行うと良い。
3．運転に集中できなかったり、疲れを感じる運転者は、SASスクリーニング検査を受診してSASの有無を調べることが重要であり、また、SASと診断された場合は、その程度を知っておくことが安全運転と健康管理の両方において重要である。

■アルコールの1単位

1. 翌日に持ち越すことのない節度ある適度な飲酒の目安としては、純アルコール20g（以下「1単位」という。）と言われており、その1単位のアルコールを処理するために必要な時間の目安は、**4時間**とされている。
2. アルコールの1単位の純アルコール約20gを含む酒類は、アルコール5％のビールの場合500mℓ、アルコール15%の日本酒の場合1合（180mℓ）、アルコール7％の缶チューハイ350mℓなどになる。

■アルコール依存症

1. アルコール依存症は、身体的にアルコールへの依存に陥っている病気である。
2. アルコール依存症になると、アルコールによる害がわかっていても、飲酒せざるを得ない状態になる。アルコール依存症が進むと、手足の震え、幻聴、妄想などの症状が現れてくる。
3. アルコール依存症は、回復してもその後に飲酒すると、**再び依存症に陥る**ケースが多い。

■一定の病気等に係る外見上の前兆や自覚症状による疾病の把握義務

1. 事業者は業務上、運転者に脳血管疾患や心疾患等、自動車の運転に支障を及ぼすおそれがある病気等の外見上の前兆や自覚症状があるかを確認するとともに、ESS（Epworth の眠気テスト）や適性診断なども活用し、当該症状等の程度が著しいかどうか、慢性化しているかどうか、複数の関連症状が併発しているかどうか等を総合的に判断しなければならない。
2. また、必要と認める場合には、医師による診断や面接指導を受診させ、医師の判断により必要に応じて、所見に応じた検査を受診させる必要がある。
3. さらに、これらの結果を把握するとともに、医師から結果に基づく運転者の乗務に係る意見（乗務の可否や乗務の際の配慮事項等）を聴取する必要がある。

2　演習問題

問1　事業用自動車の運転者の健康管理に関する次の記述のうち、適切なものをすべて選びなさい。なお、解答にあたっては、各選択肢に記載されている事項以外は考慮しないものとする。

☐ 1．運転中に心臓疾患や大血管疾患が起こると、重大事故を引き起こすおそれがある。そのため、事業者は日ごろから点呼等で運転者の健康状態を把握するとともに、心臓疾患や大血管疾患の４大症状である『胸痛』『めまい･失神』『動悸』『呼吸困難』を見逃さないように注意している。

2．事業者は、法令により定められた健康診断を実施することが義務づけられているが、運転者が自ら受けた健康診断（人間ドックなど）において、法令で必要な定期健康診断の項目を充足している場合であっても、法定健診として代用することができない。

3．事業者は、深夜業（22時～５時）を含む業務に常時従事する運転者に対し、法令に定める定期健康診断を６ヵ月以内ごとに１回、必ず、定期的に受診させるようにしている。

4．事業者は、健康診断の結果、運転者に心疾患の前兆となる症状がみられたので、当該運転者に医師の診断を受けさせた。その結果、医師より「直ちに入院治療の必要はないが、より軽度な勤務において経過観察することが必要」との所見が出されたため、事業者は、この運転者に対し、夜勤業務をなくす、残業を控えるなど業務上での負荷を軽減する対応を行った。

問2　事業用自動車の運転者の健康管理に関する次の記述のうち、適切なものをすべて選びなさい。なお、解答にあたっては、各選択肢に記載されている事項以外は考慮しないものとする。［R3_CBT］

□ 1．事業者は、法令により定められた健康診断を実施することが義務づけられているが、運転者が自ら受けた健康診断（人間ドックなど）において、法令で必要な定期健康診断の項目を充足している場合であっても、法定健診として代用することができない。

2．事業者は、脳血管疾患の予防のため、運転者の健康状態や疾患につながる生活習慣の適切な把握・管理に努めるとともに、法令により義務づけられている定期健康診断において脳血管疾患を容易に発見することができることから、運転者に確実に受診させている。

3．事業者や運行管理者は、点呼等の際に、運転者が意識や言葉に異常な症状があり普段と様子が違うときには、すぐに専門医療機関で受診させている。また、運転者に対し、脳血管疾患の症状について理解させ、そうした症状があった際にすぐに申告させるように努めている。

4．事業者は、運転者の自動車の運転に支障を及ぼすおそれがある脳血管疾患及び心疾患等に係る外見上の前兆や自覚症状等を確認し、総合的に判断して必要と認められる場合には、運転者に医師の診断等を受診させ、必要に応じて所見に応じた精密検査を受けさせ、その結果を把握するとともに、医師から結果に基づく運転者の乗務に係る意見を聴取している。

問3　事業用自動車の運転者の健康管理に関する次の記述のうち、適切なものをすべて選びなさい。なお、解答にあたっては、各選択肢に記載されている事項以外は考慮しないものとする。

□ 1．事業者は、健康診断の結果、運転者に心疾患の前兆となる症状がみられたので、当該運転者に医師の診断を受けさせた。その結果、医師より「直ちに入院治療の必要はないが、より軽度な勤務において経過観察することが必要」との所見が出されたが、繁忙期であったことから、運行管理者の判断で２週間に限り従来と同様の乗務を続けさせた。

2．事業者は、法令により定められた健康診断を実施することが義務づけられているが、運転者が自ら受けた健康診断（人間ドックなど）であっても法令で必要な定期健康診断の項目を充足している場合は、法定健診として代用することができる。

3．運転中に心臓疾患や大血管疾患が起こると、重大事故を引き起こすおそれがある。そのため、事業者は日ごろから点呼等で運転者の健康状態を把握するとともに、心臓疾患や大血管疾患の５大症状の『頭痛』『胸痛』『めまい・失神』『動悸』『呼吸困難』を見逃さないように注意している。

4．事業者は、運転者が軽症度の睡眠時無呼吸症候群（SAS）と診断された場合は、残業を控えるなど業務上での負荷の軽減や、睡眠時間を多く取る、過度な飲酒を控えるなどの生活習慣の改善によって、業務が可能な場合があるので、医師と相談して慎重に対応している。

問４　事業用自動車の運転者の健康管理に関する次の記述のうち、適切なものをすべて選びなさい。なお、解答にあたっては、各選択肢に記載されている事項以外は考慮しないものとする。［R2_CBT改］

☐ 1．事業者は、運転者が医師の診察を受ける際は、自身が職業運転者で勤務時間が不規則であることを伝え、薬を処方されたときは、服薬のタイミングと運転に支障を及ぼす副作用の有無について確認するよう指導している。

2．事業者は、法令により定められた健康診断を実施することが義務づけられているが、運転者が自ら受けた健康診断（人間ドックなど）において、法令で必要な定期健康診断の項目を充足している場合であっても、法定健診として代用することができない。

3．事業者は、健康診断の結果、運転者に心疾患の前兆となる症状がみられたので、当該運転者に医師の診断を受けさせた。その結果、医師より「直ちに入院治療の必要はないが、より軽度な勤務において経過観察することが必要」との所見が出されたが、繁忙期であったことから、運行管理者の判断で短期間に限り従来と同様の乗務を続けさせた。

4．令和３年中のすべての事業用自動車の乗務員に起因する重大事故報告件数は約1,500件であり、このうち、運転者の健康状態に起因する事故件数は約300件となっている。病名別に見てみると、心筋梗塞等の心臓疾患と脳内出血等の脳疾患が多く発生している。

問5　事業用自動車の運転者の健康管理に関する次の記述のうち、適切なものには「適」を、適切でないものには「不適」を記入しなさい。なお、解答にあたっては、各選択肢に記載されている事項以外は考慮しないものとする。［R3. 3］

☐ 1．事業者は、深夜業（22時～5時）を含む業務に常時従事する運転者に対し、法令に定める定期健康診断を6ヵ月以内ごとに1回、必ず、定期的に受診させるようにしている。

2．一部の運転者から、事業者が指定する医師による定期健康診断ではなく他の医師による当該健康診断に相当する健康診断を受診し、その結果を証明する書面を提出したい旨の申し出があったが、事業者はこの申し出を認めなかった。

3．事業者は、脳血管疾患の予防のため、運転者の健康状態や疾患につながる生活習慣の適切な把握・管理に努めるとともに、法令により義務づけられている定期健康診断において脳血管疾患を容易に発見することができることから、運転者に確実に受診させている。

4．事業者は、運転者が軽症度の睡眠時無呼吸症候群（SAS）と診断された場合は、残業を控えるなど業務上での負荷の軽減や、睡眠時間を多く取る、過度な飲酒を控えるなどの生活習慣の改善によって、業務が可能な場合があるので、医師と相談して慎重に対応している。

問6　事業用自動車の運転者の健康管理及び就業における判断・対処に関する次の記述のうち適切なものには「適」を、適切でないものには「不適」を記入しなさい。なお、解答にあたっては、各選択肢に記載されている事項以外は考慮しないものとする。［R2. 8改］

☐ 1．自動車の運転中に、心臓疾患（心筋梗塞、心不全等）や、大血管疾患（急性大動脈解離、大動脈瘤破裂等）が起こると、ショック状態、意識障害、心停止等を生じ、運転者が事故を回避するための行動をとることができなくなり、重大事故を引き起こすおそれがある。そのため、健康起因事故を防止するためにも発症する前の早期発見や予防が重要となってくる。

2．事業者は、業務に従事する運転者に対し法令で定める健康診断を受診させ、その結果に基づいて健康診断個人票を作成して5年間保存している。また、運転者が自ら受けた健康診断の結果を提出したものについても同様に保存している。

3．自動車事故報告規則に基づく令和３年中のすべての事業用自動車の乗務員に起因する重大事故報告件数約1,500件の中であり、このうち、運転者の健康起因による事故件数は約300件を占めている。そのうち運転者が死亡に至った事案は約50件あり、原因病名別にみると、心臓疾患が半数以上を占めている。

4．睡眠時無呼吸症候群（SAS）は、大きないびきや昼間の強い眠気など容易に自覚症状を感じやすいので、事業者は、自覚症状を感じていると自己申告をした運転者に限定して、SASスクリーニング検査を実施している。

問７　事業用自動車の運転者の健康管理に関する次の記述のうち、適切なものには「適」を、適切でないものには「不適」を記入しなさい。なお、解答にあたっては、各選択肢に記載されている事項以外は考慮しないものとする。［R1. 8改］

□ 1．事業者は、脳血管疾患の予防のため、運転者の健康状態や疾患につながる生活習慣の適切な把握・管理に努めるとともに脳血管疾患は法令により義務づけられている定期健康診断において容易に発見することができることから、運転者に確実に受診させている。

2．事業者は、日頃から運転者の健康状態を把握し、点呼において、意識の異常、目の異常、めまい、頭痛、言葉の異常、手足の異常等の申告又はその症状が見られたら、脳血管疾患の初期症状とも考えられるためすぐに専門医療機関で受診させるよう対応する。

3．事業者は、深夜業（22時～５時）を含む業務に常時従事する運転者に対し、法令に定める定期健康診断を６ヵ月以内ごとに１回、必ず、定期的に受診させるようにしている。

4．令和３年中のすべての事業用自動車の乗務員に起因する重大事故報告件数は約1,500件であり、このうち、運転者の健康状態に起因する事故件数は約300件となっている。病名別に見てみると、心筋梗塞等の心臓疾患と脳血管疾患等の脳疾患が多く発生している。

◆解答＆解説

問1［解答　1，3，4］

1．国土交通省自動車局『自動車運送事業者における心臓疾患、大血管疾患 対策ガイドライン』。

2．不適：運転者が自ら受けた健康診断（人間ドックなど）が、法令で必要な定期健康診断の項目を充足している場合は、**法定健診として代用することができる**。

3．衛生規則第45条（特定業務従事者の健康診断）第1項。⇒286P

問2［解答　3，4］

1．不適：運転者が自ら受けた健康診断（人間ドックなど）が法令で必要な定期健康診断の項目を充足している場合は、**法定健診として代用できる**。

2．不適：脳血管疾患は、**定期健康診断では容易に発見できない**。定期健康診断で脳血管疾患及び心臓疾患に関連する血圧、血糖値等の検査項目に異常の所見があると診断された労働者に対し、脳血管及び心臓の状態を把握するため、必要に応じて精密検査等を受けるよう指導する。

問3［解答　2，4］

1．不適：医師より「より軽度な勤務において経過観察が必要」との所見が出された場合は、期間に限らず**従来と同様の乗務を続けさせてはならない**。繁忙期であるなしに関わらず、**運転者の配置転換等を行う**。

3．不適：重篤な心臓疾患、大血管疾患を見逃さないために注意すべき症状は、「胸痛」「めまい・失神」「動悸」「呼吸困難」の**4大症状**とされている。国土交通省自動車局『自動車運送事業者における心臓疾患、大血管疾患 対策ガイドライン』。

問4［解答　1，4］

1．薬は病気のコントロールや治療上必要なものであるが、眠気などの副作用が生じることもある。そのため、薬を処方された場合は、服用のタイミングや運転に支障を及ぼす副作用の有無について医師に確認するよう、運転者に指導する。

2．不適：運転者が自ら受けた健康診断（人間ドックなど）が法令で必要な定期健康診断の項目を充足している場合は、**法定健診として代用できる**。

3．不適：医師より「より軽度な勤務において経過観察が必要」との所見が出された場合は、短期間であっても**従来と同様の乗務を続けさせてはならない**。繁忙期であるなしに関わらず、**運転者の配置転換等を行う**。

4．令和3年中の事業用自動車の乗務員に起因する重大事故報告件数は1,468件で、このうち、運転者の健康状態に起因する事故件数は288件であり、病名別では心臓疾患による事故は47件、脳疾患による事故は49件であった。［参考：事故統計年報（令和3年版）］

問5［解答　適－1，4　不適－2，3］

1．適：衛生規則第45条（特定業務従事者の健康診断）第1項。⇒286P

2．**不適**：運転者が自ら受けた健康診断が、法令で必要な定期健康診断の項目を充足している場合は、**法定健診として代用できる**ため、その結果を証明する書面の提出の申し出があった場合、事業者は**認めなければならない**。

3．**不適**：脳血管疾患は、**定期健康診断では容易に発見できない**。定期健康診断で脳血管疾患及び心臓疾患に関連する血圧、血糖値等の検査項目に異常の所見があると診断された労働者に対し、脳血管及び心臓の状態を把握するため、必要に応じてさらに精密検査等を受けるよう指導する。

問6［解答　適－1，2，3　不適－4］

1．適：運転中に心臓疾患、大血管疾患等を発症して正常な運転操作が不能となる事態を避けるためにも、事業者や運行管理者は様々な対策を行い、発症の可能性を少しでも低くすることが重要となる。

2．適：衛生規則第51条（健康診断結果の記録の作成）第1項。⇒286P

3．適：令和3年中の事業用自動車の乗務員に起因する重大事故報告件数は1,468件で、運転者の健康状態に起因する事故件数は288件、死亡者数は52人であった。そのうち心臓疾患による死亡件数は32件で半数を占めている。［参考：事故統計年報（令和3年版）］

4．**不適**：SASは本人に自覚がないことが多い。事業者は、自己申告した運転者に**限定せず**、3年に1度を目安にSASスクリーニング検査を実施し、また、雇入れ時等にも検査を行う。

問7［解答　適－2，3，4　不適－1］

1．**不適**：脳血管疾患は、**定期健康診断では容易に発見することができない**。定期健康診断において脳血管疾患及び心臓疾患に関連する血圧、血糖値等の検査項目に異常の所見があると診断された労働者に対し、脳血管及び心臓の状態を把握するため、必要に応じてさらに精密検査等を受けるように指導する。

2．適：脳血管疾患は、早期に発見して治療を開始することで、より症状が重い疾患の発症を防ぎ、可能な限り後遺症を軽くすることができる。そのため、事業者や運行管理者は、運転者に脳血管疾患の初期症状があり普段と様子が違うときには、すぐに専門医療機関で受診させる。また、運転者に対し、脳血管疾患の主な初期症状を理解させ、同様の症状があった際にはすぐに申告させるようにする。

3．適：衛生規則第45条（特定業務従事者の健康診断）第1項。⇒286P

4．適：［参考：事故統計年報（令和3年版）］

4　交通事故等緊急事態

1　交通事故等緊急事態に関する要点

■大地震発生時の運転者の対応

1．自動車の運転中に大地震が発生した場合、運転者は次の対応をとらなければならない。
2．急ハンドル、急ブレーキを避けるなど、できるだけ安全な方法により道路の左側に自動車を停止させる。
3．自動車の停止後、カーラジオ等により地震情報や交通情報を聞き、その情報や周囲の状況に応じて行動する。
4．自動車を置いて避難するときは、できるだけ道路外の場所に移動しておく。これは、大地震発生後、ほとんどの主要道路で交通規制が行われ、道路上に放置された車両は強制的に移動、撤去されることになっているためである。
5．やむを得ず道路上に自動車を置いて避難するときは、道路の左側に寄せて駐車し、エンジンを止め、**エンジンキーは付けたまま**にし、窓を閉め、ドアはロックしない。窓を閉めるのは、火炎を引き込まないようにするためである。
6．車検証や保険証などの貴重品は車内に残さない。また、連絡先を書いたメモを車内に残しておく。
7．避難のため、自動車を使用してはならない。

■交通事故の場合の措置

1．交通事故を起こした場合には次の措置をとらなければならない。
　◎事故の続発を防ぐため、他の交通の妨げにならないような安全な場所に自動車を止め、エンジンを切る。
　◎負傷者等がいる場合、救急車の出動要請、救急車の到着までの応急処置を行う。
　◎警察署に事故発生の報告をし、指示を受ける。このとき、報告をした警察官から事故現場を離れないよう指示があった場合は、事故現場を**離れてはならない**。

■踏切内での故障時の措置

1．踏切で自動車が故障し動かなくなったときは、**直ちに**列車の運転士などに知らせるとともに、自動車を踏切の外に移動することに努める。
2．運転士に知らせる方法として、警報機が備えられている踏切では、踏切支障報知装置（踏切非常ボタン）を活用し、踏切支障報知装置が備えられていない踏切においては、自動車に備えられている非常信号用具等を使用して、踏切内に自動車が立ち往生していることを知らせる。

■高速道路での故障時の対応

1．高速道路での故障の場合は、急ブレーキをかけずに緩やかに減速し、路肩や非常駐車帯に停車させ、停車後は、**発炎筒や停止表示板で、後続車に事故車や故障車の存在を知らせる**。また、非常電話を使用し、事故・故障状況を通報する。
2．運転者と同乗者は通行車両に注意しながら助手席側から車を降りて、ガードレールの外側など安全な場所にすみやかに避難する。車内や車の前後での待機は、後続車から追突されるといった二次事故につながる恐れがあり、大変危険である。

2　演習問題

問1　交通事故及び緊急事態が発生した場合における運行管理者又は事業用自動車の運転者の措置に関する次の記述のうち、適切なものには「適」を、適切でないものには「不適」を記入しなさい。なお、解答にあたっては、各選択肢に記載されている事項以外は考慮しないものとする。

1．貸切バスが営業所に戻るため回送で高速道路を運行中、サービスエリアにおいて当該バスの運転者から、営業所の運行管理者に対し、「現在走行している地域の天候が急変し、雪が強く降りはじめた。視界も悪くなってきたので、一時運転を中断している。」との連絡があった。連絡を受けた運行管理者は、「営業所では判断できないので、運行する経路を運転者自ら判断し、また、運行することが困難な状況に至った場合は、適当な待避場所を見つけて運転者自らの判断で運行の中断等を行うこと」を指示した。

2．タクシーが空車で運行中、オートバイと接触事故を起こした。オートバイの運転者が足を負傷し自力で動けなかったので、当該運転者を救護するため歩道に移動させた。その後、双方の事故車両を道路脇に移動させ、発炎筒を使用して後続車に注意を促すとともに、救急車の手配と警察への通報を行い、運行管理者に連絡し、到着した警察官に事故について報告した。

3．乗合バスが乗客を乗せて運行中、後続の自動車に追突され、乗客数名が重軽傷を負う事故が発生した。当該バスの運転者は、事故発生時にとるべき措置を講じた後、営業所の運行管理者に、事故の発生及び被害の状況等について連絡した。連絡を受けた運行管理者は、自社の規程に基づき、運転者から事故の状況及び乗客の状態等を確認し、負傷者の家族に連絡するとともに、負傷しなかった当該バスの乗客の意向を踏まえ、乗客を出発地まで送還するための代替バスを運行させた。

4．タクシーの運転者が空車で運転中、交差点内で接触事故を起こした。当方及び相手方の運転者にけがはなく、双方の自動車の損傷も軽微なものであった。相手方の運転者との話し合いの結果、事故はお互いの過失によるものであることから、自動車の修理費用についてはお互いが自己負担することとし、警察官には事故の報告をしないことにした。

問2　交通事故及び緊急事態が発生した場合における事業用自動車の運行管理者又は運転者の措置に関する次の記述のうち、適切なものには「適」を、適切でないものには「不適」を記入しなさい。なお、解答にあたっては、各選択肢に記載されている事項以外は考慮しないものとする。[R1.8]

☐ 1．貸切バスが観光目的地に向かうため運行中、当該バスの運転者から、営業所の運行管理者に対し、「現在走行している地域の天候が急変し、集中豪雨のため、視界も悪くなってきたので、一時運転を中断している。」との連絡があった。連絡を受けた運行管理者は、「営業所と中断場所とは天候が異なり判断できないので、今後の運行する経路については土砂災害が発生しない地域を避け運転者自ら判断し運行するよう」指示した。

2．乗合バスが乗客を乗せて運行中、後続の自動車に追突され、乗客数名が重軽傷を負う事故が発生した。当該バスの運転者は、事故発生時にとるべき措置を講じた後、営業所の運行管理者に、事故の発生及び被害の状況等について連絡した。連絡を受けた運行管理者は、自社の規程に基づき、運転者から事故の状況及び乗客の状態等を確認し、負傷者の家族に連絡するとともに負傷しなかった当該バスの乗客の意向を踏まえ、乗客を出発地まで送還するための代替バスを運行させた。

3．運転者は、交通事故を起こしたので、二次的な事故を防ぐため、事故車両を安全な場所に移動させるとともに、ハザードランプの点灯、発炎筒の着火、停止表示器材の設置により他の自動車に事故の発生を知らせるなど、安全に留意しながら道路における危険防止の措置をとった。

4．貸切バスの運転者が営業所に戻るため回送で運行中、踏切にさしかかりその直前で一旦停止した。踏切を渡った先の道路は混んでいるが、前の車両が前進すれば通過できると判断し踏切に進入したところ、車両の後方部分を踏切内に残し停車した。その後、踏切の警報機が鳴り、遮断機が下り始めたが、前方車両が動き出したため遮断機と接触することなく通過することができた。

◆解答＆解説

問１［解答　適－２，３　不適－１，４］

1．**不適**：異常気象時は、旅客の安全を最優先に考え、安全を確保するために必要な措置を講じなければならない。運転者から連絡を受けた運行管理者は、気象状況や道路状況の情報収集に努め、状況を的確に把握し、運転者に対し、運行中断等の指示を行う必要がある。**現地の状況がわからないという理由で運転者に判断を任せてはならない**。運輸規則第48条（運行管理者の業務）第１項②。⇒104P

2．適：交通事故の場合の措置である①負傷者を救護（負傷者を歩道へ移動）②危険防止の措置（車両を道路脇に移動）③警察官に交通事故の内容報告、を行っているため適切である。道交法第72条（交通事故の場合の措置）第１項。⇒251P

3．適：設問は規程に基づいたことを行っており、また、乗客の意向を踏まえ出発地まで送還するための代替バスを運行させているので適切な措置となる。運輸規則第18条（事故の場合の処置）第１項②。⇒54P

4．**不適**：道路交通法により、交通事故を起こした時は**たとえ軽微なものであっても、警察への報告が義務付けられている**。道交法第72条（交通事故の場合の措置）第１項。⇒251P

問２［解答　適－２，３　不適－１，４］

1．**不適**：異常気象時は、旅客の安全を最優先に考え、安全を確保するために必要な措置を講じなければならない。運転者から連絡を受けた運行管理者は、気象状況や道路状況の情報収集に努め、状況を的確に把握し、運転者に対し、運行中断等の指示を行う必要がある。**現地の状況がわからないという理由で運転者に判断を任せてはならない**。運輸規則第48条（運行管理者の業務）第１項②。⇒104P

2．適：設問は規程に基づいたことを行っており、また、乗客の意向を踏まえ出発地まで送還するための代替バスを運行させているので適切な措置となる。運輸規則第18条（事故の場合の処置）第１項②。⇒54P

3．適：道交法第75条の11（故障等の場合の措置）第１項。⇒243P

4．**不適**：踏切の前方の道路が混雑している場合は、**踏切内で停止するおそれがあると判断し、踏切内に入ってはならない**。道交法第50条（交差点等への進入禁止）第２項。⇒225P

5　事故の再発防止策

1　演習問題

問１　運行管理者が次の貸切バスの事故報告に基づき、この事故の要因分析を行ったうえで、同種事故の再発防止対策として、最も直接的に有効と考えられる組合せを、下の枠内の選択肢（①〜⑧）から１つ選びなさい。なお、解答にあたっては、〈事故の概要〉及び〈事故関連情報〉に記載されている事項以外は考慮しないものとする。

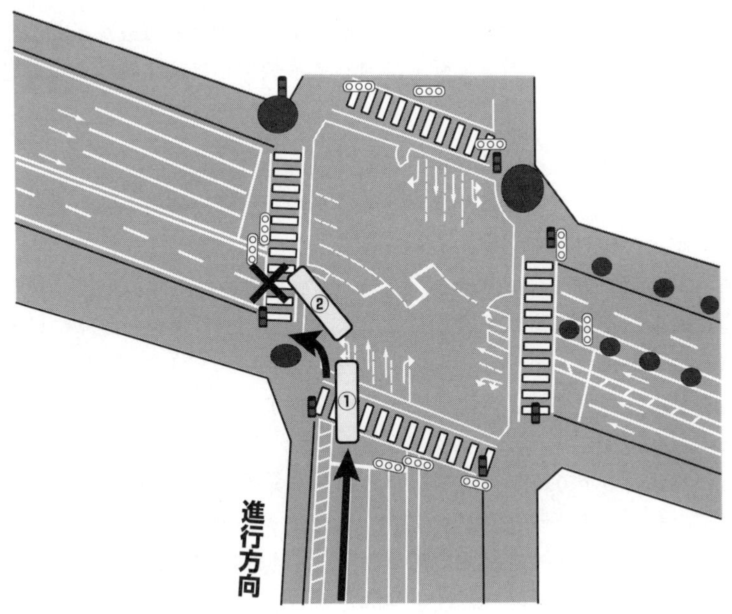

〈事故の概要〉

貸切バスの運転者は、国道の交差点において、左折しようとしたところ、横断歩道の右方向から自転車が横断してきたため、この自転車を見送ったあと左折した。その際、横断歩道を左側から横断していた車いす利用者を轢過した。

〈事故関連情報〉

○当該事故は、運転者が、横断歩道の右方向から横断してきた自転車のみに気を取られ、左方の安全確認を十分に行わなかったため、左側から横断していた車いす利用者に全く気付かず、車両の前部中央付近で轢過したことで起きたものである。

○当該運転者は、健康診断において特に問題は確認されておらず、また、SASのスクリーニング検査においても問題ないとの結果が出ていた。
○当該営業所では、補助者が選任されておらず、運行管理者１名により運行管理業務を行っていたが、対面による点呼は問題なく行われていた。
○事故当日、運行管理者が当該運転者に対して行った乗務前点呼では、健康状態に特に異常は認められなかった。
○当該運転者が受けた適性診断では、「信号の変化や他の交通の動きを予測した運転を行うことや歩行者や自転車のかたわらを通過する際は思いやりのある運転を心がけること」という診断結果が出ていたが、運行管理者は、これらを踏まえるなどした指導・教育を行っていなかった。
○運行管理者は、事故現場の交差点が日ごろから歩行者等との事故が多発していた場所であると認識していたが、当該運転者に対して事故防止に関する指導をしていなかった。

〈事故の再発防止及び被害軽減対策〉

ア．運転者に対し、過労が運転に及ぼす危険性を認識させ、疲労を感じたときは、適切な休憩を取るなどの対応を指導する。

イ．運転者に対し適性診断の結果を伝達し、「横断歩道等における歩行者等の優先」の徹底や歩行者等が安全に道路を通行できるよう、思いやり運転を身につけるよう継続的に教育・指導を行う。

ウ．対面による点呼が行えるよう要員の配置を整備する。

エ．運転者に対し、交差点で左折又は右折する場合は、直接視界及び間接視界により、車両の左右及び前方下方に歩行者等がいないか十分確認するよう指導・教育を行う。

オ．運転者に対し、SASが交通事故の要因となるおそれがあることを正しく理解させ、定期的なスクリーニング検査結果に基づき、自ら生活習慣の改善を図るなど、適切な心身の健康管理を行うことの重要性を理解させる。

カ．運転者に対して、主として運行する経路における道路及び交通の状況や事故の発生状況をあらかじめ把握するよう指導するとともに、これらの状況を踏まえ、事業用自動車を安全に運転するために留意すべき事項を指導する。

キ．運行管理者は、道路交通法令又は道路標識等により指定された最高速度を遵守して運転するだけではなく、道路、交通及び車両等の状況に応じた安全な速度と方法で運転するように運転者に対し、指導する。

☐	①　アウオ	②　アウエ	③　アオキ	④　イエカ
	⑤　イオカ	⑥　イカキ	⑦　エオキ	⑧　エカキ

問２　旅客自動車運送事業者において、次の概要のような事故が発生し、運行管理者はこの事故原因を下記の【事故の原因分析】のとおり「なぜなぜ分析」を行った。この分析結果をもとに導かれた「事故の原因」に基づき、社内の同種事故を防止するためにより直接的に有効な再発防止策として表中のA、B、Cに当てはまるものを、【考えられる再発防止策】の中からそれぞれいずれか１つ選びなさい。なお、解答にあたっては、【事故概要】及び【事故の原因分析】に記載されている事項以外は考慮しないものとする。

【事故概要】

貸切バスの運転者は、青信号で交差点に進入し、左折しようとしたところ、電柱の影から飛び出してきた歩行者と衝突し、重傷を負わせた。

・事故発生：17時
・天候　　：雨
・運転者は、不慣れな車高の高い新型バスを運転していた。
・運転者は、この地域への運行経験はなく、地図で経路を確認しながら運転してた。
・運転者は、復路につくハイキング客を乗車させるため約束の地点に向かっていたが、渋滞のため、到着時間に遅れそうになっていた。
・歩行者は、雨のため傘をさしていた。

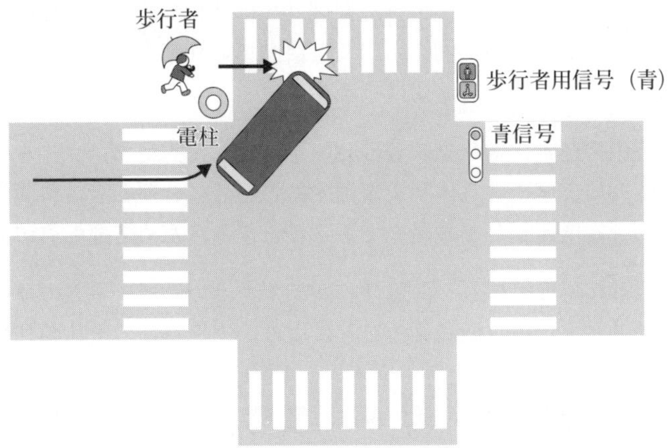

【事故の原因分析】

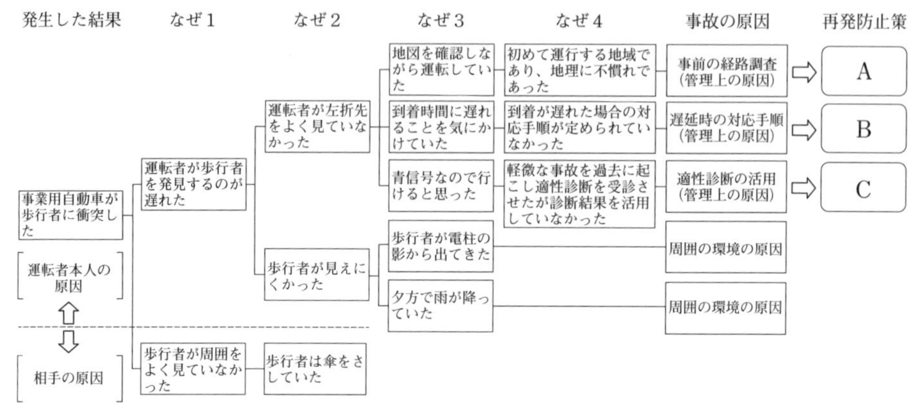

【考えられる再発防止策】

☐ A　1．事業用自動車の運転者は、多様な地理的・気象的状況下での運転を余儀なくされることから、運行経路、交通状況等を事前に把握させるとともに、それらの状況下における適切な運転方法について十分に指導する。

2．事業用自動車の車高、視野、死角、内輪差及び制動距離等は車両ごとに異なることから、これらを十分に把握せずに運転したことに起因する交通事故やヒヤリ・ハットの事例を用いて、自動車の構造上の特性を把握することを含め安全運転について適切に指導する。

B　1．運行中の遅延、トラブル等の発生を考慮した対応マニュアルを作成し、これを確実に実施できる体制を整備するとともに、運転者等に周知・徹底する。

2．常に「安全運転」が最優先であることをあらためて運転者に徹底する。

C　1．事故惹起運転者に対し、適性診断結果を活用して、本人の運転上の弱点について助言・指導を徹底することにより、安全運転のための基本動作を励行させる。

2．適性診断結果の評価の低い事故惹起運転者については、特別な指導を行うことなく、当分の間運転業務から外して、他の業務を行わせる。

問３　運行管理者が、次の貸切バスの事故報告に基づき、この事故の要因分析を行ったうえで、同種事故の再発防止及び被害軽減の対策として、最も直接的に有効と考えられる組合せを、下の枠内の選択肢（１～８）から１つ選びなさい。なお、解答にあたっては、〈事故の概要〉及び〈事故関連情報〉に記載されている事項以外は考慮しないものとする。

〈事故の概要〉

貸切バスの運転者は、営業所に６時前に出社し、運行管理者の乗務前点呼を受けて７時10分にワンマン運転により出庫した。貸切バス（定員47名）は、指定された場所にて８時に乗客39名を乗せ、その後、目的地に向かった。９時頃時速約50キロメートルで運行中、運転者はくも膜下出血により意識を喪失した。このため、当該バスは左側のガードレールを突き破り、約１ｍ下の水田に転落した。

この事故により、当該バスの運転者は死亡、乗客２名が重傷、33名が軽傷を負った。

当該バスの運転者の死因は、内因性のくも膜下出血と断定されており、現場にブレーキ痕がないことから、事故直前に発症して意識を失ったと推定される。

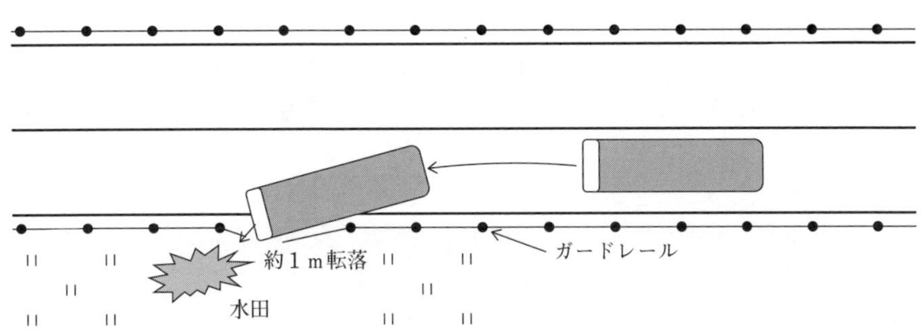

〈事故関連情報〉

○　当該運転者は、６時50分に乗務前点呼を受け、７時10分に出庫、８時に客扱いを開始し、８時30分に出発した。

○　乗務前点呼時、運行管理者は運転者の健康状態について、本人から特に申し出がなかったので、健康上の異常はないと判断した。

○　当該運転者の事故日前１カ月間の勤務において、夜間ワンマン運行が４回あり、「自動車運転者の労働時間等の改善のための基準」に関する軽微な違反が１回あった。

○　当該営業所は、宿直と日勤の組み合わせにより、運行管理者もしくは補助者が点呼時に点呼できる勤務体制としており、適正に実施されていた。

○　当該運転者は、適性診断を年度計画に沿って受診しており、結果に応じた個別指導を受けていた。

○　当該運転者は高血圧と高脂血症の持病を抱えていたが、健康診断の受診は不十分であり、事業者は労働安全衛生法で規定する深夜業従事者に対する定期健康診断を受診させていなかった。

○　事業者は、当該運転者に対し道路交通法違反に関する個別の指導は行っていたが、個別の疾病の予兆の把握や予防方法など、健康管理に関する指導は行っていなかった。

○　法令に定められた日常点検整備及び定期点検整備は実施されていた。

○　乗客に対するシートベルト着用の案内が徹底されていないこともあり、事故発生時、39名の乗客の半数はシートベルトを着用していなかった。

〈事故の再発防止及び被害軽減対策〉

ア　適性診断の結果により、運転者個人が持っている運転行動におけるくせを見出し、長所を伸ばし、また、短所は改善することで安全運転への意識を高める。

イ　乗務前点呼時において、運転者の酒気帯びの有無、健康状態及び疲労の度合などについて確認し、特に個別疾病を治療中の運転者については、安全な運転ができる状態かどうかを判断する。

ウ　運転者に対し、法定健康診断を確実に実施するとともに健康管理、生活習慣管理などに関して産業医等と連携して指導を行い、常に健康状態の把握を行う。

エ　シートベルトの装着が、事故の衝撃を軽減し、乗客の命を守り、外傷の程度を軽くする効果が高いことを認識させ、乗客全員のシートベルト着用を徹底する。

オ　運行経路等の調査とあわせて、「自動車運転者の労働時間等の改善のための基準」の違反が発生しないよう、運行の安全に係る指示について、運行指示書を作成して、運転者に適切に指示するとともに、これを携行させる。

カ　旅客自動車運送事業は、公共的な輸送事業であり、旅客を安全かつ確実に輸送することが社会的使命であることを運転者に十分認識させる。

キ　運転者に対し身体の異常を早期に発見できるよう疾病などの知識の向上を図るとともに、疾病の症状を感じたら早急に医療機関で診断を受けさせることとする。また、疾病などが交通事故の要因となるおそれがあることを理解させ、日頃の生活習慣の改善を指導する。

ク　法令に定められた日常点検整備及び定期点検整備を確実に実施する。

☐	1．ア・イ・ウ・ク	2．ア・イ・オ・キ
	3．ア・エ・オ・カ	4．ア・エ・キ・ク
	5．イ・ウ・エ・キ	6．イ・ウ・カ・ク
	7．ウ・オ・カ・キ	8．エ・オ・カ・ク

問4　運行管理者が、次のタクシーの事故報告に基づき、この事故の要因分析を行い、同種の事故の再発を防止する対策として、最も直接的に有効と考えられる組合せを、下の選択肢（①～⑧）から１つ選びなさい。なお、解答にあたっては、〈事故の概要〉及び〈事故関連情報〉に記載されている事項以外は考慮しないものとする。

［R3_CBT］

〈事故の概要〉

当該運転者は、事故前日の16時50分頃に点呼を受けた後出庫し、客扱いを終えて、午前３時15分頃、営業所に帰庫するため、回送板を表示して一般道路（制限速度時速50キロメートル）を走行していた。自車タクシーの前方を走行していた自動車は、赤信号を無視して横断している自転車を発見し、右に急ハンドルを切って自転車を回避したが、当該タクシーの運転者は、車間距離を十分にとらず、制限速度を25キロメートル超過して走行していたことに加え、衝突回避のための反応が遅れたことから、自転車を避けきれず衝突し、自転車の運転者は路上に投げ出され負傷した。

当該タクシーの運転者は、他の車両に対し停止していることを知らせることなく、その場で自転車の運転者の救護措置を行っていたところ、後続の自動車が事故現場に突入し、衝突した。この事故で自転車の運転者が死亡し、当該タクシーの運転者が負傷した。

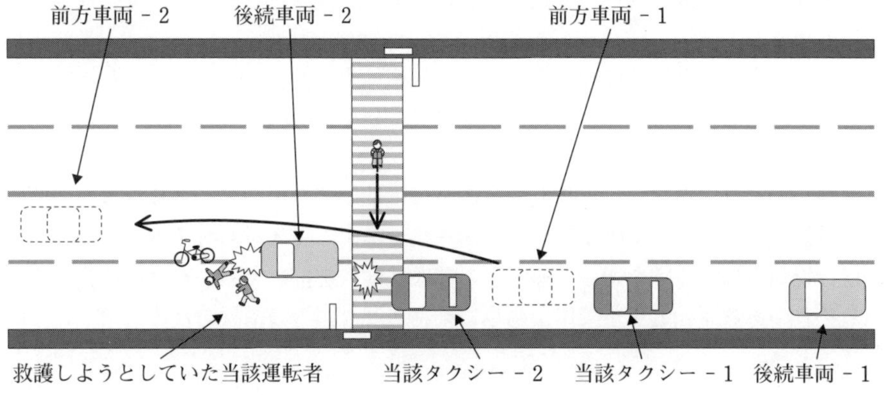

〈事故関連情報〉

○　この事故惹起運転者は、事故日前1ヵ月の勤務において、拘束時間、連続運転時間に係る違反はなかった。

○　当該営業所では点呼は適正に実施されていた。営業所には複数の運行管理者が選任されており、24時間点呼が実施できる体制がとられていた。

○　当該運転者は、普段からスピード超過の傾向があり、事故当時も制限速度時速50キロメートルの道路を時速75キロメートルと制限速度を大きく超過して走行していた。また、当該運転者は、事故時回送運行ということもあり、考え事をしながら運転をしていた。

○　事業者は、運転者に対する集合教育を月1回実施しているが、運転者が多く出勤する時間帯に朝礼の中で行っていた。欠席した者には、指導内容を掲示板に張り出し、確認できるようにしていた。

○　当該運転者は、満67歳になっており、適齢診断において動体視力に問題ありと判定された他、過去の診断結果と比較して動作の正確さに大きな低下が認められた。また、本人は、加齢に伴う身体能力の衰えを十分自覚していなかった。

○　当該運転者は、健康診断を適正に受診していた。高血圧、心臓の疾患があったが、重度のものではないため経過観察としていた。

〈事故の再発防止対策〉

ア　運行管理者は、運転者に対し、交通事故を発生させたときは、直ちに自車の運転を停止して負傷者を救護し、道路における危険を防止するなど必要な措置を講ずべきことについて、指導・監督を徹底する。

イ　運行管理者は、法令違反を犯した運転者に対しては、個別指導により適正な車間距離の確保、法定速度の厳守、道路状況等に適応した運転を行うなど、安全運転の指導を徹底する。

ウ　運行管理者は、健康診断の結果において精密検査を要するとされた運転者は再検査を必ず受診させるとともに、その再検結果については、医師から詳細な報告を受けた上で、業務上の措置を検討する。

エ　ドライブレコーダーは、事故発生時の映像、速度等のデータにより、事故の要因分析が可能であるため、ドライブレコーダー装着車両の導入を検討する。

オ　運行管理者は、点呼を通じて運転者の健康状態の把握に努め、安全な運行ができないおそれのある運転者を事業用自動車に乗務させない等の措置をとる。

カ　事業者は、高齢運転者に対して、適齢診断結果に基づき、加齢に伴う反応時間の遅れや視覚の衰え等が、安全運転に悪影響を及ぼすことについて入念な指導を行い、診断結果によっては、深夜業務からの配置転換も検討する。

キ　運行管理者は、深夜の営業運行を終えての回送運行は、営業運転中と比較して緊張状態が薄れ、漫然運転となる可能性があるので、回送運行においても絶えず周囲の状況に目を配り、安全な運行に努めるべきことを徹底する。

ク　運転者に対し、過労が運転に及ぼす危険性を認識させ、疲労を感じたときは、適切な休憩を取るなどの対応を指導する。

☐	①ア・イ・エ・オ	②ア・イ・カ・キ
	③ア・ウ・キ・ク	④ア・ウ・エ・ク
	⑤イ・エ・オ・カ	⑥イ・エ・オ・キ
	⑦ウ・エ・キ・ク	⑧ウ・オ・カ・ク

問５　運行管理者が運転者に対し実施する危険予知訓練に関し、下図の交通場面の状況において考えられる〈運転者が予知すべき危険要因〉とそれに対応する〈運行管理者による指導事項〉として、最もふさわしい〈選択肢の組み合わせ〉１～10の中から３つ選びなさい。[R2_CBT]

【交通場面の状況】
・住宅街の道路を走行している。
・前方に二輪車が走行している。
・右側の脇道から車や自転車が出ようとしている。
・前方の駐車車両の向こうに人影が見える。

1．〈運転者が予知すべき危険要因〉

①二輪車を避けようとしてセンターラインをはみ出すと、対向車と衝突する危険がある。

②駐車車両に進路を塞がれた二輪車が右に進路を変更してくることが予測されるので、このまま進行すると二輪車と衝突する危険がある。

③前方右側の脇道から左折しようとしている車の影に見える自転車が道路を横断してくると衝突する危険がある。

④後方の状況を確認せずに右側に進路変更をすると、後続の二輪車と接触する危険がある。

⑤駐車車両の先に歩行者が見えるが、この歩行者が道路を横断してくるとはねる危険がある。

2．〈運行管理者による指導事項〉

ア　住宅街を走行する際に駐車車両があるときは、その付近の歩行者の動きにも注意しスピードを落として走行する。

イ　単路でも、いつ前車が進路変更などのために減速や停止をするかわからないので、常に車間距離を保持しておく。

ウ　進路変更するときは、必ず後続車の有無を確認するとともに、後続車があるときは、決して強引な進路変更はしない。

エ　右側の脇道から自転車が出ようとしているので、周辺の交通状況を確認のうえ、脇道の自転車の動きに注意し走行する。仮に出てきた場合は先に行かせる。

オ　二輪車は、後方の確認をしないまま進路を変更することがよくあるので、二輪車を追い越そうとはせず先に行かせる。

3．〈選択肢の組み合わせ〉

☐	1：①－イ	2：①－ウ
	3：②－エ	4：②－オ
	5：③－ア	6：③－エ
	7：④－イ	8：④－オ
	9：⑤－ア	10：⑤－ウ

問６　運行管理者が運転者に対して実施する危険予知訓練に関する次の記述において、問題に示す【交通場面の状況等】を前提に危険要因などを記載した表中のＡ、Ｂに最もふさわしいものを【運転者が予知すべき危険要因の例】の①～⑤の中から、また、Ｃ、Ｄに最もふさわしいものを【運行管理者による指導事項】の⑥～⑩の中からそれぞれ１つ選びなさい。［R1.8］

☐　【交通場面の状況等】

・信号機のある交差点を右折しようとしている。 ・右折先の道路に駐車車両があり、その陰に歩行者が見える。 ・対向直進車が接近している。	・制限速度：時速60キロ ・路　　面：乾燥 ・天　　候：晴 ・車　　両：乗合バス ・乗　　客：15名 ・運 転 者：年齢58歳 ・運転経験：30年

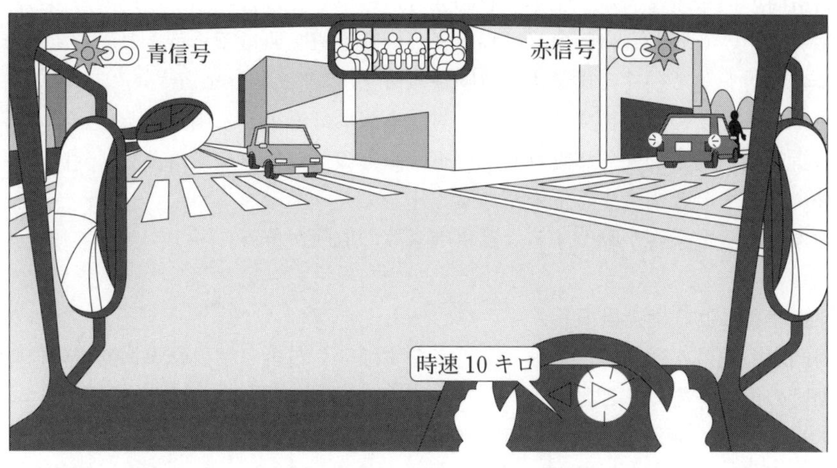

運転者が予知すべき危険要因の例		運行管理者による指導事項
対向車が交差点に接近しており、このまま右折をしていくと対向車と衝突する危険がある。	➡	C
A	➡	右折の際は、横断歩道の状況を確認し、特に横断歩道の右側から渡ってくる自転車等を見落としやすいので意識して確認をすること。
右折していく道路の先に駐車車両の陰に歩行者が見えるが、この歩行者が横断してくるとはねる危険がある。	➡	D
B	➡	対向車が通過後、対向車の後方から走行してくる二輪車等と衝突する危険があるため、周囲の交通状況をよく見て安全を確認してから右折すること。

【運転者が予知すべき危険要因の例】

① 右折時の内輪差による二輪車・原動機付自転車などの巻き込みの危険がある。

② 横断歩道の右側から自転車又は歩行者が横断歩道を渡ってくることが考えられ、このまま右折をしていくと衝突する危険がある。

③ 車幅が広いため、右折する交差点で対向車線へはみ出して衝突する危険がある。

④ 右折時に対向車の死角に隠れた二輪車・原動機付自転車を見落とし、対向車が通過直後に右折すると衝突する危険がある。

⑤ 急停止すると乗客が転倒するなど車内事故の危険がある。

【運行管理者による指導事項】

⑥ 対向車の速度が遅い時などは、交差点をすばやく右折し、自転車横断帯の自転車との衝突の危険を避けること。

⑦ スピードを十分落として交差点に進入すること。

⑧ 対向車があるときは無理をせず、対向車の通過を待ち、左右の安全を確認してから右折をすること。

⑨ 交差点に接近したときは、特に前車との車間距離を十分にとり、信号や前車の動向に注意しながら走行すること。

⑩ 交差点内だけでなく、交差点の右折した先の状況にも十分注意を払い走行すること。

問７　平成28年中の乗合バスによる死亡・重傷事故について、事業用自動車の交通事故統計及び自動車事故報告規則により提出された事故報告書に基づき、下記のとおり、事故の特徴やその要因についての分析結果が導かれた。この分析結果をもとに、【事業者及び運行管理者が実施すべき事故低減対策のポイント】の中から【事故防止のための指導】として、A、B、Cに当てはまる最も直接的に有効と考えられる組合せを下の枠内の選択肢（①～⑧）からそれぞれ１つ選びなさい。なお、解答にあたっては、下記に記載されている事項以外は考慮しないものとする。［R2. 8］

【死亡・重傷事故の特徴】

平成 28 年中の乗合バスによる死亡・重傷事故は 131 件であり、事故類型別にみると単独事故が約半数を占めており、その大半は車内事故である。車内事故を除く事故を車両の走行等の様態別にみると、直進時が 66％、右折時が 21％、左折時が４％となっている。		
車内事故	直進時の事故	右折時の事故
・発進時及び減速・急停止時に多い。 ・被害者は 75 ～ 84 歳の女性が多い。	直進時の事故のうち、自転車との事故が 42％、歩行者等との事故が 33％、他の車両等との事故が 25％となっている。	・右折時の事故のうち、歩行者等との事故が 57％、他の車両等との事故が 43％となっている。 ・回送など運転者のみのときに多く発生している。

【事故の主な要因】

・乗客が着席したものと誤認して発進 ・乗客が走行中に立ち上がったり移動したりすることがある	・自転車の挙動に対する運転者の認識の甘さ ・自転車の側方を通過する際、感覚が不十分、減速・徐行が不十分 ・慣れている道による気の緩み ・車線変更時の安全確認不足 ・寝不足による注意力散漫	・車両の片側の安全確認不足 ・回送による気の緩み、注意力不足 ・対向車の後方の安全確認不足

  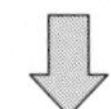

【事故防止のための指導】

A	B	C

【事業者及び運行管理者が実施すべき事故低減対策のポイント】

ア　慣れている直進道路などでは、気の緩みが追突事故を誘発することから、慎重な運転と適正な車間距離をとるよう運転者に対し指導する。

イ　高齢の乗客が走行中に席を立ち車内を移動した場合、バスが停車してから席を立つように乗客に注意喚起をするよう運転者に対し指導する。

ウ　衝突被害軽減ブレーキを装着したバスの運転者に対しては、当該装置は、いかなる走行条件においても、前方の車両等に衝突する危険性が生じた場合には、確実にレーダー等で検知したうえで自動的にブレーキが作動し、衝突を確実に回避できるものであることを十分理解させる。

エ　右折するときは、対向車に注意して徐行するとともに、右折したその先の状況にも十分注意を払い走行するよう運転者に対し指導する。

オ　前方に自転車を見かけたら、歩道を走行していても車道に降りてくるかもしれないと予測するなど自転車の挙動に注意して運転するよう運転者に対し指導する。

カ　バスを発車しようとするときは、乗車してきた乗客が着席又は手すり等につかまったことを車内に備えられたミラー等で確認するとともに、発車する前にその旨を車内アナウンスするよう運転者に対し指導する。

キ　乗合バスは、定時運行を確保する必要があることから、各停留所の到着時刻等を遵守し、運行しなければならないことを運転者に対し指導する。

ク　運転者が体調不良や睡眠不足で運転することがないよう、運転者の体調や通勤時間などを考慮した無理のない乗務割を行う。

ケ　回送時も乗客がいるときと同様に集中して運転を行うよう運転者に対し指導する。

コ　発進、停止時等において滑らかで静かな運転となるよう、デジタルタコグラフ等を活用して、運転者が客観的に自身の走行状況を把握し、運転技術の向上を図るよう運転者に対し指導する。

サ　右折するときは、対向車の速度が遅い場合などは自車の速度を落とさず交差点をすばやく右折するよう運転者に対し指導する。

シ　右折時に対向車が接近しているときは、その通過を待つとともに、対向車の後方にも車がいるかもしれないと予測して、対向車の通過後に必ずその後方の状況を確認してから右折するよう運転者に対し指導する。

☐	①アウオ	②アウク	③アオク	④イカキ
	⑤イカコ	⑥イカサ	⑦エケサ	⑧エケシ

問8　運行管理者が次の乗合バスの事故報告に基づき、この事故の要因分析を行ったうえで、同種の事故の再発を防止するための対策として、最も直接的に有効と考えられる組合せを、下の枠内の選択肢（1～8）から1つ選びなさい。なお、解答にあたっては、【事故の概要】及び【事故の推定原因・事故の要因】に記載されている事項以外は考慮しないものとする。

【事故の概要】

当該運転者は、14時00分に運行管理者の点呼を受け、14時35分に出庫し、市内循環バスを運行中、バス停において降車した旅客のキャリーバッグの一部が前扉に挟まれたことに気付かず発車したため旅客が転倒した。当該運転者はこれに気付かずバスを約7メートル前進させ、旅客の左腕を負傷させた。

・事故発生：20時30分
・天候　　：晴れ
・道路　　：幅員6メートル
・運転者　：58歳　運転歴30年　定期健康診断を年2回受診していた。

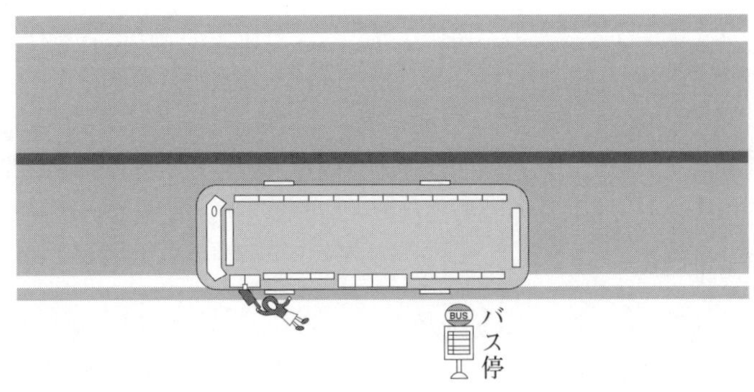

【事故の推定原因・事故の要因】

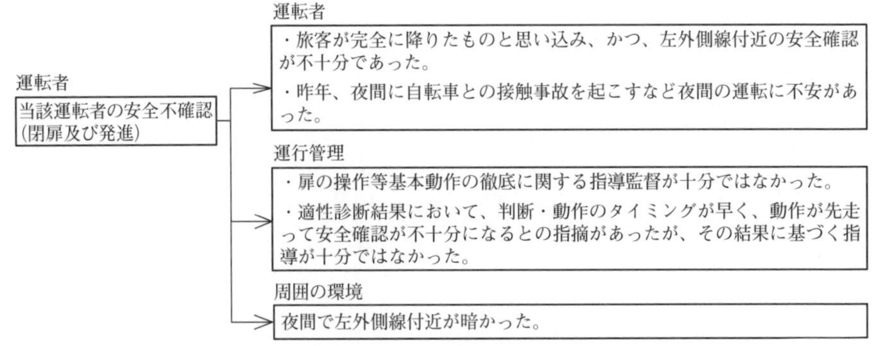

【事故の再発防止対策】

ア　ヒューマンエラーを補完するため、前扉にもアクセルインターロック等を装備する。

イ　運転者に対して、適性診断結果を活用して運転上の弱点を十分理解させ、その弱点を克服していけるよう助言・指導を徹底する。

ウ　運転者に対して、疾病が交通事故の要因となるおそれがあることを正しく理解させ、定期的な健康診断結果に基づき、自ら生活習慣の改善を図るなど、適切な心身の健康管理を行うことの重要性を理解させる。

エ　悪天候や夜間においては、事故発生のリスクが高まることから、どのようなリスクがあるのかを理解、確認させ、危険への配慮とともに、慎重な運転をすることを運転者に対して徹底する。

オ　運転者に対して、発進の際は右後方だけに気を取られず、左外側線付近の安全を十分に確認してから発進するよう徹底する。

カ　点呼において運転者から睡眠不足等により安全な運行ができないおそれがあるかについて報告を受けるとともに、運転者の体調を顔色などから確認し、異常がなければ運転業務につかせる。

キ　乗降口の扉を開閉する装置の不適切な操作により旅客が扉にはさまれる等の危険を予測し回避するため、運転者に対して、指差呼称や安全呼称などを行う習慣を徹底させる。

ク　個々の運転者について、休息期間は通勤時間を考慮して十分な睡眠時間が確保できるように配慮するとともに、乗務時間は運転履歴等を踏まえた疲労状況や健康状態を考慮する運行計画とする。

☐	1．ア・イ・オ・ク	2．ア・イ・カ・キ
	3．ア・オ・キ・ク	4．ア・ウ・オ・キ
	5．イ・ウ・エ・カ	6．イ・エ・オ・キ
	7．ウ・エ・キ・ク	8．ウ・エ・オ・カ

◆解答＆解説

問1［解答　④］

「事故の概要」と「事故関連情報」から、再発防止策として直接的に有効であるかどうかを判断する。

ア．直接的に有効ではない：過労が原因で起きた事故ではないため、同種事故の再発防止対策として直接的に有効ではない。

イ＆エ＆カ．**直接的に有効である**：運転者が、横断歩道の右方向から横断してきた自転車にのみ気を取られ、左方の安全確認を十分に行わなかったために起きた事故であり、また、事故多発現場に関する指導や、適性診断の結果に基づいた指導も不適切であった。そのため、適性診断の結果をもとに、「横断歩道等における歩行者等の優先」を徹底し、歩行者等が安全に道路を通行できるよう、思いやり運転を身につけるよう教育を行ったり、交差点での左折又は右折の際に、直接視界及び間接視界により、車両の左右及び前方下方に歩行者等がいないか十分確認し、さらに主として運行する経路における道路及び交通の状況や事故の発生状況をあらかじめ把握するよう指導・教育することは同種事故の再発防止対策として有効である。

ウ．直接的に有効ではない：点呼要員の不足により起きた事故ではないため、同種事故の再発防止対策として直接的に有効ではない。

オ．直接的に有効ではない：当該運転者はSASのスクリーニング検査において問題ないとの結果が出ており、SASが原因で起きた事故ではないため、同種事故の再発防止対策として直接的に有効ではない。

キ．直接的に有効ではない：速度超過によって起きた事故ではないため、同種事故の再発防止対策として直接的に有効ではない。

以上の結果、同種事故の再発防止対策として、最も直接的に有効と考えられる組合せは、**イ・エ・カ**となり、選択肢「④」が正解となる。

問2［解答　A－1，B－1，C－1］

「事故概要」と「事故の原因分析」から、「考えられる再発防止策」に当てはまるかどうかを判断する。

A：1．○：運転者は、この地域への運行経験はなく、地図を確認しながら運転をしていたため、歩行者の発見が遅れ、事故となった。事前の経路調査の不備が事故の一因であるため、運行経路、交通状況等を事前に把握させるとともに、それらの状況下における運転方法について、適切に指導することは、**同種事故の再発を防止するための対策としてより直接的に有効である。**

2．×：事前の経路調査の不備が事故の一因であり、また、この事故は巻き込み事故ではないため、運転者に対し、自動車の構造上の特性を把握することを含め安全運転について適切に指導することは、同種事故の再発を防止するための対策には当てはまらない。

Ｂ：１．○：運転者は、到着時間に遅れていることを気にしていた。遅延時の対応手順が定められていなかったことが事故の一因でもあるため、運行中の遅延、トラブル等の発生を考慮した対応マニュアルを作成し、これを確実に実施できる体制を整備するとともに、運転者等に周知・徹底することは、**同種事故の再発を防止するための対策としてより直接的に有効である。**

２．×：遅延時の対応手順の不備が事故の一因であり、常に「安全運転」が最優先であることをあらためて運転者に徹底することは、同種事故の再発を防止するための対策には当てはまらない。

Ｃ：１．○：適性診断の診断結果を活用していなかったことが事故の一因でもあるため、事故惹起運転者に対し、適性診断結果を活用して、本人の運転上の弱点について助言・指導を徹底することにより、安全運転のための基本動作を励行させることは、**同種事故の再発を防止するための対策としてより直接的に有効である。**

２．×：適性診断は、運転者の運転行動や運転態度の長所や短所を診断し、運転の癖などに応じたアドバイスを提供するためのもので、運転者に選任する際の判断材料ではない。適性診断結果の評価の低い事故惹起運転者に特別な指導を行うことなく、当分の間運転業務から外して他の業務を行わせることは、同種事故の再発を防止するための対策には当てはまらない。

問3［解答　5］

「事故の概要」と「事故関連情報」から、事故の再発防止策として有効であるかどうかを判断する。

ア．×：運転者の疾病により起きた事故であり、適性診断とは関係がないため、同種事故の再発防止及び被害軽減の対策として直接的に有効ではない。

イ．○：運転者の疾病により起きた事故であるため、乗務前点呼時には、特に個別疾病を治療中の運転者について、安全な運転ができる状態かどうかを確認・判断することは、**同種事故の再発防止及び被害軽減の対策として有効である。**

ウ．○：持病があるにもかかわらず健康診断の受診が不十分であり、また、定期健康診断も受診させていなかったため疾病の予兆を見逃した可能性がある。健康診断を確実に実施し、また、産業医等と連携して指導を行い常に健康状態の把握を行うことは、**同種事故の再発防止及び被害軽減の対策として有効である。**

エ．○：39名の乗客の半数はシートベルトを着用していなかったため、乗客全員のシートベルト着用を徹底することは、**同種事故の再発防止及び被害軽減の対策として有効である。**

オ．×：運行指示書を作成、指示、携行させることは、今回の事故とは関係がないため、同種事故の再発防止及び被害軽減の対策として直接的に有効ではない。

カ．×：旅客自動車運送事業の社会的使命は、今回の事故とは関係がないため、同種事故の再発防止及び被害軽減の対策として直接的に有効ではない。

キ．○：運転者の疾病により起きた事故であるため、疾病の症状を感じたら早急に医療機関で診断を受けさせること、疾病の知識の向上を図ること及び日頃の生活習慣の改善を指導することは、**同種事故の再発防止及び被害軽減の対策として有効である。**

ク. × ：日常点検整備と定期点検整備は実施されており、運転者の疾病により起きた事故であるため関係がなく、同種事故の再発防止及び被害軽減の対策として直接的に有効ではない。

以上より、同種事故の再発防止対策に有効な組合せは、**イ・ウ・エ・キ**の「**5**」が正解となる。

問4［解答 ②］

「事故の概要」と「事故関連情報」から、事故の再発防止策として有効であるかどうかを判断する。

ア. 当該運転者は、他の車両に対し停止していることを知らせず救護措置を行っていたことで、後続車両による事故が起きた。道路における危険を防止するなど、事故時の措置の指導・監督の徹底は、**同種事故の再発を防止するための対策として有効**である。

イ. 当該運転者は、スピード超過の傾向があり、事故当時も制限速度を25km/hも超過していたため、法定速度の遵守等の安全運転の指導の徹底は、**同種事故の再発を防止するための対策として有効**である。

ウ. 健康診断を適正に受診しており、疾患は経過観察となっているため、同種事故の再発を防止するための対策として直接的に有効ではない。

エ. ドライブレコーダーの装着は、事故の要因分析を可能とするが、同種事故の再発を防止するための対策として直接的に有効ではない。

オ. 点呼の不備で起きた事故ではないため、同種事故の再発を防止するための対策として直接的に有効ではない。

カ. 加齢に伴う身体能力の衰えを本人が十分自覚していなかったことにより、衝突回避反応が遅れ、衝突してしまった事故であるため、加齢に伴う身体の衰え等が安全運転に及ぼす悪影響についての入念な指導や、配置転換の検討は、**同種事故の再発を防止するための対策として有効**である。

キ. 事故時は回送運行中で、考え事をしながら運転をしていた上、車間距離も十分とらず速度超過もあったため、回送運行においても安全な運行に努めるべきことの徹底は、**同種事故の再発を防止するための対策として有効**である。

ク. 過労等が原因の事故ではないため、同種事故の再発を防止するための対策として直接的に有効ではない。

以上より、同種事故の再発防止対策に有効な組合せは、**ア・イ・カ・キ**の「**②**」が正解となる。

問5［解答 4，6，9］

1.〈運転者が予知すべき危険要因〉に対応する2.〈運行管理者による指導事項〉のうち最もふさわしい組み合わせを、3.〈選択肢の組み合わせ〉から3つ選ぶ。

危険要因①：図より、対向車は確認されないため省略。

危険要因②：二輪車に対する危険予知である。二輪車は、後方の確認をしないまま進路を変更することがよくあり、二輪車を追い越そうとはせず先に行かせるという指導事項オは、**適切な指導**である。

危険要因③：自転車に対する危険予知である。右側の脇道から自転車が出ようとしているので、周辺の交通状況を確認のうえ、脇道の自転車の動きに注意して走行し、仮に出てきた場合は先に行かせるという指導事項エは、**適切な指導**である。

危険要因④：図より、後方には後続車等は確認されないため省略。

危険要因⑤：歩行者に対する危険予知である。住宅街を走行する際に駐車車両があるときは、その付近の歩行者の動きにも注意しスピードを落として走行するという指導事項アは、**適切な指導**である。

したがって、最も適切な組合せは**4：「②－オ」、6：「③－エ」、9：「⑤－ア」**である。

問6［解答　A－②，B－④，C－⑧，D－⑩］

A：「運行管理者による指導事項」のポイントは、①右折 ②横断歩道の状況確認 ③自転車等を見落としやすい、であるため、「運転者が予知すべき危険要因の例」のうち「**右折、横断歩道、自転車**」を含んでいるものを選択する。したがって、②が正解となる。

B：「運行管理者による指導事項」のポイントは、①対向車が通過後 ②二輪車等との衝突する危険 ③安全を確認してから右折、であるため、「運転者が予知すべき危険要因の例」のうち「**対向車、二輪車、右折**」を含んでいるものを選択する。したがって、④が正解となる。

C：「運転者が予知すべき危険要因の例」のポイントは、①対向車が交差点に接近 ②右折していくと対向車と衝突する危険、であるため、「運行管理者による指導事項」のうち「**対向車と衝突する危険を回避**」できる内容のものを選択する。したがって、⑧が正解となる。

D：「運転者が予知すべき危険要因の例」のポイントは、①右折していく道路の先 ②駐車車両の陰に歩行者 ③はねる危険、であるため、「運行管理者による指導事項」のうち「**右折先の歩行者をはねる危険を回避**」できる内容のものを選択する。したがって、⑩が正解となる。

問7［解答　A－⑤，B－③，C－⑧］

「死亡・重傷事故の特徴」と「事故の主な要因」から、「事故低減対策のポイント」ア～シの内容が、**A車内事故**、**B直進時の事故**、**C右折時の事故**の防止のための指導として直接的に有効であるかどうかをそれぞれ判断する。

ア．直進時の事故の主な要因として「慣れている道による気の緩み」が挙げられているため、慣れている直進道路などでは、気の緩みが追突事故を誘発することから、慎重な運転と適正な車間距離をとるよう運転者に対し指導することは、**事故防止のための指導Bとして最も直接的に有効と考えられる**。(B)

イ．車内事故の主な要因として「乗客が着席したものと誤認して発進」が挙げられているため、高齢の乗客が走行中に席を立ち車内を移動した場合、バスが停車してから席を立つように乗客に注意喚起をするよう運転者に対し指導することは、**事故防止のための指導Aとして最も直接的に有効と考えられる**。(A)

ウ．衝突被害軽減ブレーキは、衝突を確実に回避できるものではなく、また、衝突被害軽減ブレーキを装着したバスに関する事故の主な要因は挙げられていない。(×)

エ．右折時の事故の主な要因として「車両の片側の安全確認不足」が挙げられているため、対向車に注意して徐行するとともに、右折したその先の状況にも十分注意を払い走行するよう運転者に対し指導することは、**事故防止のための指導Cとして最も直接的に有効と考えられる**。（C）

オ．直進時の事故の主な要因として「自転車の挙動に対する運転者の認識の甘さ」が挙げられているため、自転車の挙動に注意して運転するよう運転者に対し指導することは、**事故防止のための指導Bとして最も直接的に有効と考えられる**。（B）

カ．車内事故の主な要因として「乗客が着席したものと誤認して発進」が挙げられているため、バスを発車しようとするときは、乗車してきた乗客が着席又は手すり等につかまったことを車内に備えられたミラー等で確認するとともに、発車する前にその旨を車内アナウンスするよう運転者に対し指導することは、**事故防止のための指導Aとして最も直接的に有効と考えられる**。（A）

キ．各停留所の到着時刻の遵守等は、事故の主な要因として挙げられていない。（×）

ク．直進時の事故の主な要因として「寝不足による注意力散漫」が挙げられているため、運転者が体調不良や睡眠不足で運転することがないよう、運転者の体調や通勤時間などを考慮した無理のない乗務割を行うことは、**事故防止のための指導Bとして最も直接的に有効と考えられる**。（B）

ケ．右折時の事故の主な要因として「回送による気の緩み、注意力不足」が挙げられているため、回送時も乗客がいるときと同様に集中して運転を行うよう運転者に対し指導するすることは、**事故防止のための指導Cとして最も直接的に有効と考えられる**。（C）

コ．車内事故の主な要因として「乗客が走行中に立ち上がったり移動したりすることがある」が挙げられているため、発進、停止時等において滑らかで静かな運転となるよう、デジタルタコグラフ等を活用して、運転者が客観的に自身の走行状況を把握し、運転技術の向上を図るよう運転者に対し指導することは、**事故防止のための指導Aとして最も直接的に有効と考えられる**。（A）

サ．右折時はあらかじめその前からできる限り道路の中央に寄り、かつ、交差点の中心の直近の内側を徐行し、また、対向車があるときは、進行妨害をしてはならないため、不適切な指導である。（×）

シ．右折時の事故の主な要因として「対向車の後方の安全確認不足」が挙げられているため、右折時に対向車が接近しているときはその通過を待つとともに、対向車の後方にも車がいるかもしれないと予測して、対向車の通過後に必ずその後方の状況を確認してから右折するよう運転者に対し指導することは、**事故防止のための指導Cとして最も直接的に有効と考えられる**。（C）

以上の結果次のとおり。

・事故防止のための指導Aに当てはまるのは⑤（**イカコ**）。
・事故防止のための指導Bに当てはまるのは③（**アオク**）。
・事故防止のための指導Cに当てはまるのは⑧（**エケシ**）。

問8［解答　6］

「事故の概要」と「事故の推定原因・事故の要因」から、「事故の再発防止策」が直接的に有効であるかどうかを判断する。

ア．×：アクセルインターロックは、乗降口が開いているときにアクセルがロックし、ドアを開けたまま発進できない装置である。運転者の思い込み、安全確認不足により起きた事故であるため、前扉にもアクセルインターロックを装備することは、同種事故の再発を防止するための対策として直接的に有効ではない。なお、法令では、中扉や後扉に装備することが義務付けられている。

イ．○：適性診断の結果に基づく指導が十分でなかったため、適性診断結果の活用による助言・指導の徹底は、**同種事故の再発を防止するための対策として直接的に有効である**。

ウ．×：運転者の疾病が原因で起きた事故ではないため、同種事故の再発を防止するための対策として直接的に有効ではない。

エ．○：事故当時、夜間であり、左外側線付近が暗く、また、運転者は昨年にも夜間に接触事故を起こすなど夜間の運転に不安があったため、悪天候や夜間においてのリスクの理解と確認、危険への配慮とともに、慎重な運転を徹底することは、**同種事故の再発を防止するための対策として直接的に有効である。**

オ．○：左外側線付近の安全確認が不十分であったため起きた事故であるため、発進の際は右後方だけに気を取られず、左外側線付近の安全を十分に確認するよう徹底することは、**同種事故の再発を防止するための対策として直接的に有効である。**

カ．×：睡眠不足等が原因で起きた事故ではないため、同種事故の再発を防止するための対策として直接的に有効ではない。

キ．○：扉の操作等、基本動作の徹底に関する指導監督が十分ではなく、運転者の安全不確認により起きた事故であるため、扉開閉装置の不適切な操作によって、旅客が扉にはさまれる等の危険を予測し回避するための指差呼称や安全呼称などを行う習慣を徹底させることは、**同種事故の再発を防止するための対策として直接的に有効である。**

ク．×：疲労や睡眠不足等が原因で起きた事故ではないため、同種事故の再発を防止するための対策として直接的に有効ではない。

以上より、同種事故の再発防止対策に有効な組合せは、**イ・エ・オ・キ**の「**6**」が正解となる。

6　交通事故防止

1　交通事故防止に関する要点

■ドライブレコーダー

1．ドライブレコーダーは、自動車の運行中、運転者の視点から自車と周辺情報を記録するもので、交通事故や急ブレーキ、急ハンドルなどにより自動車が一定以上の衝撃を受けると、衝突前と衝突後の前後10数秒間の映像などを自動的に保存する装置である。
2．ドライブレコーダーの中には**ヒヤリ・ハット**の直前直後の現場映像だけでなく、運転者のブレーキ操作・停止状況・ハンドル操作・右左折操作などの運転状況を記録し解析診断することで、運転者も気付かない**運転のクセ等**を読み取ることができるものもある。また、GPSと連動したデジタルタコグラフ、ドライブレコーダー等では、GPSによる位置情報や運転者の作業情報などを記録・管理できるものもある。
3．また、あらかじめ登録されている事故多発地点のゾーンに接近すると、車載器の警告灯が点滅したり警報が鳴る等、運転者や乗務員に注意を促すなどのサービスを提供するものもある。
4．近年、自動車事故を未然に防止する有効な手段の一つとして活用が広がっている。

■デジタル式運行記録計

1．デジタル式運行記録計は、自動車の各種の運行データをデジタル化し、ハードディスクなどの電子記録媒体に記録できる装置である。
2．各種の運行データがデジタル化されたことにより、解析作業を素早く、正確に処理することが可能になる。それにより、**適性な運行管理**や**労務管理**、燃費管理等の管理が実施しやすくなる。
3．デジタル式運行記録計の記録図表（24時間記録図表や12分間記録図表）等では、運行毎の最高速度は▼マークで表される。その記録図表等を用いて、最高速度記録の▼マークなどを確認することにより最高速度超過はないか、また、急発進、急減速の有無についても確認し、その記録データを基に運転者に対し安全運転、経済運転の指導を行う。

■衝突被害軽減ブレーキ

1．衝突被害軽減ブレーキは、走行中常にレーダーが前方の状況を監視している。前方に障害物を検知したときや、前方車両への接近や障害物を**感知すると**音声などで**警告が発せられ**、衝突が避けられなくなった時点で自動的にブレーキを掛けて被害の軽減を図るシステムである。

■ふらつき注意喚起装置

1．ふらつき注意喚起装置は、運転者の低覚醒状態や低覚醒状態に起因する挙動を検知し、運転者に注意を喚起するようにする。
2．ただし、ふらつき注意喚起装置は、居眠り運転や脇見運転の防止を可能とする装置ではない。また、検出できない環境や運転操作があるため、走行中すべての状況を網羅したモニター装置ではない。

■車線逸脱警報装置

1．車線逸脱警報装置は、走行車線を認識し、車線から逸脱した場合あるいは逸脱しそうになった場合に、運転者が車線中央に戻す操作をするよう警報が作動する。

■車両安定性制御装置

1．急なハンドル操作や積雪がある路面の走行などを原因とした横転の危険を、警報音などにより運転者に知らせるとともに、エンジン出力やブレーキ力を制御し、軽減させるものである。

■アンチロック・ブレーキシステム（ABS）

1．ABSとは、急ブレーキをかけた時などにタイヤがロック（回転が止まること）するのを防ぐことにより、車両の進行方向の安定性を保ち、また、ハンドル操作で障害物を回避できる可能性を高める装置である。
2．ブレーキ時にABSを効果的に作動させるためには、できるだけ**強くブレーキペダルを踏み続ける**ことが重要となる。
3．ABSの作動は、「ブレーキ・ペダルを強く踏み続ける→タイヤがロックしそうになる→センサが感知しブレーキ力が弱まる→タイヤの回転数が回復する→センサが感知してブレーキ力を最適にする」が素早く繰り返され、タイヤのロックを防ぎながら停止する。この仕組みにより、最適なブレーキ力が得られ、車両の進行方向の安定性が保たれ、また、ハンドル操作も効く。

■ヒヤリ・ハット

1．ヒヤリ・ハットとは、運転者が運転中に他の自動車等と衝突、または接触するおそれがあったと認識することをいう。
2．**ハインリッヒの法則**によると、**1件**の重大災害（死亡・重傷）が発生する背景に、**29件**の軽傷事故と**300件**のヒヤリ・ハットがあるとされている。
3．このヒヤリ・ハットを調査し減少させていくことは、交通事故防止対策に有効な手段となっている。

■適性診断

1．適性診断は、運転者の運転行動や運転態度が安全運転にとって好ましい方向へ変化するように動機付けを行うことにより、運転者自身の安全意識を向上させるためのものである。
2．適性診断はヒューマンエラーによる事故の発生を**未然に防止**するための有効な手段となっている。

■指差呼称

1．指差呼称は危険予知活動の一環として行われており、運転者の錯覚、誤判断、誤操作等を防止するための手段である。
2．具体的には、道路の信号や標識などを指で差し、その対象が持つ名称や状態を声に出して確認することをいう。安全確認に重要な運転者の意識レベルを高めるなど、自動車事故防止対策に**有効な手段**となっている。

■交通安全対策のサイクル（PDCAサイクル）

1．交通事故の防止対策を効率的かつ効果的に講ずるには、事故情報を多角的に分析し、事故実態を把握した上で、可能な限り対策ごとの目標及び計画（Plan）を設定するとともに、その実施（Do）後において効果評価（Check）を行い、必要に応じて改善（Act）していくことも必要である。

■交通事故の発生の背景

1．交通事故の発生の背後には、車両面、走行環境面、あるいは運行管理面などの問題が存在している可能性がある。
2．交通事故の発生を未然に防止するための対策を講ずるには、運転者の人的要因とともに、事故が発生した要因について**様々な角度から情報を収集、分析**する必要がある。また、事故の再発防止対策の検討においては、背後に潜在する危険要因を排除することが重要となる。

2　演習問題

問1　交通事故防止対策に関する次の記述のうち、適切なものをすべて選びなさい。なお、解答にあたっては、各選択肢に記載されている事項以外は考慮しないものとする。

☐　1．交通事故は、そのほとんどが運転者等のヒューマンエラーにより発生するものである。したがって、事故惹起運転者の社内処分及び再教育に特化した対策を講ずることが、交通事故の再発を未然に防止するには最も有効である。そのためには、発生した事故の調査や事故原因の分析よりも、事故惹起運転者及び運行管理者に対する特別講習を確実に受講させる等、ヒューマンエラーの再発防止を中心とした対策に努めるべきである。

2．輸送の安全に関する教育及び研修については、知識を普及させることに重点を置く手法に加えて、問題を解決することに重点を置く手法を取り入れるとともに、グループ討議や「参加体験型」研修等、運転者が参加する手法を取り入れることも交通事故防止対策の有効な手段となっている。

3．アンチロック・ブレーキシステム（ABS）は、急ブレーキをかけた時などにタイヤがロック（回転が止まること）するのを防ぐことにより、車両の進行方向の安定性を保ち、また、ハンドル操作で障害物を回避できる可能性を高める装置である。ABSを効果的に作動させるためには、ポンピングブレーキ（ブレーキを強く踏む、緩めるを繰り返し行う操作）を行うことが重要であり、この点を運転者に指導する必要がある。

4．大型バスは乗用車と比べ、運転者席が高い位置にあるため、視界が良く、前車との車間距離に余裕があるように感じる。そのため、車間距離をつめてもあまり危険に感じない傾向となるので、この点に注意して常に適正な車間距離をとるよう運転者を指導する必要がある。

問2　交通事故防止対策に関する次の記述のうち、適切なものをすべて選びなさい。なお、解答にあたっては、各選択肢に記載されている事項以外は考慮しないものとする。

☐ 1．衝突被害軽減ブレーキは、いかなる走行条件においても前方の車両等に衝突する危険性が生じた場合に確実にレーダー等で検知したうえで自動的にブレーキが作動し、衝突を確実に回避できるものである。当該ブレーキが備えられている自動車に乗務する運転者に対しては、当該ブレーキ装置の故障を検知し表示による警告があった場合の対応を指導する必要がある。

2．アンチロック・ブレーキシステム（ABS）は、急ブレーキをかけた時などにタイヤがロック（回転が止まること）するのを防ぐことにより、車両の進行方向の安定性を保ち、また、ハンドル操作で障害物を回避できる可能性を高める装置である。ABSを効果的に作動させるためには、ポンピングブレーキを行うことが重要であり、この点を運転者に指導する必要がある。

3．自動車のハンドルを切り旋回した場合、左右及び前後輪はそれぞれ別の軌跡を通る。ハンドルを左に切った場合、左側の後輪が左側の前輪の軌跡に対し内側を通ることとなり、この前後輪の軌跡の差を内輪差という。ホイールベースの長い大型車ほどこの内輪差が大きくなる。したがって、このような大型車を運転する運転者に対し、交差点での左折時には、内輪差による歩行者や自転車等との接触、巻き込み事故に注意するよう指導する必要がある。

4．適性診断は、運転者の運転能力、運転態度及び性格等を客観的に把握し、運転の適性を判定することにより、運転に適さない者を運転者として選任しないようにするためのものであり、ヒューマンエラーによる交通事故の発生を未然に防止するための有効な手段となっている。

問3　交通事故防止対策に関する次の記述のうち、適切なものをすべて選びなさい。なお、解答にあたっては、各選択肢に記載されている事項以外は考慮しないものとする。

☑ 1．交通事故は、そのほとんどが運転者等のヒューマンエラーにより発生するものである。したがって、事故惹起運転者の社内処分及び再教育に特化した対策を講ずることが、交通事故の再発を未然に防止するには最も有効である。そのためには、発生した事故の調査や事故原因の分析よりも、事故惹起運転者及び運行管理者に対する特別講習を確実に受講させる等、ヒューマンエラーの再発防止を中心とした対策に努めるべきである。

2．衝突被害軽減ブレーキは、いかなる走行条件においても前方の車両等に衝突する危険性が生じた場合に確実にレーダー等で検知したうえで自動的にブレーキが作動し、衝突を確実に回避できるものである。当該ブレーキが備えられている自動車に乗務する運転者に対しては、当該ブレーキ装置の故障を検知し表示による警告があった場合の対応を指導する必要がある。

3．輸送の安全に関する教育及び研修については、知識を普及させることに重点を置く手法に加えて、問題を解決することに重点を置く手法を取り入れるとともに、グループ討議や「参加体験型」研修等、運転者が参加する手法を取り入れることも交通事故防止対策の有効な手段となっている。

4．指差呼称は、運転者の錯覚、誤判断、誤操作等を防止するための手段であり、道路の信号や標識などを指で差し、その対象が持つ名称や状態を声に出して確認することをいい、安全確認に重要な運転者の意識レベルを高めるなど交通事故防止対策に有効な手段の一つとして活用されている。

問4　交通事故防止対策に関する次の記述のうち、適切なものをすべて選びなさい。なお、解答にあたっては、各選択肢に記載されている事項以外は考慮しないものとする。[R3_CBT]

☑ 1．アンチロック・ブレーキシステム（ABS）は、急ブレーキをかけた時などにタイヤがロック（回転が止まること）するのを防ぐことにより、車両の進行方向の安定性を保ち、また、ハンドル操作で障害物を回避できる可能性を高める装置である。ABSを効果的に作動させるためには、できるだけ強くブレーキペダルを踏み続けることが重要であり、この点を運転者に指導する必要がある。

2．輸送の安全に関する教育及び研修については、知識を普及させることに重点を置く手法に加えて、問題を解決することに重点を置く手法を取り入れるとともに、グループ討議や「参加体験型」研修等、運転者が参加する手法を取り入れることも交通事故防止対策の有効な手段となっている。

3．交通事故は、そのほとんどが運転者等のヒューマンエラーにより発生するものであるが、その背景には、運転操作を誤ったり、交通違反せざるを得なかったりすることに繋がる背景要因が潜んでいることが少なくない。そのため、事故の背景にある運行管理その他の要因の調査・分析をすることが重要である。

4．指差呼称は、運転者の錯覚、誤判断、誤操作等を防止するための手段であり、信号や標識などを指で差し、その対象が持つ名称や状態を声に出して確認することをいうが、安全確認に重要な運転者の意識レベルは、個人差があるため有効な交通事故防止対策の手段となっていない。

問５　交通事故防止対策に関する次の記述のうち、適切なものをすべて選びなさい。なお、解答にあたっては、各選択肢に記載されている事項以外は考慮しないものとする。[R2_CBT]

☐ 1．いわゆるヒヤリ・ハットとは、運転者が運転中に他の自動車等と衝突又は接触するおそれなどがあったと認識した状態をいい、１件の重大な事故（死亡・重傷事故等）が発生する背景には多くのヒヤリ・ハットがあるとされており、このヒヤリ・ハットを調査し減少させていくことは、交通事故防止対策に有効な手段となっている。

2．指差呼称は、運転者の錯覚、誤判断、誤操作等を防止するための手段であり、道路の信号や標識などを指で差し、その対象が持つ名称や状態を声に出して確認することをいい、安全確認に重要な運転者の意識レベルを高めるなど交通事故防止対策に有効な手段の一つとして活用されている。

3．交通事故の防止対策を効率的かつ効果的に講じていくためには、事故情報を多角的に分析し、事故実態を把握したうえで、①計画の策定、②対策の実施、③効果の評価、④対策の見直し及び改善、という一連の交通安全対策のPDCAサイクルを繰り返すことが必要である。

4．適性診断は、運転者の運転能力、運転態度及び性格等を客観的に把握し、運転の適性を判定することにより、運転に適さない者を運転者として選任しないようにするためのものであり、ヒューマンエラーによる交通事故の発生を未然に防止するための有効な手段となっている。

問6　交通事故防止対策に関する次の記述のうち、適切なものには「適」を、適切でないものには「不適」を記入しなさい。なお、解答にあたっては、各選択肢に記載されている事項以外は考慮しないものとする。[R3.3]

☐ 1．交通事故は、そのほとんどが運転者等のヒューマンエラーにより発生するものである。したがって、事故惹起運転者の社内処分及び再教育に特化した対策を講ずることが、交通事故の再発を未然に防止するには最も有効である。そのためには、発生した事故の要因の調査・分析を行うことなく、事故惹起運転者及び運行管理者に対する特別講習を確実に受講させる等、ヒューマンエラーの再発防止を中心とした対策に努めるべきである。

2．ドライブレコーダーは、事故時の映像だけでなく、運転者のブレーキ操作やハンドル操作などの運転状況を記録し、解析することにより運転のクセ等を読み取ることができるものがあり、運行管理者が行う運転者の安全運転の指導に活用されている。

3．いわゆる「ヒヤリ・ハット」とは、運転者が運転中に他の自動車等と衝突又は接触するおそれなどがあったと認識した状態をいい、1件の重大な事故（死亡・重傷事故等）が発生する背景には多くのヒヤリ・ハットがあるとされており、このヒヤリ・ハットを調査し減少させていくことは、交通事故防止対策に有効な手段となっている。

4．適性診断は、運転者の運転能力、運転態度及び性格等を客観的に把握し、運転の適性を判定することにより、運転に適さない者を運転者として選任しないようにするためのものであり、ヒューマンエラーによる交通事故の発生を未然に防止するための有効な手段となっている。

問7　交通事故防止対策に関する次の記述のうち、適切なものには「適」を、適切でないものには「不適」を記入しなさい。なお、解答にあたっては、各選択肢に記載されている事項以外は考慮しないものとする。[R1.8改]

☐ 1．交通事故は、そのほとんどが運転者等のヒューマンエラーにより発生するものである。したがって、事故惹起運転者の社内処分及び再教育に特化した対策を講ずることが、交通事故の再発を未然に防止するには最も有効である。そのためには、発生した事故の調査や事故原因の分析よりも、事故惹起運転者及び運行管理者に対する特別講習を確実に受講させる等、ヒューマンエラーの再発防止を中心とした対策に努めるべきである。

2．ドライブレコーダーは、事故時の映像だけでなく、運転者のブレーキ操作やハンドル操作などの運転状況を記録し、解析することにより運転のクセ等を読み取ることができるものがあり、運行管理者が行う運転者の安全運転の指導に活用されている。

3．いわゆるヒヤリ・ハットとは、運転者が運転中に他の自動車等と衝突又は接触するおそれなどがあったと認識した状態をいい、１件の重大な事故（死亡・重傷事故等）が発生する背景には多くのヒヤリ・ハットがあるとされており、このヒヤリ・ハットを調査し減少させていくことは、交通事故防止対策に有効な手段となっている。

4．令和３年中に発生したハイヤー・タクシーが第１当事者となった人身事故の類型別発生状況をみると、「追突」は「出合い頭衝突」と同程度に多く、全体の約２割を占めている。追突事故を防止するためには、適正な車間距離の確保や前方不注意の危険性等に関する指導を徹底することが重要である。

問８　近年普及の進んできた安全運転支援装置等に関する次の文中、A、B、C、Dに入るべき字句を下の枠内の選択肢（１～６）から選びなさい。

☐

（A）は、走行車線を認識し、車線から逸脱した場合あるいは逸脱しそうになった場合には、運転者が車線中央に戻す操作をするよう警報が作動する装置

（B）は、レーダー等により先行車との距離を常に検出し、追突の危険性が高まったら、まずは警報し、運転者にブレーキ操作を促し、それでもブレーキ操作をせず、追突、若しくは追突の可能性が高いと車両が判断した場合において、システムにより自動的にブレーキをかけ、衝突時の速度を低く抑える装置

（C）は、急なハンドル操作や積雪がある路面の走行などを原因とした横転の危険を、運転者へ警告するとともに、エンジン出力やブレーキ力を制御し、横転の危険を軽減させる装置

（D）は、交通事故やニアミスなどにより急停止等の衝撃を受けると、その前後の映像とともに、加速度等の走行データを記録する装置（常時記録の機器もある。）

1．衝突被害軽減ブレーキ	2．映像記録型ドライブレコーダー
3．ふらつき注意喚起装置	4．車線逸脱警報装置
5．デジタル式運行記録計	6．車両安定性制御装置

◆解答＆解説

問1［解答　2，4］

1．不適：交通事故の再発を未然に防止するためには、**運転者の人的要因**とともに、**事故が発生した要因**について様々な角度から**情報を収集し、調査や事故原因の分析**を行うことが必要である。なお、特別講習は、死亡又は重傷者を生じた事故を惹起した営業所の運行管理者、又は行政処分を受けた営業所の運行管理者が受講の対象である。「交通事故の発生の背景」。

2．「指導及び監督の指針」第1章3（4）。⇒74P

3．不適：ABSを効果的に作動させるためには、ポンピングブレーキではなく、**できるだけ強くブレーキペダルを踏み続ける**ことが重要である。「アンチロック・ブレーキシステム（ABS）」。

4．「大型車の車間距離」。⇒460P

問2［解答　3］

1．不適：衝突被害軽減ブレーキは、レーダー等で検知した前方の車両等に**衝突する危険性が生じた場合**に運転者に**ブレーキ操作を行うよう促し**、さらに衝突する可能性が高くなると自動的にブレーキが作動して**衝突による被害を軽減させるためのもの**である。したがって、運転者には、**確実に危険を回避できるものではなく**、ブレーキの機能等を正しく理解させる必要がある。「衝突被害軽減ブレーキ」。

2．不適：ABSを効果的に作動させるためには、ポンピングブレーキではなく、できるだけ**強くブレーキペダルを踏み続けること**が重要である。「アンチロック・ブレーキシステム（ABS）」。

3．「内輪差」。⇒462P

4．不適：適性診断は、運転者の運転行動や運転態度の長所や短所を診断し、運転のクセ等に応じたアドバイスを提供するためのもので、**運転者を選任する際の判断材料ではない**。「適性診断」。

問3［解答　3，4］

1．不適：交通事故の再発を未然に防止するためには、**運転者の人的要因**とともに、**事故が発生した要因**について様々な角度から**情報を収集し、調査や事故原因の分析**を行うことが必要である。「交通事故の発生の背景」。

2．不適：衝突被害軽減ブレーキは、レーダー等で検知した前方の車両等に**衝突する危険性が生じた場合**に運転者に**ブレーキ操作を行うよう促し**、さらに衝突する可能性が高くなると自動的にブレーキが作動して**衝突による被害を軽減させるためのもの**である。したがって、運転者には、**確実に危険を回避できるものではなく**、ブレーキの機能等を正しく理解させる必要がある。「衝突被害軽減ブレーキ」。

4．指差呼称は、意識レベルを高める効果があり有効な交通事故防止対策の一つである。「指差呼称」。

問4［解答　1,2,3］

1．「アンチロック・ブレーキシステム（ABS）」。

4．不適：指差呼称は、安全確認に重要な運転者の**意識レベルを高める**など、自動車事故防止対策の**有効な手段となっている**。「指差呼称」。

問5［解答　1,2,3］

1．「ヒヤリ・ハット」。

2．「指差呼称」。

3．「交通安全対策のサイクル（PDCAサイクル）」。

4．不適：適性診断は、運転者の運転行動や運転態度の長所や短所を診断し、運転のクセ等に応じたアドバイスを提供するためのもので、**運転者を選任する際の判断材料ではない**。「適性診断」。

問6［解答　適－2,3　不適－1,4］

1．**不適**：交通事故の再発を未然に防止するためには、**運転者の人的要因**とともに、**事故が発生した要因**について様々な角度から**情報を収集し、調査や事故原因の分析**を行うことが必要である。「交通事故の発生の背景」。

2．適：ドライブレコーダーの中には、ヒヤリ・ハットの直前直後の現場映像だけでなく、運転者のブレーキ操作・停止状況・ハンドル操作・右左折操作などの運転状況を記録し解析することで、運転者も気づかない運転のクセ等を読み取ることができるものもあるため、安全運転の指導に活用できる。「ドライブレコーダー」。

3．適：設問は「ヒヤリ・ハット」についての内容であり、「ハインリッヒの法則によると」と書かれていないため、1件の重大災害に対し「多くのヒヤリ・ハット」でも適切となる。「ヒヤリ・ハット」。

4．**不適**：適性診断は、運転者の運転行動や運転態度の長所や短所を診断し、運転のクセ等に応じたアドバイスを提供するためのもので、**運転者を選任する際の判断材料ではない**。「適性診断」。

問7［解答　適－2,3,4　不適－1］

1．**不適**：交通事故の再発を未然に防止するためには、**運転者の人的要因**とともに、**事故が発生した要因**について様々な角度から**情報を収集し、調査や事故原因の分析**を行うことが必要である。「交通事故の発生の背景」。

4．適：令和3年中に発生したタクシーによる人身事故7,121件のうち、出合い頭衝突が1,421件（19.9%）、次いで追突事故が1,279件（17.9%）であった。追突事故及び出合い頭衝突はそれぞれ全体の約2割を占めている。［参照：交通事故統計（令和3年版）］

問8［解答　A－4，B－1，C－6，D－2］

A．車線逸脱警報装置

B．衝突被害軽減ブレーキ

C．車両安定性制御装置

D．映像記録型ドライブレコーダー

7　視覚と視野と夜間等の運転

1　視覚と視野と夜間等の運転に関する要点

■反応時間

1．運転者が目などから危険を認知し、ブレーキを踏み込んで実際にブレーキが効き始めるまでの時間を反応時間という。
2．反応時間は個人差があるものの、約1秒である。
3．反応時間は更に、反射時間、踏み替え時間及び踏み込み時間に区分される。

■明順応と暗順応

1．明順応は、暗所から急に明所に出たとき最初はまぶしさを感じるが、時間とともに慣れて正常に見えるようになる現象をいう。
2．一方、暗順応は、明所から急に暗所に入るとき最初は見えなかったものが、時間の経過とともに見えるようになる現象をいう。
3．明順応と暗順応に要する時間を比べると、暗順応の方がより長い時間を要する。したがって、暗いトンネルに入るときの方が、トンネルから出るときより、より注意が必要となる。

■大型車の車間距離

1．**大型車**は乗用車と比べ、運転者席が高い位置にあるため、視界が良く、前車との**車間距離に余裕があるように感じる**。これに対し**乗用車**の場合は、車間距離にあまり**余裕が感じられない**。

■四輪車から見た二輪車

1．一般的に二輪車は四輪車に比べて動きが早く車体も小さいため、四輪車の運転者からは見えにくく、また、**速度が**実際より**遅く**感じたり、**距離が遠く**感じるという遠近感と速度感覚がずれやすい危険性がある。
2．四輪車の後方は死角も多く、バックミラー等の限られた視認手段に頼らざるを得ないので、後方から追い抜きをかけようとする二輪車に気付きにくいという傾向がある。このため、追い抜こうとする二輪車に気付かず車線変更や右左折を開始して、二輪車を巻き込む事故が起こる。

■死　角

1．バス車両は死角が大きいことから、直前、側方、後方など見えない部分に配慮した運転が必要である。

左側後方の死角が大きく、特に、左側方から左後方にかけてはミラーに写る範囲以外はほとんど死角となっている。どこが見えないかを確認し、補助ミラーの活用、目視などにより、安全を確認することが必要である。
後方はほとんど死角となって見えないバス車両もあり、後退時の事故の要因となっているため、車掌が乗務している場合は必ず誘導させ、ワンマンの場合は、一旦下車して後方の安全を確認することが必要である。
バス車両は、**車両の直前**にも死角があり、子ども、高齢者、降車した乗客などが通行しているのを見落とすことがある。発車時にはアンダーミラーによる車両直前の確認等、基本動作を励行するため、指差し呼称及び安全呼称を行うことが必要であり、車両直前の視界を広くするため、シートの座面高を高くする。

■スピードの特性

1．バスは、車体が大きく重量があるなどの特徴があることから、スピードの出しすぎによる影響は大きく、衝撃力や遠心力が大きくなるため、乗客の安全を確保できず、重大事故の危険性は非常に高くなる。

2．バスは、車体重量が重いため、カーブでは遠心力が強く働き、横転やオーバーハングによる尻ふりの危険性が高くなる。制動距離はスピードに比例して長くなるが、車体重量が重いバスは、**停止距離が長く**なり、追突の危険性が高くなる。

3．このため、バスは乗客の安全を確保するための速度で走っていることから、周りの車の流れに合わせてスピードを出す必要はなく、状況に応じた**安全な速度**、**十分な車間距離を保つ**ことが重要である。

■夜間等の運転

1．夜間、見通しの悪い交差点やカーブなどの手前では、前照灯を上下に切り替えるか点滅させて、他の自動車や歩行者等に自分の自動車が交差点に近づいていることを知らせる。

2．夜間の走行中、自分の車と対向車のライトで、道路の中央付近の歩行者が見えにくくなること（**蒸発現象**）があるため、十分な注意が必要である。

3．霧が発生しているときは、霧灯があるときは霧灯を、霧灯がないときは早めに前照灯を点灯し、センターラインやガードレール、前の自動車の尾灯を目安にして、慎重な運転をする。前照灯の光は霧で乱反射して見通しが悪くなるため、下向きにして運転する。

■内輪差

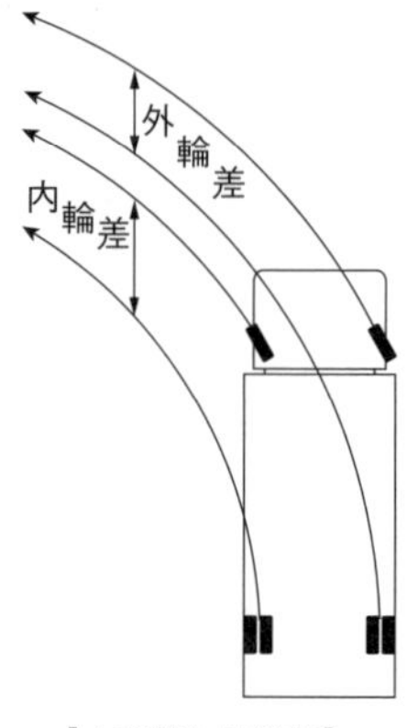

【内輪差と外輪差】

1．自動車のハンドルを切り旋回した場合、左右及び前後輪はおのおの別の軌跡を通る。
2．ハンドルを左に切った場合、左側の後輪が左側の前輪の軌跡に対し内側を通ることとなり、この**前後輪の軌跡の差**を内輪差という。
3．ホイールベースの長い大型車ほど、この内輪差が大きくなる。したがって、このような大型車を運転する場合は、交差点での左折時には、内輪差による歩行者や自転車等との接触、巻き込み事故に注意する。

2　演習問題

問1　自動車の運転に関する次の記述のうち、適切なものには「適」を、適切でないものには「不適」を記入しなさい。なお、解答にあたっては、各選択肢に記載されている事項以外は考慮しないものとする。

☐ 1．四輪車を運転する場合、二輪車との衝突事故を防止するための注意点として、①二輪車は死角に入りやすいため、その存在に気づきにくく、また、②二輪車は速度が実際より速く感じたり、距離が近くに見えたりする特性がある。したがって、運転者に対してこのような点に注意するよう指導する必要がある。

2．前方の自動車を大型車と乗用車から同じ距離で見た場合、それぞれの視界や見え方が異なり、大型車の場合には運転席が高いため、車間距離をつめてもあまり危険に感じない傾向となるので、この点に注意して常に適正な車間距離をとるよう運転者を指導する必要がある。

3．夜間等の運転において、①見えにくい時間帯に自車の存在を知らせるため早めの前照灯の点灯、②より広範囲を照射する走行用前照灯（ハイビーム）の積極的な活用、③他の道路利用者をげん惑させないよう適切なすれ違い用前照灯（ロービーム）への切替えの励行、を運転者に対し指導する必要がある。

4．衝突被害軽減ブレーキについては、同装置が正常に作動していても、走行時の周囲の環境によっては障害物を正しく認識できないことや、衝突を回避できないことがあるため、当該装置が備えられている自動車の運転者に対し、当該装置を過信せず、細心の注意をはらって運転するよう指導する必要がある。

問２　自動車の運転に関する次の記述のうち、適切なものを２つ選びなさい。なお、解答にあたっては、各選択肢に記載されている事項以外は考慮しないものとする。

☐ 1．急なハンドル操作や積雪がある路面の走行などを原因とした横転の危険を、運転者へ警告するとともに、エンジン出力やブレーキ力を制御し、横転の危険を軽減させる装置を車両安定制御装置という。

2．令和３年中の自動車乗車中の状況をみると、シートベルト非着用時の致死率は、着用時の致死率の17倍となっている。他方、自動車乗車中死者のシートベルト非着用者の割合は、全体の約40％を占めていることから、シートベルトの確実な着用は死亡事故防止の有効な手段となっている。

3．自動車の夜間の走行時において、自車のライトと対向車のライトで、お互いの光が反射し合い、その間にいる歩行者や自転車が見えなくなることをクリープ現象という。

4．自動車がカーブを走行するときに働く遠心力は、速度の２乗に比例する。そのため、自動車の重量及びカーブの半径が同一の場合には、速度が２倍になると遠心力の大きさは２倍になる。

問３　自動車の運転に関する次の記述のうち、適切なものをすべて選びなさい。なお、解答にあたっては、各選択肢に記載されている事項以外は考慮しないものとする。

［R2_CBT］

☐ 1．運転中の車外への脇見だけでなく、車内にあるカーナビ等の画像表示用装置を注視したり、スマートフォン等を使用することによって追突事故等の危険性が増加することについて、日頃から運転者に対して指導する必要がある。

2．自動車がカーブを走行するとき、自動車の重量及びカーブの半径が同一の場合には、速度が２倍になると遠心力の大きさも２倍になることから、カーブを走行する場合の横転などの危険性について運転者に対し指導する必要がある。

3．自動車の夜間の走行時においては、自車のライトと対向車のライトで、お互いの光が反射し合い、その間にいる歩行者や自転車が見えなくなることがあり、これを蒸発現象という。蒸発現象は暗い道路で特に起こりやすいので、夜間の走行の際には十分注意するよう運転者に対し指導する必要がある。

4．四輪車を運転する場合、二輪車との衝突事故を防止するための注意点として、①二輪車は死角に入りやすいため、その存在に気づきにくく、また、②二輪車は速度が実際より遅く感じたり、距離が実際より遠くに見えたりする特性がある。したがって、運転者に対してこのような点に注意するよう指導する必要がある。

問4　自動車の運転に関する次の記述のうち、適切なものには「適」を、適切でないものには「不適」を記入しなさい。なお、解答にあたっては、各選択肢に記載されている事項以外は考慮しないものとする。[R2. 8]

□ 1．四輪車を運転する場合、二輪車との衝突事故を防止するための注意点として、①二輪車は死角に入りやすいため、その存在に気づきにくく、また、②二輪車は速度が実際より速く感じたり、距離が近くに見えたりする特性がある。したがって、運転者に対してこのような点に注意するよう指導する必要がある。

2．アンチロック・ブレーキシステム（ABS）は、急ブレーキをかけた時などにタイヤがロック（回転が止まること）するのを防ぐことにより、車両の進行方向の安定性を保ち、また、ハンドル操作で障害物を回避できる可能性を高める装置である。ABSを効果的に作動させるためには、できるだけ強くブレーキペダルを踏み続けることが重要であり、この点を運転者に指導する必要がある。

3．バス車両は、車両の直前に死角があり、子ども、高齢者、降車した乗客などが通行しているのを見落とすことがある。このため、発車時には目視及びアンダーミラーによる車両直前の確認等の基本動作を確実に行うため、運転者に対し、指差し呼称及び安全呼称を励行することを指導する必要がある。

4．車両の重量が重い自動車は、スピードを出すことにより、カーブでの遠心力が大きくなるため横転などの危険性が高くなり、また、制動距離が長くなるため追突の危険性も高くなる。このため、法定速度を遵守し、十分な車間距離を保つことを運転者に指導する必要がある。

◆解答＆解説

問１［解答　適－２，３，４　不適－１］

1．**不適**：四輪車を運転する場合、二輪車は速度が実際より**遅く**感じたり、距離が**遠く**に見えたりするため注意をするよう指導する必要がある。「四輪車から見た二輪車」。

2．適：大型車の方が運転席が高い位置にあり、遠くまで見通せることにより視界が広く車間距離に余裕があるように感じ、乗用車は車間距離にあまり余裕がないように感じるため、適正な車間距離をとるように指導しているので適切である。「大型車の車間距離」。

3．適：夜間は昼間に比べ視覚機能が低下し、周囲が暗くなるほど色が見分けにくくなるため、早めの前照灯の点灯、遠くまでの視野を確保するためのハイビームの活用及びロービームへの切替えの励行は適切な指導となる。「夜間等の運転」。

4．適：衝突被害軽減ブレーキは、あくまでも衝突による被害を軽減させるためのものであり、障害物を正しく認識できない、衝突を回避できないことがあるなど、運転者に対し、衝突被害軽減ブレーキを過信しないよう指導しているため適切である。「衝突被害軽減ブレーキ」。⇒450P

問２［解答　１，２］

2．「参考：内閣府 交通安全白書」。

3．不適：「クリープ現象」⇒「**蒸発現象**」。

4．不適：自動車の重量及びカーブの半径が同一の場合には、速度が２倍になると遠心力は**４倍**となる。「自動車に働く力」。⇒466P

問３［解答　１，３，４］

2．不適：自動車の重量及びカーブの半径が同一の場合には、速度が２倍になると遠心力は**４倍**となる。「自動車に働く力」。⇒466P

問４［解答　適－２，３，４　不適－１］

1．**不適**：四輪車を運転する場合、二輪車は速度が実際より**遅く**感じたり、距離が**遠く**に見えたりするため注意をするよう指導する必要がある。「四輪車から見た二輪車」。

2．適：「アンチロック・ブレーキシステム（ABS）」。⇒450P

3．適：バス車両は死角が大きいことから、車両の直前の確認等は確実に行う指導は適切である。「死角」。

4．適：スピードの特性をふまえ、法定速度を遵守させ、十分な車間距離を保つように指導しているので適切である。「スピードの特性」。

8　走行時に働く力と諸現象

1　走行時に働く力と諸現象に関する要点

■自動車に働く力

慣性力	物体の慣性※1によって生じる力。物体の運動エネルギーの大きさに応じて大きくなる。
遠心力	円運動をする物体に働く円の外側に向かう力のことで、自動車では、主にカーブするときに発生する。遠心力の大きさは、物体の重量や速度、カーブの大きさによって決まる。 ▪物体の重量が重いほど大きくなる。(➡ 重量に比例して大きくなる) ▪速度が速いほど加速度的に大きくなる。(➡ **速度の２乗に比例する**) ▪**カーブの半径が小さくなるほど大きくなる**。 (➡ カーブの半径が1/2になると遠心力は２倍になる※2)
衝撃力	衝突によって生じる力で、慣性力の一種。物体の重量や速度、力が作用する時間によって決まる。 ▪物体が重いほど大きくなる。(➡ **重量に比例して大きくなる**) ▪速度が速いほど加速度的に大きくなる。(➡ **速度の２乗に比例する**) ▪衝撃の作用する時間が短いほど大きくなる。

※1：止まっているものは止まっていようとし、動いているものは動き続けようとする性質。
※2：重量と速度が同じ場合。

■追い越しに必要な距離

1．自動車で走行中に前の自動車を追い越そうとするときは、前車の走行速度に応じた追い越し距離、追い越し時間が必要となる。
2．前の自動車と追越しをする自動車の**速度差が小さい場合**には、追越しに**長い時間と距離**が必要となる。

■シートベルトの必要性

1．走行している自動車が衝突した場合、自動車は停止しても、自動車の乗員は慣性の法則によって前へ進もうとして前のめりになる。
2．このとき、加えられた力を、乗車中の人間が両手で支えることのできる重量は50kg程度、両足でも100kg程度、両手両足を使っても体重の約２～３倍程度が限界といわれている。これは自動車が**時速７km**程度で衝突したときの力に相当する。

3．したがって、時速7kmを超える速度で衝突した場合、両手両足では支えきれずにフロントガラスなどに衝突してしまうため、シートベルトを着用してこの力を支えなければならない。

■ウェットスキッド現象

1．この現象は、**雨の降りはじめ**に、タイヤと路面の間に滑りが生じて自動車の方向が急激に変わったり、流されたり、またはスリップしたりすることをいう。
2．ウェットスキッド現象を防ぐには両手でハンドルを押さえてエンジン・ブレーキで静かに速度の落ちるのを待ち、タイヤの回転摩擦を回復する。
3．ウェット（wet）は「濡れた〜」、スキッド（skid）は「（自動車などの）滑り」の意味で、日本語のスリップにあたる。

■ハイドロプレーニング現象

1．この現象は、路面が水でおおわれているときに高速で走行したとき、タイヤが水上スキーのように**水の膜**の上を滑走することをいう。
2．ハイドロプレーニング現象を防ぐには、スピードを抑えるとともに、タイヤの空気圧を高めにしておく。

【ハイドロプレーニング】

3．ハイドロ（hydro）は「水の〜」の意の連結形、プレーニング（planing）は「板張り」の意味。

■フェード現象

1．この現象は、フット・ブレーキの使いすぎで、ブレーキ・ドラムやブレーキ・ライニングが摩擦のため過熱することにより、ドラムとライニングの間の**摩擦力が減り**、ブレーキの効きが悪くなることをいう。
2．フェード現象を防ぐには、急な下り坂や長い下り坂などでは、エンジン・ブレーキを使うようにする。
3．フェード（fade）は「衰える」の意味。

■ベーパー・ロック現象

1．この現象は、フットブレーキの使いすぎによりドラムとライニングが過熱し、その熱のため**ブレーキ液**の中に**気泡**が生じ、ブレーキの効きが悪くなる現象をいう。管内やホース内の圧力が正しく伝わらないことで生じる。
2．ベーパー（vapor）は「蒸気」、lockは「動けなくする」の意味。

■スタンディングウェーブ現象

1．この現象は、タイヤの空気圧不足で高速走行したとき、タイヤの接地部後方に**波打ち現象**が生じ、セパレーション（剥離）やコード切れが発生することをいう。

2．スタンディングウェーブ現象を防ぐには、高速走行するときには、予め空気圧を標準よりやや高めにしておく。

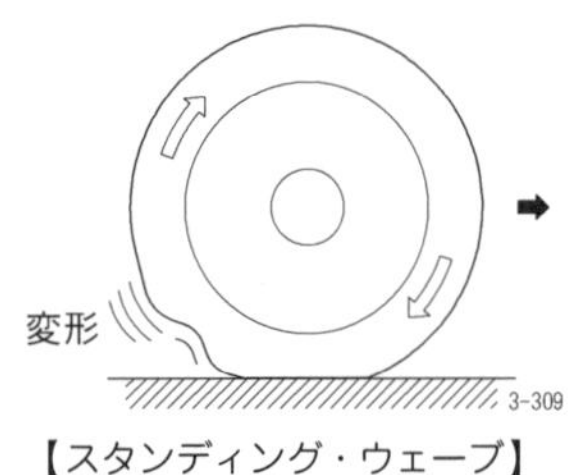

【スタンディング・ウェーブ】

3．スタンディング（standing）は「（機械が）止まった～」、ウェーブ（wave）は「波」の意味。

2　演習問題

問1　自動車の走行時に生じる諸現象とその主な対策に関する次の文中、A、B、C、Dに入るべき字句としていずれか正しいものを1つ選びなさい。

☐ ア．（A）とは、自動車の夜間の走行時において、自車のライトと対向車のライトで、お互いの光が反射し合い、その間にいる歩行者や自転車が見えなくなることをいう。この状況は暗い道路で特に起こりやすいので、夜間の走行の際には十分注意するよう運転者に対し指導する必要がある。

1．クリープ現象　　2．蒸発現象

イ．重量と速度が同じ場合、カーブの半径が（B）になると遠心力は2倍になる。

1．1/2　　2．1/4

ウ．乗車中の人間が両手両足で支えることのできる重量は、体重の約2～3倍程度といわれている。これは自動車が時速（C）km程度で衝突したときの力に相当する。

1．7　　2．15

エ．（D）とは、路面が水でおおわれているときに高速で走行するとタイヤの排水作用が悪くなり、水上を滑走する状態になって操縦不能になることをいう。これを防ぐため、日頃よりスピードを抑えた走行に努めるべきことや、タイヤの空気圧及び溝の深さが適当であることを日常点検で確認することの重要性を、運転者に対し指導する必要がある。

1．ハイドロプレーニング現象　　2．ウェットスキッド現象問２　自動車の運転に関する次の記述のA、B、C、Dに入るべき字句としていずれか正しいものを１つ選びなさい。[R3_CBT]

1．急なハンドル操作や積雪がある路面の走行などを原因とした横転の危険を、運転者へ警告するとともに、エンジン出力やブレーキ力を制御し、横転の危険を軽減させる装置を（A）という。

2．自動車がカーブを走行するとき、自動車の重量及び速度が同一の場合には、カーブの半径が２倍になると遠心力の大きさは（B）になる。

3．長い下り坂などでフット・ブレーキを使い過ぎるとブレーキ・ドラムやブレーキ・ライニングなどが摩擦のため過熱することによりドラムとライニングの間の摩擦力が減り、制動力が低下することを（C）という。

4．路面が水でおおわれているときに高速で走行するとタイヤの排水作用が悪くなり、水上を滑走する状態になって操縦不能になることを（D）という。

☐ A　①車線維持支援制御装置　②車両安定性制御装置
B　①４分の１　②２分の１
C　①ベーパー・ロック現象　②フェード現象
D　①ハイドロプレーニング現象　②ウェット・スキッド現象

問３　自動車の運転の際に車に働く自然の力等に関する次の文中、A、B、Cに入るべき字句としていずれか正しいものを１つ選びなさい。[R3.3]

1．同一速度で走行する場合、カーブの半径が（A）ほど遠心力は大きくなる。

2．まがり角やカーブでハンドルを切った場合、自動車の速度が２倍になると遠心力は（B）になる。

3．自動車が衝突するときの衝撃力は、車両総重量が２倍になると（C）になる。

☐ A　①小さい　②大きい
B　①２倍　②４倍
C　①２倍　②４倍

◆解答

問１［解答　A－2，B－1，C－1，D－1］

問２［解答　A－②，B－②，C－②，D－①］

問３［解答　A－①，B－②，C－①］

9　自動車に関する計算問題

1　計算問題の要点

■約　分

1．試験会場では電卓が使えないため、紙の上で計算しなくてはならない。この際に役に立つのが、「約分」である。

$$\frac{123 \times 13}{65}$$

この場合、123×13＝1599　⇒　1599÷65　でも計算できるが、計算が難しくなり、同時に間違いやすくもなる。

2．そこで、次のように約分する。65＝13×５であることから、13で約分する。

$$\frac{123 \times 13}{65} = \frac{123 \times 13}{13 \times 5} = \frac{123}{5}$$

１回だけの簡単なわり算で計算が完了する。

■時速⇒秒速への変換

1．試験では、「時速○○km/h」と「走行距離◇◇m」という設定がよく出てくる。この場合、単位が異なるため、どちらかに合わせなければならない。一般に「メートル」の方に合わせるので、「km/h」を「m/s」に変換しなくてはならない。例えば、100km/hは次のようになる。１時間 ⇒ 60分×60秒＝3600秒とする。

$$100\ \text{km/h} = \frac{100 \times 1000\text{m}}{1\text{時間}} = \frac{100 \times 1000\text{m}}{3600\text{秒}} = \frac{1000}{36}\ \text{m/s}$$

■分⇔時間への変換

1．同じように、「分」を「時間」に変換しなければならないケースがよく出てくる。60分⇒１時間であることから、例えば、10分⇒（10／60）時間＝（1／6）時間となる。また、20分⇒（20／60）時間＝（1／3）時間となる。

2．逆に、「時間」を「分」に変換しなければならないケースもある。0.1時間＝0.1×60分＝６分。また、（1／3）時間＝（1／3）×60分＝（60／3）分＝20分。

■停止距離

1．**空走距離**とは、運転者が危険認知からその状況を判断し、ブレーキを操作するという動作に至る間に自動車が走り続けた距離をいう。

2．また、**制動距離**とは、ブレーキが実際に効き始めてから止まりきるまでに走行した距離をいう。

3．停止距離は、危険認知から自動車が止まりきるまでの総走行距離で、**空走距離と制動距離の和**となる。

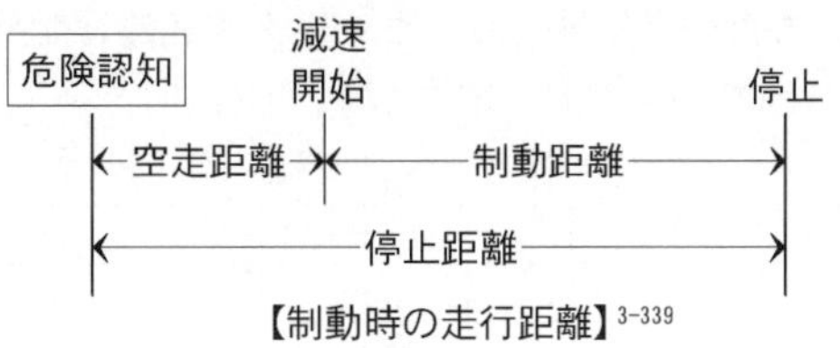

【制動時の走行距離】3-339

4．自動車を運転するとき、他の自動車に追従して走行するときは、常に「秒」の意識をもって**速度と停止距離**に留意し、危険が発生した場合でも**安全に停止できるような速度又は車間距離**を保って運転する必要がある。

2　演習問題

問1　高速自動車国道において、A自動車（貸切バス）が前方のB自動車とともにほぼ同じ速度で50メートルの車間距離を保ちながらB自動車に追従して走行していたところ、突然、前方のB自動車が急ブレーキをかけたのを認め、A自動車も直ちに急ブレーキをかけ、A自動車、B自動車とも停止した。A自動車、B自動車とも安全を確認した後、走行を開始した。この運行に関する次のア～ウについて解答しなさい。

なお、下図は、A自動車に備えられたデジタル式運行記録計で上記運行に関して記録された6分間記録図表の一部を示す。［R2. 8］

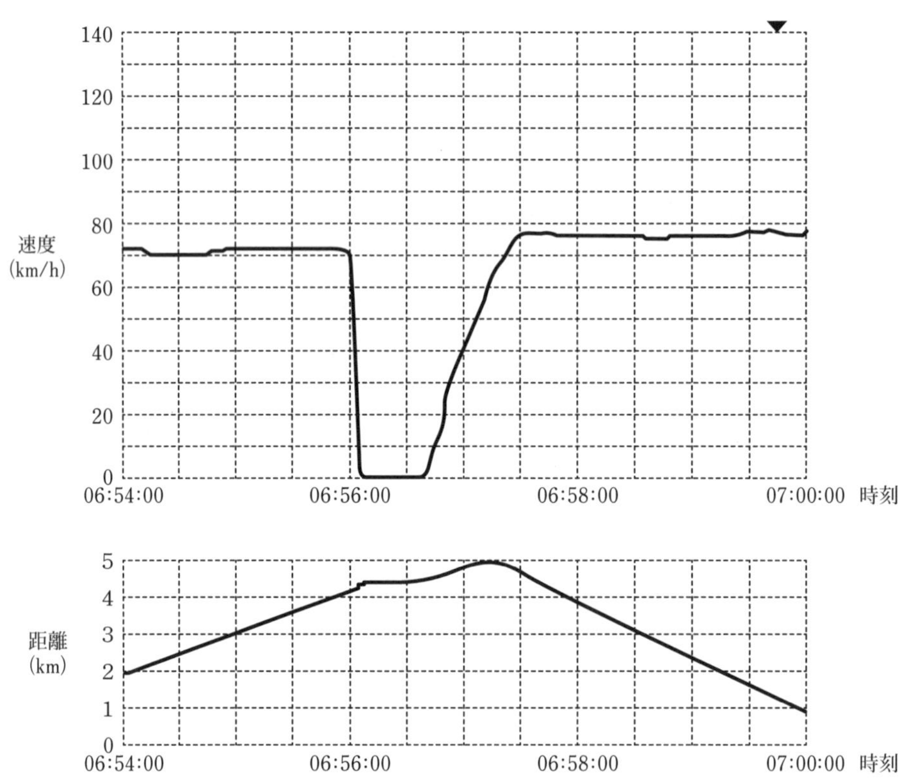

☐ ア　左の記録図表からＡ自動車の急ブレーキを操作する直前の速度を読み取ったうえで、当該速度における空走距離（危険認知から、その状況を判断してブレーキを操作するという動作に至る間（空走時間）に自動車が走行した距離）を求めるとおよそ何メートルか。次の①～②の中から正しいものを１つ選びなさい。なお、この場合の空走時間は１秒間とする。

① 15メートル　　② 20メートル

イ　Ａ自動車の急ブレーキを操作する直前の速度における制動距離（ブレーキが実際に効き始めてから止まるまでに走行した距離）を40メートルとした場合、Ａ自動車が危険を認知してから停止するまでに走行した距離は、およそ何メートルか。次の①～②の中から正しいものを１つ選びなさい。なお、この場合の空走時間は１秒間とする。

① 55メートル　　② 60メートル

ウ　Ｂ自動車が急ブレーキをかけＡ自動車、Ｂ自動車とも停止した際の、Ａ自動車とＢ自動車の車間距離は、およそ何メートルか。次の①～②の中から正しいものを１つ選びなさい。なお、この場合において、Ａ自動車の制動距離及び空走時間は上記イに示すとおりであり、また、Ｂ自動車の制動距離は35メートルとする。

① 25メートル　　② 30メートル

問2　自動車の追い越しに関する次の文中、A及びBに入るべき字句を下の枠内の選択肢（1～6）から1つ選びなさい。

☐　1．高速自動車国道を車両の長さ10メートルのバスが時速80キロメートルで走行中、下図のとおり、時速70キロメートルで前方を走行中の車両の長さが10メートルのトラックを追い越すために要する走行距離は（A）必要となる。なお、この場合の「追越」とは、バスが前走するトラックの後方90メートル（ア）の位置から始まり、トラックを追い越してトラックとの車間距離が90メートル（イ）の位置に達するまでのすべての行程をいう。

2．「1」の場合において追い越しに要する時間は、（B）である。なお、解答として求めた数値に1未満の端数がある場合には、小数点第一位以下を四捨五入すること。

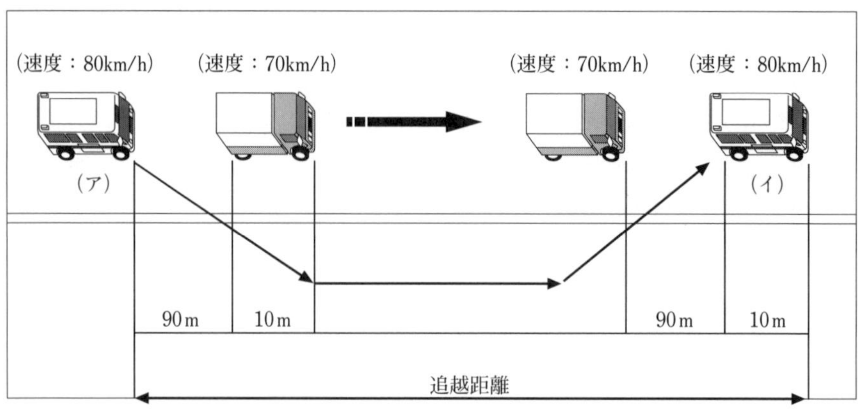

（注1）　追越車両の左右の移動量は、考慮しないものとする。
（注2）　各々の車両は、一定速度で走行しているものとする。

1．1,440メートル	2．1,520メートル	3．1,600メートル
4．72秒	5．68秒	6．65秒

◆解答＆解説

問１［解答　ア－②，イ－②，ウ－①］

ア．６分間記録図表から、「6:56:00」直後に速度のグラフが０になっているため、この時に急ブレーキをかけた事が分かる。この時の速度を読み取ると、70km/h付近である。よって、空走時間が１秒であることから、70km/hで走行中の自動車が１秒間に走行する距離を求めるため、時速を秒速に変換する。１kmは1000m、１時間は3600秒（s）である。

$$70\text{km/h} = \frac{70 \times 1000\text{m}}{3600\text{s}} = \frac{700\text{m}}{36\text{s}} = 19.4\cdots\text{m/s} \quad \Rightarrow 19.4\text{m}$$

　したがって、Ａ自動車の空走距離はおよそ**20m**となる。

イ．危険を認知してから停止するまでに走行した距離を停止距離といい、空走距離と制動距離の和から求める。

　　停止距離＝空走距離＋制動距離

　アで求めた空走距離は20mであるため、Ａ自動車が危険を認知してから停止するまでに走行した距離は、20m＋40m＝**60m**となる。

ウ．Ａ自動車とＢ自動車のそれぞれの停止距離を確認する。Ａ自動車の停止距離はイより、60m。Ｂ自動車は危険を認識後、ブレーキ・ペダルを踏み込む。この時点からＢ自動車は制動距離35mを走行して停止する。

　Ａ自動車とＢ自動車の車間距離は50mであるため、Ｂ自動車はＡ自動車の50m先から35m移動して停止する。一方、Ａ自動車は60m移動して停止する。したがって、停止時のＡ自動車とＢ自動車の車間距離は（50m＋35m）－60m＝**25m**となる。

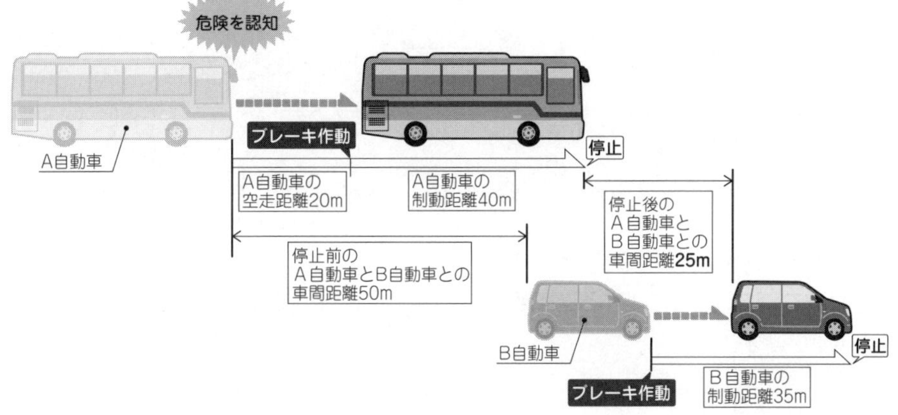

問２［解答　Ａ－３，Ｂ－４］

考えやすくするため、時速80km と時速70kmを秒速に変換する。

$$◎バス：80km/h = \frac{80 \times 1000m}{3600s} = \frac{800}{36} m/s$$

$$◎トラック：70km/h = \frac{70 \times 1000m}{3600s} = \frac{700}{36} m/s$$

１秒間あたりバスはトラックに、(800／36) m－(700／36) m＝(100／36) mずつ近づき、追い越していることになる。

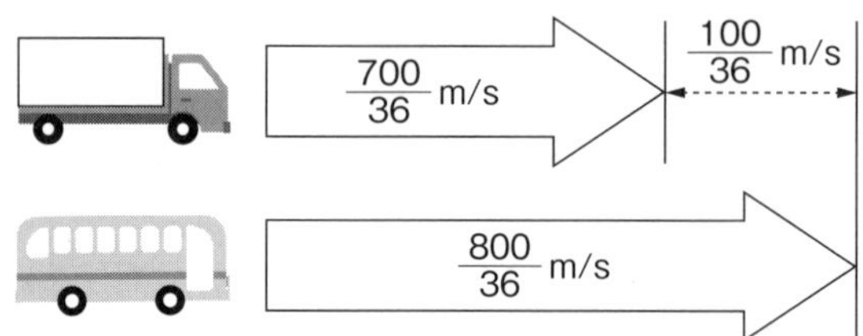

バスが追い越しを開始してトラックの前方90mに達するまで、両車の走行距離差は、90m＋10m＋90m＋10m＝200m となる。

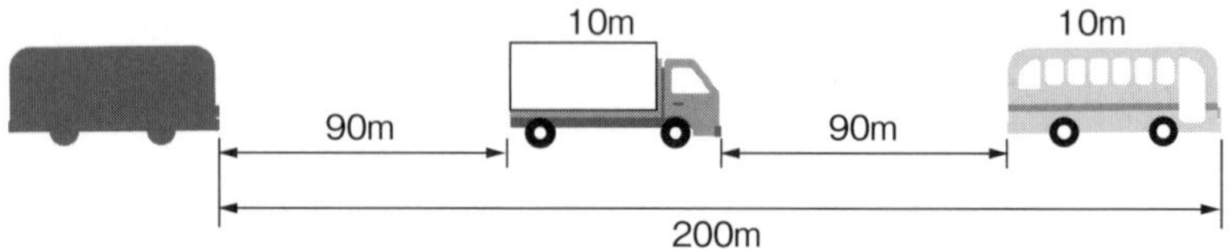

追い越しに要する時間をＴ秒とすると、次の等式が成り立つ。

$$T = \frac{両車の走行距離差}{両車の速度差} = \frac{200m}{\frac{100}{36} m/s} = \frac{200 \times 36}{100} = \underline{\mathbf{72秒}}$$

バスが追い越しを完了するまでの走行距離は次のとおりとなる。

$$走行距離 = \frac{800}{36} m/s \times 72秒 = \underline{\mathbf{1600m}}$$

したがって、追い越しに要する走行距離は「**1600m**」、追い越しに要する時間は、「**72秒**」となる。

覚えておこう －実務上の知識及び能力編－

◆運転者の健康管理

定期健康診断

- **1年以内毎**に1回（ただし、**深夜業務**に常時従事する者は**6ヵ月毎**に1回）
- 運転者が自ら受けた健康診断でも、法令で必要な定期健康診断の項目を充足している場合は、法定健診として代用できる

脳血管疾患

- 定期健康診断では**容易に発見できない**

睡眠時無呼吸症候群（SAS）

- 本人に**自覚がない**ことが**多い**
- 狭心症、心筋梗塞等の**合併症を引き起こす**おそれがある

⇒**スクリーニング検査**等を行い、早期治療を受けさせる

アルコール依存症

- 回復しても**再び依存症に陥るケースが多い**

⇒飲酒に関する指導を行う

◆交通事故等緊急時の措置

交通事故を起こした場合

①事故の続発防止のため、安全な場所に**自動車を止め、エンジンを切る**
②負傷者等がいる場合、救急車の出動要請をし、救急車の**到着まで応急処置**を行う
③警察署に**事故発生の報告**をし、**指示**を受ける
④報告した警察官から事故現場を離れないよう指示があった場合は、事故現場を**離れてはならない**

事故等で事業用自動車の運行を中断した場合

事業者は自動車に乗車している旅客のために下記の事項に関して**適切な処置**を行う
①旅客の運送を継続すること
②旅客を出発地点まで送還すること
③上記①②の他、旅客を保護すること

異常気象が起こった場合

事業者は天災その他の理由により輸送の安全の確保に支障が生ずるおそれがあるときは、自動車の**乗務員に対する必要な指示**を行い、その他輸送の安全のための**措置**を講じなければならない

踏切内で自動車が故障し動かなくなった場合
①**直ちに**列車の運転士などに**知らせ**、自動車を踏切の外に移動することに**努める** ②運転士に知らせる方法 ◎警報機が備えられている踏切…**踏切支障報知装置（踏切非常ボタン）**を活用する ◎踏切支障報知装置が備えられていない踏切…**非常信号用具等**を使用して、踏切内に自動車があることを知らせる

◆交通事故防止

ドライブレコーダー	交通事故などにより自動車が一定以上の衝撃を受けると、衝突前と後の**前後10秒**ほどの映像を**自動的に保存**する装置。
デジタル式運行記録計	瞬間速度、運行距離、運行時間に加え、急発進、急ブレーキなどの広範な**運行データをデジタル化**してハードディスクなどに**記録**できる。各種運行データのデジタル化により、解析作業が素早く、正確に処理されるため、運行管理、燃費管理、**労務管理等**の効率化にも有効。
適性診断	運転者の安全意識を向上させ、**ヒューマンエラー**（人的要因）による事故の発生を未然に**防止**するための手段である。
衝突被害軽減ブレーキ	走行中常にレーダーが前方の状況を監視し、前方に障害物を検知したときや、前方車両への接近や障害物を感知すると音声などで警告が発せられ、衝突が避けられなくなった時点で**自動的にブレーキを掛けて被害の軽減を図る**。ただし、衝突を確実に回避できるものではない。
車線逸脱警報装置	走行車線を認識し、車線から逸脱した場合あるいは逸脱しそうになった場合には、運転者が**車線中央に戻す操作をするよう警報が作動する**。
車両安定性制御装置	**横転の危険**を、警報音などにより運転者に知らせるとともに、エンジン出力やブレーキ力を制御し、**軽減させる**。
ABS（アンチロック・ブレーキシステム）	急ブレーキをかけた時などにタイヤがロックするのを防ぐことで、車両の進行方向の安定性を保ち、ハンドル操作で障害物を回避できる可能性を高める装置。
指差呼称	道路の信号や標識などを指で差し、その対象が持つ名称や状態を**声に出して確認すること**をいう。安全確認のために重要な運転者の意識レベルを高めるなど交通事故防止対策の有効な手段の一つとして活用する。

◆視覚と視野と夜間等の運転

視野の範囲	自動車の速度が速くなるほど遠くを注視するため、**近くが見えにくくなる。**
運転席の高さ、視野※	**大型車の場合**は車間距離に**余裕がある**ように感じる。 **乗用車の場合**は大型車の場合と反対に**余裕がない**ように感じる。
四輪車から見た二輪車	二輪車は、実際の速度より**遅く**感じたり、距離が実際より**遠く**見えたりする。
内輪差	ホイールベースの長い**大型車ほど内輪差が大きい**ので、左折時には自転車等との事故に注意する。

※前方の自動車を大型車と乗用車から同じ距離でみた場合。

◆走行時に働く力

カーブ走行時の遠心力	重量及び速度が同じ場合 ◎カーブの半径が**2分の1倍** ⇒ 遠心力は**2倍** ◎カーブの半径が**2倍** ⇒ 遠心力は**2分の1倍**
自動車に働く慣性力、遠心力、衝撃力	速度の**2乗に比例**
追越し	前車と**速度差が小さいほど**、追越しに**長い時間と距離が必要**になる

◆自動車に生じる諸現象

ウエットスキッド現象	雨の**降り始め**の、タイヤと路面の間の滑りによる自動車の**スリップ**など
ハイドロプレーニング現象	道路の**水たまり**などの上を高速走行したときに、タイヤが**水の上を滑走**すること
スタンディング・ウェーブ現象	タイヤの**空気圧不足で高速走行**したとき、タイヤに**波打ち現象**が生じ、**セパレーション（剥離）やコード切れ等**が発生すること
フェード現象	ブレーキ系統の過熱により**摩擦力が減り**、ブレーキの効きが悪くなること
ベーパー・ロック現象	ブレーキ系統の過熱により**ブレーキ液に気泡**が生じ、ブレーキの効きが悪くなること

◆計算問題のポイント

速度	$\frac{距離}{時間}$	時間	$\frac{距離}{速度}$	距離	速度 × 時間
時間⇒分	時間 ×60 分	分⇒時間	$\frac{分}{60分}$	時速Ⓐkm/h ⇒秒速 m/s	$\frac{Ⓐ\times1000m}{3600s}$
停止距離	空走距離＋制動距離			燃料消費率	$\frac{走行距離}{燃料消費量}$

まとめ⑤

公論出版主催
運行管理者試験勉強会のお知らせ

◆問題を解く⇒ 解説を聞く⇒ 問題を解く⇒ …
の繰り返しで実力アップ！◆

運行管理者試験対策の勉強会を**東京都**で開催します。定員は**会場先着15名**となります（会費**1,000円（税込）**）。参加御希望の方は弊社サイト（12月下旬までに詳細及び申し込み方法を掲載）にてお申し込みください。

※会場の都合により、募集定員が少なくなる可能性があります。
※社会情勢、その他の理由により、募集や開催をしない可能性があります。
ご了承ください。

運行管理者試験　問題と解説
旅客編　令和６年３月
CBT試験受験版

定価2,640円／送料300円（共に税込）

■発行日　令和５年10月　初版

■発行所　株式会社　公論出版
〒110－0005
東京都台東区上野３－１－８
TEL：03-3837-5731（編集）
03-3837-5745（販売）
FAX：03-3837-5740
HP：https://www.kouronpub.com/